平凡社

IMPOSSIBLE ARCHITECTURE インポッシブル・アーキテクチャー

埼玉県立近代美術館＋新潟市美術館＋広島市現代美術館＋国立国際美術館――編

五十嵐太郎――監修

謝辞｜Acknowledgements

この展覧会を開催するにあたり多大なご協力を賜りました下記の方々、
およびここにお名前を記すことを差し控えさせていただいた方々に、心からの謝意を表します。[敬称略・五十音順]

We would like to express our deepest gratitude to the followings as well as those not on the list for their extensive cooperation in realizing this exhibition.

- 会田 誠
- 浅川真紀
- アートアンリミテッド
- 安藤忠雄建築研究所
- 石上純也建築設計事務所
- 石原耕太
- 泉創建エンジニアリング
- 磯崎 新
- 岩田郁子
- 内田芳孝
- 梅宮弘光
- 大分市美術館
- 太田佳代子
- 大橋正典
- 大橋美江子
- 株式会社 大林組
- 大村理恵子
- 岡田 潔
- 岡本太郎記念館
- 勝山里美
- かないみき
- 川崎市岡本太郎美術館 佐藤玲子
- 菊竹 雪
- 菊竹三訓
- 木戸英行
- 京都工芸繊維大学附属図書館
- 熊谷祐美子
- 黒川紀章建築都市設計事務所
- 国立近現代建築資料館
- コーデノロジスト
- 斎藤信吾
- ザハ・ハディド・アーキテクツ+設計JV［日建設計、梓設計、日本設計、オーヴ・アラップ・アンド・パートナーズ・ジャパン設計共同体］
- 沢 良子
- 清水栄江
- 株式会社 情報建築 スミス睦子
- 白井昱磨
- 辛美沙
- ZOUZUO MODEL 諏佐遙也
- 瀧澤章三
- 田篭美保
- 伊達美徳
- 千葉工業大学 今村創平研究室
- 東京国立近代美術館
- 東京都公文書館
- 東京都市大学図書館
- ときの忘れもの
- 長倉威彦
- 長倉知子
- 新潟県立万代島美術館 桐原 浩
- 野口直人建築設計事務所
- 林 美佐
- 平野利樹
- 広島県立美術館
- 公益財団法人 福岡文化財団
- 藤本壮介建築設計事務所
- 藤森照信
- 前川建築設計事務所 橋本 功
- 松隈 洋
- Misa Shin Gallery
- MIZUMA ART GALLERY
- 武蔵野美術大学
- 村田あが
- 村松 伸
- 明治学院大学図書館付属 遠山一行記念日本近代音楽館
- 本橋 仁
- 森アートコレクション
- 森 仁史
- 山口 晃
- 山口勝敏
- 山田彩子
- 大和文華館
- 吉岡智代
- 早稲田大学図書館
- 早稲田大学 古谷誠章・藤井由理研究室
- 渡邊健司
- Städtisches Museum Abteiberg Mönchengladbach: Susanne Titz, Felicia Rappe, Christine Adolphs
- Dorothea Apovnik
- Archigram Archive
- Architekturzentrum Wien: Mechthild Ebert
- Iglika Avramova
- Bauhaus-Archiv / Museum für Gestaltung
- Canadian Centre for Architecture: Mirko Zardini, Martien de Vletter, Karen Potje, Aeron MacHattie, Catherine LaRivière
- Fondation Constant: Trudy Nieuwenhuys-van der Horst, Kim van der Horst
- Jean-Baptiste Decavèle
- Design and Artists Copyright Society: Jasmin Saunders
- Yona Friedman / Fonds de Dotation Denise et Yona Friedman
- MARK FOSTER GAGE ARCHITECTS: Mark Foster Gage
- Gemeentemuseum Den Haag: Benno Tempel, Doede Hardeman, Frans Peterse
- Pierre-Jean Giloux
- Estate of Madeline Gins / Reversible Destiny Foundation
- ZAHA HADID Architects: Manon Janssens, Henry Virgin
- Renata Hejduk
- Ron Herron
- Studio Libeskind, Architect LLC: Amanda Debeaufort, Martina Dolejsova, Daniel Libeskind
- OMA: Felix Bickert, Rem Koolhaas
- Shelley Power Literary Agency Ltd.: Shelley Power
- Superstudio Cristiano Toraldo di Francia
- Michael Webb

目次 | Contents

図版｜Plates

ごあいさつ

- このたび、埼玉県立近代美術館、新潟市美術館、広島市現代美術館、国立国際美術館は読売新聞社、美術館連絡協議会との共催で「インポッシブル・アーキテクチャー」展を開催いたします。

- 建築の歴史を振り返ると、完成に至らなかった素晴らしい構想や、あえて提案に留めた刺激的なアイデアが数多く存在しています。未来に向けて夢想した建築、技術的には可能であったにもかかわらず社会的な条件や制度によって実施できなかった建築、実現よりも既存の制度に対して批評精神を打ち出す点に主眼を置いた提案など、いわゆるアンビルト/未完の建築には、作者の夢や思考がより直接的に表現されているはずです。
- この展覧会は、20世紀以降の国外、国内のアンビルトの建築に焦点をあて、それらを仮に「インポッシブル・アーキテクチャー」と称しています。ここでの「インポッシブル」という言葉は、単に建築構想がラディカルで無理難題であるがゆえの「不可能」を意味しません。言うまでもなく、不可能性に眼を向ければ、同時に可能性の境界を問うことにもつながります。建築の不可能性に焦点をあてることによって、逆説的にも建築における極限の可能性や豊穣な潜在力が浮かび上がってくる——それこそが、この展覧会のねらいです。
- 約40人の建築家・美術家による「インポッシブル・アーキテクチャー」を、図面、模型、関連資料などを通して読み解きながら、未だ見ぬ新たな建築の地平を展望します。

- 最後となりましたが、本展覧会にあたり、貴重な作品を快くご出品いただきましたご所蔵者の皆様に心からお礼を申し上げます。また、本展実現のためにご協力いただいたEstate of Madeline Gins / Reversible Destiny Foundationをはじめとする関係各位、そして、ご協賛・ご支援いただいたライオン、大日本印刷、損保ジャパン日本興亜をはじめとする関係各社に、深く感謝を申し上げます。

2019年2月
主催者

Foreword

– It is a pleasure for the Museum of Modern Art, Saitama, Niigata City Art Museum, Hiroshima City Museum of Contemporary Art, and the National Museum of Art, Osaka together with the Yomiuri Shimbun and the Japan Association of Art Museums to be holding this exhibition entitled "Impossible Architecture."

– When we look back over the history of architecture, we find so many wonderful schemes that failed to see the light of day, and myriad exciting ideas that were kept safely locked away. Architectural dreams for the future; designs that although technically possible, could not be built due to the social conditions and systems of their times; or proposals more focused on challenging an established system, rather than realizing an actual building. All these schemes are the aptly-named unbuilt architecture, and uncompromisingly express the dreams and ideas of their architectural creators.

– This exhibition featuring an array of international unbuilt architectural designs of the 20th century and onward, has the working title "Impossible Architecture." The word "impossible" in this context does not mean "impossible" simply because of any radical or unreasonable demands of the architectural design. Focusing on the impossibility of architecture naturally leads us to explore the frontiers of its possibility. By placing the focus on the impossibility of this architecture, paradoxically their extreme possibilities and rich potentials come to the fore, abundantly fulfilling the very aim of this exhibition.

– Through a diverse mix of plans, models, and other related materials, the "Impossible Architecture" exhibition closely analyzes the extraordinarily imaginative projects of some 40 architects and artists, and casts the spotlight on new aspects of architecture that have never been seen before.

– Last but not least, we would like to express our heartfelt thanks to all the collectors and institutions that so kindly agreed to lend us their precious works. We are also most grateful to Estate of Madeline Gins / Reversible Destiny Foundation, Lion Corporation, Dai Nippon Printing Co., Ltd., Sompo Japan Nipponkoa Insurance Inc., and all others concerned for their cooperation, sponsorship, and support in realizing this exhibition.

February, 2019
The Organizers

インポッシブル・アーキテクチャー——批評的オルタナティヴとしての建築

建畠晢[埼玉県立近代美術館館長]

— 一見逆説的と思われるかもしれないこの展覧会のタイトルの意味から、まずは話を始めることにしよう。私がインポッシブル・アーキテクチャーという言葉を思いついたのは10年ほど前のことであった。当時私は漠然とではあるがタトリンの《第3インターナショナル記念塔》を起点に置いた建築展がありえないものだろうかと考えていた。実現を前提としない建築のプランならではの豊穣なる想像力の世界に魅せられていたということもあるが、それを単なるファンタジーの世界ではなく、もうひとつの建築のストーリーとして構想することはできないだろうか、非在の建築をより積極的に捉える視点がありえないだろうかと思いあぐねていた時に、ふとインポッシブル・アーキテクチャーという言葉が浮かんだのである。

— インポッシブルとはそれだけで自立している概念ではなく、あくまでもポッシブルの対概念であらざるをえない。不意の思いつきを正当化するならば、インポッシブル・アーキテクチャーとは、実体として成立した建築に対する(潜在的な)批評性を避けがたくはらんだ言葉ということになろう。大それた言挙げをするつもりはないが、あえて"もうひとつの建築のストーリー"と称するのはその謂いである。

— 当然ながらそれは通史の形成を意図するものではない。ベンヤミンは『歴史哲学テーゼ』で文化財の歴史を勝利者の歴史と呼び、それを支配してきた権力の野蛮を肯定的に捉える歴史主義を鋭く批判したが、インポッシブル・アーキテクチャーとはそのような意味での継承の論理が支配しえない領域であり、私たちの想像力を注ぐことによってのみ立ち上がる反歴史主義的なコンテクストというものでなければなるまい。インポッシブルは不可避的にポッシブルに対する批評的なオルタナティヴをなしているのである。

— 本展の構想が明瞭になったのは、2015年7月、コンペに当選したザハ・ハディド・アーキテクツ+設計JVの東京オリンピックのメーン会場となる新国立競技場のプランが白紙になったというニュースを聞いた瞬間であった。そのことの是非はここでは問わないが、事実上、実現の道を絶たれてしまったザハ案はタトリンと並ぶインポッシブル・アーキテクチャーたりうるのではないか。すでに実施設計を終えていた建築(ザハ・ハディド・アーキテクツ+設計JVによる最終プラン)が実現しえなくなったことが、彼女のプランを、想像力のうちに成立するすぐれて同時代的なモニュメントたらしめているはずだと思いついたのである。

●

– まずはタトリンとザハをノミネートすることから始まった本展の企画は、開催各館の担当学芸員の各氏と監修をお願いした五十嵐太郎氏による共同作業で進められたが、もうひとつの大きなテーマはいかにして建築という分野を美術館の空間に召喚するのかという現実的な問題への取り組みであった。通例、建築展は図面、模型、写真や映像、CGなどによって構成されるが、それらは現実の建築の代替物であり、スケールは矮小化され場所性や環境からも切り離されざるをえないのに対して、もとよりそうしたものとしてしか存在しないインポッシブル・アーキテクチャーにあっては、展覧会という形式はなんら二次的な手段であることを意味しない。むしろ美術館ならではの挑戦が可能なスリリングなテーマであるに違いない。ホワイトキューブのギャラリーという一切の場所性を排除したニュートラルな空間は、さまざまな制約をスルーして、建築家の思考をピュアーなままに持ち込みうる一種、アナーキーな現場でありうるだろう。私たちは本展がなにものかのメタファーでもなければシンボルでもない建築、あえていうならばそれ自体に留まるしかない純粋建築を浮かび上がらせるセクシーな展覧会となることを目指したのである。

●

– さて《第3インターナショナル記念塔》は、ソビエトの人民教育委員会のメンバーであったアーティスト、ウラジーミル・タトリンが構想した革命政府のモニュメントである。高さ400mほどの鉄材とガラスによるやや斜めに傾いた螺旋構造で、下から順番に立方体の議会室(1年に1回転する)、ピラミッド形の政府組織(1月に1回転)、円筒形(1日に1回転)と半球(1時間に1回転)の情報局などが置かれることになっていた。

– ロシア構成主義を代表するこのプランは図面と模型のみで終わったが、興味深いのは、それがピーター・ブリューゲルやギュスターヴ・ドレが描く螺旋形の《バベルの塔》を髣髴とさせなくもないことだ。旧約聖書の創世記などの文献に出てくるバベルの塔は、一般には天に届く塔を造ろうとした同じ言葉を話す民に神が怒ってそれを崩壊させてしまい、人々をちりぢりにし互いに通じ合わない言葉を話させるようにしたとされている。穿った見方をすれば、コミンテルンによる世界革命を目指した第3インターナショナルからスターリンによる一国社会主義建設への移行を思わせなくもないストーリーであろう。シンボリックな塔の思想には、時としてそれを崩壊に導く(もしくは実現を阻む)要因があらかじめ装填されているのである。始まりはすでに終わりを胚胎しているといってもよい。

●

– 磯崎新の《東京都新都庁舎計画》は、指名コンペの事実上の前提である超高層ビルという条件を無視した確信犯的落選案とも見なせるものであった。「東京のシンボル」という要請に対して低層案(といっても23階建てで100m近い高さを有する)

で応えたのだが、それはまさしく"野蛮な文化財"である記念碑としての塔の否定にほかならない。タトリンの塔では立方体、ピラミッド、球が垂直に積み上げられているのに対し、やはり政治機関である磯崎の都庁舎では期せずして同じ形体が水平に並置されているのは、その意味においても、つまり塔の思想へのインポッシブル・アーキテクチャーの批評性を明瞭にしているという点でも注目されてよい事実である。

- 周知のように磯崎新はアンビルトの尖鋭な論客である。アンビルトには厳密な定義はないが、公約数的な理念はインポッシブル・アーキテクチャーの中核をなしている。しかしまったく重なっているわけではなく、磯崎的には前者がもとより実現性を前提としていないがゆえによりラディカルな提案でありうるのに対し、私たちが考える後者にはそれ以外にコンペに当選しながらもさまざまな事情によって実現しえなかったプランもあり、その"さまざまな事情"が事後的に批評の対象として浮かび上がるというケースも含まれているのだ。じつのところ磯崎のアトリエ内では超高層案も選択肢として検討されていたようで、当初からアンビルトとして構想されたわけではないのだが、結果的には確信犯的な提案として塔の思想に対する挑発的な批評性を顕在化させることになったのである。コンペで丹下健三の超高層案が選ばれた後に同世代の黒川紀章が磯崎案を強く支持する一文を発表したのも、必ずしも意外なことではあるまい。
- 語義矛盾になるのを承知でいえば、インポッシブル・アーキテクチャーの場合には"何らかの事情"で実現してしまった建築がありえなくはない。
- 私はかつて『戦後日本住宅伝説――挑発する家・内省する家』(2014-15)と題した展覧会のカタログテキストで、黒川紀章の《中銀カプセルタワービル》(1972)と東孝光の《塔の家》(1966)を、都市のシンボルたることを拒絶し、建築家の思惑をも超えたアナーキーな反風景として屹立する"2つの塔"と呼んだことがある。何であれ実現した建築は除外するという原則から本展に含めるわけにはいかなかったのだが、インポッシブルの意味を補完するために《中銀カプセルタワー》に関するテキストの一部を引用しておくことにしよう。

> 《中銀カプセルタワービル》は、メタボリズムの旗手のひとりであった若き日の黒川紀章を代表する作品であり、またメタボリズムというイデオロギーそのものの唯一と言っても良い純粋結晶でもあるのだが、そうであるにもかかわらず、いや、そうであるがゆえに、どこか不穏に増殖しつつある昆虫の巣のようであり、アウトサイダーの手になる異形の塔のようでもある。ひとつひとつのユニットが寝泊まり可能な棲家であるという事実が、そのような感覚を助長していると言っても良い。
> すべて同じ形の140個のプレハブのユニットは、原理的には交換可能であり、コアの塔を建て増せば増殖可能でもある。しかし実際には下から順番に積み上げられるために部分的な交換は難しく、敷地からいって増殖も不可能であることは設計の段階から分かっていたはずである。どう考えても理念に

留まるしかなかったはずの美しくもまたエキセントリックな[官能性をはらんだ]塔が、このような規模で実現し、現存しているというのは、まあ、奇跡のようなものであろう。

•

- 磯崎の盟友でもあったハンス・ホラインの《超高層建築》(シカゴの高層ビルのためのプロジェクト)は、手描きのラフなデッサンとしてのみ示される、もっとも挑発的な、そして衝撃的なまでの官能性を有したアンビルトの例であろう。デュシャンに手書きの英文のテキストに散在する定冠詞の"The"の上に星型を描き重ねた作品があり、詩はこのささやかなデッサンの先に進むことはできないとコンクリート・ポエトリーの詩人たちに幻滅感をあじあわせたものだが、ホラインのデッサンについても同じようなことがいえるのではなかろうか。建築の歴史主義的なコンテクスト(ベンヤミンのいう法維持的な暴力)を勝利者による野蛮な文化財の歴史として退け、それに対抗するには想像力による純粋暴力しかないとするのがアンビルトであったとするなら、その可能性は英文のテキストの上に重ね描きされたこのユーモラスな腕のデッサンに尽きるのである。磯崎の『建築の解体』(美術出版社、1975)からの孫引になるが、ホラインは「(建築は)プリミティヴで、官能的で、獣的で、恐ろしく、力強く支配的であり、それはまた、もっとも微妙な感情の化身、もっとも複雑な動揺の感覚的デッサン、強権の実体化である」と記しており、磯崎は「それゆえ、明瞭な機能や用途は、まったく示される必要はない。巨大な、文明の表現そのものであるモニュメントこそが要請される」とそれを敷衍してみせる。ホラインの荒々しくそそり立つ腕の塔はそのようなものとして構想されているのだ。
- 私たちはそこに笑いと同時に男根崇拝や超人思想のアナクロニズム、歴史主義からの法外な逸脱を感じずにはいられないだろう。オルデンバーグのポップアートの極端に拡大された日常の事物にも似た感覚を含ませているがゆえに、シカゴの超高層に象徴される塔の思想へのカウンター的、暴力的なブラックユーモアがふてぶてしく息づいているといってもよい。
- このカウンター・ジョークが勃起する権力のイメージであるとするなら、《プロジェクト:ゴールデン・スマート》は空に巨大な一本の煙草を浮かばせるという、よりポップアート的なコラージュの光景をなしている。ホラインはあらゆるものは建築であると述べているが、建築に対するそうした根源的な批評の眼差しにあっては、一見牧歌的な光景もまた建築のクリシェを無意味化させる暴力的な想像力の産物を意味していたに違いない。

•

- アーキグラムのプロジェクトは実現を前提としないというよりは、印刷媒体への発表を自己目的とし、情報としてのみ構築され発信されるアンビルトのプロジェクトだが、そこにいささかカジュアルな性格があるのは、それまでのアンビルトを支配してきた反措定の意識が希薄になっているからである。経費や工期、土地の条件、与件としての用途といった実現の障害となる条件はもとより対象化されることはなく、技術的な問題も含めてすべてはグラフィカルなイメージとして展開されることになるのだ。

– メンバーのロン・ヘロンの《ウォーキング・シティ―ニューヨーク》の脚で動き回る珍妙な建築の背景には林立する大都市のスカイスクレーパーの写真が配されているが、その巨大なロボットのようなイラストはもはや背後の都市のシンボルに対峙する反シンボルではなく、コミック的なサイエンス・フィクションであるにすぎない。ピーター・クックの《プラグ・イン・シティ》も着脱可能なユニットの組みあわせによる都市のイラストであって、それもメタボリズム的な構造体ではなく単なる操作のレベルで捉え直されてしまっている。

– それに続くスーパースタジオやアーキズームは情報メディアと同時に展覧会という方法を主にした集団である。アーキグラムとは異なって未来都市のイメージにポップな感覚が乏しく、もっぱらビジュアルな効果を駆使した論理的プレゼンテーションとして展開されるのだが、そのことには彼らが依拠するメディアの性格が与(あずか)っているのかもしれない。いずれにせよホラインの次の世代にとってはアンビルトは自在な発想を保証する方法ではあっても、重い確執を内包するようなものではなくなってしまっているのである。

●

– 1970年代生まれの石上純也らには、もはやポッシブルとインポッシブルは弁別すべき問題ではなくなってしまっているのではなかろうか。しかしそれは必ずしもインポッシブル・アーキテクチャーの概念が過去のものになったということではなく、実現するか否かにかかわらず、この世代にとっては建築の批評性はデリケートなポエジーとして常態化しているということであるのかもしれない。自ら「ドローイングには、建築に対する感情があらわれている」と述べているように、石上のドローイングには、ホラインのような挑発性もなければアーキグラムのような情報媒体への投企も見られない。前衛主義の名残りといえるラディカリズムとも無縁であって、環境と建築とがやわらかく相互浸透しており、透明な、あるいは物量感の希薄な素材がその感覚を精妙に演出しているのである。藤本壮介が開放的な渦巻状のウォーターフロントのプロジェクト案を「浮遊する雲」としてイメージしていることにも同様のことがいえよう。先行世代のマッチョなスタンスとは異なった彼らの批評的ポジショニングには、ポストミニマルな造形性と同時に、技術を人工と自然との間に介入させるのではなく、融和的に機能させるというエレガントな工学の風土が見て取れるはずである。

●

– きわめて特異なインポッシブル・アーキテクチャーの例である荒川修作とマドリン・ギンズ（以下、AGと記す）の《問われているプロセス／天命反転の橋》に言及しておかなければなるまい。フランスのエピナール市のモーゼル河に橋を架けるというこのプロジェクトは、いくつかのデッサンや模型が制作されたものの、着工には至らないままできている。橋梁は一般的には建築には属さないが、本展で取り上げるのは、それが身体的な体験が求められる建築的な造作の連鎖からなっているからにほかならない。

- 以前、原美術館で開催された荒川のドローイング展のカタログ・テキスト(『荒川修作ドローイング 1961-74』[1994])で、私は絵解き的な解釈を寄せつけない峻厳な謎の命題として立ち現われる彼の作品を敬意を込めて“不可能なテキスト”と読んだが、AGのエピナール・プロジェクトをインポッシブル・アーキテクチャーに参列させるのも、そのような意味においてである。
- そこに設けられた21の部屋は、「光の身体的推量」、「共同体的凝視のプロセス」、「不確定性とのつきあい」、「惑星の叫び」などと名づけられ、最後の部屋は「不滅性の形成」とされている。その長さ13mという黒々とした巨大な模型は不穏な異物としての存在感を漂わすが、そこには湾曲した床や体を斜めにしなければ進めないドームなど、実現すれば緊迫した姿勢や動作を強いるであろう空間が連なっている。
- AGの制作ノートには「このコンストラクションは、ディスクールのまったく新しいかたちを可能にする」とある。「従来、たとえば話し言葉においては、話し手ないしその話すプロセスはずっと、言葉の連続の背後に隠れていた」。だが「[この作品の]人間の行動や表現につねながら課せられている拘束を真似るか、あるいは並行するコンストラクションの中に立つと、通常のように言語の一方的発生によって進む必要がなくなり、問題のプロセスと直接的なディスクールに入っていくことになるだろう」というのである。
- きわめて難解ではあるが、エピナールの橋がアフォーダンス的に動作を誘発する(無自覚的な動作を引き出す)装置ではなく、要請された行為の必然性に従うという拘束的な空間の体験をもたらすものであり、それが私たちを「ポスト・ユートピアの時代の人間」として形成し直すことになるのだと解釈できなくはない。
- 私はある文芸雑誌の対談で荒川修作に「言語による建築は可能か」と問うたことがあるが、彼は「そんなものは君、可能に決まっているじゃないか」と即答した。エピナールの橋もまた何かのメタファーではない純粋な言語建築であり、その“薬の処方箋”のようなリテラルな指示を受け入れることが、私たちを間違った運命からインスタントに解放するということであろうか。AGのそのような天命反転の思想は、後日に実現した《養老天命反転地》や《三鷹天命反転住宅》に引き継がれていくことになるのである。

●

- 最後にザハ・ハディド・アーキテクツ+設計JVの《新国立競技場》に立ち返ってみよう。キール・アーチ構造によるこのプランは流れるような曲面の屋根のふくらみを特徴とする有機的な形体で、ポストモダンがいわれて以降の建築で、デザイン的な要請と構造的な必然性とが合致した稀有の作例となるはずのものであった。

ザハ自身、それ以前に手がけた建築の曲面的なデザインは構造とは切り離された外皮であったのである。そういえば戦後のモダニズム建築を代表する丹下健三の傑作《国立代々木競技場》もまたダイナミックな吊り構造そのものが意匠をなしているのであって(いま見ればそれがポストモダニズムの到来を予言しているように思えもするが)、両者が並び立つ機会が失われてしまったことは残念でならない。

– 冒頭でインポッシブルは批評的なオルタナティヴをなすと述べた。ここで取り上げたタトリンからザハに至るインポッシブル・アーキテクチャーは、そのような意味での非在として私たちの想像力を喚起し続けているのだ。本展が建築の可能性を再考するための一助たることを願う次第である。

建築の可能性と不可能性のあいだ

五十嵐太郎［東北大学教授］

キャンセルされた新国立競技場案

– 2015年7月、建築の可能性が抹消された。

– 国際コンペに勝利し、2020年東京オリンピック・パラリンピックの招致活動において多大な貢献をしたザハ・ハディド・アーキテクツ+設計JVの《新国立競技場》が、安倍首相の「英断」により、白紙撤回になったからである。それは多くの反対の声を押し切り、国会で安保法案の強行採決が行なわれた直後だったが、マスメディアの注目は、一気に新国立競技場プロジェクトの行方に注がれた。当時、テレビのワイドショーでザハ・ハディドの名前が連呼される事態に驚くとともに、彼女をアンビルトの女王と囃し立てたことに、筆者は違和感を覚えていた。

– なるほど、無名だった彼女は1983年の「香港ピーク」のコンペで最優秀賞に選ばれ、建築の断片が空中を浮遊する過激なドローイングによって衝撃的なデビューを果たしたものの、しばらくは実作に恵まれなかった。当初のザハは、ルネサンス以来の制度化された透視図法を解体するような空間表現を伴うプロジェクトを立て続けに発表し、類い稀なるデザインの才能を発揮していた。しかし、実現するものがなかったという意味で、1980年代に限っていえば、アンビルトの女王という呼称は正しかったかもしれない。実際、筆者も学生のときに、将来、彼女がはたして建築を実現できる機会はあるのだろうかと思ったくらいだ。が、それは杞憂に終わった。手描きドローイング時代の総決算として《ヴィトラの消防署》(1993)を完成させた後、ザハはコンピュータを活用したデザインに移行し、曲面を積極的に使う流動的なフォルムによってブレイクし、世界各地で巨大なプロジェクトを次々と実現するようになった。いまやイギリス、ドイツ、イタリア、アメリカ、アゼルバイジャン、中国、韓国などのグローバル・シティは、彼女の署名が入った未来的なアイコン建築を標準装備している。その結果、ザハの事務所は400名のスタッフを抱える規模に成長した。

– ニューヨーク近代美術館で開催された『ディコンストラクティビスト・アーキテクチャー』展(1988)は、ザハのほかに、当時はあまり実作がなかったダニエル・リベスキンドとコープ・ヒンメルブラウ、そしていまほど作品が多くなかったレム・コールハース/OMAやフランク・O・ゲーリーらを取り上げていたが、その後、いずれも世界的に活躍する建築家に成長した。展覧会では、アンビルトのプロジェクトばかりが紹介されていたが、時代がやっと追いついたのかもしれない。いまにして思えば、先見の明がある企画だった。同展のカタログにおいて、ディコンストラクティビスト(脱構築主義者)のデザインは安定した造形ではなく、非対称、傾斜、亀裂などの特徴をもち、不安定な形態の視覚的な類似が認められることから、ロシア構成主義の隔世遺伝と指摘されている。ウラジミール・タトリンやエル・リシツキーなど、20世紀初頭におけるロシアの革命期に出現した建築のアヴァンギャルドの実験も、技術的な限界や体制の変化によってほとんどが実現しなかった。したがって、「ディコンストラクティビスト・アーキテクチャー」を経由し、その遺伝子を受け継いだプロジェクトが21世紀の社会では可能になったのかもしれない。

– ともあれ、「香港ピーク」のコンペでは、磯崎新(あらた)が一度は落選案の山に入っていたザハの難解なデザインを拾い上げたこと、駆け出しの頃に日本でいくつかのプロジェクトがあったことを想起すると、最初に彼女の才能を発見したのは日本だったといえる。しかし、世界各地で受け入れられたザハを最後に拒絶したのも、日本である。そして新国立競技場のプロジェクトの一方的なキャンセルに納得がいかないまま、ザハは2016年3月に急死した。磯崎は彼女の死を受けて、以下の追悼文を発表している。「〈建築〉が暗殺された。……悲報を聞いて、私は憤っている。……あらたに戦争を準備しているこの国の政府は、ザハ・ハディドのイメージを五輪誘致の切り札に利用しながら、プロジェクトの制御に失敗し、巧妙に操作された世論の排外主義を頼んで廃案にしてしまった」。実際、ザハ外しの運動では、オールジャパンでやろうという声まで出たし、また仕切り直しのコンペでは、当初の国際コンペにはなかった新しい条件が追加されていた。すなわち、木材を活用すること、日本らしさを表現すること、日本語で案を提出することである。

失われた未来の風景

– 『インポッシブル・アーキテクチャー』展の企画が動きだしたきっかけのひとつは、われわれがその姿を目撃し、内部の空間を体験することが、もはや叶わなくなった《新国立競技場》を検証することだった。そのためにまずこれを出品できるか、またどのような素材を展示できるかを最初に確認する必要があった。2017年6月、ザハの事務所と共同で設計した日建設計の本社を訪れた。そこで展覧会の企画チームは、机の上に置かれた数十cmにもなる図面の山、構造を検討するための模型群などを見学し、あとは着工のゴーサインを待つだけの状態だったことを改めて理解した。ネット上のネガ・キャンペーンでは、そもそも「実現不可能なデザインである」、もしくは「ほとんど設計がなされていない」など、ひどいイメージが流布されていたが、実際はプロジェクトとして完成するはずのものだった。すなわち、ザハ・ハディド+設計JVのデザインは、法的にも構造的にもすべてクリアしていた「ポッシブル・アーキテクチャー」なのである。では、なぜ実現しなかったのか。それを建設しようという人間の意志が萎えてしまったからだ。

– その後、企画チームは千葉に足を運び、エンジニアリングの会社で保管されていた巨大な模型の存在を確認した。風洞実験のために制作された新国立競技場の1/300スケールによる幾つかの模型である。とりわけ、内外の環境におよぼす風の影響を計測するために、およそ1000カ所に小さな穴をあけ、チューブを通した模型は、アート作品のようにも見え、凄まじい迫力をもっていた。ここまで設計の進んでいたプロジェクトが、政治によって中止されていたこと、われわれはありえたはずの未来の風景をとり逃がしたことを実感したのである。それはもうひとつの建築史、もうひとつの東京だった。今後、きわめて重要となるデジタルの時代における設計と施工の重要な経験を失ったことは、日本の建築界にとっても損失となるだろう。またこれを契機に、日本ではもともと定着していなかったアイコン建築は徹底的に忌避され、挑戦的なデザインを恐れるようになり、建築家という職能の自立性を揺るがすデザインビルド(これまでの公共工事が設計と施工を分離発注していたのに対し、設計と施工を一括で発注する方式)の制度が定着するだろう。将来、日本の現代建築の歴史を振り返ったとき、この顚末が大きな禍根になるのではないかと危惧している。

実現しなかった建築の展覧会

– 建築におけるアンビルトのプロジェクトは、展覧会と相性が良いジャンルだろう。なぜなら、実現した建築の場合、本物は美術館の外に存在するからだ。基本的にオリジナルを会場で展示できるアートに比べて、建築展を開催する際の一般的な困難さもここに起因する。したがって、模型やドローイング、あるいは写真は、しばしば実現された建築の代替物になってしまう。もちろん、後からプレゼンテーション用に制作された模型やドローイングではなく、最初の構想を示したスケッチ、建設する前に描かれた図面などは、時系列から言えば、建築家のオリジナルのアイデアに近いだろう。とはいえ、実際に完成してしまえば、本当に体験できる空間は、やはり現場にしかない。ディテールのモックアップを展示したり(隈研吾や坂茂の展覧会)、1/1で会場に建築を再現する(安藤忠雄の《住吉の長屋》や《光の教会》)などの手法もなくはないが、周辺環境との関係まで表現することは不可能である。

– アンビルトの場合、通常の建築とは違い、模型やドローイングこそがオリジナルになるという転倒が起きる。ゆえに、アートと同様、展覧会においてオリジナルの作品を展示することができるのだ。少なくとも、どこかに存在するリアルな空間の代替物が展示されるということはない。また建築の仕事は、施主の依頼を受けたり、コンペで条件が示されてから、設計を開始するものだが、アンビルトの場合、必ずしもそうした前提はない。例えば、白井晟一の《原爆堂計画》は、丸木位里・俊夫妻による《原爆の図》に触発されて構想されたが、誰かに設計を依頼されたわけではない。作品を自発的に制作するという意味では、むしろアーティストの仕事に近いだろう。こうしたタイプとしては、グラフィック的なドローイングを描いたヤーコフ・チェルニホフ、メディアとしての建築を発信したアーキグラム、寓話的な都市を構想するスーパースタジオ、建築の概念を拡張したハンス・ホライン、安藤忠雄の「中之島プロジェクト」、90年代のサイバー・アーキテクチャーなども挙げられる。

– 過去に日本で開催されたアンビルト系の展覧会を振り返っておこう。鵜沢隆が監修した東京都現代美術館の『未来都市の考古学』展(1996)は、画期的な試みだった。ルネサンスの理想都市から、18世紀のルドゥー、ブレー、ルクー、ピラネージ、20世紀初頭の未来派やロシア構成主義、1960年代のアーキグラム、1970年代のアルド・ロッシ、1980年代のペーパー・アーキテクチャーまでを網羅し、歴史的な建築を数多く紹介したものである。筆者は大学院生のとき、カタログの解説や年表などを担当したが、卒業論文の題材としたジャン=ジャック・ルクーの図面を初めて見ることができた。ちなみに、アンビルトの代表とされるルドゥーやブレーなど、18世紀の幻視の建築家を取り上げた展覧会は、1964年にパリの国立図書館で初めて開催されたのを皮切りに、その後、60年代の後半から70年代の初頭にかけて、ヨーロッパやアメリカで同様の企画が巡回している。

– 『未来都市の考古学』展が開催された時期を考慮すると、おそらく1996年に開催予定だった世界都市博覧会にあわせて企画された展覧会だろう。実際、東京都現代美術館では、ポンピドゥー・センターの『都市(LA VILLE)』展を再構成した『近代都市と芸術』展が同時開催されていた。もっとも、本体企画のはずだった世界都市博覧会は、中止を公約に掲げた青島幸男が都知事選に勝利したために、スタートまで1年を切り、一部の建設も着手していたにもかかわらず、幻に終わる。その結果、伊東豊雄、山本理顕、石井和紘、栗生明らのデザインは実現されなかった。都市開発とセットになる万博と同様、世界都市博覧会は東京の臨海副都心の開発を促進するプロジェクトだったが、政治によって中止され、アンビルト展のみが開催されたのは皮肉である。

– もうひとつの大きな企画展は、森美術館の『アーキラボ:建築・都市・アートの新たな実験展1950-2005』展(2004-05)である。フランスのオルレアンにおいて20世紀の前衛建築の模型やドローイングを収集するサントル地域現代芸術振興基金と、パリのポンピドゥー・センターのコレクションを活用したものだ。クロード・パランやジェコブ&マクファーレンなど、フランスの建築家が多いとはいえ、1960年代のアーキグラム、スーパースタジオ、コープ・ヒンメルブラウ、アーキズーム、コンスタン(コンスタン・ニーヴェンホイス)、メタボリズムから世紀末のアシンプトートやNOXまで、20世紀後半のプロジェクトを数多く紹介していた。すなわち、ユートピア的なプロジェクトから都市へのヴィジョンを提示するものであり、巨大な六本木ヒルズを開発した森ビルの美術館ならではの企画といえるだろう。

- これらの展覧会と比較すると、東京オリンピック2020を控えた『インポッシブル・アーキテクチャー』展は、時代としては1910年代のロシア構成主義から2010年代の《新国立競技場》、あるいは藤本壮介、石上純也、マーク・フォスター・ゲージらの最新プロジェクトまでのおよそ100年間を対象としている。つまり、本展は『未来都市の考古学』展と違い、近代以前の歴史建築を含まず、『アーキラボ』展とは異なり、20世紀前半も含む。また『未来都市の考古学』展は日本の近代を除外していたので、もうひとつの建築史の系譜において、メタボリズム以前の瀧澤眞弓、山口文象(岡村蚊象)、川喜田煉七郎、前川國男も組み込んだのが、本展だといえる。
- 建築家だけではなく、岡本太郎、荒川修作+マドリン・ギンズ、会田誠、山口晃らアーティストが提示した空間的な想像力を取り上げたことも特徴だろう。岡本が東京湾に提案した人工的なレジャーアイランド《いこい島》(1957)は、丹下健三の《東京計画1960》を先駆けている。また荒川は『新しい日本の風景を建設し、常識を変え、日常の生活空間を創りだすために』展(インターコミュニケーションセンター、1998)で《宿命反転/センソリアム・シティ(東京湾)/全体計画案》(1991-)を発表した際、シンポジウムにおいて、本気でこの案を実現したいから、都知事の石原慎太郎に話を通してくれと、磯崎新に迫り、彼を困らせていたのは印象的だった。丹下やメタボリズムのメガストラクチャー的な提案を見ると、1960年代の建築家は本当に都市を改造しようという熱気をもっていたが、1970年代には都市から撤退し、もはや1990年代の日本の建築家からはそうした情熱が失われていた。また会田の『GROUND NO PLAN』展(青山クリスタルビル、2018)は、《新宿御苑大改造計画》、《東京都庁はこうだった方が良かったのでは?の図》、《シン日本橋》、《建築雑誌「BLUE'S MAGAZINE」のために描いた東京オリンピック2020メインスタジアムのイラスト》など、破天荒なプロジェクトを紹介していた。とくに日本橋の上の首都高を地下化するのではなく、むしろ首都高の上に巨大な太鼓橋を建設する《シン日本橋》は、保守化する東京に対する強烈なカウンターというべき発想だろう。
- ほかの企画展としては、18世紀のビビエーナや20世紀のヒュー・フェリスの図集などを取り上げた『空想の建築——ピラネージから野又穫へ』(町田市国立版画美術館、2013)も開催されたが、内容はアート寄りで、基本的に模型はなく、平面の作品をメインに構成されていた。古代建築の実測図面も紹介していたが、タイトルに「空想」を掲げているように、建築的なファンタジーに注目しており、リアルな建築の可能性を問うものではない。また過去20年のアンビルト系の個展としては、『ジュゼッペ・テラーニ——ファシズムを超えた建築』展(水戸芸術館、1998)、『磯崎新展 アンビルト/反建築史』(ギャラリー間、2001)、『アーキグラムの実験建築1961-1974』展(水戸芸術館、2005)、『石上純也 建築はどこまで小さく、あるいは、どこまで大きくひろがっていくのだろうか?』展(資生堂ギャラリー、2010)、『メタボリズムの未来都市』展(森美術館、2012)などが挙げられる。以上の建築家の作品は、本展でも紹介しており、総集編的な役割も担う。

– 本展は、ポスターやチラシのデザインで「インポッシブル」の言葉に抹消線を引いているように、それは本当に不可能だったのか?を問いかけるものだ。そもそも可能性とは、想像することで初めて生じる。ダニエル・リベスキンドの《マイクロメガス:終末空間の建築》のように、物理的に構築が不可能なイメージでなければ、法律や技術的な制約、コストや工期の問題、コンペの落選案、あるいは政治や社会の影響によって実現されなかったプロジェクトが多い。逆に言えば、現実化を阻む条件が解除されると、インポッシブルではなくなる。

– ルートヴィヒ・ミース・ファン・デル・ローエの《ベルリン、フリードリヒ通り駅の摩天楼のコンペ案》は、当時のヨーロッパでは難しかったかもしれないが、現代の技術ならば可能な提案だろう。かつてバブル期の日本は、自国で前衛的な作品を実現できない外国人の建築家にとって、プロジェクトが現実になる建築のエルドラドだった。現在、こうした特異な場所は、急成長する中国や中近東に移行している。タトリンの《第3インターナショナル記念塔》は、高さもさることながら、各ヴォリュームが回転する荒唐無稽な案に思われるが、今のドバイにならあってもおかしくない。磯崎新が1960年代に提案した空中都市のプロジェクトも、21世紀に入り、カタールの国立図書館として実現すべく設計作業を進めていた。が、結局、これも王族の権力闘争のあおりを受けて中止となった。

もうひとつのインポッシブル

– 今回、展覧会を企画するにあたって、改めて考えさせられたことがある。それは図面でしか構想されていない、もしくは模型の写真も含めて、2次元の情報しか資料として残されていない、いくつかのプロジェクトについて、展示用の模型を制作することがきっかけとなった。具体的な作業を検討していくと、完全な3次元化の不可能性が浮かびあがる。もうひとつのインポッシブルとでもいうべきものだ。どういうことか。

– 例えば、早稲田大学の古谷誠章・藤井由理研究室が、ジョン・ヘイダックの作品を継続的に研究していることから、《ダイヤモンド・ハウスB》のシリーズ(1963–67)の模型の制作を依頼したところ、3次元化するためには情報が欠如しているという。《ダイヤモンド・ハウスB》のドローイングは、平面を複雑に分割する幾何学的なプランをもつが、垂直方向における空間の展開はそれほどややこしいものには見えない。また平行投影図の手法で描かれており、壁の高さも想定できることから、模型化はさほど難しくないように思われる。実際、インターネットを検索すると、すでに模型を制作した事例もあった。

– だが、その作業を担当する建築家の斎藤信吾によれば、立ち上がる壁の背後に隠れている部分などがどうなっているかはわからないという。なるほど、常識的に空間を推定することは可能だが、あくまでも残された図面だけから制作するとなると、確定できない要素が存在している。つまり、基礎だけが残った遺跡の復元のように、完全な姿に戻すには解釈を入れなければならない。いや、正確に言うならば、ジョン・ヘイダックの場合、戻すという表現はふさわしくないだろう。おそらく立体的な空間を代理表象するための図面ではなく、もともと図面としての建築の可能性が追求されているからだ。

– これまでオスカー・ニーマイヤーやミケランジェロなどの展覧会のための模型を手がけた建築家の野口直人によれば、今回担当したタトリンの《第3インターナショナル記念塔》が一番困難だったという。生前の立面スケッチと没後の図面が大きく異なるほか、過去に幾度か制作された模型写真の造形がすべて違っていたからだ。ゆえに、生前のドローイングや文章を検討しながら、立体化を試みたが、必要な情報が揃っているわけではないため、どうしても製作者の解釈が入ってくる。複雑に絡みあう幾何学ゆえに、どこかを整えるとどこかの幾何学が崩れ、全体と部分の調整に多くの時間を費やしたらしい。とはいえ、実在する建築がないので、これが唯一の正解というのもないわけだ。

– 東北大学の五十嵐研究室が担当したマレーヴィチの《アルヒテクトン》(1927)でも、模型を新規に制作する際、難題に直面した。これは立体として構想されている作品だが、ドローイングと当時つくられたオブジェの写真が残っている(ポンピドゥー・センターのマーレヴィチ展のカタログで同一の作品とされたもの)。直交座標系に従う、比較的シンプルなデザインであり、これらの資料は、反対側からの視点による構図も含むので、簡単に模型をつくれるように思われた。しかし、担当した菊地尊也と千葉大の両氏のリサーチによれば、当時制作された立体の精度がそもそも粗く、ドローイングとのズレが認められたり、本来垂直になっているべき面が少し傾いている。そうなると、ドローイングと模型の視点から、それぞれ3次元のかたちを推定しても、両者が一致せず、ひとつに収束しない。つまり、マレーヴィチが残したアルヒテクトンのドローイングと写真は、おおむね同じなのだが、微妙に違うかたちであるために、正確な復元が不可能なのだ。またドローイングでは、ほとんど厚みをもたないかのようなプレートの要素が描かれている。これは平面ならば表現可能だが、現実に立体をつくるとなると、厚みがゼロのオブジェは存在しない。

実験場としてのコンペ、万博、オリンピック

– 建築界でしばしば開催されるコンペの落選案は、もっとも多くのアンビルトを生みだすだろう。本展が取り上げたものとしては、日本人として初めて国際コンペに入賞した川喜田煉七郎の《ウクライナ劇場国際設計競技応募案》(1931)、コンペの前提条件に異議申し立てを行なった前川國男の《東京帝室博物館懸賞設計応募案》(1931)や磯崎新の《東京都新都庁舎計画》(1986)、渾身の力作だった菊竹清訓の《国立京都国際会館設計競技案》(1963)、新しいデザインのヴォキャブラリーによって後世に多大な影響を与えたレム・コールハース/OMAの《フラン

ス国立図書館》(1989)や《ラ・ヴィレット公園案》が挙げられる。藤本壮介は、《青森県立美術館》のコンペ(2000)で2位に選ばれたことで有名になったが、《安中環境アートフォーラム》、《台湾タワー》、ベオグラードの《ベトンハラ・ウォーターフロントセンター》では、コンペに勝利しながらも、プロジェクトが中止になった。そもそもコンペを開催する大きな意義は、アイデアを広く募ることによって、通常の手続きでは出てこない、思い切ったプロジェクトを選ぶことにあり、未来を引き寄せることだ。例えば、《せんだいメディアテーク》のコンペにおける1位の伊東豊雄案は世紀の変わり目の重要な作品となったが、落選した古谷誠章案も図書館を含む複数のプログラムをシャッフルしたような施設を提案し、情報装置の活用を前提にした空間を予見している。

– 磯崎新が総指揮を担当した2016年福岡オリンピックの計画も、忘れがたい案だった。国威発揚の場として、国民国家の首都で行なうオリンピックを20世紀の前時代的なものと位置づけ、福岡の立地を生かし、アジアとネットワークを構築しながら、21世紀のオリンピックを開催する野心的な内容である。また期間中は大型の客船を港に着岸させて、プレスセンターにするなど、ハコモノと違う施設のアイデアも含まれていた。が、JOCは、案の内容を重視せず、東京のほうが知名度をもち、資金力があることを理由に挙げて、石原都知事と安藤忠雄が組んだ2016年東京オリンピックの招致計画を選んでいる。結局、この案は臨海部に設ける予定だった競技場へのアクセスが問題視され、IOCに選ばれなかったが、この反省をもとに2020年東京オリンピックの招致計画は都心の競技場を活用するコンパクトな案になった。

– これまでのオリンピックは、ローマ(1960)のピエール・ルイジ・ネルヴィ、東京(1964)の丹下健三、メキシコ(1968)のフェリックス・キャンデラ、ミュンヘン(1972)のフライ・オットー、ソウル(1988)の金壽根、バルセロナ(1992)の磯崎新、アテネ(2004)のサンティアゴ・カラトラヴァほか、北京(2008)のヘルツォーク＆ド・ムーロンによる通称「鳥の巣」など、ダイナミックな構造表現主義を中心としたスポーツ施設の名建築を生みだした。国家が背中を押して、通常は実現しづらいプロジェクトに挑戦できる機会だからである。おそらく、ザハ・ハディド・アーキテクツ+設計JVの新国立競技場もそうなるはずだった。

– 期間限定の仮設パヴィリオンゆえに、19世紀以降、万博も実験建築が登場する場として機能してきた。メタボリズムの宣言で注目された黒川紀章や菊竹清訓は、当時30代や40代前半の若手だったが、大阪万博において注目すべきプロジェクトを手がけている。黒川の企画により、《お祭り広場》の大屋根の内部ではアーキグラム、ハンス・ホライン、ヨナ・フリードマンが未来都市を展示したのに対し、日本の建築家は会場で未来的な建築を実現していた。ちなみに、丹下研究室が担当した大屋根は、雨露をしのぐただの屋根と勘違いされるかもしれないが、将来ここに人が住むようになる未来の空中都市のモデルとして構想されたものである。こうしたイメージは、フリードマンやコンスタンらが先行して提示していたが、大阪万博ではそれが実際に建設された。またセドリック・プライスの可変的な《ファン・パレス》(1964)の構想は、《お祭り広場》の装置につながっている。そして空気膜の構造は、従来の重くて堅い建築のイメージを覆すものとして、1960年代のカウンターカルチャーのなかで注目され、さまざまなアンビルトの案が提出されていたが、やはり万博における村田豊の《富士グループ・パヴィリオン》で現実化した。本展では、その後も彼が空気膜の可能性を探求していたことを紹介する。

– 2018年11月、二度目となる大阪万博の開催が決定した。はたして2025年の万博は、そうした可能性の場となるだろうか。近年、日本の建築界はリスクを恐れ、保守化しており、活躍している建築家も、海外での話題作が増えている。また3.11以降、コミュニティのデザインばかりに注目が集まっている。もちろん重要なのだが、それだけが建築の可能性ではない。建築的な想像力が抑圧された現在だからこそ、改めて建築の可能性、もしくは限界を提示しながら、まだ見ぬ未来を切り開こうとした「インポッシブル・アーキテクチャー」は意義をもつはずだ。それぞれの案が本当に不可能だったのかを考えながら、本展を見ていただきたい。

年表

菊地尊也=編
(東北大学大学院 工学研究科博士後期課程)

[凡例]

1900

● アンビルト・プロジェクト

■ 実現した建築

□ 建築

★ 美術・その他文化

◆ 社会一般

＊太字=掲載作品

＊項目内の順番:海外→国内

図版

[凡例]

- 図版は原則として作者ごとに構成し、概ね年代順に掲載した。

- 各プロジェクトのデータは、以下の通り。

年代　　プロジェクト名 和文|作者名 和文
　　　　プロジェクト名 欧文|作者名 欧文

0000　**プロジェクトタイトル 作者名**
　　　Project title in English | Name

- 各図版のデータは、以下の通り。

出品番号|資料名和文・欧文|制作年

0-0
資料名和文
Document title in English
0000

- 模型については、模型制作者名を適宜データに付した。
- 原則として、データは各所蔵者から提供された表記に従った。
- 資料の技法・素材、寸法、所蔵者等は、巻末のリストに掲載した。
- 本展の一部の資料は図版を掲載せず、巻末のリストに資料のデータを掲載した。
本展に出品しない資料も、一部、図版に掲載している。

- プロジェクトの解説、作者の略歴は、以下の執筆による。略歴は巻末に掲載した。

東北大学——五十嵐太郎[T.I.]
埼玉県立近代美術館——建畠 晢[A.T.]・五味良子[R.G.]・富安玲子[R.T.]・平野 到[I.H.]
新潟市美術館——前山裕司[Y.M.]・藤井素彦[M.F.]
広島市現代美術館——角 奈緒子[N.S.]・笹野摩耶[M.S.]
国立国際美術館——中井康之[Y.N.]・尹 志慧[J.Y.]

1900

● H・P・ベルラーヘ「アムステルダム南部地区拡張計画」
■ H・ギマール「パリの地下鉄入口」［フランス］
曽禰達蔵「旧三菱銀行神戸支店」
★ アール・ヌーヴォー様式が流行［フランスほか］
［精神医学］S・フロイト『夢判断』［オーストリア］
◆ オーストラリア連邦成立
パリ万国博覧会開催［フランス］
パリの地下鉄開通［フランス］
第2回夏季オリンピック開催［フランス］
ツェッペリンによる初の飛行船製造［ドイツ］
治安警察法公布
伊藤博文内閣の主導で立憲政友会結成

1901

● D・H・バーナム＋C・F・マッキム＋F・ロウ・オルムステッド・Jr.「ワシントンD.C.計画」
T・ガルニエ「工業都市」
■ P・ベーレンス「ベーレンス自邸」［ドイツ］
J・M・オルブリッヒ「エルンスト・ルードヴィヒ・ハウス」［ドイツ］
□「芸術愛好家の家」コンペ［ドイツ］
★ E・ガレ、ドーム兄弟らが「ナンシー派」結成［フランス］
P・ピカソ「青の時代」［フランス］
［文学］H・G・ウェルズ『月世界最初の人間』
◆ ヴィクトリア女王没、エドワード7世即位［イギリス］
ノーベル賞制定、W・レントゲンら6名が受賞［スウェーデン］
足尾銅山鉱毒事件

1902

■ E・ハワード、R・アンウィン、B・パーカー「レッチワース田園都市」［イギリス］
ストックホルム市庁舎コンペ［スウェーデン］
E・ハワード『明日の田園都市（改訂版）』［イギリス］
★ G・クリムト「ベートーヴェン・フリーズ」［オーストリア］
A・スティーグリッツら、フォト・セセッション結成［アメリカ］
G・メリエス「月世界旅行」［フランス］
◆ アスワンダム完成［エジプト］
シベリア鉄道開通（-16完成）［ロシア］
日英同盟結成

1903

● K・ツィオルフスキー「スペースコロニー」
■ C・R・マッキントッシュ「ヒル・ハウス」［イギリス］
レッチワース建設［イギリス］
□ ヘルシンキ中央駅コンペ［フィンランド］
H・ヴァン・デ・ヴェルデ、ワイマールに美術学校と工芸学校を設立［ドイツ］
ウィーン工房設立［オーストリア］
★ サロン・ドートンヌ創設、P・A・ルノワールが名誉会長に［フランス］
P・ゴーガン没［フランス］
J・ホフマン＋K・モーザー、ウィーン工房設立［オーストリア］
◆ ライト兄弟、人類初の飛行機による飛行に成功［アメリカ］
ハーレー＝ダヴィッドソン・オートバイ登場［アメリカ］
W・ジーメンスが電気機関車を開発［ドイツ］
ロンドンでロシア社会党第2回大会。V・レーニン、多数派となる［ロシア］
東京で路面電車が営業開始

1904

■ L・サリヴァン「カーソン・ピリー・スコット百貨店」［アメリカ］
野口孫市「大阪府立中之島図書館」
★ H・マティス「豪奢、静逸、悦楽」［フランス］
A・チェーホフ、モスクワで「桜の園」初演［ロシア］
◆ 第3回夏季オリンピック開催［アメリカ］
日露戦争勃発
セントルイス万国博覧会［アメリカ］
三越呉服店（日本初のデパート）開店

1905

● L・ジョセリー「バルセロナ整備拡張計画案」
■ J・プレチニック「ツァッハル・ハウス」［オーストリア］
武田五一「福島邸」
□ ハーグ平和宮殿コンペ［ドイツ］
★ サロン・ドートンヌでH・マティスらの展示室が「フォーヴ（野獣）の檻」と評される［フランス］
E・キルヒナーら「ブリュッケ（橋）」結成［ドイツ］
◆ サンクト・ペテルブルクで血の日曜日事件勃発、第1次ロシア革命へ［ロシア］
アインシュタイン「相対性理論」［ドイツ］
ポーツマス条約調印
東京で孫文らが中国同盟会結成

1906

● T・スタレット「100階建てビル」
S・フリーデ「コニー・アイランド・グローブ」
D・H・バーナム「シカゴ計画」
■ A・ガウディ「カサ・バトリョ」［スペイン］
O・ワグナー「ウィーン郵便貯金局」［オーストリア］
A・ガウディ「サグラダ・ファミリア聖堂」着手［スペイン］
□ H・ペルツィヒ『建築における発酵』［ドイツ］
★ P・セザンヌ没［フランス］
◆ R・A・フェッセンデン、AMラジオ発明［カナダ］
サンフランシスコ大地震発生［アメリカ］
南満州鉄道株式会社設立
鉄道国有法公布

1907

□ ドイツ工作連盟設立［ドイツ］
P・ベーレンス、AEG（ベルリン）の芸術顧問となる［ドイツ］
H・ヴァン・デ・ヴェルデ『信条（クレードー）』［ベルギー］
★ P・ピカソ「アヴィニョンの娘たち」、キュビスムの先駆けとなる［フランス］
『第1回文部省展覧会（文展）』
◆ 電気洗濯機発売開始［アメリカ］
リュミエール兄弟、素人でも使えるカラー写真法を開発［フランス］
東京自動車製作所により、国産初のガソリンエンジン自動車完成

1908

● A・ガウディ「ニューヨーク大ホテル案」
■ グーリン兄弟「ギャンブル邸」［アメリカ］
H・ムテジウス「ハウス・フロイデンベルク」［ドイツ］
□ A・ロース『装飾と罪悪』［オーストリア］
H・P・ベルラーヘ『建築の原理と展開』［ドイツ］
台湾総督府庁舎コンペ
★ W・ヴォリンガー『抽象と感情移入』［ドイツ］
◆ 第4回夏季オリンピック開催［イギリス］
ボスニア・ヘルツェゴビナ併合［オーストリア］
H・フォード、T型フォード完成［アメリカ］
日本人のブラジル移民が始まる

1909

● J・W・ベトベル「線状都市案」
H・ジャンセン「大ベルリン全体計画」
T・ハスティングス＋D・チェスター・フレンチ「国立アメリカン・インディアン記念館」
■ F・L・ライト「ロビー邸」［アメリカ］
片山東熊「赤坂離宮」
★ F・T・マリネッティ「未来派宣言」発表
G・ブラック＋P・ピカソ「分析的キュビスム」発表
◆ R・ピアリー、北極に初到達［アメリカ］
伊藤博文、ハルビンで暗殺

1910

● E・シャンブレス「道路都市」
E・エナール「未来の都市」
W・ヘーゲマン「アメリカの建築と都市計画」
M・オヴァルトン「将来の都市の拡張整備のための提案」
O・ワグナー「ウィーン19区理想的計画」
■ A・ガウディ「カサ・ミラ」［スペイン］
P・ベーレンス「AEGタービン工場」［ドイツ］
A・ロース「ロース・ハウス」［オーストリア］
□ F・L・ライト『有機的建築』［アメリカ］
討論会「我国将来の建築様式の如何にすべきや」をきっかけに建築様式論争が起こる
★ H・ヴァルデン『デア・シュトゥルム』創刊［ドイツ］
アンデパンダン、サロン・ドートンヌにキュビスムの作家が多数出品［フランス］
［文学］P・シェーアバルト『永久機関』［ドイツ］
［文学］『白樺』創刊
◆ 南アフリカ連邦が英自治領として成立
ディアス独裁政権が崩壊し、メキシコ革命勃発
日本による韓国併合、朝鮮総督府設置

1911

■ J・ホフマン「ストックレー邸」［ベルギー］
横河民輔「帝国劇場」
コンドル指導、三菱財閥「丸の内ビル街」
□ H・ムテジウス『工作連盟の目標』［ドイツ］
日本大博覧会敷地設計コンペ
★ W・カンディンスキー『青騎士』展［ハインリヒ・タンハオザー現代画廊、ドイツ］
［文学］C・ドイル『失われた世界』［イギリス］
［哲学］西田幾多郎『善の研究』
◆ 辛亥革命［中国］
R・アムンゼン、南極に初到達［ノルウェー］
白木屋に日本初のエレベーター設置

1912

● A・サンテリア「空港駅」
H・C・アンダーソン「インターナショナル・ワールド・センター」
A・H・モートラム「郊外に適用される田園都市原理」
E・サーリネン「首都キャンベラ計画（2等案）」
■ H・ペルツィヒ「ルーバンの化学工場」［ポーランド］
H・ソヴァージュ「ヴァヴァン街のアパート」［フランス］
曽禰達蔵＋中條精一郎「慶應義塾大学図書館」
□ 大阪市中央公会堂コンペ
★ M・デュシャン「階段を降りる裸体」［フランス］
W・カンディンスキー『芸術における精神的なもの』［ドイツ］
フュウザン会設立
◆ 第5回夏季オリンピック開催［スウェーデン］
中華民国臨時政府成立、清朝が滅ぶ
豪華客船タイタニック号、氷山に激突して沈没［イギリス］
第1次バルカン戦争勃発
A・ヴェゲナー「大陸移動説」発表［ドイツ］
明治天皇崩御、「明治」から「大正」へ改元

1913

● B・タウト「ファルケンベルグ田園都市」
□ シカゴ住宅地区計画コンペ［アメリカ］
★『アーモリー・ショー（国際近代美術展）』［アメリカ］
『第1回ドイツ秋期展』［シュトゥルム画廊、ドイツ］
［文学］M・プルースト『失われた時を求めて』自費出版［フランス］
［文学］P・シェーアバルト『小遊星物語』［ドイツ］
◆ T・エジソン、トーキー映画公開［アメリカ］
第2次バルカン戦争勃発

1914

● A・サンテリア「新都市」
M・キアットーネ「現代のメトロポリス」
E・メンデルゾーン「素描」
■ A・ガウディ「コローニア・グエル教会」［スペイン］
E・サーリネン「ヘルシンキ中央駅」［フィンランド］
W・グロピウス＋A・マイヤー「ファグス靴工場」［ドイツ］
B・タウト「ドイツ工作連盟展 ガラス・パヴィリオン」［ドイツ］
辰野金吾「東京駅」
□『ドイツ工作連盟』展［ドイツ］
ル・コルビュジエ「ドミノ・システム」［フランス］
Aサンテリア＋F・T・マリネッティ「未来派建築宣言」［イタリア］
★ **K・マレーヴィチ「シュプレマティスムの素描（断片）」**（-15）
G・デ・キリコ「通りの神秘と憂愁」［イタリア］
［文学］F・カフカ『掟の門』［ドイツ］
［文学］P・シューアバルト『ガラス建築』［ドイツ］

1914–1928 シュプレマティズムの素描 カジミール・マレーヴィチ

Suprematist Drawing | Kazimir Malevich

1920–1930 アルヒテクトン カジミール・マレーヴィチ

Architekton | Kazimir Malevich

1915年12月、ペトログラード(現・サンクト・ペテルブルク)の『0,10』展において、マレーヴィチは単純な幾何形態による抽象絵画36点を一挙に発表した。「シュプレマティズム」[1]と名づけられたこの絵画は、同展に出品していたタトリンの抽象的な立体作品が示した構成主義とともに、ロシア・アヴァンギャルドが進む2つの方向の出発点となった。

ロシア革命を経て教育機関の再編が進むなか、マレーヴィチは1919年秋、ヴィテプスクの美術学校で教えはじめ、ほどなくしてマレーヴィチの招聘を推進したエル・リシツキーや校長のエルモラーエヴァらと、学内に「ウノヴィス(新芸術の肯定者)」[2]を結成する。ドイツのダルムシュタット工科大学で建築を学んだリシツキーが担当する建築課程が、ウノヴィスでも大きな比重を占めており、メンバーのイリヤ・チャシニクはウノヴィス年鑑に「建築技術課程は、実用主義におけるシュプレマティズムの新しい実用的形式の建設者」だと書いている[3]。絵画から生産的な建築へというロシア・アヴァンギャルドの大きな方向転換をここにも見ることができる。

マレーヴィチ自身も「絵画のシュプレマティズムは終わった」として、はっきりと建築へ歩みを進める。1920年代初頭から描かれた《プラニート》は「平面図」と「惑星」による造語で、未来の住居を意味し、アクソノメトリックの技法を用いた建築のドローイングである。「地球居住者のための家」、「飛行家のための家」など、宇宙空間や飛行を示す題名もある。欄外には、白のオペーク・ガラス、コンクリート、タールフェルトなどの建材や、電気による暖房、色彩は白黒、例外的に赤、などの現実化を構想する記述も見られる[4]。

《プラニート》の延長上にあるのが1920年代後半の都市計画的素描である。「社会主義衛星都市のプロジェクト」とも言われ、《シュプレマティズムの素描(空からの展望)》のように自然の地形の中に複数のプラニートが配され、航空機あるいは宇宙船から見下ろしたような素描である。

《アルヒテクトン》は、シュプレマティズムを空間的に展開した建築的立体構成で、《プラニート》と相前後して1923年頃に制作されはじめたとされる。ほとんどが石膏による大小のパーツを組み合わせたもので、部分的に黒い塗装が施されることもある[5]。純粋な理念的建築という印象が強い。1926年6月、レニングラードのギンフク(国立芸術文化研究所)[6]で開かれた「芸術文化研究所1925–26年学期作品展」の「シュプレマティストの建築素描模型展」において、初めて《アルヒテクトン》が展示された。

初期のシュプレマティズムは平面図形による絵画であったが、同時に素描において3次元的な表現が試みられていた。『0,10』展の会場写真にも、例外的な作品ではあるが、直方体が立体的に描かれている絵画がある。より重要なことは、もともとマレーヴィチの絵画は白を背景に平面図形が浮遊し、ときに重なり合う、深さのある空間を内包する絵画であったことだろう。つまり、マレーヴィチが建築に向かうのは、単なるソ連の文化政策に起因する方向転換ではなく、空間的な絵画から空間的建築へという必然的な移行だったといえる。バウハウス叢書の『無対象の世界』には、「平面の動的なシュプレマティズムにおいて、あるいは空間における静的なシュプレマティズム——抽象的建築——において」という言葉が見られ、「絵画的感覚の具象化によって新しい形態ならびに形態相互の関係を創出したシュプレマティズムの新芸術は、画布の表面から空間へとこの形態ならびに形態相互の関係を転換することにおいて、新しい建築芸術となる。」とマレーヴィチは書いている[7]。

ウノヴィスのメンバーだったニコライ・スエチン、チャシニクらと共同で制作されていた《アルヒテクトン》は、1930年代以降、シュプレマティズムを継承した彼らによって独自に進められ、マレーヴィチ没後の1937年のパリ万博ソ連館には、列柱のように長大なスエチンの《アルヒテクトン》が並んだ。ソ連の建築界ばかりでなく、その遺伝子は遠くザハ・ハディドの卒業制作《マレーヴィチ・テクトニク》(1976–77)まで達している。[Y.M.]

---

1 「スプレマチズム」とも表記される。
2 UNOVIS(Утвердители нового искусства)
3 *UNOVIS Almanac*, No.2, 1921. *Malevich*, Academy Editions, 1989. 所収
4 *MALEVICH*, The Armand Hammer Museum of Art and Cultural Center, 1990.
5 修復・復元の詳細は次の文献に詳しい。*Malévitch architectones, peintures, dessins*, Centre Georges Pompidou, 1980.
6 GINKhUK(ГИНХУК)
7 カジミール・マレーヴィチ『無対象の世界』(五十殿利治訳、バウハウス叢書11、中央公論美術出版、1992)

1-1
シュプレマティズムの素描(断片)
Suprematist Drawing (Fragments)
c.1914–15

1-2
黒い正方形と白い管状の形態
Black Square and White Cylindrical Form
1915

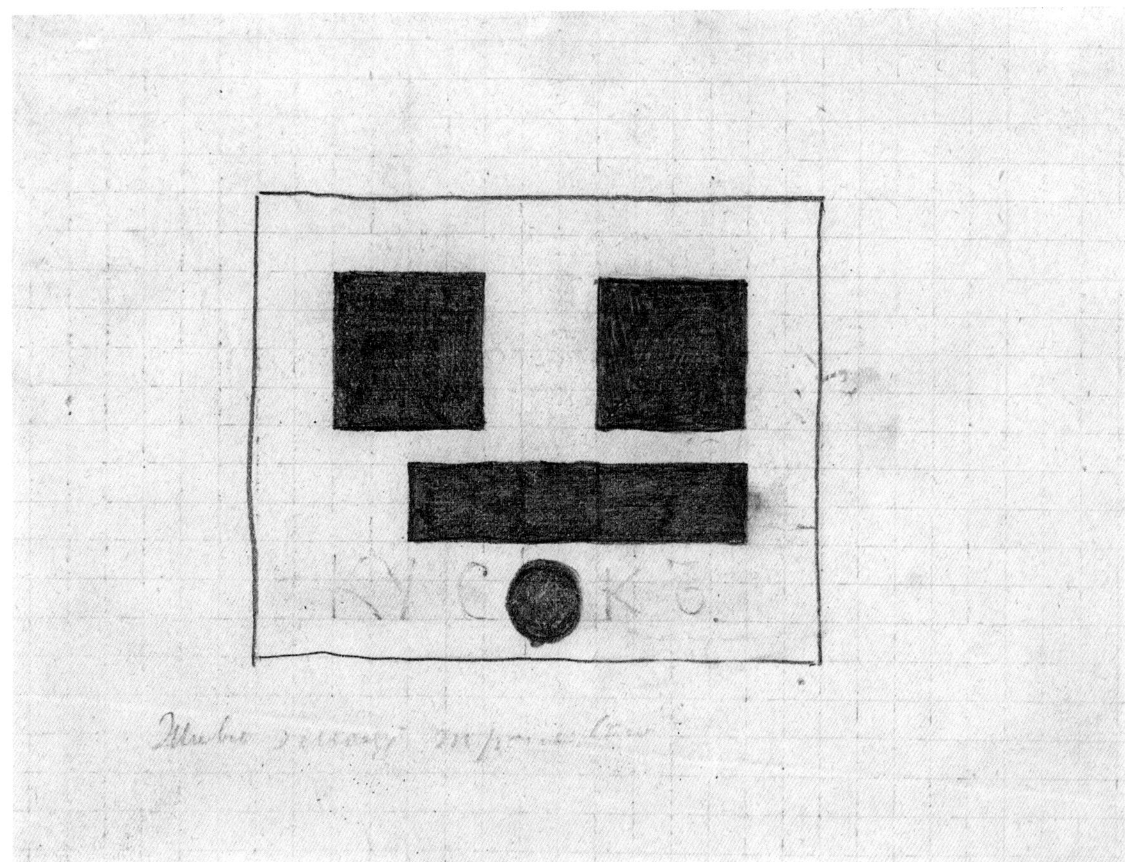

1-1

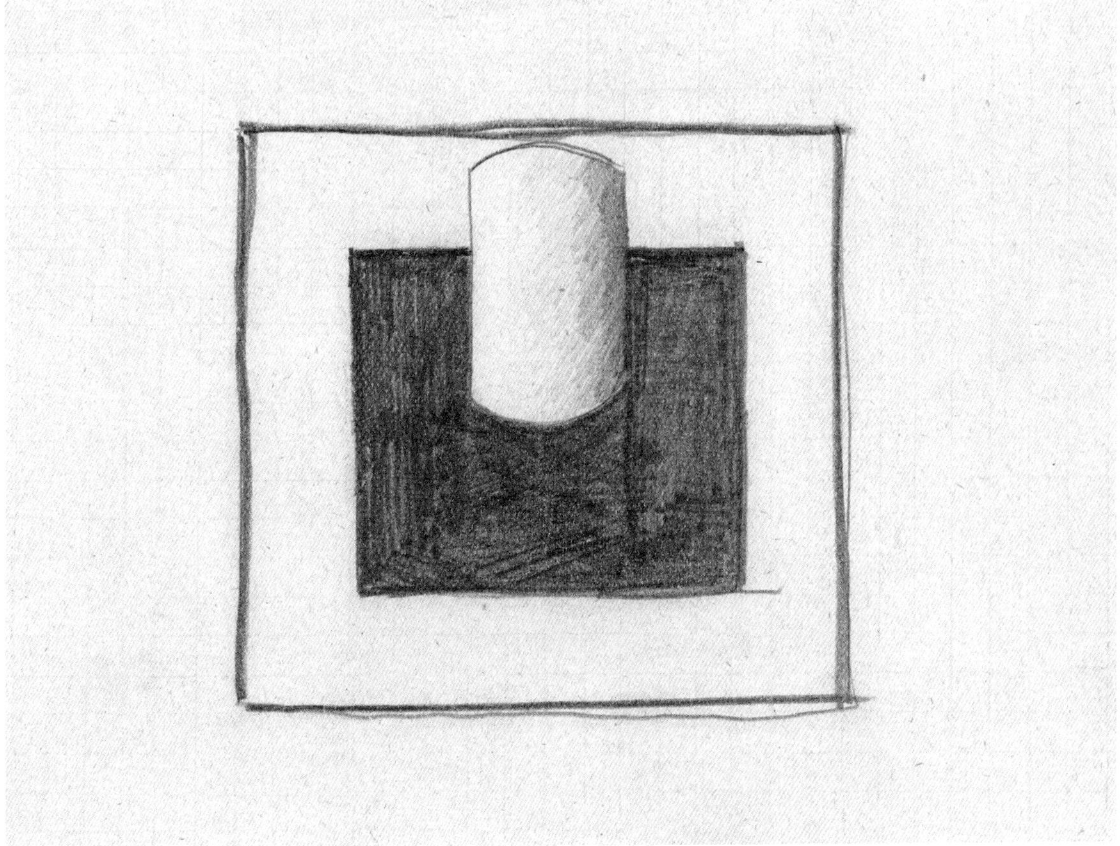

1-2

日本美術院『再興第1回展』

二科会設立

◆ 第1次世界大戦勃発

パナマ運河開通

35ミリカメラ「ライカ」開発［ドイツ］

ドイツ軍、パリへ世界初の空襲

1915

● A・サンテリア「モニュメンタルな建築」

G・R・テイラー「衛星都市」

■ 後藤慶二「豊多摩監獄」

□ V・B・シクロフスキーらオポヤズ結成［ロシア］

野田俊彦「建築非芸術論」

明治神宮宝物殿コンペ

虚偽建築論争起こる

★ **K・マレーヴィチ「黒い正方形と白い管状の形態」**

K・マレーヴィチ、サンクト・ペテルブルクで開催された『0.10』展に、シュプレマティズムの絵画を出品［ロシア］

M・デュシャン、「大ガラス」の制作に着手［アメリカ］

◆ ドイツ軍、毒ガス兵器使用

ニューヨーク、サンフランシスコ間で電話開通［アメリカ］

A・アインシュタイン「一般相対性理論」［ドイツ］

中国に21カ条の要求を提出

杉本京太、邦文タイプライター発明

1916

□ ゾーニング法制定［アメリカ］

★［美術］**K・マレーヴィチ「シュプレマティスムの素描（2つの正方形）」**（-17）

T・ツァラ、J・アルプら、チューリッヒでダダ運動を開始［スイス］

［哲学］F・ソシュール『一般言語学講義』［スイス］

［映画］D・W・グリフィス「イントレランス」［アメリカ］

◆ 第6回夏季オリンピックが第1次世界大戦のため中止［ドイツ］

V・レーニン、『帝国主義論』発表

吉野作造、民本主義を説く

1917

● M・アーバン「理想都市大プラハ」

□ G・リートフェルト「レッド・アンド・ブルー・チェア」［オランダ］

T・ファン・ドゥースブルフ『デ・ステイル』誌創刊［オランダ］

★ M・デュシャン「泉」［アメリカ］

◆ ソビエト政権樹立（ロシア十月革命）

アメリカ、ドイツに宣戦布告

1918

● E・サーリネン「ヘルシンキの計画」

■ 岡田信一郎＋辰野金吾「大阪市中央公会堂」

□ 11月グループ結成［ドイツ］

B・タウト『建築綱領』［ドイツ］

デ・ステイル『宣言Ｉ』［オランダ］

A・オザンファン＋C・ジャンヌレ（ル・コルビュジエ）「ピュリスム宣言」発表［フランス］

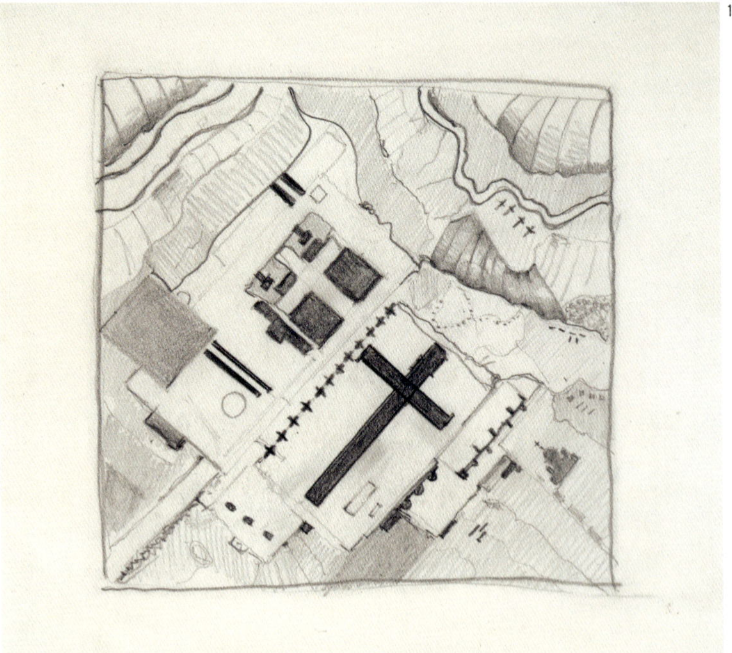

1-3

1-4

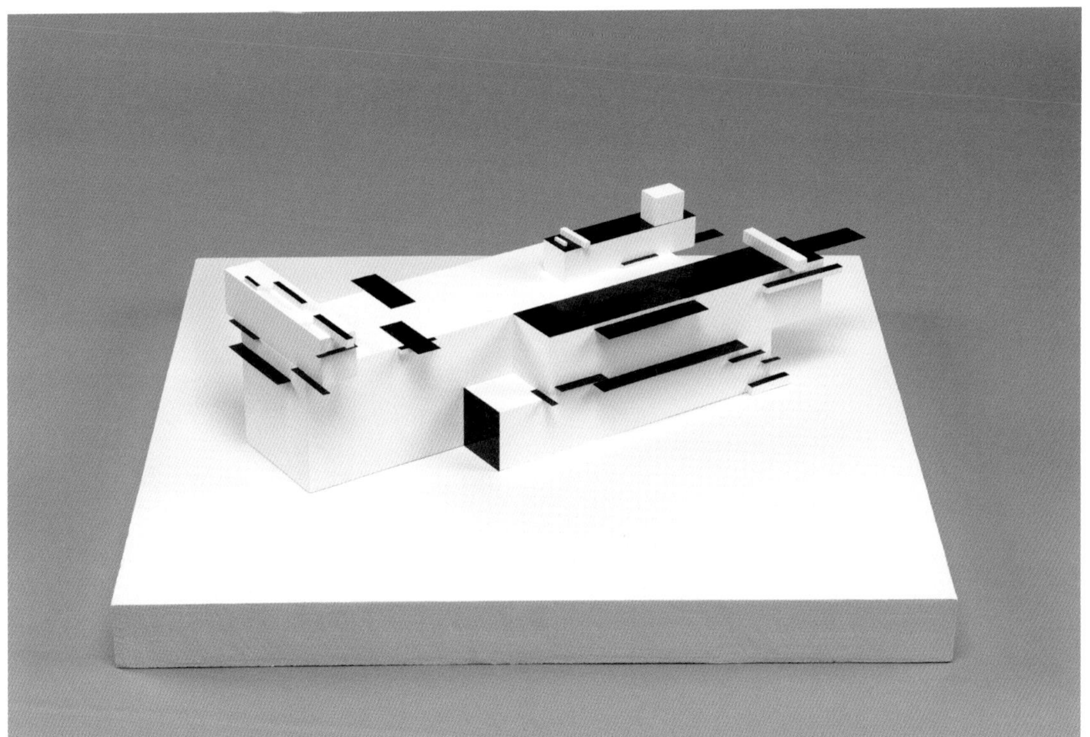
1-5-a

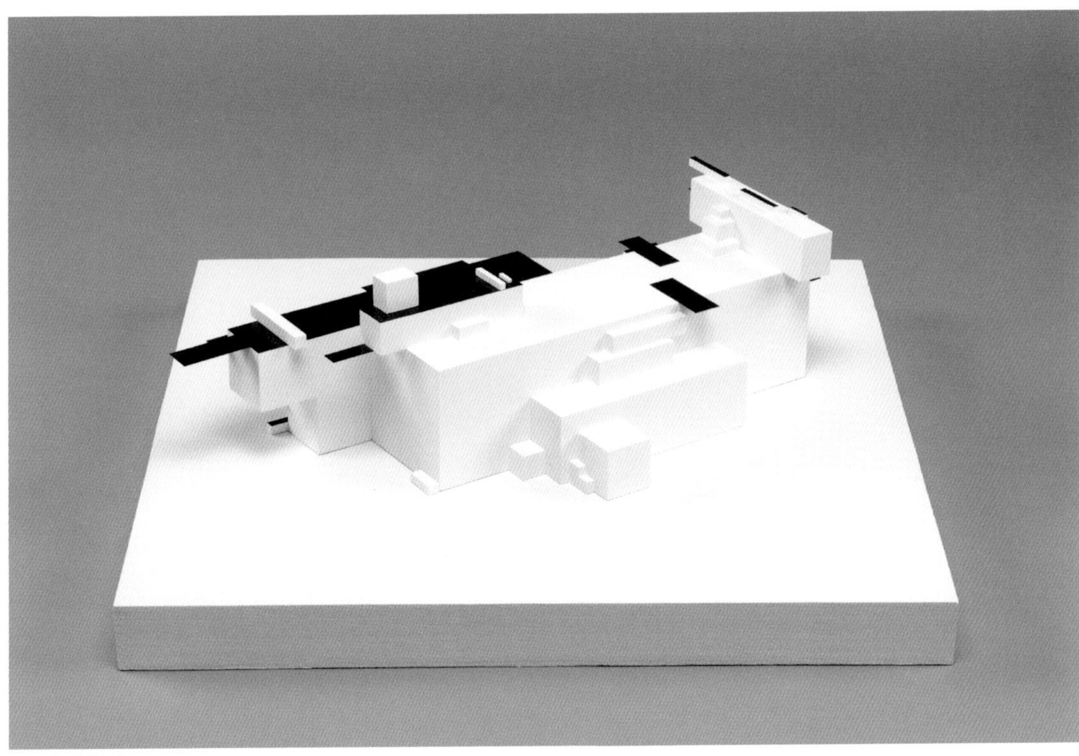
1-5-b（反対面より）

1-3
シュプレマティズムの素描
（空からの展望）
Suprematist Drawing
(Aerial View)
1928

1-4
シュプレマティズムの素描
（2つの正方形）
Suprematist Drawing
(Two Squares)
1916–17

1-5-a, b
制作：東北大学五十嵐太郎研究室
アルヒテクトン、模型
Production:
Tohoku University,
Taro Igarashi Lab.
Model, Architekton
2018

MAO(モスクワ建築家連盟)、
LAO(レニングラード建築家連盟)結成[ロシア]
渋沢栄一、田園都市株式会社設立
◆第1次世界大戦終結
ドイツ革命によりドイツ共和国成立
日本軍、シベリア出兵
米騒動発生

1919

●**B・タウト『都市の冠』『アルプス建築』**
V・タトリン「第3インターナショナル記念塔」(–20)
H・フィンステルリン「建築的試み」
H・ルックハルト「建築的フォルム幻想」
V・マルキ「幻想都市」「上部都市」
ドゥ・ルッテほか「大パリの田園都市」
H・Th・ヴェイデフェルト、J・F・スタル
「高層建築」(–22)
E・リシツキー「プロウン・シリーズ」
下田菊太郎「帝国議会案」
■H・ペルツィヒ「ベルリン大劇場」[ドイツ]
M・デ・クラーク
「エイヘンハールトの集合住宅」[オランダ]
□芸術労働評議会『無名建築家』展
[ベルリン・ノイマン画廊、ドイツ]
ガラスの鎖グループ結成[ドイツ]
W・グロピウスにより、
ワイマール国立バウハウス開校[ドイツ]
帝国議会議事堂コンペ
『住宅改善博』[東京教育博物館]
★[映画]R・ヴィーネ「カリガリ博士」[ドイツ]
◆パリ講和会議
ヴェルサイユ条約調印
ワイマール憲法制定[ドイツ]
B・ムッソリーニがファシスト党結成[イタリア]
排日運動が起こる[中国]
M・ガンジーの反英運動始まる[インド]
小林一三、宝塚温泉内に
宝塚歌劇音楽学校を設立

1920

●**B・タウト『都市の解体』『宇宙建築師』**
B・タウト『色彩建築への呼びかけ』
E・リシツキー「レーニン演説台」
K・マレーヴィチ「労働者クラブ」
H・ペルツィヒ「フェスティバル・ホール」
H・シャロウン「ユートピアのスケッチ」
H・フィンステルリン「建築」
O・コーツ「ベルリン計画」
L・デ・ソイソンズ「ウェルウィン田園都市」
ル・コルビュジエ「シトロアン住宅」
堀口捨己「精神的な文明を来たらしめんが
為に集る人々の中心建築への最初の思案」
石本喜久治「納骨堂」
森田慶一「屠場」
山田守「国際労働協会」
瀧澤眞弓「山岳倶楽部」
中村不折「東洋ヴェニス東京湾」
■伊東忠太「明治神宮」
□ル・コルビュジエら
『エスプリ・ヌーヴォー』創刊[フランス]
B・タウト『曙光』創刊[ドイツ]
『ユートピア通信』発行[ドイツ]

1919–
1920

第3インターナショナル記念塔 ウラジーミル・タトリン

Monument to the Third International | Vladimir Tatlin

「金髪に青い目が印象的」だったと、1930年にロシアを訪れた村野藤吾は、対談で何度かタトリンとの面会を回想し、「第3インターナショナルの構成派風の例の革命記念塔のパンフレットにサインしてくれましてね、いまでも私の部屋にかけてあります」と語っている[1]。

《第3インターナショナル記念塔》は、当時世界で最も高い300mのエッフェル塔を100mしのぐ、400mにおよぶ構想とされる、ロシア革命およびロシア・アヴァンギャルドの象徴的プロジェクトである。鉄製の二重螺旋の内部にはガラスの建造物が4つある。第1層の立方体(あるいは円筒形)[2]は国際会議やインターナショナルの大会が開催される立法関係のブロックで、1年に1回転の速度で回転する。第2層の三角錐はインターナショナルの執行部などがある行政機関で、1月に1回転する。第3層の円柱は情報センターで、1日に1回転する。最上部には半球があり、ラジオを発信し、映像を投影するセクションとされている。さらに構想では、ガラスの建造物は魔法瓶のような二重構造で外気の影響を受けず、エレベーターを完備し、最上部付近には映像を映し出すスクリーンを設けるとしている。

螺旋の構造は地軸の傾きと同じ23.5°に傾いているとされ、模型が完成する前から記事を書いたニコライ・プーニンは「引力を克服したいという目論見を形態が帯び」ており、「螺旋は解放された人間の運動の軌跡である」と解釈している。

1917年のロシア革命ののち、レーニンとナルコムプロス(教育人民委員部)を率いたルナチャルスキーは、「アギト・プロプ(扇動・宣伝芸術)」という方針を打ち出し、芸術家は革命記念日の街頭や乗り物の飾り付けに従事した。その後モニュメントによるプロパガンダという課題が提示される。これに素早く反応したのがタトリンで、当初は「革命記念塔」として提案されたプロジェクトは、1919年初めにナルコムプロスから発注が決まる。

この年ペトログラード・スヴォマス(国立自由芸術工房)の素材・空間・構成工房で指導することになったタトリンは、ここで模型の制作に着手し、助手としてヨシフ・ミエールゾン、パヴェル・ヴィノグラードフ、チェベル・マルコヴィチ・シャピロの3人を中心に構造がつくられた[3]。そのほか協力した芸術家としては、ガラスの建造物を手伝ったソフィア・ディムシッツ=トルスタヤがいる。革命3周年記念日には、およそ6mにも達するような模型が完成し、1920年11月からペトログラードで公開され、ついでモスクワの第8回ソビエト会議で展示された。その後いくつかの簡略な模型が必要に応じて制作され、街頭パレードの車に載せられることもあった。

当時はまだ内戦が続いており、経済的にも技術的にも当時のソ連に《第3インターナショナル記念塔》を実現する力はなかった。しかし、タトリンはヨーロッパでも紹介されはじめ、1920年6月のベルリンの第1回ダダ見本市では「芸術は死んだ! タトリンの機械芸術万歳!」という文字が掲げられる。模型完成後は、リシツキーとイリヤ・エレンブルクがベルリンで発行した『ヴェシチ』[4]などを通じて広く世界に知られ、20世紀の代表的な彫刻/建築として聳えている。

[Y.M.]

---

1 佐々木宏編『近代建築の目撃者』(新建築社、1977)。ほかには「ソヴエト建築を語る」『建築と社会』第36巻第4号(1955年4月号)がある。

2 ニコライ・プーニンは立方体、シクロフスキイは円筒形としている。(『ロシア・アヴァンギャルド4コンストルクツィア——構成主義の展開』[国書刊行会、1991]、引用部は本書による)

3 И. А. Меерзон, П. М. Виноградов, Т. М. Шапиро, С. Л. Дымшиц-Толстая *Vladimir Tatlin retrospektive*, DuMond Buchverlag Köln, 1993.

4 *ВЕЩЬ/OBJET/GEGENSTAND*, N.1/2, 1922.

В 1919 г. Отделом Изобразительных Искусств Народного Комиссариата по Просвещению было поручено худ. В. Е. Татлину выработать проект памятника Третьему Интернационалу. Художник Татлин немедленно приступил к работе и исполнил проект. Затем художники В. Е. Татлин, И. А. Меерзон, П. П. Виноградов и Т. М. Шапиро, об'единившиеся в «Творческий Коллектив», детально разработали проект и построили модель.

Основная идея памятника сложилась на основе органического синтеза принципов архитектурных, скульптурных и живописных и должна была дать новый тип монументальных сооружений, соединяющих в себе чисто творческую форму с формой утилитарной. В согласии с этой идеей проект памятника представляет собой три больших стеклянных помещения, возведенных по сложной системе вертикальных стержней и спиралей. Помещения эти расположены одно над другим и заключены в различные гармонически связанные формы. Благодаря особого рода механизмам, они должны находиться в движении различных скоростей. Нижнее помещение (А), представляя по своей форме куб, движется вокруг своей оси со скоростью одного оборота в год и предназначено для целей законодательных. Здесь могут происходить конференции Интернационала, заседания интернациональных с'ездов и других широких законодательных собраний. Следующее помещение (В), в форме пирамиды, вращается по оси со скоростью одного полного оборота в месяц и предназначено для целей исполнительных (Исполком Интернационала, секретариат и др. административно-исполнительные органы). Наконец, верхний цилиндр (С), вращающийся со скоростью одного оборота в день, имеет в виду центры осведомительного характера: информационное бюро, газета, издания прокламаций, брошюр и манифестов, словом все разнообразие средств широкого осведомления международного пролетариата, в частности же телеграф, проекционные фонари для большого экрана, помещающегося на осях сферического отрезка (а,—а,), и радио, мачты которого поднимаются над памятником. Нет надобности указывать на широкие возможности оборудования и организации всех помещений; деталей проект не предусматривает, они могут быть обсуждены и выработаны при дальнейшей внутренней разработке памятника. Необходимо указать, что, по мысли художника Татлина, стеклянные помещения рассчитаны на двойные перегородки с безвоз

2-1
『第3インターナショナル記念塔』
（教育人民委員会造形芸術部門、1920）
表紙：ウラジーミル・タトリン
テキスト：ニコライ・プーニン
Monument to the Third International, Izo NKP, 1920.
Cover: Vladimir Tatlin
Text: Nikolai Punin
1920

душным пространством (термос), благодаря чему легко будет поддерживать температуру внутри помещения. Отдельные части памятника, равно как и все помещения будут соединены с землей и между собою исключительно электрическими под'емниками сложной конструкции, приспособленной к различным вращательным скоростям помещения. Таковы технические основы проекта.

ХУДОЖЕСТВЕННОЕ ЗНАЧЕНИЕ ПРОЕКТА.

Социальная революция сама по себе не меняет художественных форм, но подводит почву, которая медленно меняет формы искусства. Идея монументальной пропаганды не изменила скульптуры, скульпторов, но сбила самый принцип пластического выявления, царствующий в буржуазном мире. Традиции Ренессанса в пластике могли казаться современными до тех пор, пока феодально-буржуазные корни капиталистических государств не были разрушены. Ренессанс сгорел, но только теперь очищается пожарище Европы.

Правда, коммунистические правительства известное время будут пользоваться фигурными памятниками греко-итальянского классицизма, как средством монументальной пропаганды, но только потому, что эти правительства принуждены ими пользоваться, как они принуждены пользоваться специалистами дореволюционной школы. Фигурные (греко-итальянские) памятники находятся в двойном противоречии с современностью. Они культивируют индивидуальный героизм, сбивают историю; торсы и головы героев (и богов) не соответствуют современному пониманию истории. Они слишком частные формы там, где десятиверстные ряды пролетариата; в лучшем случае они выражают характер, чувствования и мысли героя, но кто выразит напряжение чувствований и дум коллективной тысячи. Тип? Но тип конкретизирует, ограничивает и нивеллирует массу. Она богаче, она живее, более сложна, более органична.

Но даже, если тип—фигурные памятники еще больше противоречат современности ограниченностью средств выражения, своею статичностью. Агитдействие таких памятников чрезвычайно мало; среди шума, движения и размеров улиц. Созерцатели на гранитных постаментах, может быть, сами много видят, но их не видят. Они скованы формой, которая сложилась, когда процветали лоджии, транспорты на мулах и каменные ядра. Телефонный провод военного времени бьет по носу героя; трамвайный столб—скорее обелиск; горожане в день большее число раз вспомнят Лассаля по корешкам книг и заголовкам газет в библиотеках, чем проходя под его гордой головой. Лассаль стоит невидимый и ненужный с того момента, как кончилось открытие...

Памятник должен жить социально-государственной жизнью города и город должен жить в нем. Он должен быть нужным и динамичным, тогда он будет современным. По ту сторону изображения человека—единицы лежат формы современной агитпластики. Их находит художник, не искалеченный феодально-буржуазными традициями Ренессанса, но работавший, как рабочий, над тремя единицами современного пластического сознания: материалом, конструкцией и об'емом. Работая над материалом, конструкцией и об'емом, Татлин дал форму, новую в мире монументального творчества. Такова форма памятника Третьему Интернационалу.

Лучшему художнику рабоче-крестьянской России, жизнью доказавшему свое знание трудящихся масс, было поручено еще год тому назад разработать проект памятника III Интернационалу. Разработанный проект не только замечателен полной ценностью, как явление современной художественной жизни, но может быть принят, как глубокий прорыв в мертвом кольце перезрелого упадочного искусства нашего времени. Художественное дело выходит за XX век, намечая секторы развития всех сторон творчества. Считая себя в известной мере компетентным в вопросах искусства, я квалифицирую этот проект, как международное событие в мире искусства.

На наших глазах разрешается наиболее сложная проблема культуры: утилитарная форма является чистой творческой формой. Вновь становится возможным классицизм, не как возрождение, но как изобретение. Идеологи международного рабочего движения давно искали классического содержания социалистической культуры. Вот оно приходит. Мы утверждаем, что настоящий проект есть первая революционная художественная работа, которую мы можем и посылаем Европе.

Форма в проекте положена на две оси ($аа_1$ и $бб_1$), находящихся по отношению друг к другу в состоянии непрерывного столкновения. В направлении от а к $а_1$ развивается движение вверх, перебитое в каждой своей точке движением по спиралям от б, $б_1$, $б_2$, $б_3$ к линии $аа_1$. Столкновение этих двух по природе своей взаимно-противоречивых движений должно дать разрыв (чем так характерен остающийся далеко позади „кубизм") и гибель утилитарной идеи, но встречные спирали, принимая на себя движения на $аа_1$ (и $бб_1$), выносят их сквозь движения главного стояка (ферма $аа_1$) туда же вверх, давая динамический образ, нагруженный мощным напряжением вечно волнующихся и сталкивающихся осей. Вся форма колеблется, как стальная змея, сдержанная и организованная одним общим движением всех частей—подняться над землей. Преодолеть материю, силу притяжения хочет форма; сила сопротивления велика и грузна; напрягая мышцы, форма ищет выхода по самым упругим и бегущим линиям, какие только знает мир—по спиралям. Они полны движения, стремления, бега и они туги, как воля творящая и как мускул, напряженный молотом.

Применение и организация в современной форме спирали само по себе есть уже обогащение композиции. Подобно тому, как равновесие частей—треугольник—лучшее выражение Ренессанса, лучшее выражение нашего духа—спираль. Взаимодействие тяжести и подпоры есть наиболее чистая (классическая) форма статики; классическая форма динамики—спираль. Общества классовых противоречий боролись за обладание землей, линия их движения—горизонтальная; спираль—линия движения освобожденного человечества. Спираль есть идеальное выражение освобождения: своей пятой упираясь в землю, бежит земли и становится как бы знаком отрешения всех животных, земных и пресмыкающихся интересов.

Мещанские общества любили развернуть животную жизнь на земле, обрабатывая поверхность земли, они ставили на ней магазины, пассажи, банки; буржуазная жизнь—площадная, играла на виду и на показ. Творческое человечество уходит своей животной жизнью в землю: не видно, где работают кооперативы; площадь—место агитации, игр и праздника; освобожденная жизнь подымается над землей, над сырыми земными материалами. Дом—жилище и общественное место переносится в слои над землею—выражение современности и содержание современной жизни. Вместе с тем это—содержание большой художественной формы.

Всякое содержание формы может быть принято и сжато утилитарностью, ибо утилитарность форм есть не что иное, как организация ее содержания. Формы, лишенные практического назначения,—большинство до сих пор существовавших художественных форм, просто не организованные формы. И, может быть, впервые принцип организации действительно осуществлен в искусстве. Памятник рассчитан на концентрацию инициативы законодательной (Помещение А), исполнительной (Помещение В) и осведомительной (Помещение С), причем помещения эти, согласно отмеченному принципу выражения современности, вынесены в верхние слои пространства. Этим, равно как и материалом (стекло), обозначена чистота инициатив, их, освобожденная от материальной тяги, идеальность. Искусство, лишенное творческого идеализма, именно того, что является содержанием интуиции—есть искусство нечистых ритмов. Ритмы до сих пор не удалось разложить на элементы материальной культуры, эти последние определяют рост и условия существования, но само бытие—есть ритмы. В согласии с ними струится интуиция. Чистота и наполненность ритмов определяет степень одаренности, но я не знаю более чистых и полных ритмов, чем ритмы в работах Татлина. Он обладает глазом наибольшей чувствительности в отношении материала и, именно, сопоставлением материалов определяет границы ритмических поли. Мы принимаем, как основание, за единицу ритма отрезок волны, заключенный между качествами стекла и качествами железа. Подобно тому, как произведение числа колебаний на длину волны есть пространственная мера звука, отношение стекла к железу есть мера материального ритма. Какая-то суровая и каленая простота скрыта в сопоставлении этих двух простейших материалов, для которых огонь был в одинаковой мере подателем жизни. Эти материалы—элементы современного искусства. Форма, определяемая их сопоставлением, дает ритмы такого широкого и мощного колебания, что кажется рождением океана.

Осуществить эту форму значит воплотить динамику с таким же непревзойденным величием, с каким воплощена статика пирамидой. Мы утверждаем:—только наполнение мощью многомиллионного пролетарского сознания могло бросить в мир идею этого памятника—формы; она должна быть реализована мускулами этой мощи, ибо мы имеем идеальное, живое и классическое выражение в чистой и творческой форме интернационального союза рабочих земного шара

1920 г. Июль.

Н. Пунин.

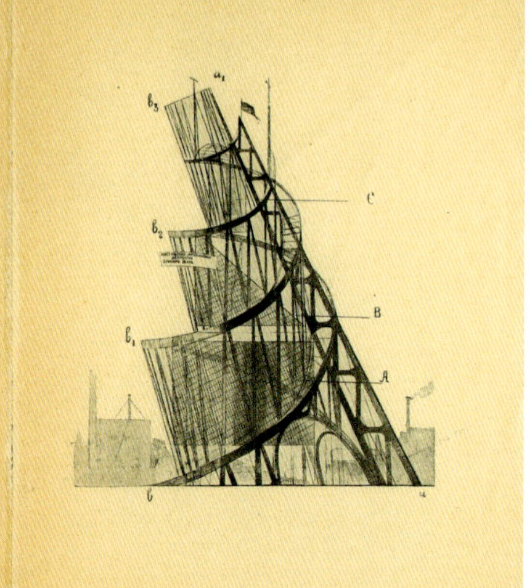

2-1
『第3インターナショナル記念塔』
(教育人民委員会造形芸術部門、1920)
図面:ウラジーミル・タトリン
テキスト:ニコライ・プーニン
Monument to the Third International, Izo NKP, 1920.
Plate: Vladimir Tatlin
Text: Nikolai Punin
1920

2-2
制作：野口直人建築設計事務所
第3インターナショナル記念塔、
模型（1:500）
Production:
noguchinaoto architect's
Model, Monument to the Third
International (1:500)
2019

(1998) **ウラジーミル・タトリン 第3インターナショナル記念塔 長倉威彦**

Vladimir Tatlin Monument to the Third International | Takehiko Nagakura

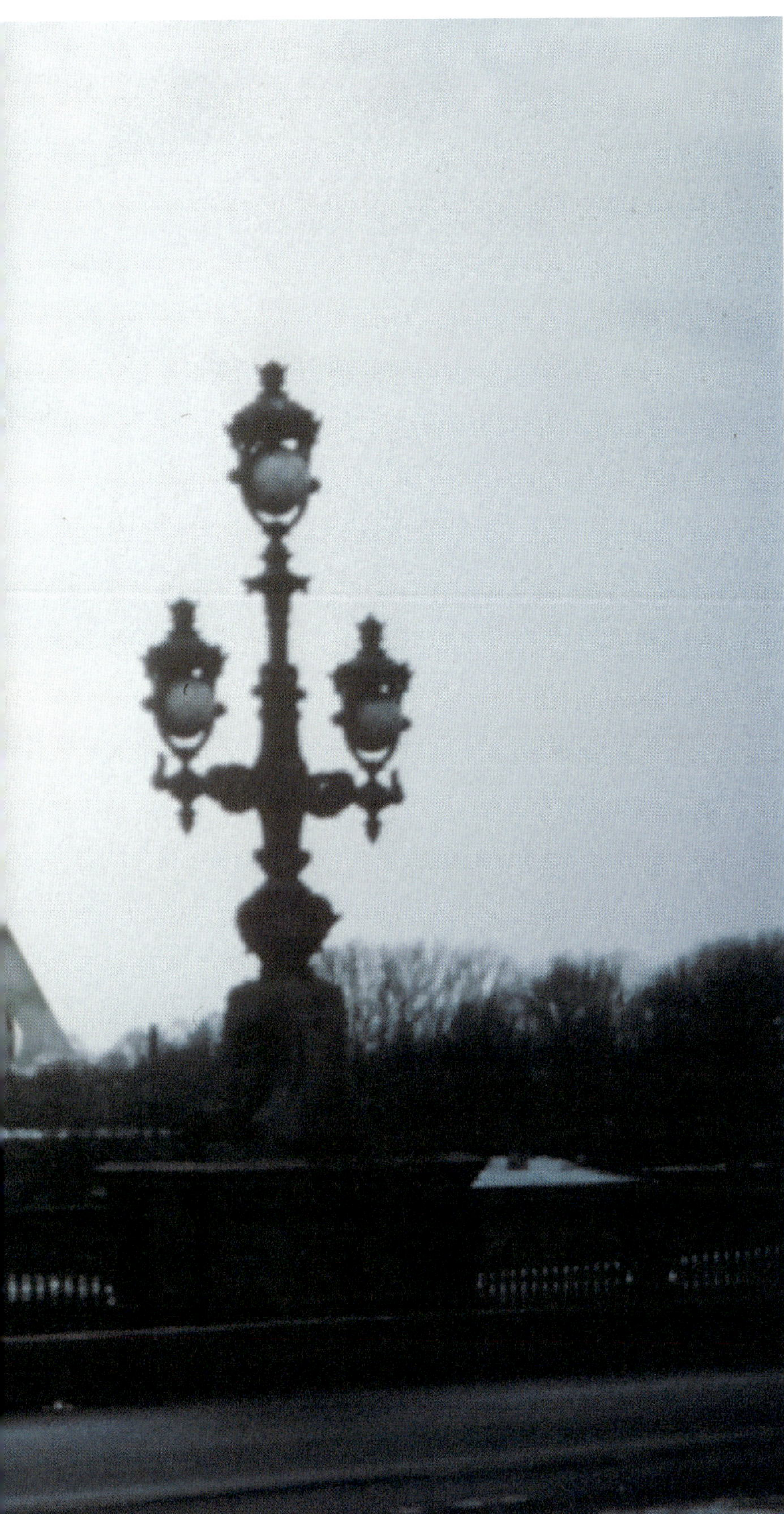

3-1
映像制作・監督：長倉威彦
CG：アンドレ・ザルジツキ、長倉威彦、
ダン・ブリック、マーク・シッチ
ウラジーミル・タトリン
第3インターナショナル記念塔、
CG映像
Film producer and director:
Takehiko Nagakura
CG: Andrzej Zarzycki,
Takehiko Nagakura,
Dan Brick, Mark Sich
CG film, Vladimir Tatlin
Monument to the Third
International
1998

1919–1920 アルプス建築、宇宙建築師、都市の解体 ブルーノ・タウト

Alpine Architektur, Der Weltbaumeister, Die Auflösung der Städte | Bruno Taut

第1次世界大戦後、ブルーノ・タウトは『都市の冠』、『アルプス建築』(以上1919)、『都市の解体』、『宇宙建築師』(以上1920)という4冊の本を立て続けに出版している。これらの書物はいずれも建築家が表現した都市や建築の設計図というよりは、夢想的な世界を描く画家によって未来都市や想像的自然環境が描かれたといったほうがふさわしいかもしれない。例えば『アルプス建築』ではアルプス山脈の峰々や谷間に、タウトが設計してきた「ガラス建築」(グラス・ハウス)を彷彿とさせるような「クリスタル・ハウス」が描かれ、モンテ・ローザやマッターホルンといったヨーロッパの最高峰の山々に寄り添うのである。若い頃から建築事務所を設け、数多くの集合住宅等を手がけてきた建築家に、このような自由な発想による表現を促したのは、ひとつには、敗戦国となったドイツでは建築家としての仕事が期待できなかったという現実的な側面があった。また別の側面としては美学的な動機づけもあったろう。『アルプス建築』の中の「人工照明がきらめく山の夜」の頁で描かれた豊かな色彩とサーチライトの光跡が表わす多視点的な絵画を想像させる図は、20世紀初頭の抽象絵画を連想させる。実際、タウトは建築の実務学校を卒業して建築事務所に勤めだした1903年からの5年間、芸術家のサークルに参加し、画家に転ずることも考えていた。タウトのそのような純粋芸術への関心は、建築物に対する色彩の積極的な使用にも見ることができる。上述した「ガラス建築」では、色ガラス、色モザイクさらにはカレイドスコープまで用いており、内部空間は色彩に満ちあふれていたという。以上の2つの側面は重要な要素であった。しかしながら、タウトがこの書物『アルプス建築』によって主張する、もうひとつ別の重要な論点があった。「いずれにせよ、ヨーロッパは戦争遂行のため十分な神経もエネルギーもあることを戦争において証明してみせた。この力をほかのより美しき目的へ導けるなら、この地球はほんとうに良き住みかとなるだろう。」要するにタウトがこの夢想的とも言える設計図集『アルプス建築』で最も示したかったのは、このような逆説的とも言える論理だったのである。

さて、同時期に出版したほかの書物も、根本的にはその逆説の論理が基本となっていたであろう。ただし、それらの書物はそれぞれに表現内容を違えているのである。『都市の冠』は、人間存在に根ざした建築を唱えた書物であり、『都市の解体』は100個ほどの労働共同体が地球の各地に分散して生活するというユートピアを描いている。そして、もう1冊『宇宙建築師』は、時間軸を伴って建築物と宇宙空間が1つの舞台となったような壮大な物語が表わされている。この書物は、タウトの建築的な想像力の源泉にかかわりをもった文学者パウル・シェーアバルトに捧げられている。タウトが日本の伝統的な建築物や、太古の様式を保持した建築物と語り合う素地がここで形成されていたと捉えることができるかもしれない。 [Y.N.]

［参考文献］

- 『建築家ブルーノ・タウトのすべて』(図録、武蔵野美術大学、1984)

4-1-a
『アルプス建築』
（フォルクヴァング出版、1919）、
第17図「建築地帯」
No.17 'Das Baugebiet
(Das Baugebiet, vom Monte
Generoso gesehen),'
Alpine Architektur,
Folkwang Verlag, 1919.

4-1-b
『アルプス建築』、第10図
「万年雪と氷におおわれた山頂」
No.10 'Firnen im Eis und Schenee (Firnen in ewigen Eise und Schenee),' *Alpine Architektur*.

4-1-c
『アルプス建築』、第3図
「クリスタル・ハウス」
No.3 'Das Kristalhaus (Kristalhaus in den Bergen),' *Alpine Architektur*,

4-1-d
『アルプス建築』、第6図
「花の谷」
No.6 'Tal als Blüte,' *Alpine Architektur*,

4-2-a
『宇宙建築師』
(フォルクヴァング出版、1920)、第24図
「輝くクリスタル・ハウス——夕日を浴びて……」
No.24 'Das Leuchtende Kristallhaus-in abendlich rotem Bühnenlicht...,' *Der Weltbaumeister*. Folkwang Verlag, 1920.

4-2-b
『宇宙建築師』、第3図
「成長し、弧を描き、形が湧き出る……」
No.3 'Wächst, wölbt sich, Formen fügen sich frei aus dem Raum an, ...,' *Der Weltbaumeister*,

4-3-a
『都市の解体』
(フォルクヴァング出版、1920)、
第16図「大きな星」
No.16 'Der grosse Stern,' *Die Auflösung der Städte*, Folkwang Verlag, 1920.

4-3-b
『都市の解体』、第23図
「偏心塔のある大教会」
No.23 'Die grosse Kirche mit exzentrischem Turm,' *Die Auflösung der Städte*.

4-1-b

4-1-c

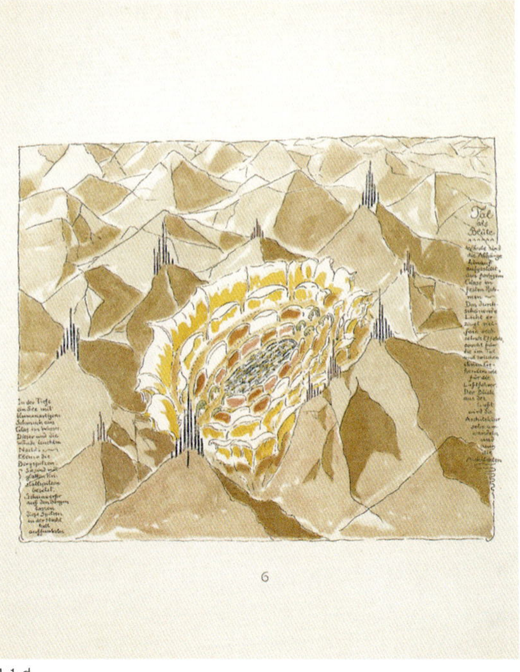

4-1-d

4-2-a

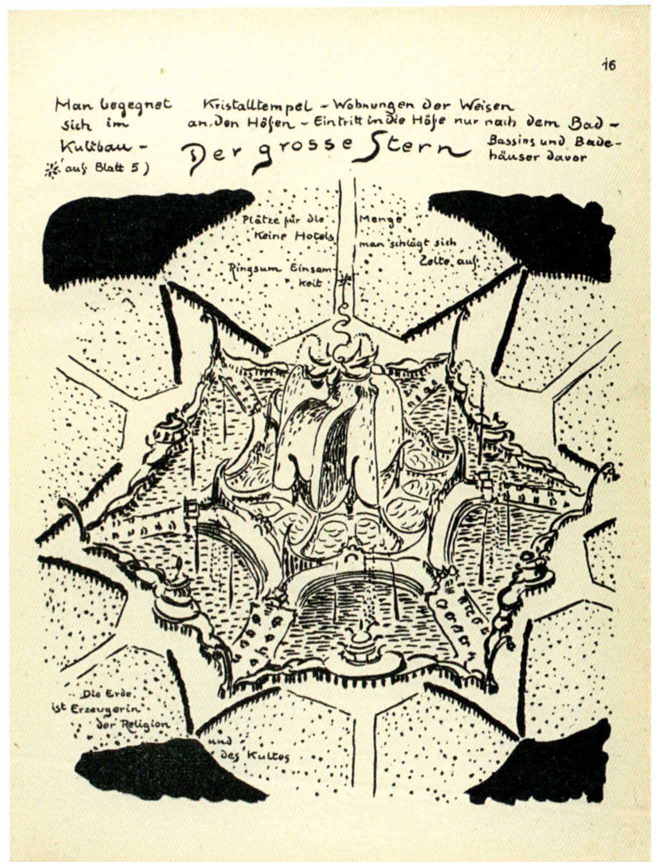

4-3-a

4-2-b

4-3-b

(1933) 生駒山嶺小都市計画 ブルーノ・タウト

Plan for Small Town over Ikoma Mountain | Bruno Taut

ブルーノ・タウトは1933年5月から1936年10月まで日本に滞在した。その間に多くの著作を著わし、日本の伝統的文化を高く評価することによって、当時の日本に大きな文化的影響をもたらした。特に来日直後の見聞をまとめた『ニッポン』(1934)は、「桂離宮ブーム」を引き起こしたことでよく知られている。しかし残念なことに、タウトの最も重要な仕事である建築設計を日本で披露することはほとんど叶わなかった。数少ない建築設計の実施例のひとつに《旧日向別邸・熱海の家》(1936)がある。大阪の実業家日向利兵衛が、タウトのデザインした電気スタンドを気に入り、熱海にすでに完成していた鉄筋コンクリートの住宅の下部に、居間と社交場を設計することを依頼したのである。日本的な素材と、桂離宮から学んだとも捉えられる簡素ながらも味わい深いデザインによるその建築は、現在では熱海市が所有し、国の重要文化財に指定され、一般公開もされている。

《生駒山嶺小都市計画》は、実現しなかったとはいえ、タウトがドイツで多く手がけてきたジードルング(もともとは集落を意味していたが、1920年代から集合住宅も指し示すようになる語)設計を本格的に考察した、日本におけるタウト唯一の大規模な建築設計の例である。これは当時の大阪電気軌道株式會社(現・近畿日本鉄道株式会社)が生駒鉄道ケーブルカー終着駅に設けていた飛行塔などを含む遊園施設に、ホテルと小住宅団地を追加整備するためにタウトに依頼したものである。1933年12月にはその計画案が完成していたことが、同図案に記載された日付から確認できる。この計画案に対してタウト自身が設計趣意書を書き残している。「山頂の建築は二つの観点において適切でなければならない。第一に遠くからの眺めがその山の自然な特性を強調しなければならない。第二に、山の上での生活を気持ちの良いものにしなければならない。」タウトの計画案では、山頂に5階建てのホテルを設け、南西に広がる斜面に集合住宅と小住宅が規則的に配置されている。また、タウト自身が描いた計画案の「遠望図」では、既成のランドマークである飛行塔と建築が計画されたホテル施設によって生駒山山頂のスカイラインにアクセントが付けられている。緑豊かな山麓・頂上のホテル施設に繋がるように段々状に広がる集合住宅や小住宅からなる壮大な遠望図は、タウトによる適切な色彩計画が施されたと仮定するかぎりにおいて、ヨーロッパの城壁都市のような景観が実現したことを想像させるのである。タウトがベルリンで最初に手がけたジードルング(1925–30)が、現在に至っても保存会がつくられるようなかたちで人々に愛され維持されているという事実を見聞するにつけ、この生駒山嶺小都市計画が実現しなかったことがたいへんに悔やまれる。 [Y.N.]

[参考文献]

- 『建築家ブルーノ・タウトのすべて』(図録、武蔵野美術大学、1984)

5-1
生駒山嶺小都市計画、遠望図、
1933年12月
Distant view, plan for Small Town
over Ikoma Mountain,
December 1933
1933

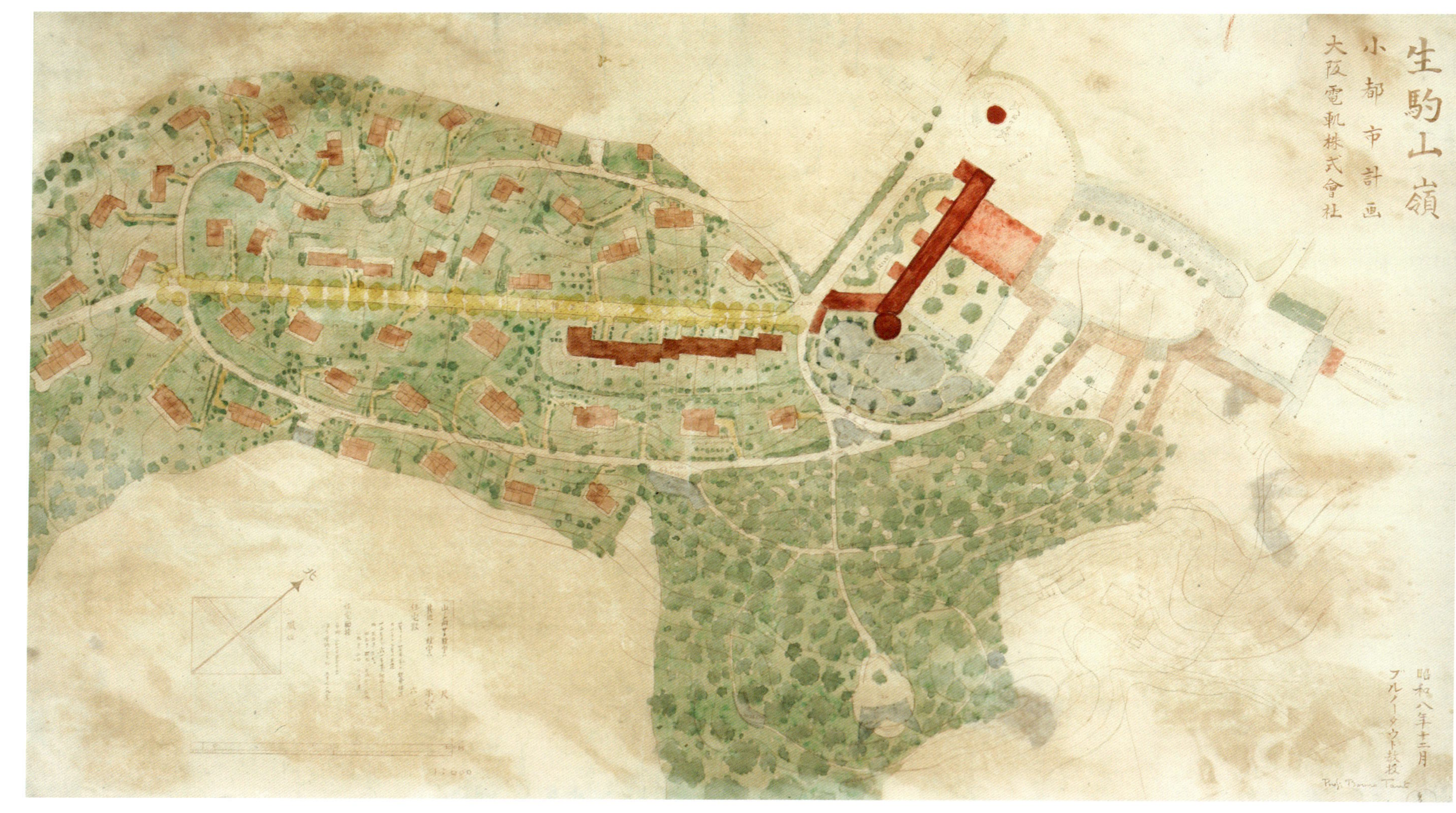

5-2
生駒山嶺小都市計画、
配置図(1:600)、1933年12月
Arrangement plan,
plan for Small Town over Ikoma
Mountain (1:600),
December 1933
1933

5-3
生駒山嶺小都市計画、鳥瞰図、
1933年12月
Bird's – eye view, plan for Small
Town over Ikoma Mountain,
December 1933
1933

ヴフテマス開校[ロシア]
N・ペヴスナー＋N・ガボ「構成主義の基本原理」発表[ロシア]
『ロシア構成主義』展[ロシア]
分離派建築会結成
『第1回分離派建築会作品展覧会』[日本橋白木屋]
『分離派建築会 宣言と作品』
★[美術]**K・マレーヴィチ「アルヒテクトン」**(−30)
P・モンドリアン「新造形主義」提唱[オランダ]
『第1回ダダ見本市』展[ドイツ]
◆ 国際連盟発足
第7回夏季オリンピック開催[ベルギー]
国家社会主義ドイツ労働者党(ナチス党)結成[ドイツ]
ラジオ放送開始[アメリカ]

1921

● **瀧澤眞弓「山の家」**
▮ W・グロピウス「ゾンメルフェルト邸」[ドイツ]
渡辺仁「第一生命保険本館」
▯ B・タウト、マクデブルク市都市建築官に就任[ドイツ]
グループG結成[ベルギー]
『分離派建築会の作品』
★ M・デュシャン＋M・レイ『ニューヨーク・ダダ』[アメリカ]
A・ロトチェンコら、『5×5=25』展[ロシア]
[文学]魯迅『阿Q正伝』[中国]
◆ ワシントン軍縮会議
ロシア共産党、ネップ(新経済政策)に転換
中国共産党結成

1921 山の家 瀧澤眞弓

Mountain House | Mayumi Takizawa

1920年7月に、東京帝国大学(現・東京大学)工学部建築科を卒業した瀧澤眞弓は、同期の石本喜久治、堀口捨己、森田慶一、山田守、矢田茂とともに「分離派建築会」を結成する。当時の帝大では建築家で構造学者でもあった佐野利器が中心となり、耐震構造など建築の工学面での重要さを強調していた。瀧澤たちはこれに反発し、建築の芸術性を主張する。なお、分離派という名称は、伊東忠太の建築史講義でウィーン分離派の話を聞き、感激したことから名づけたという。

《山の家》は、1921年10月「分離派建築会」による第2回作品展(日本橋白木屋)に瀧澤が出品した作品。作家自身も語るように、音楽を構成する要素であるリズムや流動性を造形のヒントにしたものと思われる。実際、瀧澤は同展に合わせて「音楽と建築」という論考を発表している。少し長くなるが関連すると思われる部分を引いてみよう。「もし、音楽を汲み立てている、一つ一つの音の夫々に、各特有の色と共に形とマッスとを与え、音楽の時間的な連続に応じて其色、形、マッスを有する立体を、空間的なダイメンションに於いて、配列乃至堆積して見るならば、私共は其処に、文字通り、氷結せる音楽を作り出す事が出来るであらうと。」[1]

当時、分離派の作品は「ドイツ表現主義の流れを汲む」と言われていた。その指摘に沿うならば、例えばドイツの建築家エーリッヒ・メンデルゾーンの処女作《アインシュタイン塔》(1920–24)との形状の相似を指摘できるかもしれない。ただし、それぞれの作品の制作年からも明らかなように、この2つの建築形態の相似は偶然であり、両者とも建築の芸術性を重要視した結果として創造された表現であったろう。また、メンデルゾーンの作品は、アインシュタインの「相対性理論」を実測検証するために建設された施設で、建築物の名称は、それに因んでいる。瀧澤の《山の家》も、上記のように瀧澤の音楽と建築、すなわち「時間」と「空間」に対するこだわりであり、その思想の源泉はやはり「相対性理論」にあるという。当時ノーベル物理学賞を受賞したアインシュタインの最も重要な理論である「相対性理論」に影響を受けて、東西2人の建築家が相似した建築物を構想したことは、偶然とはいえとても興味深い。 [Y.N.]

1 瀧澤眞弓「音楽と建築」『分離派建築会の作品 第2刊』(岩波書店、1921)

[参考文献]

• 『躍動する魂のきらめき——日本の表現主義』(図録、東京美術、2009)

6-1
監修:瀧澤眞弓
山の家、模型
Supervised by Mayumi Takizawa
Model, Mountain House
1986

6-2-a
「山の家」平面図
『分離派建築会の作品 第二刊』(岩波書店、1921)
Plan, 'Mountain House,' *Works of Secessionist Architecture*, vol.2, Iwanami Shoten, 1921.

6-2-b
「山の家」模型
『分離派建築会の作品 第二刊』
Model, 'Mountain House,' *Works of Secessionist Architecture*, vol.2.

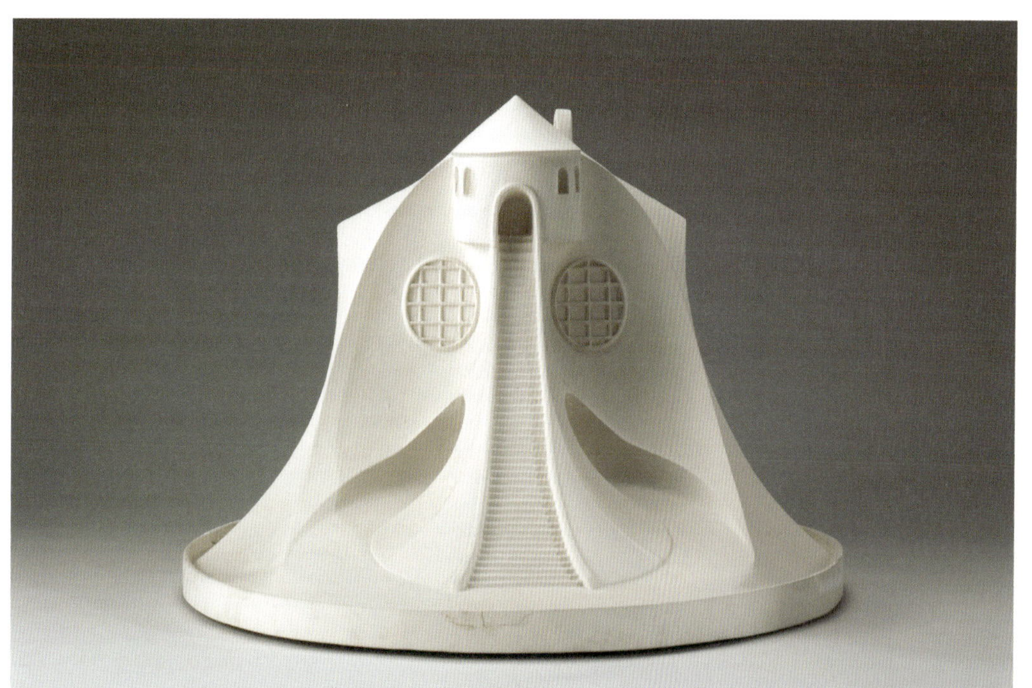

6-1

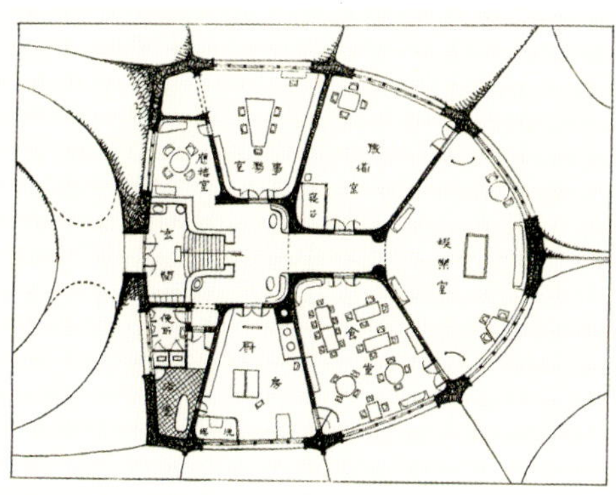

6-2-a

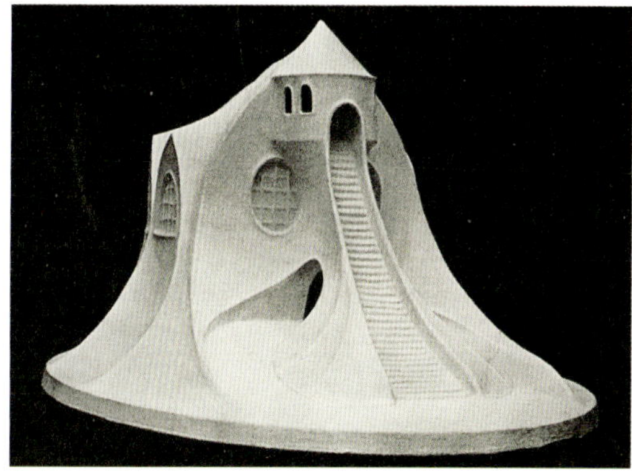

6-2-b

1922

- ● L・ミース・ファン・デル・ローエ「ベルリン、フリードリヒ通り駅の摩天楼のコンペ案」
- R・アンウィン「衛星都市案」
- A・ペレ「未来の塔状都市」
- ル・コルビュジエ「300万人のための現代都市」
- L・ミース・ファン・デル・ローエ「超高層案模型」
- O・バルトニンク「星の教会」
- P・ベーレンス「小聖堂」
- H・フェリス「新しい建築」
- A・ロース「シカゴ・トリビューン・コンペ案」
- ■ R・シンドラー「シンドラー自邸」［アメリカ］
- F・L・ライト「帝国ホテル」
- シカゴ・トリビューン・コンペ［アメリカ］
- □『サロン・ドートンヌ』展［フランス］
- T・ファン・ドゥースブルグ＋E・リシツキー「構成主義国際分派」結成［ソ連］
- A・ガン「構成主義宣言」［ソ連］
- M・ギンズブルグ「建築におけるリズム」［ソ連］
- デ・スティル「創造的な主張」［オランダ］
- ドイツ工作連盟『フォルム』創刊［ドイツ］
- 平和記念東京博覧会
- 『関西第1回分離派建築会展覧会』［京都高島屋］
- ★ L・モホリ＝ナギ、「光と空間のモデュレータ」発表［ドイツ］
- 『ダダ・構成主義者会議』［ドイツ］
- ［文学］J・ジョイス『ユリシーズ』［アイルランド］
- 神原泰、矢部友衛、中川紀元ら、「アクション」結成
- ◆ J・スターリンが書記長に就任し、ソビエト社会主義共和国連邦成立
- B・ムッソリーニ政権獲得、ファシスト内閣誕生［イタリア］
- 全国水平社創立
- 日本共産党、非合法に結成

1923

- ● E・グレーデン「大都市の膨張」
- ヴェスニン兄弟「モスクワ労働宮殿設計競技1等案」
- R・ノイトラ「ラッシュ・シティ・リフォームド」
- H・フェリス「ソロモンの寺院と城塞」
- L・ミース・ファン・デル・ローエ「煉瓦造田園住宅案」
- 後藤新平「帝都復興計画」
- ■ R・エストベリ「ストックホルム市庁舎」［スウェーデン］
- A・ペレ「ノートル・ダム・デュ・ランシー教会」［フランス］
- H・ヘーリンク「ガルカウ農場」［ドイツ］
- □ B・タウト「色彩宣言」［ドイツ］
- A・コルン「分析的、ユートピア的建築」［ドイツ］
- L・ミース・ファン・デル・ローエ「制作綱領」［ドイツ］
- 『バウハウス』展［ワイマール・バウハウス、ドイツ］
- H・リヒター＋W・グレーフ『G』創刊［ハンガリー］
- ル・コルビュジエ『建築をめざして』［フランス］
- ASNOVA（合理主義建築家連盟）結成［ソ連］
- 『第1回ミラノ・ビエンナーレ』［イタリア］
- 創宇社建築会設立
- 『第1回創宇社建築会作品制作展』［銀座十字屋楽器店］

c.1922

ベルリン、フリードリヒ通り駅の摩天楼のコンペ案
ルートヴィヒ・ミース・ファン・デル・ローエ

Contribution 'Wabe'(honeycomb) to the ideas competition for a Skyscraper at Friedrichstrasse Station, Berin
Ludwig Mies van der Rohe

ベルリンのフリードリヒ通り駅に面した高層オフィスビルのコンペ案で、高さ80m、20階に及ぶドイツ初の高層建築を目指したプラン。予定地はベルリンを南北に貫く軸線上にあり、街の中心的な商業娯楽地区に位置する。東側をフリードリヒ通り、南側をフリードリヒ通り駅と線路、北西側をシュプレー川に面したライヒシュタグーファー通りに挟まれた三角形の敷地であった。ミースはこの特徴的な形状を生かし、それぞれが楓のような形をした3つのオフィス棟を中央のエレベーターホールで結んだ、三ツ葉の形状のプランを提案した。独立した棟を設けて中央内側深くまで切込みの入った構造とすることで、建物の中心部にまで光が届くように意図されている。上階にはオフィスが、1階には9つの大型店舗からなる商業施設が入ることが想定された。エレベーターホールには3つの主要な出入り口があり、外側にはショップのあいだを通り抜けてエレベーターホールへと続く6つの小規模な出入り口を備える。（ここで紹介するのは北側からの眺めを想定したモンタージュ写真である。）

独特な形態と並ぶこのプランの大きな特徴は、外壁全体を覆うガラスである。ミースは新しい構造原理たる摩天楼を飾るにふさわしい大胆なアイデアとして、ガラスという素材を採用した。また、模型での実験によってガラスの多彩な反射の効果を見出したとミースは述べており、ガラスの配列にわずかな角度をつけることで、巨大なガラス面がもたらす単調さを避ける工夫がなされている。ガラスの壁面を多用した建物は、過去に博覧会建築や百貨店などで見られたものの、その使用は非日常的な空間に限定されていた。建物全面をガラスで覆った高層オフィス案は、従来のヨーロッパの建築とは異なる斬新な発想に基づいている。このアイデアが生まれた背景として、ブルーノ・タウトの《天上の館》(1920)や、20世紀初頭に隆盛した表現主義芸術やデ・スティルの造形性、ニューヨークの高層建築などの影響が指摘されている。この案を皮切りにミースは、《ガラスの摩天楼計画》(1922)など、鉄とガラスによる高層建築の可能性を追求していく。

石や煉瓦の建築に囲まれた当時のベルリンでミースの案はあまりにも革新的すぎたため、落選し、コンペではより小型の保守的なプランが勝利した。しかしながら一躍ミースは前衛的建築家としての注目を集め、その後の跳躍の礎を築いた。そして本プロジェクトは、近代建築史に残るアンビルトとして記憶されたのである。　［R.G.］

［参考文献］

- Terence Riley and Barry Bergdoll, *Mies in Berlin*, The Museum of Modern Art, New York, 2001.

7-1
ベルリン、フリードリヒ通り駅の摩天楼のコンペ案
Contribution 'Wabe' (honeycomb) to the ideas competition for a Skyscraper at Friedrichstrasse Station, Berlin. c.1922

LUDWIG MIES VAN DER ROHE c.1922

- ★ K・シュヴィッタース、『メルツ』創刊、この頃から「メルツ・バウ」を手がける［ドイツ］
- 『LEF』創刊［ソ連］
- 村山知義、尾形亀之助ら、造形団体「マヴォ」結成
- ◆ 大インフレーション起こる［ドイツ］
- 週刊誌『タイム』創刊［アメリカ］
- トルコ共和国成立［トルコ］
- 関東大地震発生
- 無線による写真伝送（FAX）に成功

1924

- ● E・リシツキー「雲の鐙」「レーニン演説台」
- ヴェスニン兄弟「レニングラード・プラウダ社屋コンペ応募案」「ARCOSコンペ案」
- L・ヒルベルザイマー「垂直都市」
- P・ボルタルッピ「S.K.N.E.／摩天楼」
- T・ファン・ドゥースブルフ「流通都市／循環都市」
- F・キースラー「エンドレス・シアター」
- H・フェリス「針の都市」
- **川喜田煉七郎「霊楽堂の草案」**
- **山口文象（岡村蚊象）「丘上の記念塔」**
- 中村順平「大東京市復興計画」
- ■ G・T・リートフェルト「シュレーダー邸」［オランダ］
- E・メンデルゾーン「アインシュタイン塔」［ドイツ］
- F・ヘーガー「チリ・ハウス」［ドイツ］
- 角田栄＋片山光生「明治神宮外苑競技場」
- 岡田信一郎「歌舞伎座」
- A・レーモンド「レーモンド自邸」
- □ 10人の会結成［ドイツ］
- B・タウト、ベルリンに復帰。GEHAG顧問建築家として多数のジードルンク計画に関与［ドイツ］
- M・ギンズブルグ「様式と時代」発表［ソ連］
- T・ファン・ドゥースブルフ「造形的建築をめざして」発表［オランダ］
- L・ミース・ファン・デル・ローエ「工業的建築」［ドイツ］
- メテオール建築会（今井兼次、佐藤武夫ら）、ラトー建築会（岸田日出刀、長谷川輝雄ら）、三科会など相次いで結成
- 『帝都復興創案展』［上野美術館］
- ★ K・マレーヴィチ「シュプレマティスム宣言」発表［ソ連］
- A・ブルトン『シュルレアリスム宣言、溶ける魚』［フランス］
- 『マヴォ』創刊
- マヴォ第1回、第2回展覧会
- 築地小劇場開場
- ◆ 第8回夏季オリンピック開催［フランス］
- V・レーニン没、L・トロツキーとJ・スターリンの権力争いが始まる［ソ連］
- L・スミス、世界1周飛行成功［アメリカ］
- 市川房江ら、婦人参政権獲得期成同盟会、結成
- 銀座に地上8階建ての松坂屋、開店

1924 丘上の記念塔 山口文象（岡村蚊象）

Hilltop Monument | Bunzo Yamaguchi (Okamura)

山口文象（岡村蚊象）の父は清水組（現・清水建設）の大工棟梁であった。山口は中学進学に際し教師の薦めでエリート校の東京府立第一中学校を受験し合格していたが、父の命によって東京高等工業学校（現・東京工業大学）付属職工徒弟学校木工科大工分科に入学した。1918年、同校を卒業し、清水組で職人として働きはじめたのも同様の理由であったのだろう。建築現場に身を置くことによって建築家への道を考えはじめた山口は2年後に退職し、まったく面識のなかった建築家、中條精一郎に頼みこんで紹介状を書いてもらい、逓信省営繕課の製図工になる。同職場には、山口が建築雑誌に掲載されていた論考に共鳴して手紙を送った山田守がいた。山田は、1920年7月に東京帝国大学（現・東京大学）工学部建築科を卒業した6名によって結成された「分離派建築会」の構成メンバーのひとりだった。山口は、山田の紹介によって分離派の会合に参加するようになり、後にメンバーとして認められ、1924年以降同会の展覧会に出品している。そして同時期、山田とともに帝都復興局の土木部橋梁課に嘱託され、数寄屋橋、清洲橋などで自ら土木構造物の設計を手がけるのである。前後するが、1923年の関東大震災直後、山口は営繕課の製図工と現場係員らとともに「創宇社建築会」を旗揚げしている。同会は帝大を出たエリート集団であった分離派に対して職人など庶民の家系出身者が中心となったグループであった。

《丘上の記念塔》は、その頃、山口が創案した建築模型である。製図工として働いていたとはいえ、与えられた図面をトレースするような作業を繰り返していた山口が、分離派の会合に出席しはじめた頃の作品で、そのデザインの源泉は分離派を構成するメンバーが研究していたドイツ表現主義の建築デザインを表面的に捉えたと考えることができる。とはいえ、塔を支える構造体を地中に埋める手法ではなく、120度の間隔を空けて地面に沿って3方向に広がる足が塔を支える構造が特徴的であると同時に、その構造が建築物に際だったデザインを提供している。そのような構造体とデザインを共生させているところに、山口のオリジナリティを感じとることができるだろう。本作品は『帝都復興草案展覧会』（1924年4月、上野公園竹之台陳列館）で展示され、分離派学会の『第4回作品展』（1924年11月、銀座松屋）にも出品された。［Y.N.］

［参考文献］

- 『躍動する魂のきらめき——日本の表現主義』（図録、東京美術、2009）

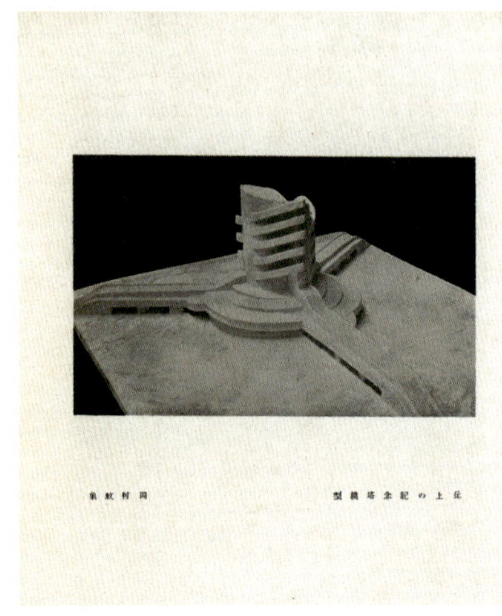

8-1-a

8-1-b

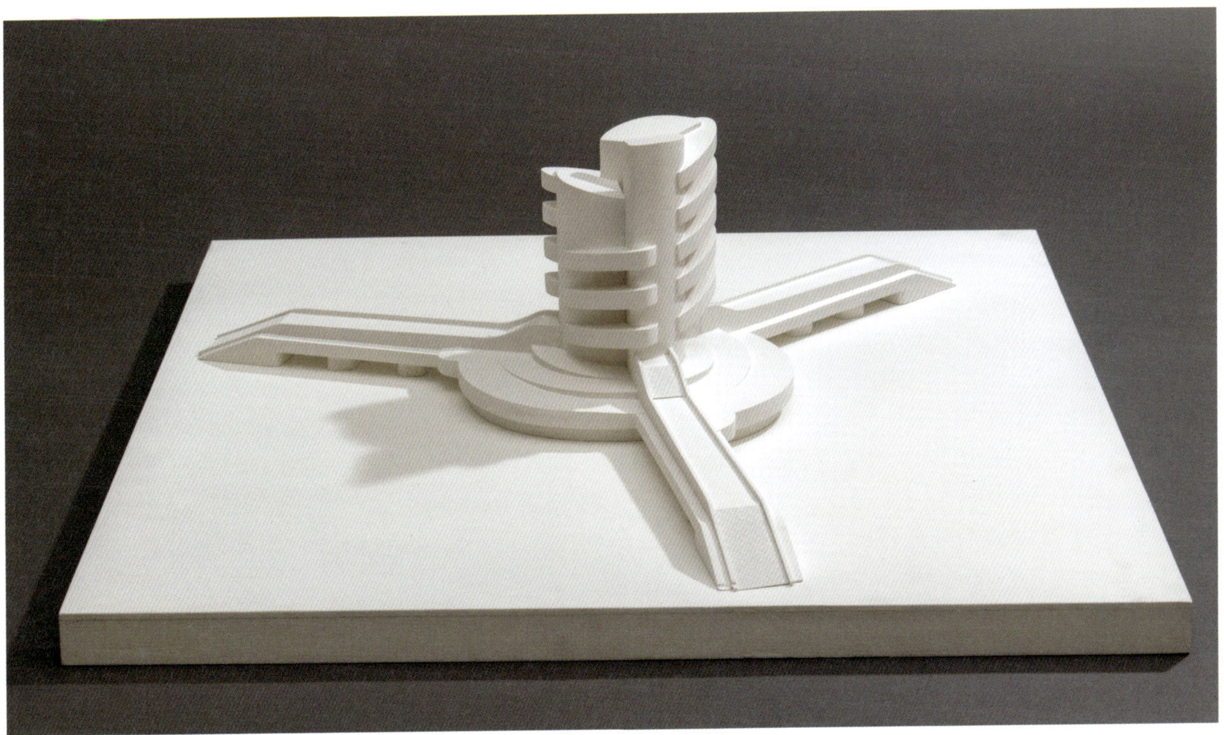

8-2

8-1-a
「丘上の記念塔」模型
『分離派建築会の作品 第三刊』
（岩波書店、1924）
Model, 'Hilltop Monument' *Works of Secessionist Architecture, vol.3*, Iwanami Shoten, 1924.

8-1-b
「丘上の記念塔」配景図
『分離派建築会の作品 第三刊』
Ackground view, 'Hilltop Monument' *Works of Secessionist Architecture, vol.3*.

8-1-c, d
「丘上の記念塔」平面図
『分離派建築会の作品 第三刊』
Plan, 'Hilltop Monument' *Works of Secessionist Architecture, vol.3*, Iwanami Shoten, 1924.

8-2
制作：杉浦晋悟（ニホンディスプレイ）、
梅宮弘光（神戸大学大学院）、
竹葉丈（名古屋市立美術館）
丘上の記念塔、模型
Production: Shingo Sugiura (Nihon Display co., ltd.), Hiromitsu Umemiya (Kobe University Graduate School), Joe Takeba (Nagoya City Art Museum)
Model, Hilltop Monument
2009

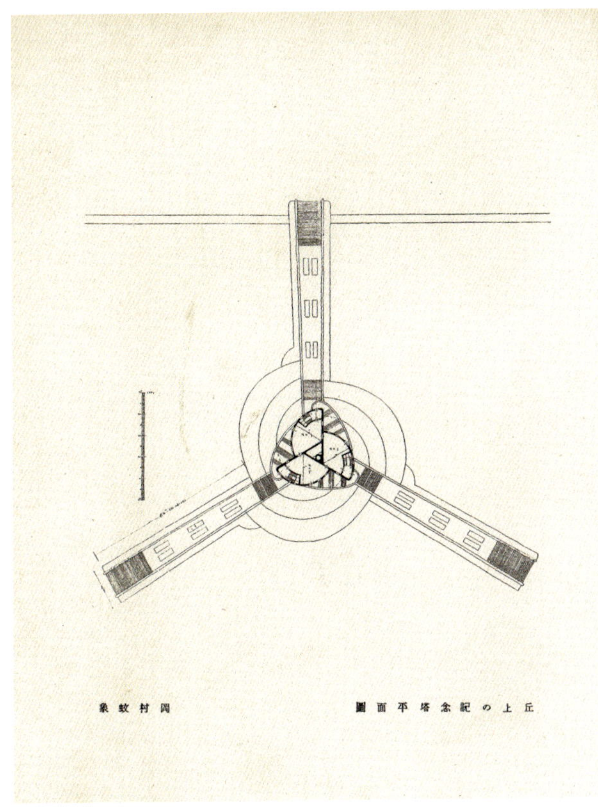

8-1-c

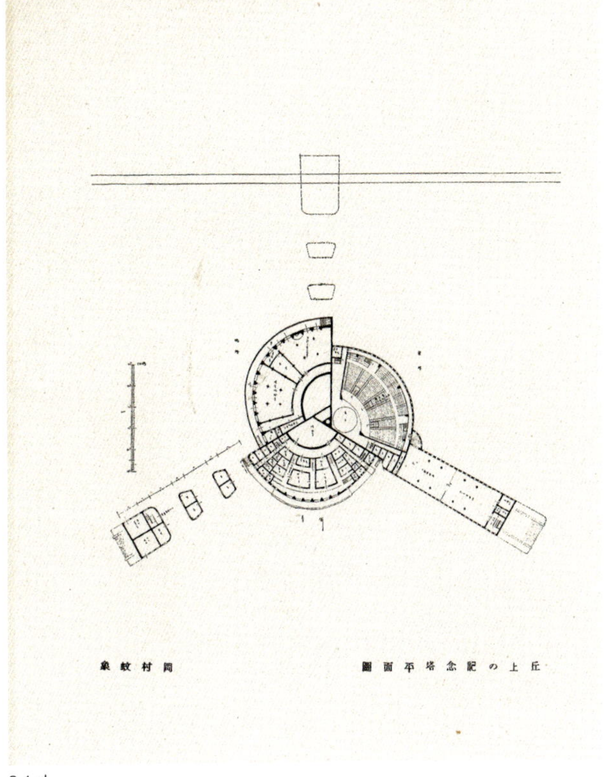

8-1-d

霊楽堂 川喜田煉七郎

Reigaku Hall | Renshichiro Kawakita

「川喜田によれば当時の蔵前［東京高等工業学校、現・東京工業大学］建築科の教育はもっぱら構造学に重点が置かれていたので、気質の違う彼は相当反発を感じたらしい。反動的に作曲にこり、山田耕筰と北原白秋が共同して監修していた『詩と音楽』誌などを愛読、卒業設計には神秘主義者山田の提唱していた霊楽堂をとりあげた。」［1］と村松貞次郎が書いている。その『詩と音楽』1922年12月号に掲載された「音楽の法悦境」は、純粋な音楽体験を希求する山田耕筰が建築的イマジネーションを披瀝した文章である［2］。

「それは謂ふ所の音楽堂でも、劇場でもない。特殊な組織のもとに建てられた礼拝堂か、祈祷場の如き聖堂である。」静かな森のなかに建てられた「此の聖堂は一つの大きな円形から成る。その半ばは地下に、半ばはかのビザンテインのドームの如く、ゆるやかにまろく古木の樹間にもれ上がって居る。オペークな厚い壁が、此の円天井の中心へと、地下の凹形の周囲から、円錐形に上がって行く。楽人は此の半透明な円錐形の底に影をひそめて、其処から純美な音楽の精髄だけを円天井のいただきへと開花せしめる。そして聴衆は、壁の外にしつらへられた、一人一人の柔かな、深い座席に身を埋め、祈るやうな気持で瞑目しながら、聖堂の底から鳴り響いて来る音楽を心の底まで沁みこませる。」演奏者の位置する半透明の円錐とその外にある一人づつの座席、というユートピア的でありながら具体的な建築構造が示されている。

さらに聴衆には孤独と沈黙を課すことで、極限まで純化された神秘的音楽体験を実現しようとする。「此の堂に入り、此の森に踏み入るものの是非とも遵奉しなければならぬ信條は絶対の孤独と沈黙である。人々は此の森に足を踏み入れると同時に口を噤み、心を静めて俗世から離れねばならぬ。人々は此の聖堂を目指すと同時に、親は子と、兄は妹と、恋するものはその愛人と、袂を分つて、別々の路から、水をめぐる樹林の間を縫うて此の聖堂へと歩み寄る。」

この文章に感銘を受けた川喜田は1924年の卒業制作で「劇場」を提出するが、この詳細は明らかでない。同年、『サンデー毎日』9月21日号は、山田耕筰の「音楽の法悦境」を軸に、川喜田の《霊楽堂の草案》［3］の図面3点を掲載する。「その縁で山田耕筰のもとに出入りして作曲にはげむとともに山田のもとに集まる“面白いの”ら、たとえば村山知義、石井漠らと識り合い、音楽や演劇を通じてオーディトリウムや、その舞台機構についての眼を開いていったのである。」ここで村松貞次郎が意図しているのは、のちの《ウクライナ劇場国際設計競技応募案》への連続性であると思われる。

《霊楽堂の草案》は山田耕筰の構想に忠実でありながら、現実的に従来の劇場を参照しつつ、「いのりのしつ」、「霊の鐘の部屋」、「ミュージックスクール」などを追加する構想になっている。その後、川喜田は山田たちと交友しながら構想を磨き上げていったのだろう。40枚にもおよぶ図面を揃えて応募した《霊楽堂（或る音楽礼拝堂の設計）》は、1927年1月の分離派建築会第6回展に入選し、川喜田は同会の客員となった。この《霊楽堂》はオーディトリアムに特化したプランで、《霊楽堂の草案》にあった座席のフードをなくすなどの改良が加えられている。梅宮弘光は「オーディトリアム天井の造形表現に積極的な意味が担わされるようになったことを示す」としている［4］。［Y.M.］

---

1 村松貞次郎
「日本建築界のアウトサイダー・川喜田煉七郎」
『日本建築家山脈』（鹿島研究所出版会、1965）

2 山田耕筰「音楽の法悦境」
『詩と音楽』、1922年12月号

3 『サンデー毎日』誌上では「霊楽堂」と表記されているが、梅宮弘光はこれを《霊楽堂の草案》、分離派建築展の出品作を《霊楽堂》として区別を容易にしているので、それに従っている。

4 梅宮弘光
「川喜田煉七郎の初期計画案について」
『日本建築学会計画系論文集 第465号』
（1994年11月）

9-1

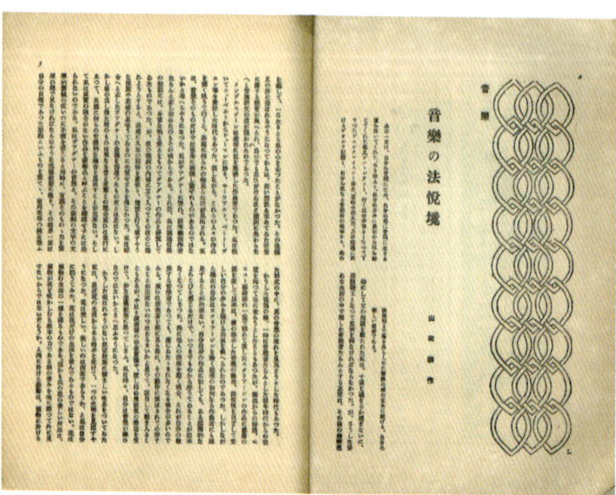

9-1
山田耕筰「音楽の法悦境」『詩と音楽』第1巻第4号（アルス、1922年12月）
Kosaku Yamada, 'Divine Bliss of Music,' *Shi to Ongaku*, Ars, vol.1, no.4, December, 1922.

9-2
霊楽堂の草案、立面図（1:400）
Elevation, draft for Reigaku Hall (1:400)
1924

9-3
霊楽堂の草案、第1階平面図（1:400）
Plan of the 1st floor, draft for Reigaku Hall (1:400)
1924

9-2

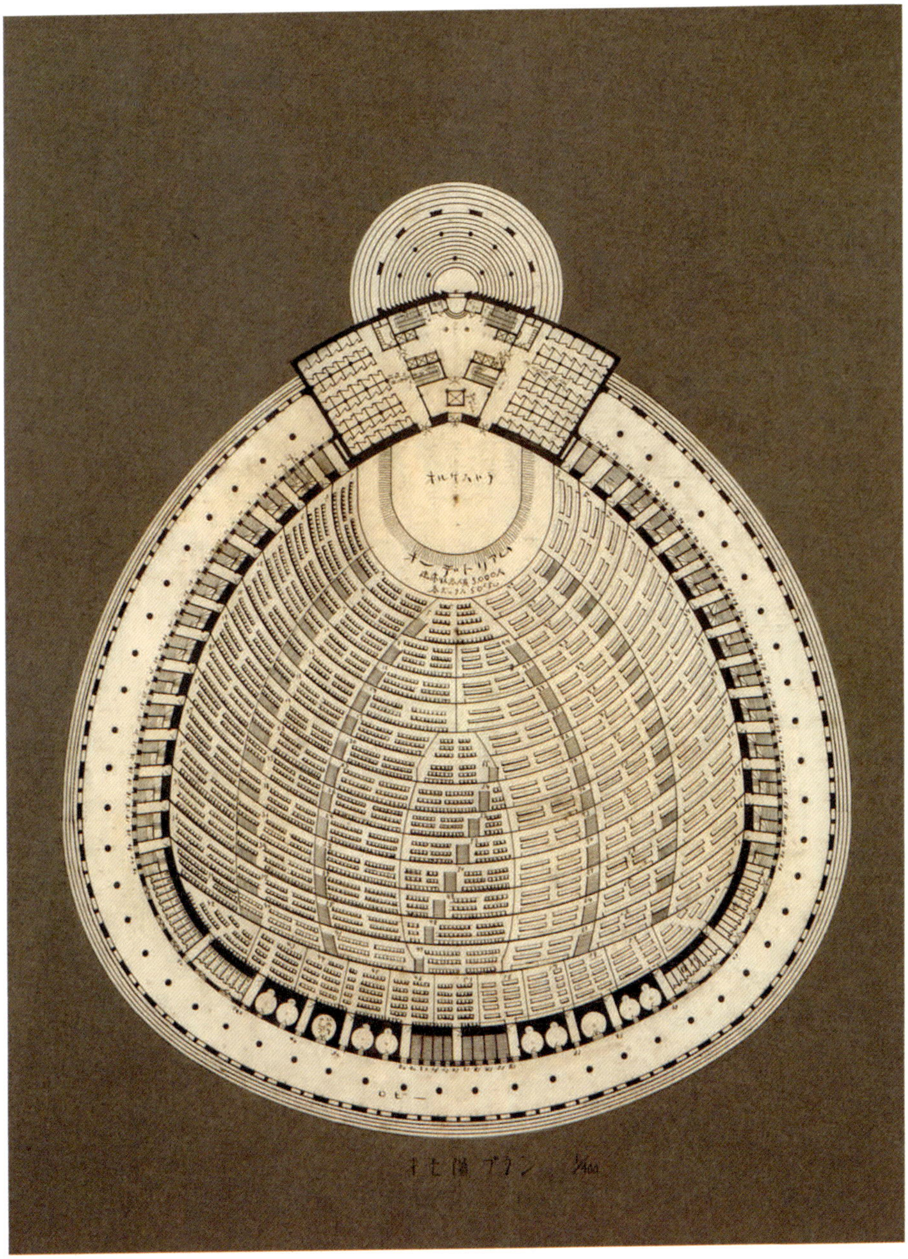

9-3

1925

- ● ル・コルビュジエ「ヴォワザン計画」
- K・メーリニコフ「パリのガレージ計画」
- F・キースラー「空間都市」
- R・フッド「スカイスクレイパー・ブリッジ」
- ■ F・L・ライト「タリアセン・イースト」[アメリカ]
- W・グロピウス「ファグス工場」[ドイツ]
- ル・コルビュジエ「パリ万国装飾美術博覧会エスプリ・ヌーヴォー館」[フランス]
- 内田祥三+岸田日出刀「東京大学大講堂」
- 今井兼次「早稲田大学図書館」
- 石本喜久治「東京朝日新聞社」
- 山田守「東京中央電信局」
- □ ワイマール国立バウハウス閉鎖、デッサウ市立バウハウス設立[ドイツ]
- B・タウト「色彩と空間」展[ドイツ]
- OSA(現代建築家同盟)結成[ソ連]
- ウンター・デン・リンデン再開発コンペ[ドイツ]
- 『バウハウス叢書』開始[ドイツ]
- ル・コルビュジエ「ユルバニスム」[スイス]
- 東京大震災記念建造物(震災記念堂)コンペ
- ★ L・モホリ・ナギ『絵画・写真・映画』[ソ連]
- S・エイゼンシュタイン「戦艦ポチョムキン」[ソ連]
- パリ万国博覧会[フランス]
- 『第1回ノイエ・ザッハリッヒカイト(新即物主義)』展[マンハイム市立美術館、ドイツ]
- ◆ W・ハイゼンベルクの量子力学発表[ドイツ]
- J・スターリン勢力確立[ソ連]
- A・ヒトラー『わが闘争』発表[ドイツ]
- テレビジョン発明[アメリカ]
- 男子普通選挙法、治安維持法公布
- ラジオ放送開始
- 山手線環状運転開始

1926

- ● K・ファン・エーステレン「現代大都市の商業地区」
- **川喜田煉七郎「霊楽堂(ある音楽礼拝堂)」**
- ■ W・グロピウス「バウハウス」[ドイツ]
- L・リシツキー「国際芸術展 展示空間」[ドイツ]
- I・ゴロゾフ「ツイエフ労働者クラブ」[ソ連]
- G・デ・ラランデ+朝鮮総督府営繕課「朝鮮総督府」[韓国]
- 堀口捨己「紫烟荘」
- 長谷部鋭吉、竹腰健造「住友ビルディング」
- □ M・ワグナー、ベルリン市建築参事官に就任[ドイツ]
- フラットルーフ論争起こる[ドイツ]
- 国際連盟会館コンペ[スイス]
- グルッポ7結成[イタリア]
- W・グロピウス「バウハウスの生産品の原則」[ドイツ]
- 『バウハウス――造形新聞』創刊[ドイツ]
- M・ギンスブルグ、『現代建築(CA)』[ソ連]
- 単位三科結成

9-4

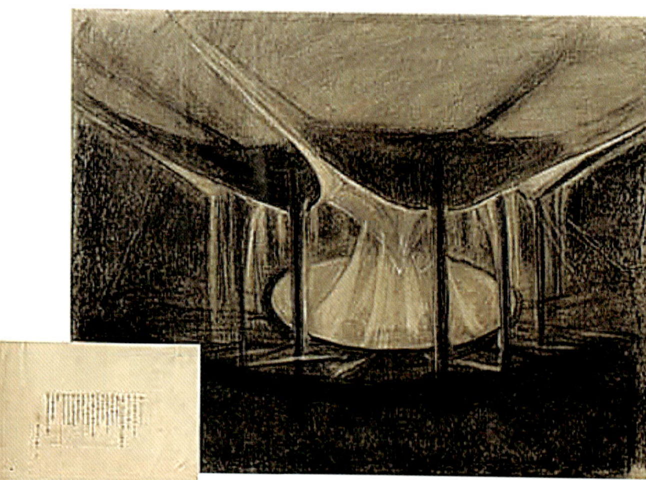

9-5

9-6

9-7

9-4
霊楽堂の草案、ドローイング
Drawing, draft for
Reigaku Hall
1924

9-5
霊楽堂(ある音楽礼拝堂)、
オウディトリュウム
Auditorium, Reigaku Hall
(A musical chapel),
1926

9-6
霊楽堂(ある音楽礼拝堂)、
オウディトリュウムの天井全面
Total ceiling area of auditorium,
Reigaku Hall (A musical chapel).
1926

9-7
霊楽堂(ある音楽礼拝堂)、
祈祷室、壁面の一部
Chapel / wall section,
Reigaku Hall (A musical chapel).
1926

9-10
制作：たかいちとしふみ（おさる工房）、
梅宮弘光（神戸大学大学院）
霊楽堂（ある音楽礼拝堂）、模型
Production:
Toshifumi Takaichi
(Osaru-kobo),
Hiromitsu Umemiya
(Kobe University
Graduate School)
Model, Reigaku Hall
(A musical chapel)
2009

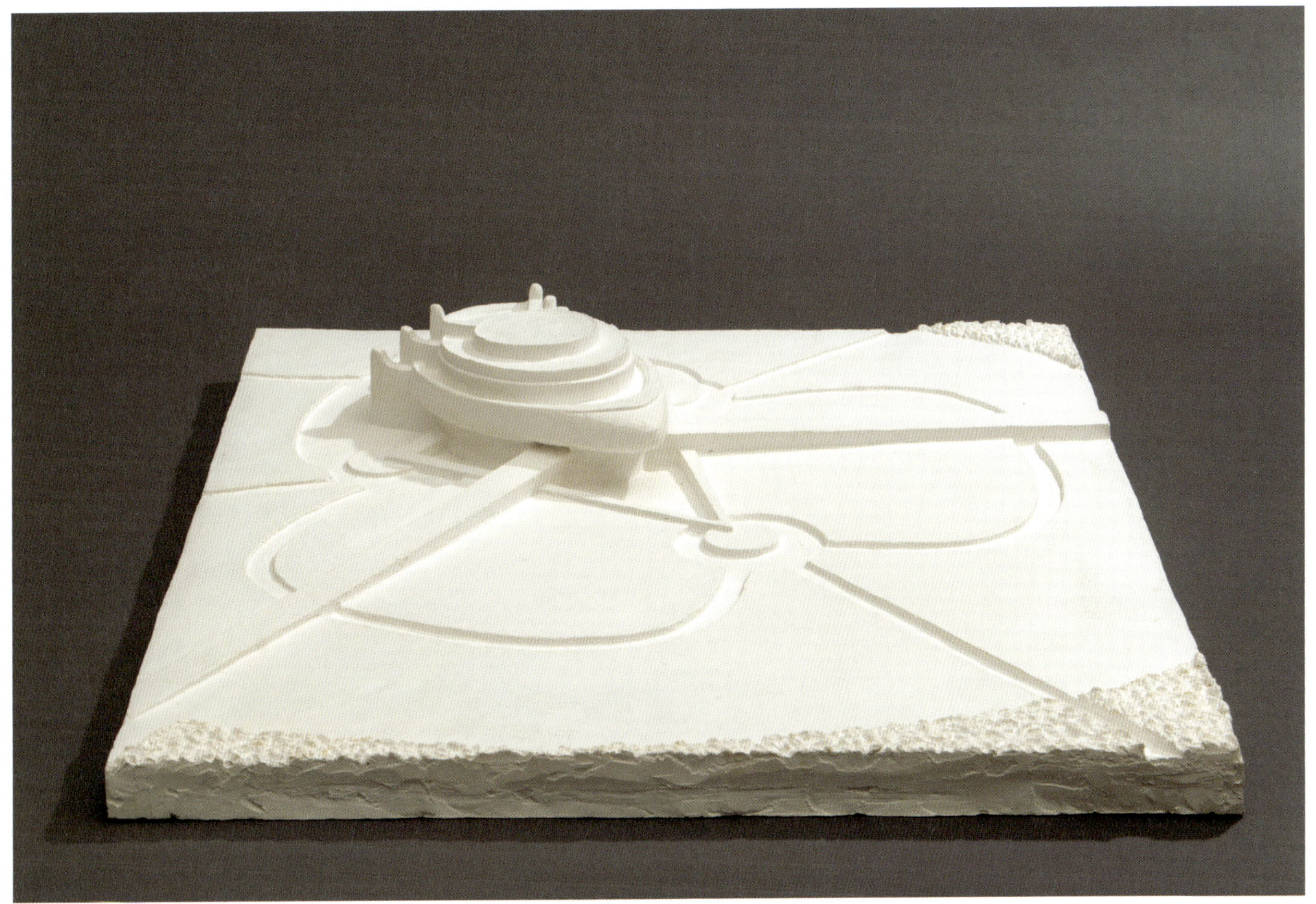

9-10

1930 ウクライナ劇場国際設計競技応募案 川喜田煉七郎

Architectural Ideas and an Entry for the International Competition of Ukrainian Theater | Renshichiro Kawakita

1930年6月に、ウクライナのハリコフ(現・ハルキウ)市に建設される劇場の国際コンペティションのプログラムが発表になる。要項では市中心部の250×150mの敷地に「マス・ミュージカル・ステーヂ」を備えた4000人規模の劇場を建設する計画することとされた[1]。

川喜田煉七郎が4等に入賞したこの設計競技は、川喜田自身の編集になる『建築工藝アイシーオール』第2巻第1号に掲載された全ウクライナ対外文化協会の報告書によれば、一般公募の応募数は144通であった[2]。100通は国外からで、ドイツ、フランス、スウェーデン、イタリア、アメリカ、オーストリア、ハンガリー、ルーマニア、ポーランドなど12の国で、日本からは川喜田のほか、山口文象(岡村蚊象)が創宇社建築会として応募している。一般公募のほか、ソビエトの15組が指名参加していた。入選した12案のうち、グランプリに相当するプランがレオニード、ヴィクトル、アレクサンドルのヴェスニン兄弟の案で、川喜田が4等入賞、ワルター・グロピウスは8等、工業デザイナーとして知られるアメリカのノーマン・ベル・ゲデスは11等、ハンス・ペルツィヒ、マルセル・ブロイヤーは選外であった。

1931年5月1日、川喜田の元に「4等賞受賞」の入電があり、翌2日東京朝日新聞に「ロシアの懸賞にわが青年入選す」と報じられた。5月15日には祝賀会、川喜田の希望による「批判会」が開催され、中村鎮、土浦亀城、谷口吉郎、前川國男、水谷武彦らが参加している[3]。

川喜田が40年近く後に書いた文章によれば、「審査員から直接その総評をきいてきた山田耕筰の口から、その当選の理由が『オーディトリアムの形式と舞台機構や演出の発明性』にあることを知った。」案については、「スポーツスタディアムの如く席をとり、全席を平等なボックスシステムとした。そしてスクリーンや上部のステージを見るにも、便利な断面と視線を工夫した。劇場全体は(1)前面の大衆を外から客席にスムーズに運ぶ施設と、(2)平等の視覚をもったスタディアムと大舞台と、(3)後部のリング型の劇場労働者の生活体との合理的なタッチで始まる。そして舞台は六本の柱によって前後に分れ、二つのリングによって、中心とリング間とその外との三重のコマステージで形成される。その演出は、六本の柱の間にすべりおりるカーテンとその前後からそのスクリーンとホリゾントに投写される光や色やフィルムやスライドと、単位ステージの上下で自由に行われる。」と書いている[4]。

1933年1月20日から東京朝日新聞社展覧会場にて『ソヴエート演劇展覧会』が始まる。演劇研究者の野崎韶夫が収集したポスターなどが出品されたが、川喜田案やヴェスニン兄弟の案も展示された。秋田雨雀が1月22日の東京朝日新聞に寄稿した「ソヴエート演劇展の印象」では、野崎との対話形式で川喜田案に触れている。「ウクライナ劇場のプランで当選した川喜田氏の評判は大したものでしたよ。メイエルホリドをはじめとして実際的な演劇学者は文字通り驚歎したのです。ところが、日本では案外冷淡に取扱われてゐたといふので僕びつくりしました。」村松貞次郎によれば、「賞金5000ルーブルを獲得したが、その名声とともに、またそれ以上に当時の日本官憲からにらまれる結果にもなったようだ」[5]という。

コンペの勝利者、ヴェスニン兄弟は、彼らが属するOSA(現代建築家同盟)に反対する勢力であったモルドヴィノフとVOPRA(プロレタリア建築家同盟)との共同を余儀なくされ、内部の軋轢によって工事が遅れた。それに加えてウクライナ社会民主主義ソビエト共和国の首都が、1934年6月にハリコフからキエフに移ったため、この劇場の計画は中止された。 [Y.M.]

1 「在ハリコフウクライナ州立大衆楽劇四千人劇場計画の国際競技設計に関する趣意書」『建築画報』第22巻第6号、1931年6月号(建築画報社)

2 全ウクライナ対外文化協会「ウクライナ劇場国際競技設計の経過報告及び当選案の解説と批判」『建築工藝アイシーオール』第2巻第1号、1932年1月号
なお、ハン=マゴメドフは応募数を145としている(Selim Khan-Magomedov, Архитектура советского авангарда [Architecture of the Soviet Avant-Garde], 2001)。

3 川喜田煉七郎「ウクライナ劇場の応募案について」、「編輯だより」『建築画報』第22巻第6号、1931年6月号(建築画報社)

4 川喜田煉七郎「デザインブームの前を駈けるもの」『日本デザイン小史』(ダヴィッド社、1970)

5 村松貞次郎「日本建築界のアウトサイダー・川喜田煉七郎」『日本建築家山脈』(鹿島研究所出版会、1965)

10-1
「ハリコフ国立劇場の応募案」『新建築』(新建築社、1932年2月号、p.69)
'Proposal for National Theater in Kharkov,' *Shin-kenchiku*, Shin-kenchiku-sha, February 1932, p. 69.

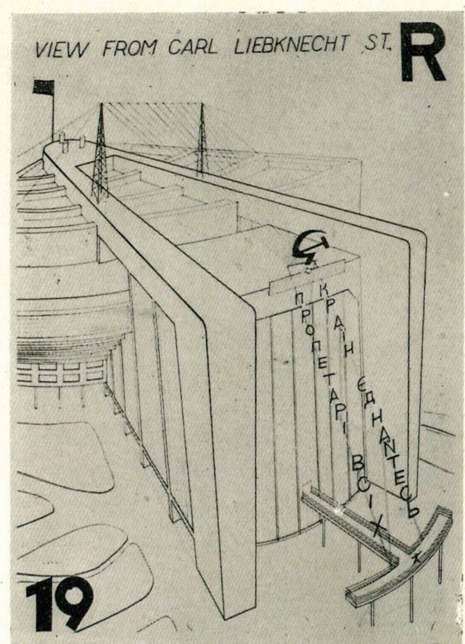

13. **カール・リーブクネヒト**街のビルデングの頂上よりみた外觀。屋上のラヂオマストから全ソヴエートに樂劇が放送される。

14. **カール・リーブクネヒト**街及び**ラドナルコミウスカ**街よりの外觀。觀衆の建物は全部二重硝子張りで上下するエレベーターが夜間内部からの照明で殊に美しく見える。

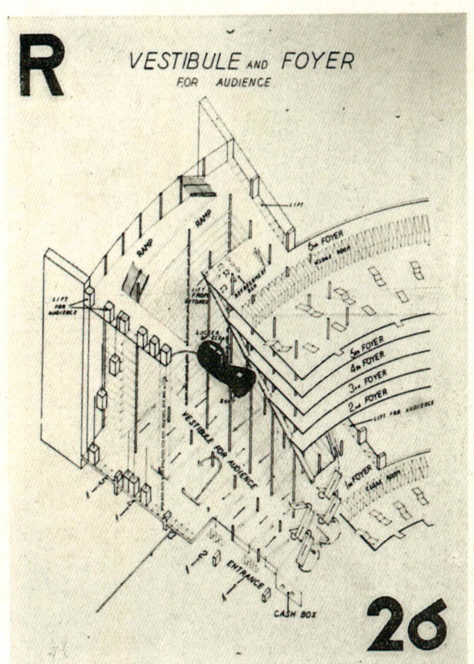

15. 觀衆の**ヴヱスティビユール**(玄關)と**フオイヤー**(遊歩場)
觀衆は 1乃至 5の兩側の入口から入る。右隅に切符賣場がある。觀衆は交叉するランプによつて苦もなく第二階に至りエレベーター、ランプ或ひは階段によつて各フオイヤーに昇る。各フオイヤーには圖の如く規定のクロツクルーム(外套室)が一列に並んで居て、觀衆は此處をとほりながら外套や手荷物を自分で仕末して行く。

16. 15圖の**ヴヱスティビユール**の透視圖、入口から二階へ交叉する**ランプ**。
兩側は全部エレベーター。エレベーターの前に數層の廊下が見える。つきあたりの「く」の字型の階段を昇ると各フオイヤーに至る。各フオイヤーを貫ねる兩側の階段に注意。各階の中央にある「格子」の内部はレストランでこのレストランを貫ねる函型のものは第一階の臺所に通ずる斜傾エレベーター。

10-2

10-2
制作：諏佐遙也（ZOUZUO MODEL）
ウクライナ劇場国際設計競技応募案、
模型（1:300）
Production: Haruya Susa
(ZOUZUO MODEL)
Model, Architectural Ideas and an Entry for the International Competition of Ukrainian Theater (1:300)
2018

10-3

10-3
「ソヴィエート・ロシヤ・ウクライナ州
ハリコフ州立大衆楽劇
四千人ウクライナ劇場模型
国際設計競技四等当選案
川喜田煉七郎氏」『建築画報』
22巻6号（建築画報社、1931年6月）
'Model for the Theater of Popular Musical Drama Seating Four Thousand People in Kharkov, Ukraine, Russian Soviet. The Forth Prize of International Competition; Proposal by Mr. Renshichiro Kawakita,' *Kenchiku-gahou*, vol. 22, no.6, Kenchiku-gahou sha, June 1931.

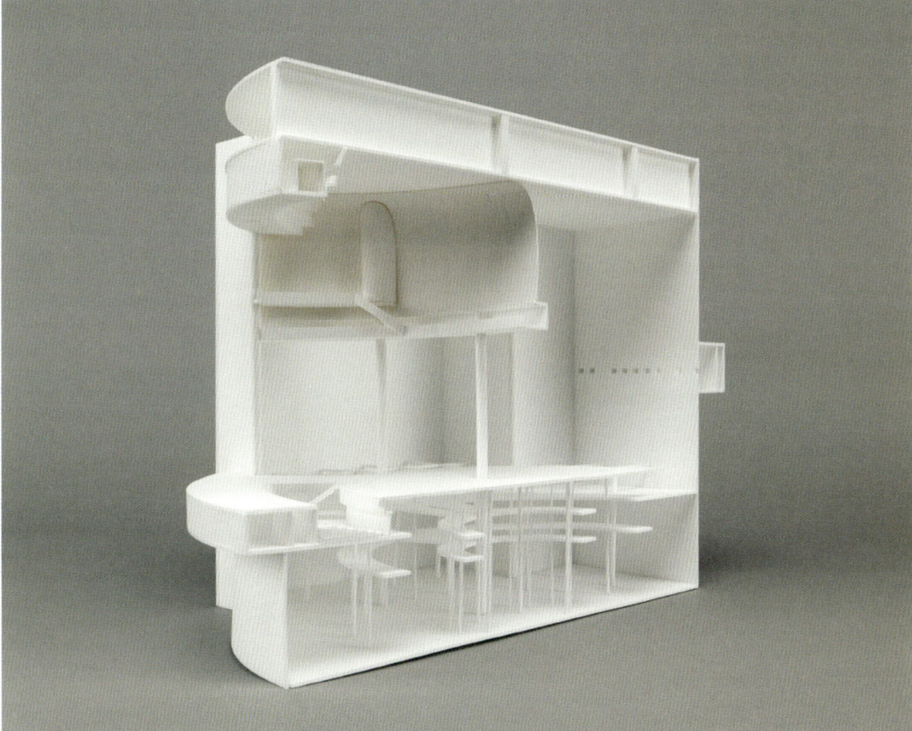

10-4-a

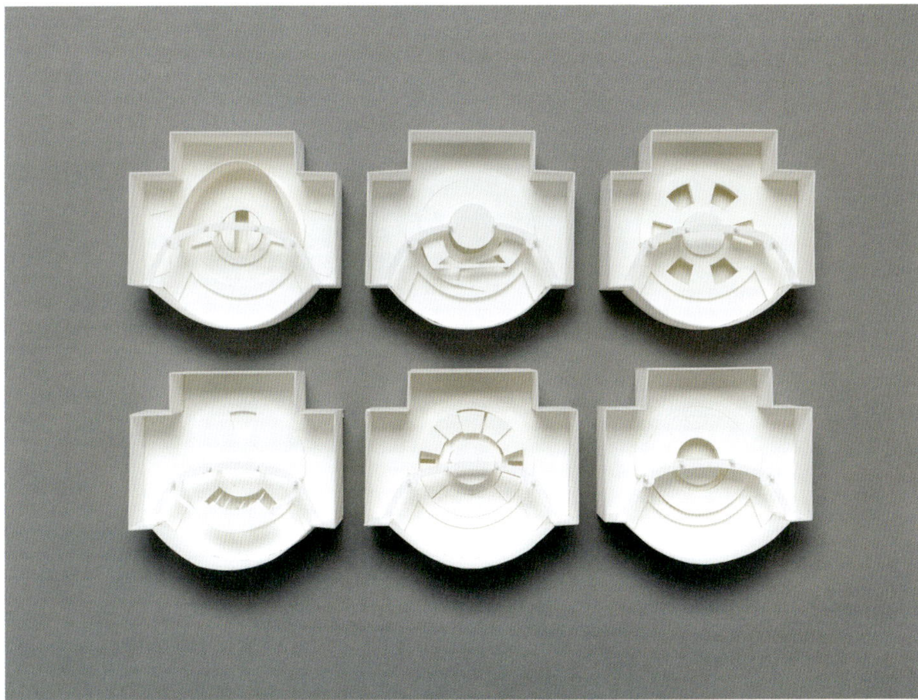

10-4-b

10-4-a
制作：東北大学五十嵐太郎研究室
ウクライナ劇場国際設計競技応募案、
舞台のための部分模型（1:200）
Production: Tohoku University, Taro Igarashi Lab.
Section models for the stages, Architectural Ideas and an Entry for the International Competition of Ukrainian Theater (1:200)
2018

10-4-b
制作：東北大学五十嵐太郎研究室
ウクライナ劇場国際設計競技応募案、
舞台のための部分模型（1:800）
Production: Tohoku University, Taro Igarashi Lab.
Models for the stages, Architectural Ideas and an Entry for the International Competition of Ukrainian Theater (1:800)
2018

神奈川県庁舎コンペ

★K・マレーヴィチ「摩天楼のなかのシュプレマティスム建築」発表［ソ連］

W・カンディンスキー『点・線・面』［ドイツ］

［文学］F・カフカ『城』［ドイツ］

［映画］F・ラング「メトロポリス」［ドイツ］

日本プロレタリア芸術連盟結成

東京府美術館開館

◆蒋介石、国民革命軍総司令就任。北伐開始［中国］

トーキー映画、公開実験［アメリカ］

初の液体燃料ロケットを発射［アメリカ］

大正天皇崩御、「大正」から「昭和」へ改元

1927

●M・B・レヴィ「パリの線状都市計画」

L・ヒルベルザイマー「大都市建築」

I・レオニドフ「レーニン研究所計画」

B・フラー「ダイマキシオン・ハウス」

ル・コルビュジエ「国際連盟設計コンペ」

H・マイヤー「国際連盟設計コンペ」

山口文象（岡村蚊象）「1950年計画 中央航空機停留所」

■ル・コルビュジエ「ヴァイセンホーフ・ジードルンク」［ドイツ］

藤井厚二「聴竹居」

佐藤功一＋佐藤武夫「早稲田大学大隈記念講堂」

伊東忠太「一橋大学兼松講堂」

□L・ヒルベルザイマー『大都市建築』［ドイツ］

シュルツェ＝ナウムブルク『陸屋根か傾斜屋根か』［ドイツ］

ル・コルビュジエ＋P・ジャンヌレ「近代建築の5つの要点」発表［フランス］

L・ミース・ファン・デル・ローエ「建築における形式について」発表［ドイツ］

H・ヘーリンク「工芸における新方向の確立をめざして」発表［ドイツ］

ドイツ工作連盟主催『ヴァイセンホーフ・ジードルンク展』［ドイツ］

W・グロピウスがバウハウス校長を辞任し、H・マイヤーが後任に［ドイツ］

『三科新興形成芸術展覧会』［京橋宮沢家具店］

日本インターナショナル建築会結成

★R・マグリット、シュルレアリスムのグループに参加［フランス］

『マレーヴィチ』展［ソ連］

［哲学］M・ハイデッガー『存在と時間』［ドイツ］

［映画］A・クロスランド「ジャズ・シンガー」［アメリカ］

◆スカルノ、インドネシア国民連盟結成

上海クーデター勃発［中国］

C・リンドバーグ、大西洋無着陸横断飛行［アメリカ］

W・ハイゼンベルク、不確定性原理を発表［ドイツ］

J・スターリン、L・トロツキーら反対派をソ連共産党から除名

山東出兵

東京に初の地下鉄開業

ユートピアの影絵たち——川喜田煉七郎《ウクライナ劇場設計競技案》の舞台機構について

菊地尊也［東北大学大学院工学研究科博士後期課程］

- 川喜田煉七郎《ウクライナ劇場国際設計競技応募案》(1931)といえば、国内におけるモダニズム受容の達成を示すものとしてよく位置づけられる。その証拠の多くは、外観のデザインに求めることができる。例えば巨大な鉤型の逆梁はル・コルビュジエの《国際連盟本部設計コンペ案》(1927)、街路をまたぐ全体構成はヴェスニン兄弟の《労働宮殿コンペ案》(1923)からの影響を見てとれる。
- 一方、劇場内部にはどのような様相があらわれているだろうか。川喜田がつくりあげた舞台上に浮かび上がるさまざまなイメージの輪郭を確かめたい。
- コンペの要綱では「4000人を収容し、演劇のみならず、デモンストレーションに、フェストに、シネマに、サーカスに、さらにはそれを複合した多様な上演に利用可能」な劇場が求められていた。それに対して川喜田は、以下のような可動機構をもつ立体的な円形舞台を提案した［fig.1］。

主舞台	1	縦に三分割された中央の円座
		(水平回転、垂直移動)
	2	リング状の固定舞台
	3	計12基の「単位舞台」
		(水平回転、垂直移動、舞台脇への水平移動)
	4	リング状の固定舞台。「花道」が付随
前舞台	5	湾曲した2つの可動舞台。
		オーケストラ・ピットを覆う(水平回転)
上部舞台	6	主舞台からのびる6本の柱に
		支えられている。「空中花道」が付随

- 舞台のつくりも外観同様、同時代の建築からの影響を受けている。舞台が水平、垂直方向に可動するアイデアはヴァルター・グロピウスの《全体劇場》(1927)やノーマン・ベル・ゲデスの《第6劇場》(1915–29)を参照したものであるし、数本の柱によって舞台を分節する構造は、オーギュスト・ペレによる1925年の《パリ現代装飾美術・工芸美術国際博覧会の小劇場》と共通する。
- 特筆すべきは、主舞台と上部舞台への投影技術である。主舞台に設けられた6本の柱のあいだにそれぞれ降ろしたスクリーンと、上部舞台の半円形のホリゾントが投影面となっており、これらに対して舞台の手前および奥に設置された映写室から像を投影する。先述の《全体劇場》やフランス映画「ナポレオン」(1927)で導入されたマルチスクリーン技術と地続きのアイデアだといえるが、川喜田の提案では水平方向のみならず垂直方向でも投影面を分割しており、より立体的な構成となっている。
- 背後からの投影では影絵の効果を取り入れているが、これは川喜田が過去に発表した《映画館兼かげえ劇場》(1929)を踏襲している。
- 当時、コンペで求められていた規模と同等の劇場はまだ国内にはなかった。しかし、過去の自作や当時の劇場建築の研究成果、海外の建築雑誌等から得た情報などを貪欲に吸収し、川喜田はこの舞台をつくりあげた。

●

- さまざまな先行例の影響下にある一方、直接には無関係と思われるアンビルトからも、本作との関連性を類推することができる。さながらスクリーンに浮かび上がる輪郭線が、元来の事物とはまったく別のオブジェクトに見えてくる影絵のように。ここからは川喜田の舞台空間内に胎動する、いくつかのユートピアの影絵たちの輪郭を確かめる。
- 例えばこの舞台空間から「日本的なもの」を見てとれないこともない。主舞台の「花道」と上部舞台の「空中花道」は、歌舞伎の舞台に見られる要素である。前者は《東京宝塚劇場》(1934)に設置された「銀橋」と同様、オーケストラ・ピットをまたいで観客席と主舞台をつなぐ役割を果たす。また、オーケストラ・ピットを覆う前舞台の機構は、川喜田が過去に発表した「古事記 神代編」をテーマとする《ある舞台への提案》(1926–27)にも導入されており、天の岩戸が割れる場面を再現していた。

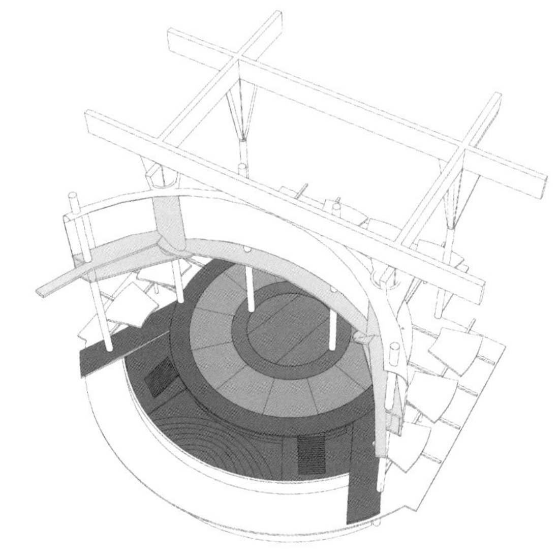

fig.1——舞台機構 図版制作：東北大学五十嵐太郎研究室

- あるいは本作の平面形から前方後円墳のかたちを想起する者もいるだろう(もっとも、円形と台形のヴォリュームを付き合わせた形態は、同時代のロシア構成主義の劇場建築の提案にもみられる)。仮にこの解釈のもと、「『古墳的なもの』を国際的なコンペに持ち込み奏功を収めた若手建築家」という枠組みで川喜田を捉えれば、新国立競技場コンペで《古墳スタジアム》を提げ一躍名を馳せた田根剛を、川喜田の再演者に見立てることもできるかもしれない。

●

- コンペで好成果を収めた要因として、設計の内容のみならず、プレゼンテーション方法に工夫を凝らしていたことも無視できない。実際、コンペで提出されたダイアグラムや、雑誌に掲載された図解群は本作の要諦を成している。
- 例えば舞台上で繰り広げられる演目について、川喜田は「少年団による行進」や「林立するシャフトを工場に見立てた演劇」等のスケッチを描くことで具体的に提案している。また、エントランスからホールに至る経路を立体的に示した動線図、補助線をもちいた照明や投影や音響の図解も提案にリアリティを与えている。こうした可視化への関心は、たゆたう煙によって気流の向きを示す《霊楽堂》のドローイングにすでに見られる。
- また川喜田の図解は手書きによるラフな体裁をとることも多いのだが、これはレム・コールハース/OMAが《フランス国立図書館》(1989)で提示した手書きのポンチ絵の筆致と共通して、精緻さよりも速度を求めた結果だろう。舞台機構の多動的な有り様を示す「舞台変転図」もじつに川喜田らしい。同一視点から舞台を連続的に描く点でそれは「コマ割漫画」に似た表現である。川喜田は自身が編集する『建築工芸アイシーオール』誌に海外のコマ割漫画を転載したり、商店建築の図解で漫画の吹き出し表現を取り入れており、アーキグラムやシチュアシオニストより以前に、建築提案の伝達手法として漫画に注目していたともいえる。

●

- 最後に、舞台の平面形状に目を向けたい。入れ子状の円からなるその形状は、川喜田が多大な影響を受けたバウハウスの教育理念を示した図や、彼が設立に関わった新建築工芸学院の教育理念のダイアグラムをまず想起させる。だが、いずれも明確な中心をもつ静的なモデルという点で、絶え間なく変動する川喜田の舞台の有り様とは根本的に異なる。
- この観点からすると、『スヴリムニア・アルヒテクトゥーラ(現代建築)』1929年4月号のなかで社会学者ミハイル・オヒトヴィチが未完の構想として発表した新たな都市共同体のためのダイアグラム群は、川喜田の建築的思考にに漸近している。
- オヒトヴィチのダイアグラムでは、まず都市の中心から周辺にむかって「複数の店舗や工房からなる工業地帯」、「労働者住宅と文化施設と店舗を分散配置したエリア」、「国営農場と集団農場」、「自発的に発展する集落」が割り当てられる。ただし政治中枢を敷かず、中心部も放射状に分割する。
- さらにオヒトヴィチは、円内にある複数の小さな区画を、円外の任意の場所に移動させるダイヤグラムも描いている。ハワードの田園都市や1920年代のモスクワ拡張計画で提示された明確な中心をもつ図式と異なり、オヒトヴィチは住む場所を自由に移行できる、交通・通信手段に依拠した非物質的なネットワークに基づく共同体を標榜し、これを「非都市」と呼んだ。同じ頃、分離派の堀口捨己もまた1920年代半ばに「非都市的なるもの」について論じているが、都市のただなかに「市中の山居」を求めた堀口に対し、オヒトヴィチは「都市と農村の対立を解消」のために都市のすべてを「抹殺する」とまで述べる。都市に対するラディカルな考え方の延長線上には、建築物よりも建築間のネットワークを重視したセドリック・プライスの《ポタリーズ・シンクベルト》(1963)や、「中心を無化して網の目で埋めよ」という惹句を掲げた磯崎新《海市》(1994–96)などのアンビルト・プロジェクトを位置付けることができる。
- オヒトヴィチのダイヤグラム群を、川喜田の舞台機構と照応させてみる。「中心部に位置する工業工場」は「林立するシャフトを工場に見立てた演劇のワンシーン」に、「舞台前方まで拡張可能なオーケストラ・ピット」は「自発的に発展する集落」に、「舞台脇に水平移動する単位舞台」は「流通のためのネットワーク機構」にそれぞれ見立てることができる。オイトヴィチの構想は、アレクサンドル・ボグダーノフの社会主義SF小説『赤い星』(1908)に想を得ている。移民たちのユートピアとしての火星を描いたその物語内容は、異国からのまったき他者としてコンペに参加し、提案が受け入れられた川喜田の歩みと重なる。

［参考文献］

- 梅宮弘光「川喜田煉七郎による劇場計画案の舞台機構とその時代背景」五十殿利治編『近代舞台美術に関する視覚文化的研究』(研究報告書、2005、pp. 19–43)
- 五十嵐太郎「3つの建築から近代劇場を考える」『劇場空間への誘い——ドラマチック・シアターの楽しみ』(鹿島出版会、2010)
- 八束はじめ『ロシア・アヴァンギャルド建築 増補版』(LIXIL出版、2015)
- 本田晃子『天体建築論』(東京大学出版会、2014)
- 永井聡子『劇場の近代化:帝国劇場・築地小劇場・東京宝塚劇場』(思文閣出版、2014)

戦前期日本のモダニズム建築運動における アンビルト――夢想からリアルへ

梅宮弘光[神戸大学教授]

アンビルトが生まれるとき

- 施設の構想が生じ、実施に向けて動き出す。建築家は施主の意向を汲んで設計する。設計の実際とは、このようなものであろう。ともあれ、構想は建築家のあずかり知らないどこかで生まれ、建築家のもとに流れてくる。この所与の連続を断ち切り、建築家自らが構想の源流に立とうと欲するならば、構想の全体を理念化せずには行なえない。そのとき浮かび上がるのが、理念化された社会のイメージである。そのような社会においてはじめて、彼は建築構想の主になれるのである。
- この状況は、しかし、現実とは大きくかけ離れている。建築家という職能に求められるのはあくまで構想にもとづいた設計であって、構想そのものではない。現実の社会に彼に好きにさせてくれる篤志家はいないし、独力で理想を実現する力もない。実際と理念の乖離は、あまりに大きい。
- そんなとき、ひとは夢見がちになる。夢のなかでなら、建築家は施主であり設計者であるばかりか、自身の設計を享受して喜びに満ちる民にもなれた。すなわち、「アンビルト=建てられることのなかった建築」とは、建築家によって理念化された社会の空間的表象の謂いである。

夢の中へ――分離派建築会

- 明治期の青年建築家にとって、西洋建築の習熟は邁進に値する自身の役割たり得るものだった。しかし、それが日本の建築の近代化において一定の達成をみた1910年代、大正デモクラシーのなかで自己を形成した青年建築家にとって、建築の価値は功利性や有用性のみで定められるものではなくなっていた。彼らが建築に求めたのは真・善・美といった先験的で普遍的な文化主義的価値であり、その標識とされたのが「芸術」である。
- ここにきて建築は、近代化のための技術から哲学的思索の対象に転換した。しかし、この動向を代表する後藤慶二や岩元禄がいずれも中央省庁の技術官吏であったように、建築を自己表出の対象と捉える動向は、この段階ではいまだ実務における個人的営為にとどまっていた。
- こうした状況を背景に登場するのが、さらに若い東京帝国大学建築学科の学生たちによって1919年に結成された分離派建築会である。「建築は一つの芸術である/このことを認めてください」とは分離派建築会のひとり石本喜久治の「建築還元論」[1]の冒頭の一節だが、彼らが建築=芸術という命題によって意図したのは、建築=実務という既成の文脈を断ち切ることであった。その手段として採られたのが、本来は美術の方法、つまり市街にあるはずの建築をタブローとして展覧会場にもち込むことだった。モダニズム建築運動の季節は、このように始まった。
- この時期の青年建築家のリアリティは、目的合理性が支配する官製近代化路線の現実社会にではなく、創作することと生きることが直接結びつくような価値合理的な内面世界にあった。いくつかの作品のタイトルには、そうした意識がよく現われている。いわく《精神的な文明を来らしめんために集まる人人の中心建築への試案》(堀口捨己、1920)[2]、《或る音楽礼拝堂の設計》(川喜田煉七郎、1926)[3]、《Club in Utopia》(金沢庸治、1924)[4]。いずれも田園牧歌的環境における精神的コミュニティ構想を建築設計の形式で表現したアンビルトである。
- 彼らは、自らの精神的内面を建築の形式で表出することこそが建築創造だと考えたから、その反発は官製近代化路線、わけてもその西洋歴史主義様式に向けられた。それは自己の外部から押しつけられるものだったからである。他方、彼らの気分に好ましく映ったのは当時のヨーロッパの新傾向、ゼツェシオンから表現主義への展開である。日本の建築の近代化には、西欧の新傾向にそのつど想を仰ぎながら何らかの美的近代性を探求するという側面があるが、歴史主義から脱しつつあったその自由な造形は、彼我の差を超えて、青年期の気分を受け止めるものだった。
- 分離派建築会の姿勢に建築界の既成権威への反抗が見て取れるとはいえ、そもそも西洋の新様式と新技術を同時に追求するのが明治期以来の官製近代化の既定路線だったのだから、もとより同会の志向と決定的に対立するものではない。そこはエリートの再生産機構のなかでのこと、老大家に疎まれることはあっても、卒業後はメンバーの多くが逓信省営繕課や大手建設会社設計部に就職し、残ったメンバーも当時準備中だった平和記念東京博覧会の臨時建築部に職を得ていった。
- エリートたる所以というべきか、彼らの設計が実現する機会は早々にやってきた。平和記念東京博覧会のパヴィリオン、電信局庁舎や百貨店などの大規模施設として、つい前年までは製図板の上にとどまっていた分離派建築会スタイルがたちまち姿を現わしていったのである。そうした施設が建つ現実の社会は当初彼らがイメージしたものではなかったとしても、建物の様式に限るならば、建築界に受け入れられる余地はあったのである。つまり、彼らには夢から現実へ戻る梯子が用意されていたということだ。

リアリティを求めて——創宇社

– 分離派建築会が示したアンビルトという方法は、夢の世界への階梯であった。それに誘われて後に続いたのが、創宇社である。その中心人物、山口文象（岡村蚊象）は逓信省営繕課の技手（製図工）で、職場の上司であり分離派建築会の創設メンバーでもある山田守の推挙により、《丘上の記念塔》[5, pp.048–049]で「分離派建築会第4回展」（1924）に迎えられていた。

– これに先立ち、山口は逓信省営繕課の技手仲間とともに創宇社建築会を立ち上げ、分離派建築会に倣って展覧会を主催してアンビルトを発表する活動を開始した。分離派建築会と違っていたのは、その境遇である。彼らの仕事は建築家の設計図面を清書することだったから、現実社会において自らの記名で発表できる作品がない。それだけに、自身の名前で作品を発表できる展覧会の意義は、より切実なものだった。むしろ、この夢の世界のほうにこそ、本当の自分を見出すことができたのではなかったか。

– 創宇社は1923年から1930年まで計8回の展覧会を開催し、その間1929年と1930年に2回の講演会を主催するなど、旺盛な活動を展開した。この過程で制作された創宇社のアンビルトが具体的にどのようなものであったかを伝える資料は多くない。しかし、当時の建築雑誌に掲載された小さな図版[6]を見る限り、単純な立体を組み合わせた素朴な石膏模型である。しかし、1927年12月の第5回展前後にそのタイトルのつけ方に変化が現れる。それ以前に散見された「コムポジション」、「面と線」、「建築構成」といった抽象的なものに代わって「印刷工場」、「労働会館」、「労働診療所」、「無料図書館」、「消費組合食堂」、「紡績工場の女子寄宿舎」、「無料宿泊所」など具体的な施設名が増加するのだ[7]。

– このことは、建築家の目的意識が、新しい建築様式の創造から社会変革へと移ったことを示している。それらのタイトルに示された施設は、彼らが現実の社会に望みながら、いまだ実現していないものなのである。背景には、マルクス主義の影響とプロレタリア文化運動の高まりがあった。

– たとえば《印刷工場》（今泉善一、1929）[8]は、1926年に発生した共同印刷株式会社における労働争議を連想させる。この争議には演劇人や美術家が連帯を表明し、渦中にいた徳永直はその経験をもとに小説『太陽のない街』（1929）を書いた。翌1930年には村山知義演出により築地小劇場で上演されてもいる。

– 創宇社の《印刷工場》は単なるビルディングタイプの事例ではなく、プロレタリア革命実現後の理想の工場なのである。彼らは、同時代の社会状況に呼応し、それを建築の主題に取り込むことによって、現実社会とのリアルな関係を確認しようとした。

– この変化を総括したのが、山口文象の講演「合理主義反省の要望」[9]である。ここで山口は、建築における自然科学偏重の合理主義に対して、社会科学的な検討の重要性を主張する。理想の社会にどのような施設が必要かをアンビルトによって示し、その実現の方法を探求することこそが建築家の実践であるという。

– こうした創宇社の主張を、川喜田煉七郎は「科学性の乏しい小児病」と批判した[10]。言うまでもなくレーニンの著作『共産主義における左翼小児病』（1920、邦訳出版は1926、1928）から引いたものだ。レーニン主義のいう「小児病」とは、客観情勢を無視して目的を実現しようとする急進主義を批判するのに用いられた語だが、川喜田の批判は、創宇社のアンビルトがその具体的内容を示そうとせず、すなわち建築を成立させる客観的情勢=技術を等閑に付したまま、題目のみに頼ってイデオロギーを主張している点に向けられたものである。

– この川喜田もまた、分離派建築会フォロワーのひとりであった。『分離派建築会第6回展』（1927年1月）に《或る音楽礼拝堂の設計》（霊楽堂）[pp.050–053]、続く『第7回展』（1928年9月）に《浅草改造案》[11]と題したアンビルトの大作で入選を果たし、1929年4月に東京高等工業学校（現・東京工業大学）附設教員養成所建築科の後輩とともにAS会を立ち上げ、《映画館兼かげえ劇場》、《十万人野外映画館》といったアンビルトを精力的に発表していた[12]。川喜田にとってのアンビルトは、続出する新しい科学技術によって可能となる建築の新しい形式の発明であったから、その機構を徹底して説明するものでなくてはならなかった。前出の風変わりなタイトルの作品、その前者は映画と実演による動く影絵を同時にスクリーンに映し出す上演施設であり、後者はひとつの映像を一時にどれだけ多くの観客に供給できるかというマスメディア装置の提案である。

– 川喜田の技術志向は、しかし、創宇社側には超階級趣味と映った。マルクス主義における生産関係の基本は生産手段の所有関係なのだから、人間相互の関係である階級を無視して建築生産を問題にすることはできないというのである[13]。

アンビルトの解体——新興建築家連盟

– アンビルトに対する態度が政治的であれ非政治的であれ、それがアンビルトであるかぎり、そのリアリティには限界がある。どれほど重要性を主張しようとも、いつまでも建たないのなら建築とは認められない。1928年以降のモダニズム建築運動には、現実への帰結の回路が閉ざされたまま、運動の内部だけでリアリティを高めることが求められていた。

– この閉塞感は、やがてアンビルトと展覧会という方法論への懐疑を生む。1930年1月、前出の川喜田は次のように書いた。「我々が建築発表の形式に於て先づ要求するものは、所謂〈提案〉でも〈設計〉でもない。〈何がこれを計画せしめたか〉をはっきりと大衆に直接に知らしめる事である。在来の作品展覧会に於てその模型やパースペクテイヴの裏にかくれて見えなかったものをしっかりと掴みだし、在来の実験室の特殊な報告にすぎなかったものをあく迄一般化し、方向づけていく事である」。川喜田はそれを「レポート」と呼ぶ。「我々の団結的な分担綜合による他には、このレポートの形式を満足せしめ得ない事が明瞭になって来る。同時に、個人の作家や研究者の名はかゝるレポートから明らかに完全に消滅すべき運命にしかない」[14]。

– 山口文象の《丘上の記念塔》にしても、川喜田煉七郎の《或る音楽礼拝堂の設計》にしても、今日の眼からすれば、突出した才能の産物というほかない。しかし、1930年の時点で、当の本人がそれを認めるわけにはいかなかった。自分たちが推進してきたモダニズム建築運動が否定してきたものこそ、そうした天才や個性であり、目指してきたものこそ一般性や普遍性だったからである。

– アンビルトは建築的総合の似姿かもしれないが、今やハリボテにしか見えなかった。必要なことは、結果としての総合を解体し、その過程を共有すること。これが運動の担い手たちが到達した認識であった。

– その実現のために、アンビルトと展覧会に代わる、新たな方法と体制が求められていた。それが、1930年7月に結成された新興建築家連盟だったが、「大衆赤化歳末闘争」の一環と報じられ[15]、たちまち解散に追い込まれる。運動を現実に帰結させるプログラムは、始動することなく頓挫した。連盟の解散以降、運動の機運は一気に衰退する。運動の季節の終わりであった。

---

1 『分離派建築会宣言と作品』(岩波書店、1920)

2 同前

3 「分離派建築会第六回展覧会号」『建築新潮』第8年第3号(1927年3月)

4 『建築新潮』第5年第6号(1924年6月)

5 『分離派建築会の作品』(岩波書店、1924)

6 『建築新潮』第9年第1号(1928年1月)、
『建築畫報』第19巻第2号(1928年2月)

7 創宇社展の出品作題目は『建築家山口文象 人と作品』
(相模書房、1982、pp. 65–68)による。

8 『建築新潮』第11年第5号(1930年5月)、p. 21

9 『国際建築』第5巻第11号(1929年11月)

10 川喜田煉七郎「仁壽生命保険会社の新建築を見て」
『建築新潮』第10年第8号(1929年8月)、
同「建築の展覧会とその作品 創宇社の感想」
『建築世界』第24巻第2号(1930年2月)

11 『建築新潮』第9年第11号(1928年11月)

12 『建築畫報』第20巻第7号(1929年7月)

13 竹村新太郎「建築実践とは」『建築新潮』第11年第5号(1930年5月)

14 RRRRRRR生「所謂〈レポート〉の形式について」
『建築新潮』第12年第1号(1931年1月)、
「RRRRRRR生」は川喜田の筆名

15 『読売新聞』1930年11月13日7面

1928

● H・ノールドゥンク「宇宙ステーション」
V・アレクセイエヴィッチ・シチューコ「レーニン図書館コンペ第1案」
N・ゲラシモフ「『新都市』計画」
G・クルチコフ「『空飛ぶ都市』計画」
I・レオニドフ「新しい社会主義タイプのクラブ計画」
N・ソコロフ「健康リゾートホテル」
L・ヒルベルザイマー「ベルリン開発計画」
C・スタイン＋H・ライト「ラドバーン・プロジェクト」
C・L・モーガン「スカイスクレーパー橋」
H・ソヴァージュ「セーヌ河畔の段状建造物」

■ G・アスプルンド「ストックホルム公立図書館」［スウェーデン］
R・シュタイナー「第2ゲーテアヌム」［スイス］
K・メーリニコフ「ルサコフ労働者クラブ」［ソ連］
S・セラフィモフ＋M・フェルガー＋S・クラヴェッツ「ハリコフ重工業省」［ソ連］
O・バルトニンク「鉄鋼教会」［ドイツ］

□ W・グロピウス、ベルリンで事務所を再開し、国立住宅建築経済調査所の副会長に就任［ドイツ］
L・ヒルベルザイマー『国際的な新建築』［ドイツ］
E・メンデルゾーン＋B・ヘトガー「総合——世界建設」発表［ドイツ］
N・ラドフスキー、ARU（都市建築家連盟）設立［ソ連］
M・ギンスブルグ、STROIKOMチームを編成［ソ連］
第1回CIAM（近代建築国際会議）開催
『第1回合理主義建築（MIAR）』展［イタリア］
G・ポンティ『ドムス』創刊［イタリア］
H・マイヤー「建築」発表［スイス］
国際線状都市協会創立

★ **K・マレーヴィチ「シュプレマティスムの素描（空からの展望）」**
［映画］W・ディズニー「蒸気船ウィリー」（ミッキー・マウス初登場）［アメリカ］
［映画］L・ブニュエル＋S・ダリ「アンダルシアの犬」［フランス］

◆ 第9回夏季オリンピック開催［オランダ］
初のカラー映画登場［アメリカ］
B・ムッソリーニによる独裁政治開始［イタリア］
第1回普通選挙施行
日本軍、張作霖を爆殺

1929

● H・フェリス『明日のメトロポリス』
H・コルベット「ニューヨーク市地域計画」
R・フッド「マンハッタン島開発計画案」
W・グロピウス「スパンダウ・ハーゼルホルストの居住地区」
L・ミース・ファン・デル・ローエ「アレクサンダー広場再開発コンペ」
F・ムジカ「摩天楼の歴史」
ル・コルビュジエ「ブエノスアイレスのための計画」「ムンダネウム」
I・レオニドフ「プロレタリア地区の文化宮コンペ案」
N・ラドフスキー、ル・コルビュジエら「モスクワ改造計画」
K・メーリニコフ、I・レオニドフら「コロンブス・モニュメント・コンペ」
M・ギンスブルグ、K・メーリニコフら「緑の都市コンペ」
I・レオニドフら「マグニトゴルスク・コンペ」

■ L・ミース・ファン・デル・ローエ「バルセロナ・パヴィリオン」［スペイン］
K・メーリニコフ「メーリニコフ自邸」［ソ連］
R・ノイトラ「ロヴェル邸（健康住宅）」［アメリカ］

□ アレクサンダー広場再開発コンペ［ドイツ］
フランクフルト・アム・マインで第2回CIAM総会開催（テーマ：最小限住宅）［ドイツ］
B・タウト『新建築芸術』上でガウディ紹介［ドイツ］
E・メンデルゾーン『ソ連、ヨーロッパ、アメリカ』［ドイツ］
VOPRA（プロレタリア建築家同盟）結成［ソ連］
『CA』誌廃刊。『ソビエト建築』創刊［ソ連］
M・ミリューチン『ソツゴロド』［ソ連］
E・リシツキー「イデオロギーの上部構造」発表［ソ連］
第1回建築思潮講演会（創宇社主催）

★ L・モホリ・ナギ『物質から建築へ』［ドイツ］
ニューヨーク近代美術館（MoMA）開館［アメリカ］
［哲学］G・バタイユ、シュルレアリスムに対抗し『ドキュマン』創刊［フランス］
［文学］小林多喜二『蟹工船』
［映画］小津安二郎「大学は出たけれど」

◆ ニューヨーク株式市場が大暴落、世界恐慌始まる［アメリカ］
E・ハッブル、宇宙の膨張発見［イギリス］
バルセロナ万国博覧会［スペイン］
飛行船ツェッペリン号、世界1周の途中霞ケ浦へ飛来

1930

● I・レオニドフ「文化宮殿・モスクワ」「マグニトゴルスクの社会主義都市」
N・ラドフスキー「モスクワ近郊の緑の都市計画」
N・ミリューチン「スターリングラード工場都市」
F・デュペロ「超高層とトンネル」
G・アスプルンド「ストックホルム博覧会」
E・ラッチェンス「カトリック大聖堂」
G・ハウ＋W・レスケーズ「ニューヨーク近代美術館」
上海市中心区画建設委員会「大上海計画」
川喜田煉七郎「ウクライナ劇場国際設計競技応募案」

■ W・ヴァン・アレン「クライスラービル」［アメリカ］
E・ラッチェンス「インド総督府」［インド］
蒲原重雄「小菅監獄」

□ L・ミース・ファン・デル・ローエ、バウハウス・デッサウ校長就任［ドイツ］
第3回CIAM総会開催［ベルギー］
『ドイツ工作連盟パリ展』［フランス］
L・ミース・ファン・デル・ローエ『現代』［ドイツ］
F・L・ライト『若い建築』［アメリカ］
N・ミリューチン『ソツゴロド』［ソ連］
新興建築家連盟結成
名古屋市庁舎コンペ
日本生命館コンペ
軍人会館コンペ

★ ［映画］P・シュナル「今日の建築」［ベルギー］
［映画］D・バトラー「五十年後の世界」［アメリカ］

『第1回国際抽象美術展』[フランス]
[文学]O・ステープルドン
『最後にして最初の人類』[イギリス]
大原美術館開館
◆恐慌拡大
ロンドン海軍軍縮条約調印

1931

● H・ソバージュ「ヴィクトワール広場コンペ案」
A・サルトリス「ファレのノートルダム教会」
J・J・P・アウト「ブレイドルプ集合住宅」
F・L・ライト「20世紀メトロポリタン・カトリック・カテドラル」
前川國男「東京帝室博物館建築設計図案懸賞応募案」
■ J・ブリンクマン+L・ファン・デル・フルーフト「ファン・ネレ工場」[オランダ]
ル・コルビュジエ「サヴォア邸」[フランス]
P・シャロー「ガラスの家」[フランス]
R・H・シュリーブ+W・Fラム+A・L・ハーモン「エンパイア・ステート・ビル」[アメリカ]
□『ドイツ建築』展[ドイツ]
『工作連盟』展[スイス]
Y・チェルニホフ『現代建築の基礎』[ソ連]
ウクライナ劇場国際設計競技
東京帝室博物館建築設計図案懸賞募集
香里園の「健康住宅」懸賞募集(大阪時事新報社)
★アブストラクシオン・クレアシオン(抽象・創造)結成[フランス]
S・ダリ「記憶の固執」[スペイン]
◆スペイン革命によって第2共和国が成立
満州事変[中国]
中華ソビエト共和国臨時政府樹立[中国]

1932

● B・M・イオファン「ソビエト・パレス・コンペ案」
ル・コルビュジエ「ソビエト・パレス・コンペ案」「オビュ計画」
E・マイ+H・マイヤー+N・ラドフスキー+VOPRAほか「モスクワ将来計画」
N・ラドフスキー「モスクワ再構築競技案」
A・リュルサ「アエロパリ計画」
O・ヘスラー「ローゼンベルク住宅プロジェクト」
李箱「建築無限六面角體」
寺部頼助「月島の新都市構想」
□デッサウ・バウハウスがナチス系勢力の圧力で閉校[ドイツ]
バウハウス・ベルリン開校[ドイツ]
『工作連盟展』[オーストリア]
『ファシスト革命記念展』[ローマ博覧会館、イタリア]
ソビエト建築家同盟成立
『モダン・アーキテクチャー』展[MoMA、アメリカ]
H・R・ヒッチコック+P・ジョンソン『インターナショナル・スタイル』[アメリカ]
N・B・ゲデス『地平線』[アメリカ]
H・ヘーリング「有機的形象としての家」発表[ドイツ]
B・フラー「宇宙的建築」発表[アメリカ]
RIA(国際建築家協議会)設立[フランス]
ソビエト・パレス・コンペ
日本青年建築家連盟結成

1931

東京帝室博物館建築設計図案懸賞応募案 前川國男

Competition Proposal for Tokyo Teishitsu (Imperial Household) Museum
Kunio Maekawa

1923年9月1日に発生した関東大震災は、東京帝室博物館にも甚大な被害をもたらした。ジョサイア・コンドルによる本館(第1号館、1881)をはじめ、3棟の展示施設が大破し、被害を免れた表慶館(片山東熊、1908)のみで展示を行なう状況が、以後も長らく続いていたのである。1930年12月、財団法人帝室博物館復興翼賛会は、新館建設にあたってのコンペ開催を発表、審査員の筆頭に東京帝国大学名誉教授、伊東忠太の名を掲げる。この伊東の主導により、建築様式は「日本趣味ヲ基調トスル東洋式トスルコト」と定められた。この来るべき「復興建築」に、お雇い外国人コンドル以来の欧風受容を乗り越える、ナショナル・アイコンにふさわしい様式を求めたのである。震災が奇貨となったわけであった。

耐震・耐火構造が必須である以上、鉄筋コンクリート造は当然であったが、それで和風を模すことには、審査員のなかにすら疑義を呈する者がいた。また、空間構成を決定づけるはずの平面計画を募集要項ですでに提示してしまい、外観だけを募集した点や、応募者には当選後の権利一切は帰属せず、実施設計時には提案がまったく改変される可能性もあるとした点は、従来のコンペと変わるところがなく、やはり大いに攻撃されている。例えば日本インターナショナル建築会(1927年結成)は、応募規定の「日本趣味」を「偏狭ナル個人的趣味」と断じ、応募拒否の声明[1]を出すまでに至った。

こうした状況にもかかわらず、落選覚悟で挑んだ若き建築家が、蔵田周忠であり、前川國男であった。蔵田はドイツ、前川はフランスに留学した俊英である。2人の提案は、いずれも瓦葺の傾斜屋根を拒絶したフラット・ルーフであり、装飾性のないミニマルなデザインで強烈な異彩を放っていた。バウハウスやル・コルビュジエから学ばれた、新来のインターナショナル・スタイルである。前川案にはル・コルビュジエ同様のピロティ空間も設けられ、敷地内の自由な往来を可能にしていた。前川は募集要項が示した敷地略図を大幅にはみ出し、全長600mという規模で上野公園内の道路計画まで提案しており、師がパリのアトリエで展開していた都市計画への意識も示している。

前川は図面に説明書[2]を添え、「事物を悉(ことごと)く時代の粉飾をふるひ落とせる『白色の背景』に置きて正しき観察を可能ならしむる」ことを訴えている。ニューヨーク近代美術館(MoMA)がホワイトキューブを展示空間の基準としたのは、これより5年後の1936年のことであった。「似而非(えせ)日本建築」を断然拒み、「最も素直な謙譲な正直な偽りなき」自らの案こそを「最も日本的なるもの」と述べている。瓦屋根を載せた帝冠様式に対し、水平性の強いミニマル・デザインを対峙させ、「日本的なるもの」の解釈をめぐる路線闘争を仕掛けたわけである。

この落選案は、大いに注目されることになった。例えば『国際建築』第7巻第6号(1931年6月)は「コンペチシヨン号」という特集を組み、川喜田煉七郎《ウクライナ劇場国際設計競技応募案》[pp. 054-057]と共に前川案、蔵田案を大きく紹介した。これに前川は、「態見(ざま)やがれ!」で始まる名高い一文「負ければ賊軍」[3]を載せている。コンペこそが「邪道建築に対する唯一の戦場」である。無駄かもしれない、生活もあろう、自分も同じだ、しかし「新建築」の実現は、「新建築家」の不断の精進あってこそである、と若い建築家たちを鼓舞している。日本のモダニズム受容史の起点は、このような青春の血気によって彩られたのであった。

因縁の地となった上野公園は、前川建築によって席巻された。前川が坂倉準三、吉阪隆正とともにル・コルビュジエの基本設計を補った《国立西洋美術館》(1959)、それと向かい合う《東京文化会館》(1961)、更には《東京都美術館》(1975)、《国立西洋美術館新館》(1979)が続々と建っている。前川は生ける伝説の人として「闘将」と讃えられもしたが、当の本人は晩年に至り、東京帝室博物館が「あの形で実現しなくてよかった」「ディテールがないから」と追想している[4]。その提案に見られたファサードのシンメトリカルな構成は、後の前川作品からはまったく失われるものであった[5]。応募した図面自体も戦災によって焼失し、今では雑誌掲載図版が残るのみである。 [M.F.]

---

1 藤井正一郎・山口廣編著『日本建築宣言文集』(彰国社、1973、pp. 223–224)

2 『建築の前夜 前川國男文集』(而立書房、1996、pp. 55–59)

3 前掲2書のほか、宮内嘉久編『一建築家の信條 前川國男』(晶文社、1981、pp. 233–236)にも再録されている。

4 前掲『一建築家の信條 前川國男』pp. 95–96

5 このあたりの消息に関しては、本書所収の松隈洋「前川國男の戦前期のコンペ応募案をめぐって」[pp. 070–073]を参照。松隈氏の『建築の前夜 前川國男論』(みすず書房、2016)は、初期前川の最も浩瀚な研究であり、昭和戦前期建築の通史としても学ぶところが多い。なお、このたび出品される模型・配置図は、本作品について初めて制作されたものである。松隈氏の監修のもと、京都工芸繊維大学の学生5名の方々が短時日の条件ながら細部にわたる解釈を凝らし、情熱をもって制作された。

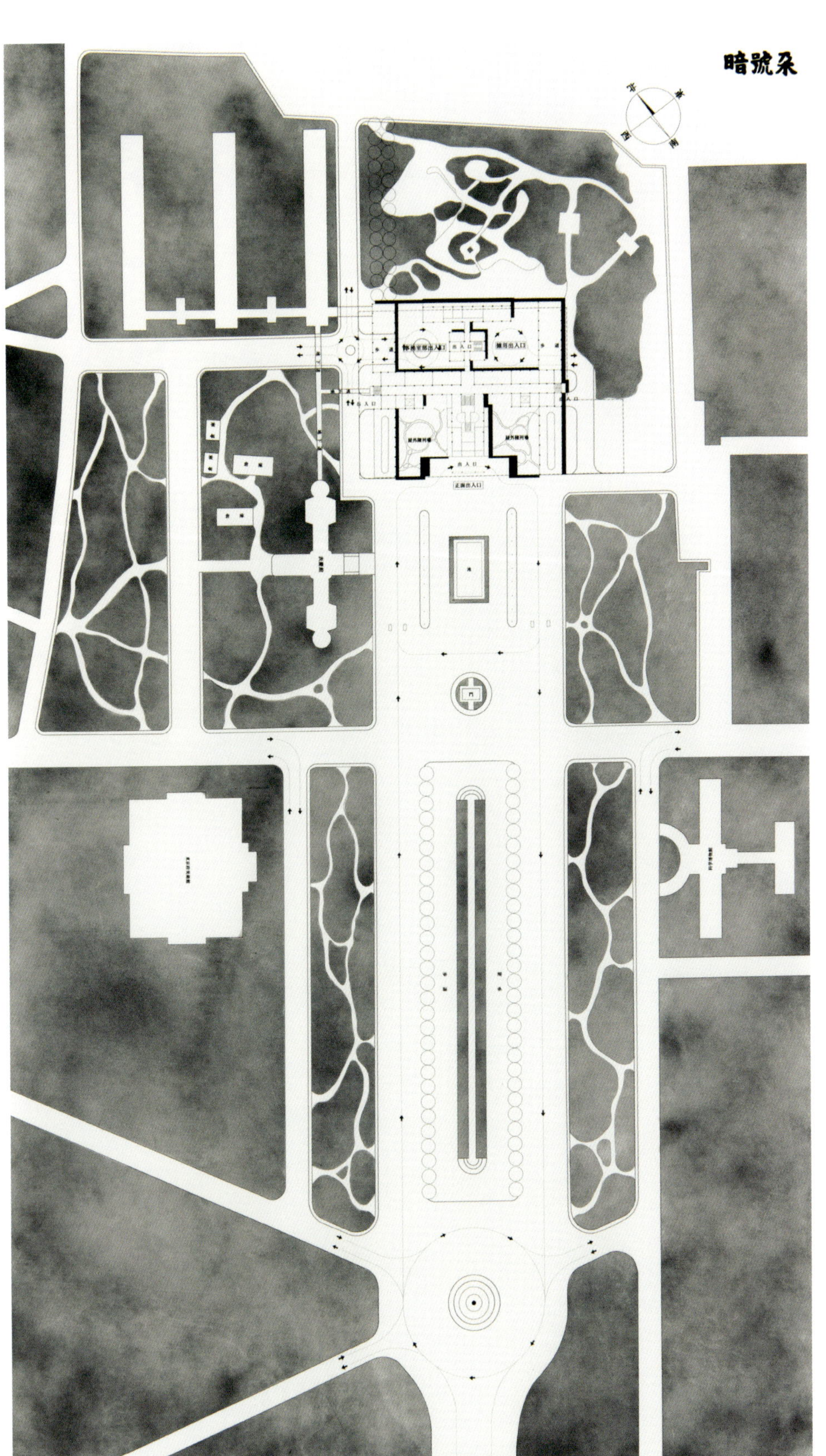

11-1
監修:松隈洋[京都工芸繊維大学教授]
制作:京都工芸繊維大学
松隈洋研究室学部3回生
東京帝室博物館建築設計図案懸賞募集(前川國男案)、再現配置図(1:500)*原図は焼失
Supervised by Hiroshi Matsukuma, Professor, Kyoto Institute of Technology
Production: Kyoto Institute of Technology, Hiroshi Matsukuma Lab., Third year students.
Reproduction of the block plan, Competition Proposal for Tokyo Teishitsu (Imperial Household) Museum in Tokyo (1:500)
2018 (Original: 1931)

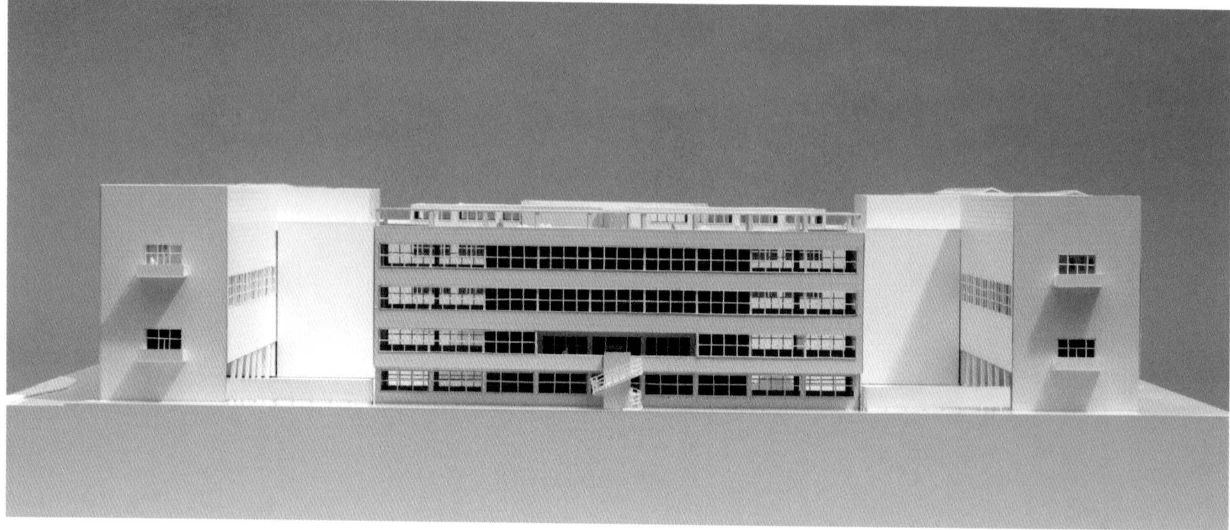

11-2
監修：松隈洋［京都工芸繊維大学教授］
制作：京都工芸繊維大学
松隈洋研究室3回生
東京帝室博物館建築設計図案
懸賞募集（前川國男案）、
模型（1:200）

Supervised by Hiroshi Matsukuma, Professor, Kyoto Institute of Technology
Production: Kyoto Institute of Technology, Hiroshi Matsukuma Lab., Third year students.
Model, competition proposal for Tokyo Teishitsu (Imperial Household) Museum in Tokyo (1:200)
2018

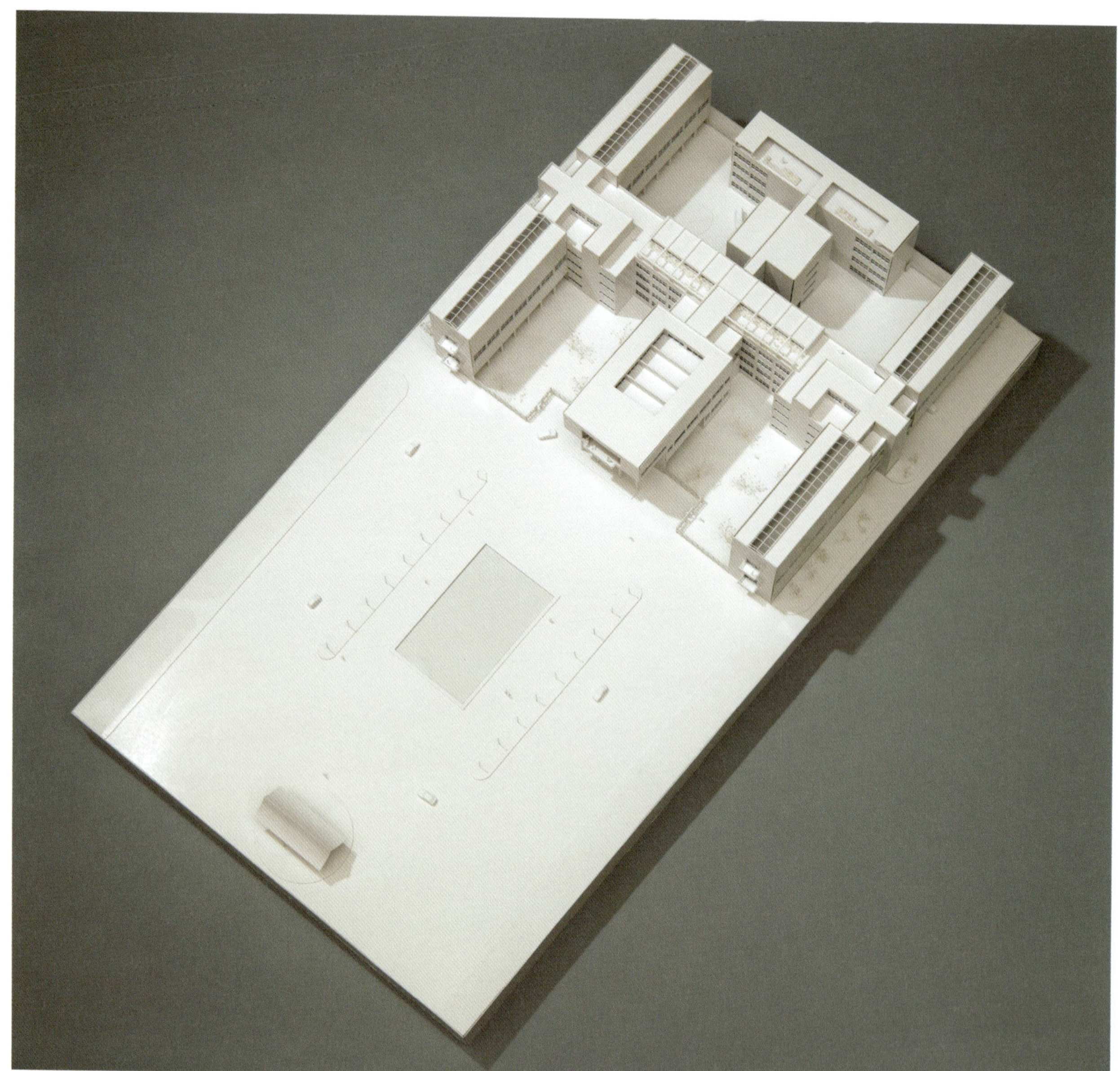

11-2
監修：松隈洋［京都工芸繊維大学教授］
制作：京都工芸繊維大学
松隈洋研究室3回生
東京帝室博物館建築設計図案
懸賞募集（前川國男案）、
模型（1:200）
Supervised by Hiroshi Matsukuma, Professor, Kyoto Institute of Technology
Production: Kyoto Institute of Technology, Hiroshi Matsukuma Lab., Third year students.
Model, Competition Proposal for Tokyo Teishitsu (Imperial Household) Museum in Tokyo (1:200)
2018

11-3
「東京帝室博物館懸賞設計応募案
前川國男氏案 透視図」
『国際建築』
第7巻第6号コンペチシヨン号
（国際建築協会、1931年6月、p.4）
'Perspective view,
Competition Proposal for Tokyo
Teishitsu (Imperial Household)
Museum in Tokyo,'
Kokusai-kenchiku, Vol.7, no.6,
Kokusai-kenchiku kyokai,
June 1931, p. 4.

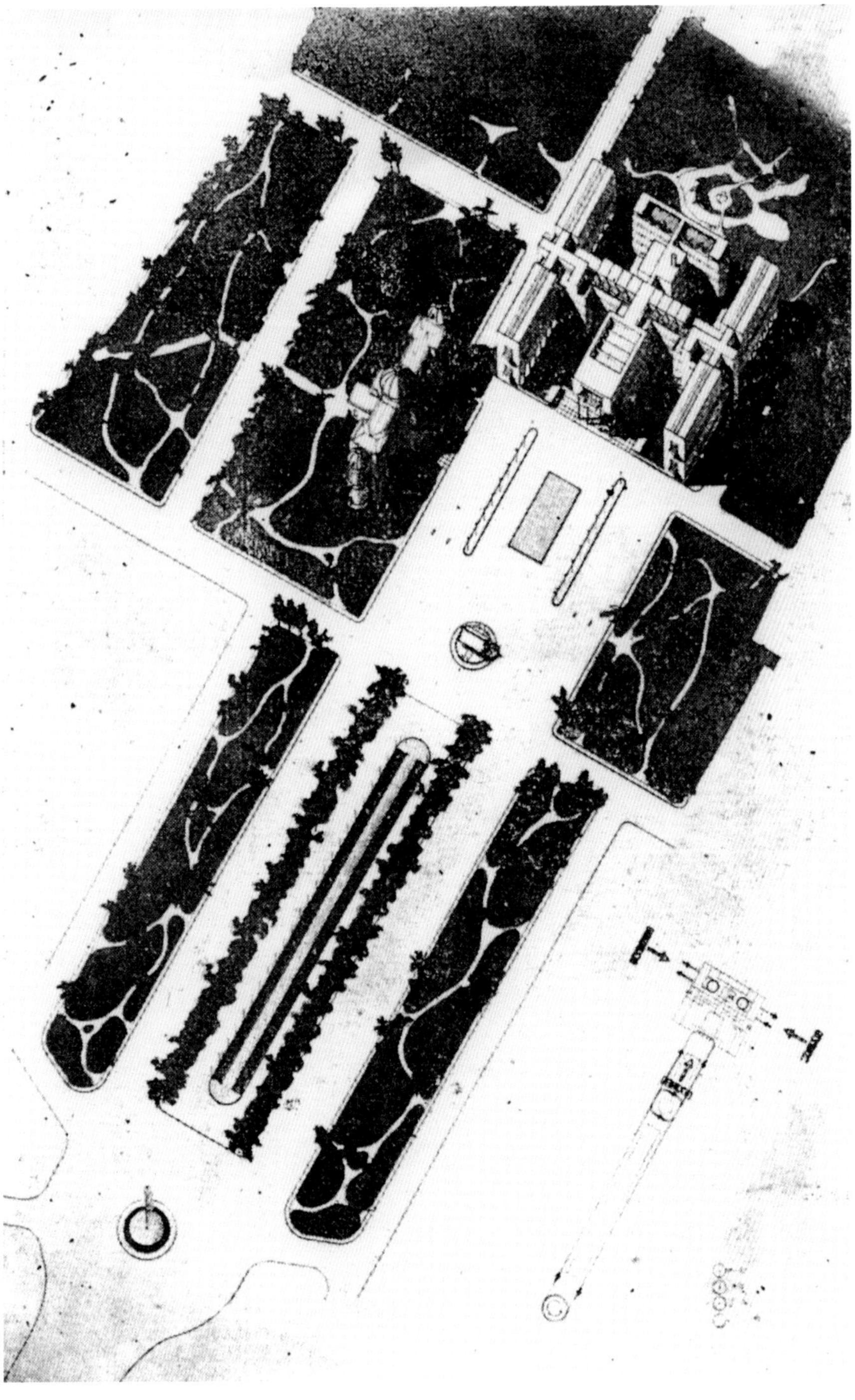

前川國男の戦前期のコンペ応募案をめぐって

松隈洋［京都工芸繊維大学教授］

— 敗戦後間もない1947年11月、前川國男は、建築家としての自らの歩みをまとめた初めての作品集[1]を出版する。その記念すべき第1集『商店建築』では、その年5月に竣工したばかりの木造の《紀伊國屋書店》が詳細にわたって紹介された。残念ながら、当時の厳しい出版状況もあって、全7集が予定されていたものの、第1集で終わり、これが生前唯一の作品集になってしまう。そして、第1集の予告ページには、第6集として、『計画案(競技設計を中心として)』と題し、「わが国における近代建築確立のための、開拓者の輝かしき闘争の成果」という内容で、前川が戦前に手がけたコンペ応募案の掲載が予告されていた[fig.1]。ここに挙げられているのは、遠くル・コルビュジエのアトリエ在籍中にパリから応募した《名古屋市庁舎》(1929)に始まり、太平洋戦争下に行なわれた《在盤谷日本文化会館》(1943)までの、全13件のコンペ案である。1等5件、2等1件、3等2件という好成績を獲得していた。だが、戦争によって、1等に当選した5つの建物のなかで実現したのは、《明治製菓銀座売店》(1933)だけだった。しかも、太平洋戦争末期の1945年5月25日の空襲によって銀座の事務所は内部を焼失したために、これらの図面類はひとつも現存しない。おそらく、だからこそ、作品集というかたちで記録に留めておこうとしたのだろう。前川にとって、コンペは、「自分の主張をまがりなりにも主張するたった一つの許された場所」であり、「すべて応募するというプリンシプル」を立てて、「どんな状況のもとにおいても、とにかく自分は応募するという覚悟」で取り組んできたものだったからだ[2]。その意味で、作品集に掲載予定だった13件のコンペ案は、戦後の出発点に立つ前川にとって重要な意味を持っていたと言えるだろう。そこで、ここでは、これらのなかから、「負ければ賊軍」[3]という文章とともに前川の名を広めた《東京帝室博物館コンペ落選案》(1931)と、いずれも恒久的な建築として実現が意図されていた満洲の《大連市公会堂コンペ1等案》(1938)とタイ王国の《在盤谷日本文化会館コンペ2等案》(1943)を取り上げ、前川がこれらの設計案を通して何を試みようとしたのかについて考えてみたい。

第6輯 計畫案(競技設計を中心として)

わが國における近代建築確立のための，開拓者の輝かしき闘爭の成果

名古屋市廳舍(落選)……1927
帝室博物館(落選)……1931
明治製菓(一等當選)……1932
第一相互生命館(落選)……1933
東京市廳舍(三等當選)……1934
ひのもと會館(一等當選)……1936
パリー萬國博覽會日本館(指名競技設計・當選)……1936
昭和製鋼會社(一等・三等當選)……1937
富士通信器工場(指名委囑設計)……1937
大連市公會堂(一等・三等當選)……1938
滿洲興業銀行(指名競技設計)……1940
建國記念館(落選)……1940
日泰文化會館(二等當選)……1943

39

fig.1—— 第6集「計画案(競技設計を中心として)」の予告
(『前川國男事務所作品集 第1集 商店建築』)

《東京帝室博物館落選案》[1931]
間取り図から空間構成への転換

— この博物館の建設計画は、1923年9月1日の関東大震災によって失われた旧館(J・コンドル設計、1882)の復興事業としてスタートする。15カ月に及ぶ建築設計調査委員会の審議の後、1930年12月17日にコンペの募集規程[4]が発表される。求められたのは、「日本趣味を基調とする東洋式とすること」という建築様式に相応しい外観デザインである。また、従来のコンペの慣例に倣い、「参考的試案に止まるを以て応募者は設計心得を熟読の上各其の理想とする計画案を提出すべし」と但し書きはあったものの、「平面略計画案」という参考平面図も添付されていた。すなわち、あらかじめ決められた建築様式と与えられた平面計画に基づく、いわばパッケージ・デザインのコンペに過ぎなかったのである。審査員は、建築系の委員として、伊東忠太、武田五一、内田祥三、佐藤功一、岸田日出刀らが、文科系の委員として、美術史家の瀧精一、歴史学者の黒板勝美らが務めた。1931年4月30日に応募が締め切られ、総数273点のなかから、渡辺仁が1等案に選ばれる。その後、その案を元に、引き続き調査委員会での検討を加えながら、宮内省の内部で実施設計が進められ、1937年11月に竣工する。興味深いのは、コンペの審査結果が大きく報じられた新聞記事に、次のような審査の内情が記されていたことである。

> 平面図は審査員がかねて準備したものをそのまま変更せずに用いた立面設計だけを考案したものが多かった、又中には規定に添えられた平面図を非常に巧みに改良し採光装置なども立派に出来たものもあったが、規定の日本趣味を基調としていないため選に入らず、これには審査員一同も惜しがっている[5]

– この記事では、「審査員一同も惜しがっている」と事実とは異なる踏み込んだ記述もされているが、ここで触れられている「日本趣味を基調としていないため」に落選した案こそ、前川國男案と考えて間違いない。1等案の渡辺は、説明書のなかで、平面計画は「平面略計画案を骨子とせるもの」と記し、ほかの入選案もそれをほぼ忠実に踏襲した平面図になっているからだ。逆に言えば、前川だけが、募集規程に記された「理想とする計画案」を独自に追求して提出したことになる。

– それでは、前川は何を根拠に平面計画を一からつくりなおしたのだろうか。それは、このコンペに照準を合わせて発行された『国際建築』の「特集・博物館号」(1931年1月号)の矢島正昭による論考、「東京帝室博物館本館新築に就ての希望」だったと思われる。矢島は東京帝室博物館の事務官であり、実はコンペの調査委員会の幹事も務めていたが、この文章ではかなり踏み込んだ自説を述べ、平面略計画案に示された「中庭を持つ箱形は蒸れる日本の風土に適しない」と断言し、「陳列室の配置に、甚だ遺憾の点がある」と指摘する。また、「自動車は屋根下に横付になる様に」との指示や、空間の単調さを解消するために、休憩室や喫煙所、露台を設け、庭園の散歩ができること、さらに、研究室や図書室、講演室が必要なことなど、募集規程にはない要望を具体的に記している。そして、前川案からは、この一つひとつに忠実に応えていることが見て取れるのである。

– 前川案の最大の特徴は、与えられた敷地図の範囲を大きく逸脱し、手前の上野公園までを含んだ配置図が描かれていることだ。今回再現された図面[p.065]から推測すると、この配置図の大きさは、横855×縦1,465mmにもなる。また、旧・本館の正門として使われていた寛永寺旧・本坊表門(黒門)が、このままでは自動車が正面玄関までアプローチする際の障害となっていることを見抜いた前川は、それをパリの凱旋門のように「史蹟」として独立させ、「自由なる交通広場」をつくる提案を盛り込んだのである。審査員たちもこの提案には驚いたに違いない[6]。さらに、建物本体の平面計画においても、求められる機能を分析して、陳列室と事務室などの諸室を明快に分け、採光や通風を考慮して、建物全体を細長い機能別の部屋の連続体として構成し直していく。そして、ル・コルビュジエに倣い、1階の床レベルを地上から4mの高さに持ち上げ、足元にピロティを取ることによって、建物に囲まれた屋外陳列場や庭園が閉鎖的になることなく、自由に行き来できるような工夫も加えている。「交通図組織図」と題された来館者の鑑賞経路を示した動線図からも明らかなように、そこで目指されたのは、人の動きによって空間の連続的な悦楽が体験される、ル・コルビュジエの言う建築的プロムナードだったのだと思う。こうして、「東京帝室博物館計画説明書抜粋」[7]のなかで、「最も素直な謙譲な正直な偽なき博物館」の姿こそ「真正な日本的な途」であるとして、「白色の背景」に徹したシンプルな外観デザインを提示したのである。

– このコンペを応募したのは、前川がル・コルビュジエの許から帰国し、アントニン・レーモンドの事務所で働きはじめて数カ月が経った頃のことである。その意味で、彼から学んだ方法を日本の地で純粋に試みた最初の一歩でもあった。そこには、単なる間取り図としての平面図に、求められた様式の外観を与える建築の理解だけに留まっていたほかの応募者には見えていなかった、建築を空間体験の連続として捉える視点が活かされていた。

《大連市公会堂コンペ1等案》[1938]
敷地を超えるランドスケープへの展開

– この建物は、日中戦争勃発の翌年という不穏な時代に、日本の植民地である満洲の大連市の中央公園に計画された。本格的な舞台を持つ2,500人収容の大集会室と800人の大宴会場を中心とする延床面積が約14,000m^{2}の堂々とした規模の公会堂である。審査員を務めたのは、前川の恩師の岸田日出刀と佐藤武夫、建築史家の村田治郎らであり、1938年10月20日に締め切られ、総数118点のなかから、前川案を1等に選出している。東京帝室博物館コンペの落選から7年、東京市庁舎(1934)で3等入選を果たして以降、前川にとって公共建築における初の1等入選となった。しかし、日中戦争の進行に伴い、建設は断念されてしまう。注目されるのは、東京帝室博物館にはあった建築様式の規程もなく、参考平面図も与えられなかったことである。こうした方針の決定には、審査員の中心を担った岸田と佐藤の考えが反映されていたと思われる。意匠に関わる規程としては、「建物の表現の形式は随意なるも『ミナト』大連にふさわしいものたる事」、「建物の構造は耐火構造とし防空に対する考慮を払うこと」とだけ記されていた[8]。また、「設計心得」には、「敷地南面に向って忠霊塔及緑山を仰ぎ得る様留意する事」という配置上の要点が示されていた。しかし、「本地域が要塞地帯である為に募集規程の添付図面には一切等高線が記入出来ず、敷地附近を概観する写真も載せられなかった」ために、結果的に、「大連を実見して居らぬ応募者にとって一層困難を加えた」のである[9]。だからなのだろう、ほかの入選案にはまったく描かれていないが、わざわざ敷地を見に行った前川だけが、南側の忠霊塔へ向かう視線に配慮した配置計画を的確な形で立案でき、それを透視図にも表現できたのだ。

– このコンペの時点では、前川はレーモンド事務所から独立し、自らの事務所を構えていた。それだけに、後年のある対談[10]で、丹下健三に、「大連の公会堂という大きな競技設計がありまして、私はあまりお手伝いできなかったのですけれども、なんか私どもがコルビュジエというイメージで考えているのと少しちがった、かなり堅い提案をされていたのを記憶していますが?」と聞かれた前川は、「みなが食べてゆかなければならないという問題があったので、大連の公会堂にしても、どうしても当選しなければ困ったわけです」と正直に告白している。東京帝室博物館コンペとは異なる姿勢で取り組んでいたのである。

– たしかに、現地の厳しい冬期の気候に配慮した壁の防寒性を確保し、要項で求められた「防空に対する考慮」から、前川案では、煉瓦壁による開口部の少ない堅実な外観でまとめられていた。それでも、審査員の佐藤武夫が、「公会堂部と大宴会場部とを左右に分けて、之をコロネード繋ぎ乍ら正面の均斉効果を創り出して居るところに非凡のひらめきを見る事が出来る」[11]と記し、「軸」を「秩序の幹」とした「古典的精神」を評価したように、各機能を分析して再構成する中から、建物の配置によって、敷地の内外に広がる象徴的なランドスケープによる空間構成が実現していることに注目しておきたい。ここに、ほかの案には見られない前川案の特徴を見て取ることができる。そして、このコンペ案が興味深いのは、担当者の1人だった丹下が戦後に1等を獲得した《広島ピースセンター》(1949)のコンペ案と酷似していることである[12]。

《在盤谷日本文化会館コンペ2等案》[1943]
見えざる糸に結ばれた全体的空間構成へ

– タイ王国は、日本が同盟条約を結んだアジアで唯一の独立国であり、1942年10月28日に、太平洋戦争下にもかかわらず文化協定が締結された。これに基づき、首都バンコクに建設が計画されたこの文化会館は、結果的に、実施を前提に行なわれた戦前期最後のコンペとなった。審査員には、伊東忠太、内田祥三、大熊喜邦、岸田日出刀、佐藤武夫のほか、画家の安田靫彦と横山大観らが務め、約80点の応募案のなかから、丹下健三が1等、前川國男が2等を獲得する。すでに太平洋戦争下の苛酷な時代であり、建築界でも、この流れに迎合した佐野利器を中心とする大東亜建築委員会などで、「日本国民様式」の実現という国家的な命題が論じられていた。だが、このコンペでは、岸田が審査員の中心を務めたこともあったのだろう、佐野が執拗に求めた大東亜「共栄圏の諸民族に号令する我国として、我性格を表現し我国威を宣揚する」[13]ようなものではなく、「簡素にして優雅なる」「日本文化の殿堂」[14]が目指された。また、タイの気候風土と建設条件から導き出されたのだろう。構造は木造とされ、現地の主要材であるチークを用いること、湿気を避けるために、1階の床高は地上2m以上とし、暑さを凌ぐために通風のための開口部を多く取ることも明記された。さらに、「配置原案」や「参考平面略計画」では、3つの棟が整然と左右対称に配置されている一方で、「建物の形は必ずしも左右対称なるを必要とせざる」との文言も加えられた。こうした方針には、岸田の意図が強く働いていたと思われる。それでも、1等を獲得した丹下案を見ると、配置原案に忠実に倣い、3つの棟が整然と左右対称性を守って配置されていた。この丹下案については、審査評のなかで、岸田はなんら言及していないが、佐藤が、「極めて気品の高さを示した優秀な作品」と評価しつつも、「余りに正純で厳粛の故か、文化会館として国際的に登場する場合、寧ろ2等の作品より適格さを欠くと思う」と記した。そして、前川案については、「与えられた配置計画の参考案を全く踏み越えて自由奔放に書院造りの型に之を纏め上げた手腕は敬服すべき」として、「造形的に独自の形式を成就し得たもの」であり、「細部に見られた多少の破綻をつくなえば文化会館として最も適格なもの」と高く評価したのである[15]。それでは、前川案は何を試みたのだろうか。

– 前川案は、参考平面略図に示された3つの建物を独立させず、一続きにつながった一体のものとして計画しながら、正面性や記念碑性を避け、むしろ入口を脇に取り、スロープで緩やかに建物内に入ることが意図されている。また、人の動きに従って次々と内外の空間の変化が体験できる、流れるような平面計画が施されている。さらに、建物によって囲まれた庭が内部とのつながりを保ちつつ、手を広げるように敷地の外に向かって伸びやかに拡がり、内外の空間が有機的に穏やかに一体感を醸し出すことが目指されていた。このコンペの担当者だった吉川清の回想[16]によれば、前川からは、「たとえば桃山時代の書院造りにしてはどうか、華やかでのびのびしている」とアドバイスがあり、事務所にあった写真集や図版で参照したのは、飛雲閣、二条城二の丸御殿、西本願寺書院、桂離宮、京都御所紫宸殿だったという[17]。しかし、前川がそこに見つめていたのは、形の根拠となる即物的な造形ではなかった。むしろ、「建築が本来空間構成の芸術である事の根源」に立ち戻って、「日本的建築空間」が持つ特性、つまり、「内部空間が常にその外部空間と暖かき血脈を通わして」いることを空間構成の原理として活かそうとする方法だった。丹下の同級生であり、前川に私淑していた浜口隆一は、このコンペを論じた長文[18]のなかで、そのねらいを正確に読み込み、前川案を、「すべて伸びやかであり、明るく、快的である。一言で言えば人間的である」として、「前川氏の建築がその最も見事な姿を示すのは大勢の人間が楽しくそこに集う日である」と評価していた。

– 前川の戦後の歩みを振り返るとき、《在盤谷日本文化会館コンペ案》で見出した空間構成の方法が、《神奈川県立図書館・音楽堂》(1954)や《京都会館》(1960)、そして、晩年の《埼玉県立博物館》(1971)と《熊本県立美術館》(1976)へと結実していく軌跡を読み取ることができると思う。戦前期のコンペで培われた方法論との格闘は、そのまま、戦後に開花する前川の建築を導くものでもあったのである。

1 MID編『前川國男建築事務所作品集 第1輯商店建築』
(工学図書出版社、1948)
2 前川國男「戦前の設計競技 私の体験から」『建築雑誌』1957年7月号
3 前川國男「負ければ賊軍」『国際建築』1931年6月号
4 「東京帝室博物館建築設計図案懸賞募集規程」
『建築雑誌』1930年12月号
5 「帝室博物館の入選図案発表」『東京朝日新聞』1931年5月17日
6 『インターナショナル』1931年8月号の記事「雑談」には、
「前川氏の交通計画はかなり評判がよかったようだ」と記されている。
7 前川國男「東京帝室博物館計画説明書抜粋」『国際建築』1931年6月号
8 「大連市公会堂建築設計図案懸賞募集規程要項」
『建築雑誌』1938年7月号
9 菊池武之介「大連市公会堂設計図案懸賞募集に就て」
『満洲建築雑誌』1938年12月号
10 対談:前川國男・丹下健三「『現代建築の条件』を語る」
『科学読売』1960年6月号
11 佐藤武夫「大連市公会堂懸賞設計競技審査報告」
『満洲建築雑誌』1939年1月号
12 この点については、すでに磯崎新が、
藤森照信によるインタビューのなかで、
「前川國男さんの大連市公会堂のコンペ案というのを改めて見て、
これが広島の原型かなとも思いました。
真ん中にピロティがある、あの構図」と述べている。
(連載「戦後モダニズム建築の軌跡・丹下健三とその時代——10」
『新建築』1998年11月号)
13 佐野利器「世界第一国たる国威の宣揚」『建築雑誌』1942年9月号
14 「在盤谷日本文化会館設計図案懸賞募集規程」『新建築』1944年1月号
15 佐藤武夫「審査所感」『建築世界』1944年2・3月号
16 吉川清『記憶帳』(1999、私家版)
17 松隈洋の質問に対する吉川清からの返答書簡(2003)
18 浜口隆一「日本国民建築様式の問題」『新建築』1944年10月号

1933 建築ファンタジー 101のカラー・コンポジション、101の建築小図 ヤーコフ・チェルニホフ

Architectural Fantasies 101Compositions in Colour, 101 Architectural Miniatures | Yakov Chernikhov

スターリン政権下の建築は、第1次五カ年計画が1928年に始まったため、大規模なコンペティションが増えていった。同時に、1930年のマヤコフスキーの自殺が象徴するようなアヴァンギャルドの死がじわじわと近づいていた。1932年、全ソ連邦共産党中央員会の決議「文学・芸術団体の改組について」によって、すべての芸術団体が解散させられる。1931年から33年の第5次まで続く「ソヴィエト・パレス」のコンペティションは、その過程においてアヴァンギャルド建築の敗北をはっきりと示すものとなった[1]。

チェルニホフはそのような時代を生きた建築家である。チェルニホフの著作『建築および機械形式の構成』(1931)では、序文を提供した「レニングラード建築協会」は、完全に同意しているのではない、と書いた。このように、構成主義的なスタイルへの批判はきわめて高まっていたのである[2]。

《建築ファンタジー》は、チェルニホフが描いた1万7千枚ともいわれるドローイングから101点を選び、基本原理を記した書物である。「建築ファンタジーは、新しい構成のプロセスや新しい表現方法を示し、形態と色彩の感覚を訓練し、新しい創造と発明を鼓舞し、新しい発見を現実化させる手段を助けるのである」とし、「建築家の初期訓練における教育的方法のひとつとして利用されるべきである」とその有用性を強調する[3]。

ここに現われた表現の多様性からは、縦横無尽に発揮された建築的想像力をみることができる。イタリアのサンテリアやイワン・レオニードフの建築ドローイング、またはカンディンスキーの絵画を連想させるものがある一方で、現実的な建築構造や機械を描出しているものも見出せる。

チェルニホフは同書で「デザインの基本原理」として12項目を列記しているので、参考のため記載した。 [Y.M.]

1 八束はじめ『ロシア・アヴァンギャルド建築』(INAX出版、1993)

2 J・E・ボウルト編著、『ロシア・アヴァンギャルド芸術』(川端香男里ほか訳、岩波書店、1988)

3 『ヤコフ・チェルニホフと建築ファンタジー』(Process: architecture 26、プロセスアーキテクチュア、1981)翻訳は同書による。

[参考文献]

- Catherine Cooke, *Chernikhov - Fantasy and Construction*, Architectural Design, 1984.
- デザインの基本原理および図版解説は、『ヤコフ・チェルニホフと建築ファンタジー』を参照

ヤーコフ・チェルニホフ「デザインの基本原理」

A 透視図的およびアクソノメトリア的描出において、構造的要素の綜合された完全な統一の中へと建築物を結合させ集成させること。

B 構成要素の表現的集中。構造的量塊(マス)の単独の複雑な結合体の視覚的表示をもつ建築的構造物。

C 機能的統一性の明らかな徴候をもった綜合的デザインの構造的立体性における平面の視覚的表示。

D 空間性の視覚的表示をもったトラス・ガーダーの構造と設備の明快に描出されたデザイン。

E もっとも効果的に単純化された構成形態をもつ、明らかに安定した型の力強く綜合された一体的な装置。

F 装飾的処理と細分化された様々な構成要素の複雑な組み合わせ。

G 空間性と力学性の表現をもつ支配性と壮大性の誇示。デザインの統一における直線的要素の結合。

H 要素の独自に表示的なコア・システムと、形態の明快に力学的な徴候をもつ空間デザイン。

I 明快に表現された根幹的配列による構造的量塊(マス)の複雑な綜合を含む、平面のアクソノメトリックな描出。

J 巨大な鉄骨構造物で統一された容積を綜合する複雑な集合体。

K 純粋に線的な解決をもった、アクソノメトリックな描出や透視図的描出における、構造物の空間的デザインの調和の表示。

L 構造物の豊かな調和と明確な利点をもつ、非常に複雑でパノラマ的構成の建築デザイン。

第一生命保険相互会社コンペ
★ M・ムッソリーニ、ヴェネチア映画祭開始［イタリア］
［文学］A・ハクスリー『すばらしい新世界』［イギリス］
◆ 第10回夏季オリンピック開催［アメリカ］
ナチス、第1党となる［ドイツ］
満州建国宣言
犬養毅暗殺（五・一五事件）

1933

● **Y・チェルニホフ「建築ファンタジー」**
B・フラー「ダイマキシオン・カー」
ル・コルビュジエ「アンヴェルスの都市計画」
N・ベル・ゲデス「空中レストラン」
B・タウト「生駒山嶺小都市計画」
内田祥三＋岸田日出刀ほか「満州開拓村計画」
田邊朔郎「琵琶湖大運河構想」
川西清兵衛「阪神国際飛行場案」
■ F・トート「アウトバーン」建設［ドイツ］
G・テラーニ＋E・プランポリーニ、A・サンテリア（原案）「戦没者記念碑」［イタリア］
A・アアルト「パイミオのサナトリウム」［フィンランド］
ル・コルビュジエ「セントロソユース」［ソ連］
A・レーモンド「夏の家」
□ バウハウス閉校［ドイツ］
ドイツ工作連盟解体
第4回CIAM総会開催、アテネ憲章採択［ギリシャ］
B・タウト来日
青年建築家クラブ結成
皇居周辺を美観地区に指定、高さ制限を100尺とする
★ ノースカロライナに、先進的な芸術教育学校ブラック・マウンテン・カレッジ開校［アメリカ］
岡本太郎、アブストラクシオン・クレアシオンに参加
◆ F・ルーズヴェルト、大統領に就任、ニューディール政策開始［アメリカ］
ナチス政権獲得、ヒトラー首相就任［ドイツ］
日本、国際連盟脱退

1934

● ヴェスニン兄弟「モスクワ重工業省コンペ案」
I・レオニドフ「モスクワ重工業省コンペ案」
A・シュペーア「ツェッペリン広場」
C・ファン・エーステレン「アムステルダム拡張計画」
H・プロスト「パリ周辺部整備計画」
G・テラーニ「リットリオ宮第一設計競技A案」
R・ブラム「線状都市」
F・L・ライト「ブロードエーカー・シティ」
F・キースラー「エンドレス・ハウス」
李箱「鳥瞰図」
宮地二郎「東京市庁舎建築設計懸賞競技案」
■ A・シュペーア「ツェッペリン広場」［ドイツ］
R・フッドほか「ロックフェラー・センター」［アメリカ］
堀口捨己「岡田邸」
A・レーモンド「聖ポール教会」
伊東忠太「築地本願寺」
満州天理村
□ モスクワ重工業省コンペ［ソ連］
リットリオ宮コンペ［イタリア］
東京市庁舎建築設計懸賞競技

12-1
『建築ファンタジー
101のカラー・コンポジション、
101の建築小図』
（メジドゥナロードナヤ・クーニガ
［国際出版］、1933）
Architectural Fantasies 101 Compositions in Colour, 101 Architectural Miniatures, Mezhdunarodnaya kniga, 1933.

軽工業の学術研究所。堅固さが表現された、率直な構造物。冷たい色調による色彩計画。
Light industry research laboratory. Compact structure of explicit design and expressed stability. Three-color scheme in cool tones.

p. 076
ダイナミズムが明確に特徴づけられた構造物の集合体の表現。完全な2色計画。
Representation of grouped constructions of clearly defined dynamism. Strict two-color scheme.

p. 077
5 動的で複雑な建築様式を強調したデモンストレーション。特殊な用途の想像上の建造物。おだやかな色調の色彩構成。曲面体の結合。
5 Demonstration of stressed dynamically complex architectural forms. Fantastic special-purpose building. Coloring in rich tones. Combination of curvilinear bodies.

17 建築的な想像上の構成。空への志向性が強調されている。堂々たる量塊のデモンストレーション。円、曲線、直線の結合と鮮やかな色彩による巨大さの表現。
17 Architectural invention-illusion. Expression of dynamism, demonstration of majestic quality of the mass, and expression of grandioseness by means of circular, curvilinear, and rectilinear combinations and rich coloring.

35 建造物の閉鎖的な量塊の結合。トラスの空間的な構造物を伴っている。構造物を緊密に結合することにより、暗く重量感のある印象を与える。
35 Combination of closed masses of buildings with spatial girder designs. Impression of weight created by uniting structures into a tight grouping.

36 簡潔な形の静的な建物と空間的な軸組構造の表現豊かなデモンストレーション。
36 Demonstration of spatial core designs together with static structures of simplest form.

44 機能的工場建造物のアクソノメトリックな表現。容積的、計画的に表現された課題。
44 Axonometric of a functional industrial building. Demonstration of volume and plan.

57 計画、容積が決まった建築のアクソノメトリック図。機能的にリズミカルに配置された建造物を集合させる。
57 Architectural axonometric of plan and volume. Grouping of structures in a functional rhythmic arrangement.

65 彩色された線を用いた建造物の建築空間的結合のデモンストレーション。
65 Demonstration of combination of structures in spatial design employing linear representation.

82 工場建造物の建築的発明。突出した要素を誇張した中核部のある空間デザイン。構造物における力強いダイナミズムのデモンストレーション。
82 Architectural invention of an industrial structure. Spatial design with a demonstrative core system of protruding elements. Demonstration of a strong dynamic in the structures.

95 アクソノメトリック描写における発明された建築的構成。表現とその彩色の抽象的な処理の実例。引張ケーブルのテント状のデザインのデモンストレーション。
95 Invented architectural composition in an axonometric rendering. Example of abstract treatment of the representation and its coloring. Demonstration of tensile cable tent-like designs.

5
Демонстрация усиленных динамико-сложных архитектурных форм. Фантастическое сооружение здания специального назначения. Цветовая иллюминовка в сочных красках. Сочетание изогнутых тел.

17
Архитектурная выдумка-иллюзия. Выявленная устремленность, демонстрация величественности массы и передача грандиозности помощью кольцевых, криволинейных и прямолинейных сочетаний с их сочной окраской.

35
Сочетание глухих массивов сооружений с фермовыми пространственными конструкциями. Передача мрачного, подавляющего впечатления при случайном объединении зданий между собою в тесно-сгруппированном виде.

36
Выразительная демонстрация пространственных стержневых конструкций совместно с простейшей формы зданий спокойного характера.

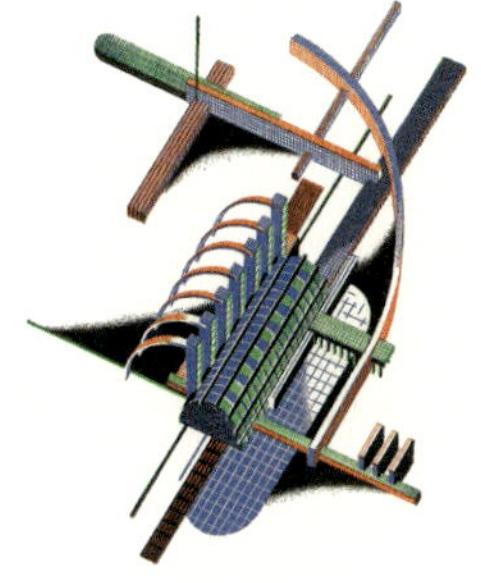

44
Аксонометрическое изображение функционального сооружения фабрично-заводского типа. Объемно-плановая показательная задача.

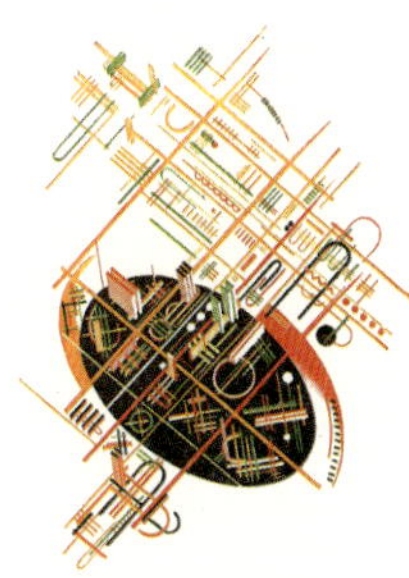

57
Архитектурная аксонометрия в планово-объемном решении. Группировка сооружений в функциональном ритмическом построении.

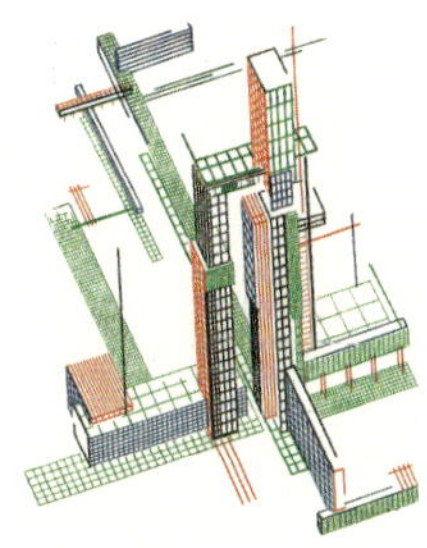

65
Показательная демонстрация конструктивно-пространственного сочетания сооружений с помощью цветного линеарного изображения.

82
Архитектурная выдумка индустриального порядка. Пространственная конструкция с показательной стержневой системой элементов выпирающего типа. Демонстрация усиленной динамики в сооружении.

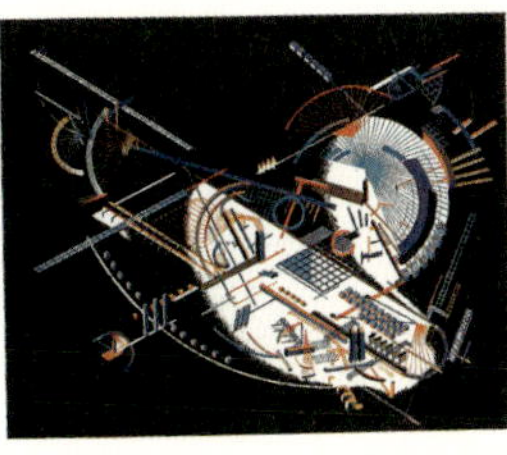

95
Явно-надуманная архитектурная композиция в аксонометрическом построении. Пример условной трактовки изображения и ее иллюминовки. Демонстрация натяжных струнных шатровых конструкций.

教育塔懸賞設計
★アメリカ政府、連邦美術計画を始める
ソ連、社会主義リアリズムが
公式の表現形式となる
[映画]R・リーフェンシュタール
「意志の勝利」[ドイツ]
◆ソ連が国際連盟に加入
中国共産党の大西遷

1935

●I・レオニドフ「集団農場の文化宮殿計画案」
「紀元2600年記念日本万国大博覧会」
■E・トロハ「マドリッド競馬場」[スペイン]
□ル・コルビュジエ『輝く都市』[フランス]
満鉄殉職社員記念碑コンペ
土木建築事業殉職者慰霊碑コンペ
◆中国共産党、八・一宣言
エチオピアに侵攻[イタリア]
フィリピン連邦政府成立
天皇機関説事件

1936

●ル・コルビュジエ
「リオデジャネイロのための計画」
早稲田大学建築学科
「東京オリンピック会場試案」(代々木案)
■F・L・ライト「落水荘」[アメリカ]
G・テラーニ「カサ・デル・ファッショ」[イタリア]
臨時議院建築局「国会議事堂」
□日本工作文化連盟結成
ひのもと会館コンペ
★『キュビスムと抽象芸術』展[MoMA、アメリカ]
グラフ・ジャーナリズム『ライフ』創刊[アメリカ]
[映画]C・チャップリン「モダン・タイムス」[アメリカ]
[映画]H・G・ウェルズ「来るべき世界」[イギリス]
[哲学]W・ベンヤミン
『複製技術時代における芸術作品』発表[ドイツ]
◆ロカルノ条約を破りラインラントに進駐[ドイツ]
A・ヒトラーの開会宣言のもと、
第11回夏季オリンピック開催[ドイツ]
エチオピアを併合[イタリア]
第2次4カ年計画開始[ソ連]
スペイン内乱
西安事件[中国]
二・二六事件
「紀元2600年記念日本万国博覧会」
開催決定

1937

●I・レオニドフ「クリミア半島南岸開発計画」
ル・コルビュジエ
「ブエノスアイレス1937計画案」
前川國男「日本万博・建国記念館」
「第12回オリンピック東京大会競技場案」
立原道造
「浅間山麓に位する芸術家コロニイの建築群」
「東京オリンピック会場試案」
(神宮外苑案再浮上)
■坂倉準三「パリ万国博覧会日本館」[フランス]
村野藤吾「宇部市民館(渡辺翁記念館)」
渡辺仁「東京国立博物館」

- ロ ル・コルビュジエ『伽藍が白かったとき』[フランス]
- A・シュペーア、建設総監に就任[ドイツ]
- 第5回CIAM総会開催[フランス]
- シカゴにニュー・バウハウス開校[アメリカ]
- 日本万国博覧会建国記念館コンペ
- 建国記念館(後に肇国記念館)コンペ
- ★『退廃芸術』展、『大ドイツ美術』展[ドイツ]
- P・ピカソ、パリ万博で「ゲルニカ」発表[フランス]
- ◆ パリ万国博覧会
- 国際連盟脱退[イタリア]
- ドイツ空軍によるゲルニカ襲撃
- 盧溝橋事件[中国]
- 日中戦争勃発
- ヒンデンブルク号爆発炎上事故[アメリカ]

1938

- ● **G・テラーニ「ダンテウム」**
- MARSグループ「ロンドン計画」
- A・シュペーア「ベルリン都市改造計画案」
- A・ガルデッラ「緑のミラノ」
- 日本占領軍「上海新都市建設計画」
- 内田祥三+内田祥文+高山英華ほか「満州国大同都市計画 大同都邑計画」
- 「東京オリンピック競技場(神宮外苑案)」
- 「東京オリンピック会場試案(駒沢案)」
- 「東京オリンピック木造スタジアム案」
- ■ F・L・ライト「タリアセン・ウエスト」[アメリカ]
- A・リベラ「マラパルテ邸」[イタリア]
- 渡辺仁+松本與作「第一生命館」
- ロ L・マンフォード『都市の文化』[アメリカ]
- A・シュペーア、ベルリン都市改造計画全体案完成[ドイツ]
- ★『シュルレアリスム国際展』[ギャルリー・ボザール、フランス]
- [映画]R・リーフェンシュタール「オリンピア」[ドイツ]
- ◆ オーストリアを併合[ドイツ]
- 「紀元2600年記念日本万国博覧会」(1940年開催予定)無期延期が決定
- 東京での第12回夏季オリンピック(1940年開催予定)の開催辞退が決定
- 国家総動員法公布、施行
- 三菱重工、零式戦闘機を試作

1939

- ★ この頃、多数の前衛芸術家がヨーロッパを離れ各地へ亡命
- ◆ スペイン内乱終結、フランコ政権樹立
- フランス参戦、第2次世界大戦勃発
- テレビ放映開始[アメリカ]
- 日本、日中戦争拡大のため、国民徴兵令公布

1940

- ● 坂倉準三「新京南湖住宅地計画」
- ■ G・アスプルンド「森の火葬場」[スウェーデン]
- ロ EUR(ローマ万国博覧会)諸建築コンペ[イタリア]
- オーガニック・デザイン・コンペ[MoMA、アメリカ]
- 日本工作文化連盟解散

1938 **ダンテウム ジュゼッペ・テラーニ**

Danteum | Giuseppe Terragni

詩人ダンテ・アリギエーリの『神曲』を記念する建築案。イタリア・ダンテ協会会長を務めていたリーノ・ヴァルダーメリによる提案で、国家的な詩人・ダンテの名声により国家を称揚する記念碑的建築として、ピエトロ・リンジェーリとの共同設計で計画された。ムッソリーニのヴェネチア宮殿とコロッセウムを結ぶ、「帝国通り」というローマの主要な軸線に面した敷地に予定され、政治的象徴性を備えたプロジェクトであった。1942年に開催される見込みだったローマ万博を照準にしていたが、ヴァルダーメリの急逝により未完となる。

厳密な幾何学形態により構成された内部は、「地獄の間」、「煉獄の間」、「天国の間」と「帝国の間」に分かれている。訪問者が最初に足を踏み入れるエントランス・コートは、100本の柱からなり、『神曲』の100の歌を象徴している。続く「地獄の間」は、中心に柱を持つ大小7の正方形の空間が螺旋状に連なる。各正方形の1辺は、黄金比の割合で次第に縮小しており、光があまり届かない薄暗い空間が地獄を表現している。階段を上がると「煉獄の間」へと至る。ここでは、「地獄の間」と同じ7つの正方形の連なりが、天井の開口部として現われる。隣の「天国の間」にはガラスでできた柱が立ち並び、光が空間を満たす。地獄から煉獄、天国へと至るにつれ、徐々に外部空間からもたらされる光の輝きが増し、訪問者が『神曲』を身体的に経験できる構成となっている。「天国の間」に接する細長い空間「帝国の間」の最奥には、鷲の紋章が配される。これは『神曲』天国篇中の一文「正義を愛せ、大地を裁く者たちよ(Diligite iustitiam qui iudicatis terram)」の最後の文字「M」が鷲の形となったもので、当時イタリアを席巻していたファシスト党による統治とムッソリーニのイニシャルも含意している。

「ダンテウム」は数学的な秩序を有する空間となっており、テラーニが進めてきた形態の純粋化が極まりをみせる。ムッソリーニへの報告書の中でテラーニは、「ダンテウム」は近代建築の純粋さを保ちつつも、近代建築が避けてきた精神性・モニュメンタリティを融合する試みであると述べており、近代建築の合理主義と古典建築の伝統を融合させたテラーニ建築の特色を示している。 [R.G.]

[参考文献]

- 鵜沢隆『ジュゼッペ・テラーニ——時代(ファシズム)を駆けぬけた建築』(INAX出版、1998)

13-1
制作:千葉工業大学今村創平研究室
ダンテウム、模型内観(1:100)
[上]屋根を外した状態、
[下]屋根を被せた状態
Production: Chiba Institute of Technology, Souhei Imamura Lab.
Model, Danteum (1:100)
2018

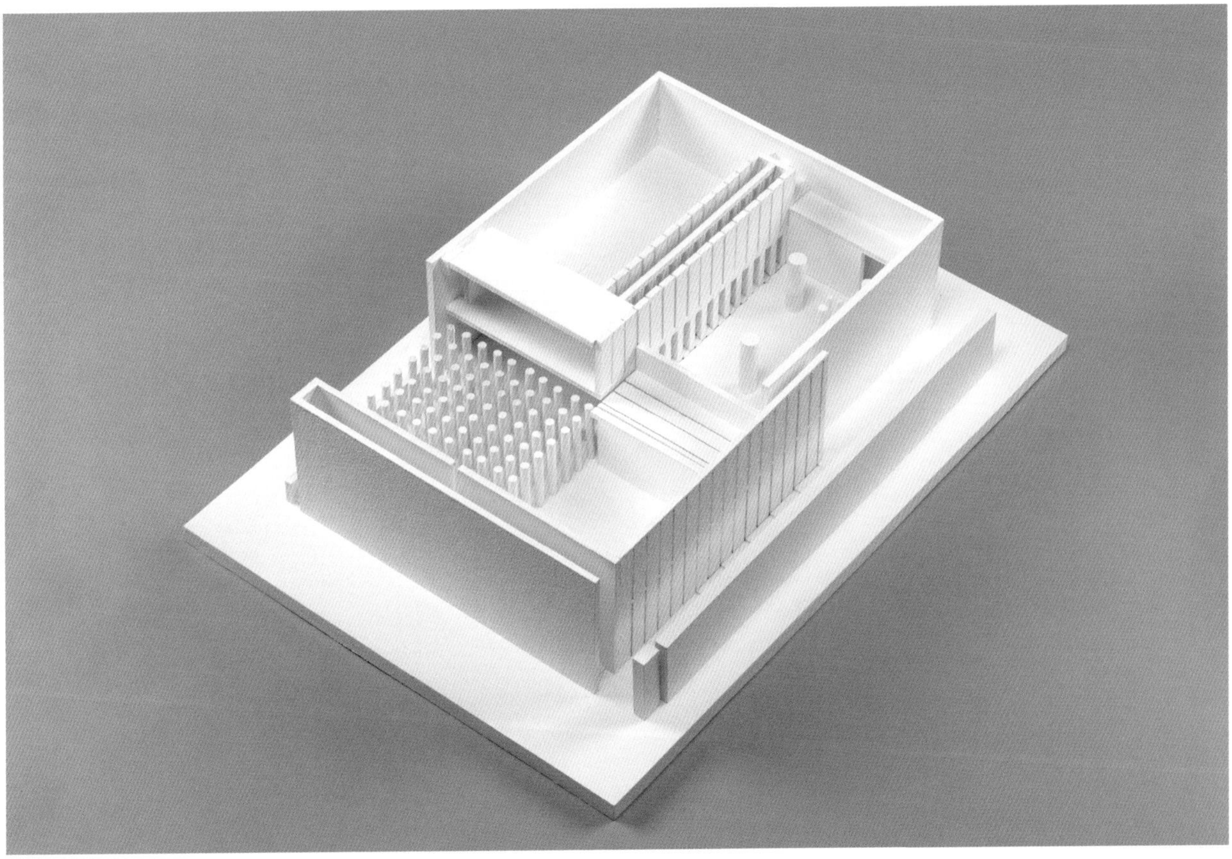

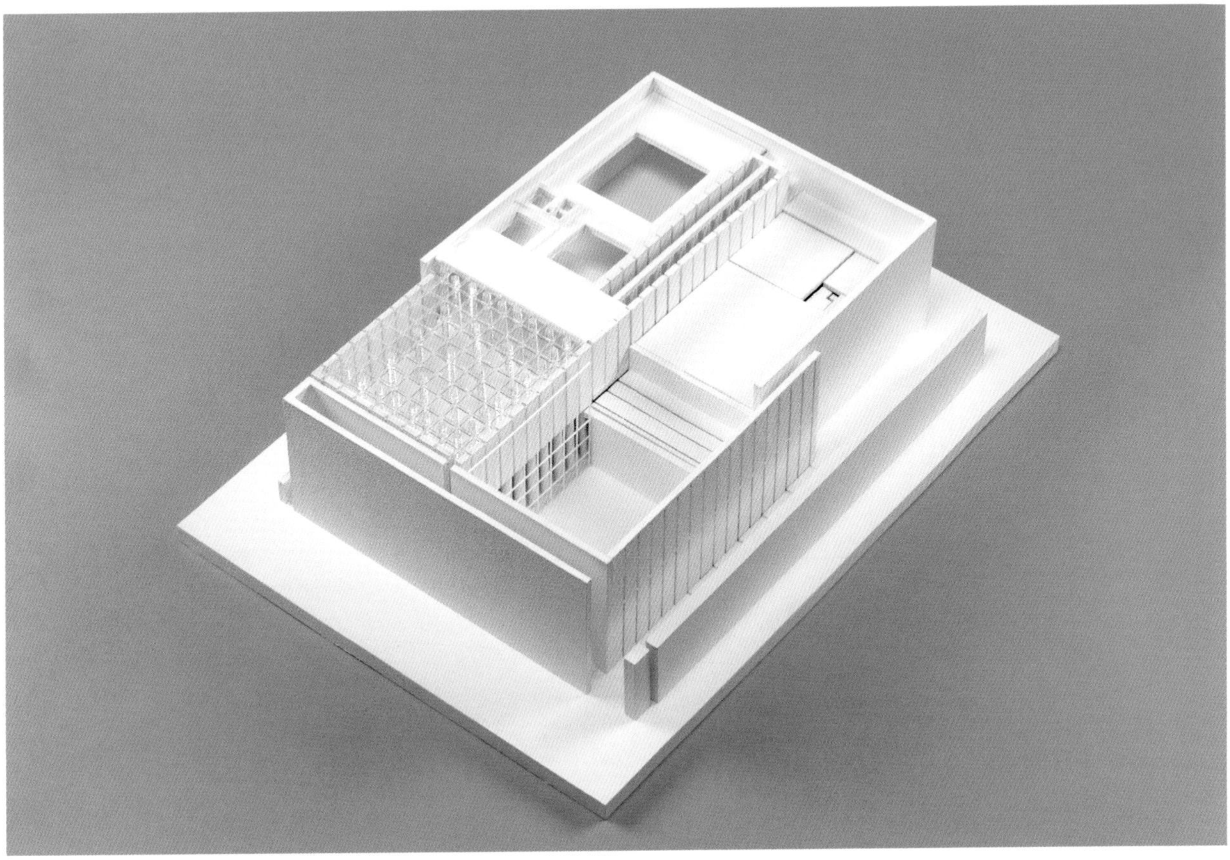

13-2-a
制作：千葉工業大学今村創平研究室
ダンテウム、鳥瞰パース
Production: Chiba Institute of Technology, Souhei Imamura Lab.
Bird view perspective, Danteum
2018

13-2-b, c
制作：千葉工業大学今村創平研究室
ダンテウム、平面図
Production: Chiba Institute of Technology, Souhei Imamura Lab.
Plans, Danteum
2018

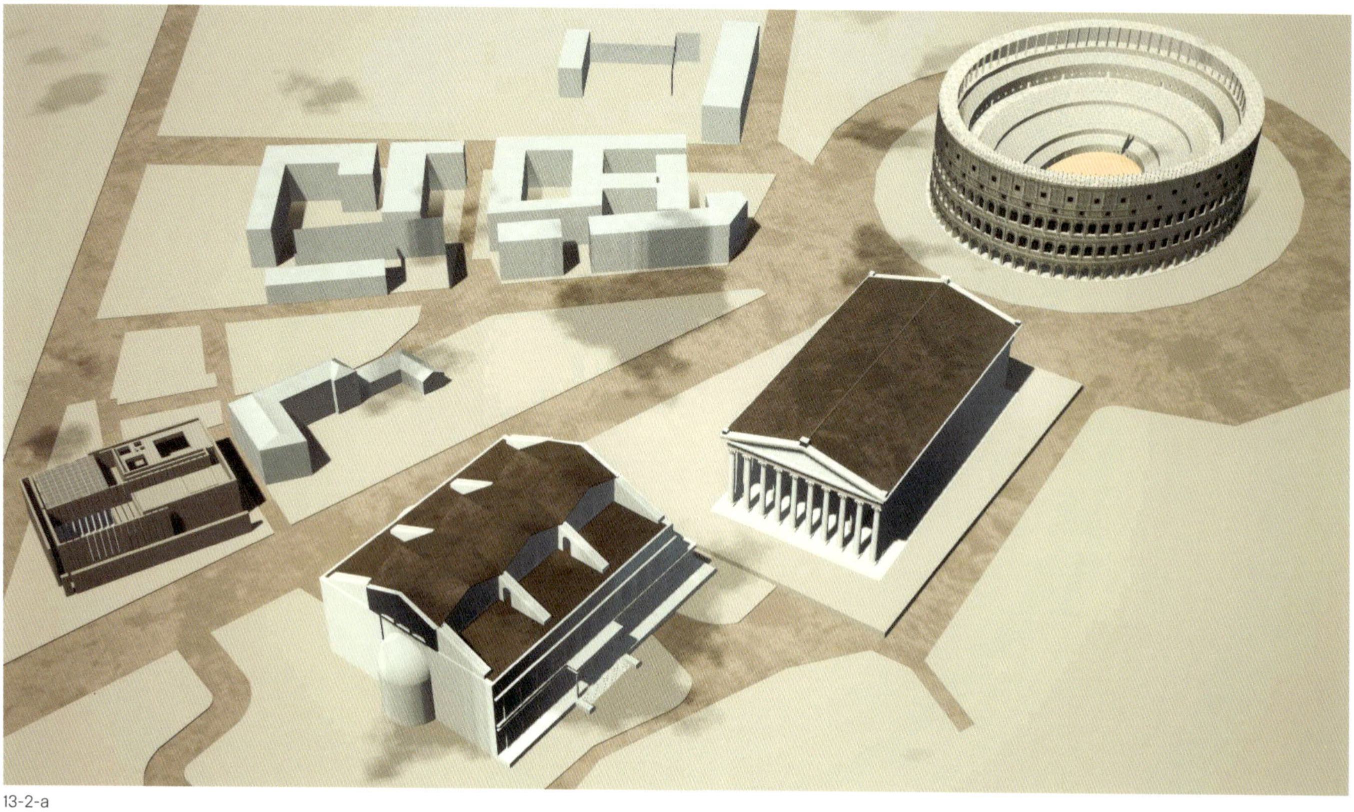

13-2-a

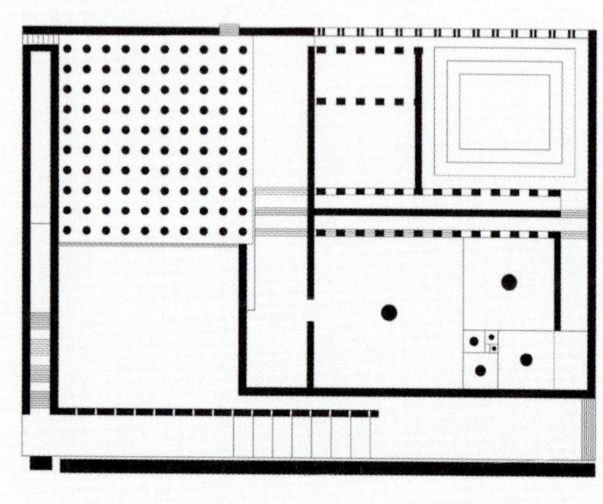

13-2-b

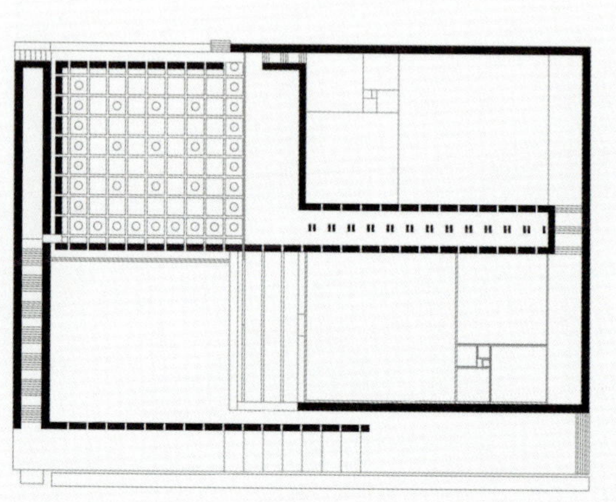

13-2-c

★［映画］C・チャップリン「独裁者」［アメリカ］
［デザイン］岡田桑三＋林達夫＋原弘ほか『FRONT』創刊
［漫画］旭太郎＋大城のぼる『火星探検』

◆日独伊三国間条約締結
パリ占領［ドイツ］
チャーチル挙国一致内閣樹立［イギリス］
大政翼賛会発足
日本で初めてのテレビ・ドラマ放映
勝鬨橋開通
紀元2600年記念式典

1941

●R・モーゼス「ミッド・マンハッタン高速道路」
S・ハック・エルデム「アタチュルク廟国際コンペ案」
内田祥文＋富田陽一郎ほか「新しき都市」
内田祥文ほか「東京改造計画」

■前川國男「岸記念体育会館」

□S・ギーディオン『空間 時間 建築』［スイス］
伊東忠太『支那建築装飾』
C・ペリアン『選択・伝統・創造』展［大阪・東京高島屋］
国民住宅コンペ
住宅営団設立

★A・ブルトン、M・エルンスト、A・マッソンがニューヨークに到着、同地でシュルレアリストの活動再開［アメリカ］
［文学］J・L・ボルヘス『バベルの図書館』［アルゼンチン］

◆対ソ攻撃開始［ドイツ］
アウシュヴィッツで最初のガス大量処刑が執行［ドイツ］
真珠湾攻撃、太平洋戦争開始
東条英機内閣が発足

1942

●L・ミース・ファン・デル・ローエ「小都市の美術館案」
K・ワックスマン＋W・グロピウス「パッケージド・ハウス」
前川國男「東京改造計画案 七洋の首都」
丹下健三「大東亜建設記念営造計画」
西山夘三「大東亜聖地祝祭都市計画」
田中誠＋道明栄次＋佐世治正「大東亜共栄圏建設大上海都心改造計画」

■A・リベラ、E・ラ・パドゥーラ、G・グエッリーニほか「EUR（ローマ万国博覧会）」［イタリア］

□石川栄耀『戦争と都市』
西山夘三『食寝分離論』
建築学会座談会「大東亜共栄圏に於ける建築様式」
大東亜建設記念営造計画設計競技

★『ファースト・ペーパーズ・オブ・シュルレアリスム展』［ホワイトロウ・リード・マンション、アメリカ］
ニューヨーク、ペギー・グッゲンハイムによる「今世紀の美術」画廊創設（会場構成：F・キースラー）［アメリカ］
『アジア復興 レオナルド・ダ・ヴィンチ』展［東京上野池の端産業館］
円谷英二、特撮映画「ハワイマレー沖縄戦」発表
陸海軍戦争記録映画製作のための従軍派遣、開始

◆EUR（ローマ万国博覧会）中止［イタリア］
NBC、CBSともに戦争のためテレビ放映を中止［アメリカ］
ヴァンゼー会議でユダヤ人の虐殺を決定［ドイツ］
原子核分裂成功［アメリカ］
ミッドウェー沖海戦で日本軍大敗

1943

●I・レオニドフ「太陽の都市」
前川國男「在盤谷日本文化会館コンペ2等案」
丹下健三「在盤谷日本文化会館1等案」
石川栄耀「百年後の都市」

□W・グロピウス＋M・ヴァーグナー「都市改革のための綱領」［アメリカ］
岸田日出刀『ナチス独逸の建築』
在盤谷日本文化会館コンペ

★P・モンドリアン「ブロードウェイ・ブギウギ」

◆イタリア降伏
ソ連軍がドイツ軍を撃破、ドイツ敗戦の機運広まる
カイロ宣言
戦争優先体制により都市計画沈滞化
学徒出陣

1944

●H・Th・ヴェイデフェルト「不可能なる計画」
J・L・セルト「都市計画の人間的尺度」
B・フラー「ダイマキシオン展開ユニット」
P・アーバークロンビー「大ロンドン計画」

□C・イームズ「住宅とは何か?」発表［アメリカ］
浜口隆一『日本国民建築様式の問題』

★P・ピカソ、共産党入党［フランス］
［音楽］J・ケージ「瞑想への前奏曲」［アメリカ］

◆第13回夏季オリンピック（ロンドン）が第2次世界大戦のため中止
連合国、ノルマンディーに上陸作戦開始
アメリカ、フランス、テレビ放映を再開
レジスタンス派が蜂起し、パリ解放［フランス］
空襲による被害、各都市に拡大
サイパン島玉砕

1945

●ル・コルビュジエ「サン・ディエの再建計画」

■H・ファトヒー「ニュークルナ村計画」［エジプト］

□B・ゼヴィ『有機的建築に向けて』［イタリア］
すべての建築雑誌休刊
帝都再建方策発表
戦災復興院設置
戦災地復興計画基本方針決定

★［哲学］M・ポンティ『知覚の現象学』［フランス］
［哲学］C・ユング『精神分析と錬金術』［ドイツ］
［映画］R・ロッセリーニ「無防備都市」［イタリア］
『第1回サロン・ド・メ』［フランス］

◆第2次世界大戦締結
国際連合成立
J・ノイマン、電子計算機の方式を提唱［アメリカ］
東京大空襲
アメリカ軍が沖縄本土に上陸

広島、長崎に原子爆弾投下
ポツダム宣言受諾、日本無条件降伏

1946

● S・E・サンダース＋A・J・ラバック『新都市の形態』
W・ハリソン＋H・フェリス「X-City」
石川栄耀ほか「東京の戦災復興都市計画」
西山卯三「山岳都市」
内田祥文「東京都中心地区計画(新宿計画)」
前川國男「東京都中心地区計画(銀座地区)」
白井晟一「東京都三里塚農場計画」
□ ジェファーソン記念碑コンペ[アメリカ]
RIMA(家具展示全イタリア集会)[イタリア]
ドイツ工作連盟再建
東京都戦災復興計画コンペ
岸田日出刀「焦土に立ちて」発表
臨時建築制限令公布
住文化協会、日本建築家連盟結成
財団法人都市計画協会設立
★ J・デュビュッフェ『モロボリュス・マカダム紹介、厚塗り』展[ルネ・ドルーアン画廊、フランス]
[漫画]チック・ヤング『ブロンディ』
『第1回日本美術展(日展)』[東京都美術館]
◆ ペンシルヴェニア大学で、世界最初のコンピュータ完成[アメリカ]
フィリピン共和国独
W・チャーチル、「鉄のカーテン」という言葉でソ連の東欧支配を批判
日本国憲法公布
昭和南海地震発生

1947

● F・L・ライト「ピッツバーグ市民センター」「ハンティントン・ハートフォード・スポーツクラブ&コテージ・グループ・センター」
F・キースラー「歯の家」
MID(田中誠)「炭坑労務者住居配置計画」
早稲田大学建築学科「早稲田文京地区」
東京工業大学建築学科「大岡山文京地区」
日本大学工学部「神田文京地区」
西山夘三「天王寺市復興計画」
高田秀三「畳のない生活」
長谷川末夫「伸びる家」
■ L・バラガン「バラガン自邸」[メキシコ]
前川國男「紀伊國屋書店」
□ C・ロウ『理想的ヴィラの数学』[イギリス]
F・キースラー『魔術的建築』[アメリカ]
第6回CIAM総会開催[イギリス]
ローマ(テルミニ)駅コンペ[イタリア]
浜口隆一『ヒューマニズムの建築』
新日本建築家集団(NAU)結成
臨時建築等制限規則制定
★ I・ノグチ「火星から見えるピラミッド」
J・ポロック、この頃からドリッピングによる絵画を制作[アメリカ]
L・フォンタナ「空間主義大一宣言」発表[イタリア]
[文学]海野十三『海底都市』
◆ インド独立
モスクワ外相会議、アメリカ・ソ連の対立深まる
欧州復興支援のためマーシャル・プラン表明[アメリカ]
日本国憲法施行
ゼネスト中止命令
地方自治法、独占禁止法公布
建設省(現・国土交通省)発足
改正民法公布、家制度廃止

1948

● A・ウィリアムズ「吊り構造の摩天楼」
H・ショメット「エチオピア宮殿設計競技1等案」
M・ノヴィッキ「コロンバスサークル・ショッピングセンター」
丹下健三「広島平和記念聖堂コンペ落選案」
長谷部鋭吉「友愛荘」
新構建築研究所「耐震的な家」
東京帝大文京地区委員会「本郷文京地区」
東京美術学校「上野文京地区」
菊竹清訓「商店建築懸賞競技案」「12坪木造国民住宅コンペ案」
□ RIA(国際建築家協議会)解散、UIA(国際建築家連合)設立[フランス]
MID編『PLAN』
広島世界平和記念カトリック聖堂コンペ
12坪木造国民住宅コンペ
新住宅懸賞競技
商店建築懸賞競技
復興博覧会(大阪・夕陽ケ丘)
★ 前衛芸術グループ「コブラ」結成[オランダ・ベルギー]
J・デュビュッフェ、A・ブルトンらとアール・ブリュット協会を設立[フランス]
[文学]H・ゼードルマイヤー『中心の喪失』[オーストリア]
[映画]R・ロッセリーニ「ドイツ零年」[イタリア]
[数学]N・ウィーナー『サイバネティックス』[アメリカ]
『美術手帖』創刊
[漫画]小松崎茂『火星王国』
[漫画]手塚治虫『ロストワールド』
◆ 第14回夏季オリンピック開催[イギリス]
イスラエル建国宣言
ベルリン封鎖開始[ドイツ]
ガンジー暗殺[インド]
朝鮮、南北分離独立
帝銀事件起こる
極東国際軍事裁判(東京裁判)

1949

● B・ガフ「ガラスの教会」
L・ヒルベルザイマー「中枢ユニット式地方計画」
I・M・ペイ「ヘリックス」
池辺陽「観光都市別府市計画」
杉浦克美「逗子都市計画」
宮川省三「横浜市伊勢左木町改正案」
鷲塚建築設計「釧路市都市計画」
■ C+R・イームズ「イームズ自邸」[アメリカ]
F・ジョンソン「グラス・ハウス」[アメリカ]
□ ヘルシンキ工科大学オタニエミ・キャンパスのコンペ[フィンランド]
H・ヴァン・デ・ヴェルデ『形態』[ベルギー]
コンスタン(C・ニーヴェンホイス)『我たち自身の欲望が革命を築く』[オランダ]
CIAM第7回総会開催[イタリア]
仙台市公会堂コンペ
広島平和記念公園および記念館コンペ
建設省(現・国土交通省)、住宅建設10カ年計画を発表
バラック令廃止
★ [映画]K・ヴィダー「摩天楼」[アメリカ]
[映画]C・リード「第三の男」[イギリス]
[文学]G・オーウェル『1984』[アメリカ]
読売新聞『第1回日本アンデパンダン展』
[漫画]手塚治虫『メトロポリス』
◆ 原爆実験に成功[ソ連]
中華人民共和国成立
北西洋条約機構(NATO)成立
ドイツ、東西に分裂
法隆寺金堂炎上
湯川秀樹がノーベル賞を受賞

1950

● R・ノイトラ「サクラメント再開発計画」
P・ラズロ「アトムヴィル(核シェルター)」
V・グルーエンほか「オリンピック・ショッピング・サークル」
梁思成「梁陳方案」
秀島乾「スカイビルとスカイウェイ」
■ L・ミース・ファン・デル・ローエ「ファンズワース邸」[アメリカ]
W・ハリソン、ル・コルビュジエ(基本構想)ほか「国連本部」[アメリカ]
□ L・ミース・ファン・デル・ローエ『技術と建築』[アメリカ]
ル・コルビュジエ『モデュロール』[フランス]
セイナツァロ村役場コンペ[フィンランド]
『グッド・デザイン』展[MoMA、アメリカ]
建築基準法、建築士法制定
文化財保護法が制定
「持ち家政策」住宅金融公庫
国立劇場コンペ
首都建設法公布
★ N・ウィーナー『人間機械論』[アメリカ]
ヴェネチア・ビエンナーレでフォーヴィスム、キュビスム、未来派、青騎士の回顧展開催[イタリア]
[文学]R・ブラッドベリ『火星年代記』
丸木位里+赤松俊子「原爆の図」出品
I・ノグチ来日
[映画]黒澤明「羅生門」
[漫画]小松崎茂『海底王国』
◆ マッカーシー旋風始まる[アメリカ]
朝鮮戦争勃発による特需起こる
警察予備隊発足
金閣寺放火事件発生
政府がレッド・パージを正式に決定

1951

● F・シャウ「航空静力学都市」
A・レーモンド「ハイアライ競技場計画」
J・クラーヴァイン「ヘルツルの墓コンペ1等案」
F・フンデルトヴァッサー「摩天楼と村の教会」
F・キースラー「銀河系」
■ ル・コルビュジエ「チャンディガール」[インド]

L・ミース・ファン・デル・ローエ
「レイクショアドライヴ・アパートメント」[アメリカ]

坂倉準三「神奈川県立近代美術館」

「公営住宅51C型」

□ CIAM第8回総会開催[イギリス]

A・ブロック＋F・デル・マルル
「グループ・エスパス」設立

R・ローウィ『口紅から機関車まで』

公営住宅法公布

★ 第1回サンパウロ・ビエンナーレ[ブラジル]

『アンフォルメルの意味するもの』展、
M・タピエ、アンフォルメルを提唱[フランス]

日本宣伝美術会結成

デモクラート美術家協会結成

実験工房結成

[映画]C・ナイビー「遊星からの物体X」

[文学]安部公房『壁』

[文学]E・ハミルトン『時果つるところ』

[漫画]手塚治虫『来るべき世界』

◆ CBSが最初のカラーテレビ放送を
開始[アメリカ]

サンフランシスコ平和条約、
日米安全保障条約調印

民間ラジオ放送開始

1952

● A＋P・スミッソン「クラスター・シティ」

B・ガフ「音楽家の家」

H・シャロウン「カーセル市立劇場」

L・カーン「フィラデルフィア計画」

ペレイラ＆ラックマン「ロサンゼルス国際空港」

I・ノグチ「広島原爆慰霊碑(試案)」

秀島乾「富士国際学園都市計画」

長谷部鋭吉「テレビ塔案」

村野森建築事務所
「東京都庁舎コンペ落選案」

丹下健三「神奈川県立図書館コンペ落選案」

■ ル・コルビュジエ
「ユニテ・ダビタシオン・マルセイユ」[フランス]

A・アアルト「セイナツァロの町役場」[フィンランド]

SOM「レヴァー・ハウス」[アメリカ]

丹下健三「広島平和会館」

□『アンフォルメルの意味するもの』展
[スタジオ・ファケッティ、フランス]

『2つの住宅:新しい建設方法』展
[MoMA、アメリカ]

E・カウフマン『三人の革命的建築家』
[オーストリア]

堀口捨己『桂離宮』

『世界の現代建築』全12巻刊行

名古屋放送会館コンペ

旧東京都庁舎コンペ

神奈川県立図書館・音楽堂コンペ

全日本無名戦没者合葬墓コンペ

太平洋戦争全国戦災都市
空爆犠牲者慰霊塔コンペ

★ N・シェフェール「空間力動的都市」[フランス]

H・C＝ブレッソン「決定的瞬間」[フランス]

[音楽]J・ケージ「4分33秒」[アメリカ]

[文学]クリフォード・D・シマック『都市』

日本、ヴェネチア・ビエンナーレに初参加

東京・京橋に国立近代美術館開館

[漫画]手塚治虫『鉄腕アトム』

[文学]安部公房『水中都市』

[文学]谷川俊太郎『二十億光年の孤独』

◆ 第15回夏季オリンピック開催
(日本16年ぶりに参加)[フィンランド]

メーデー事件(皇居前広場事件)

日米安全保障条約発効

1953

● L・ミース・ファン・デル・ローエ
「コンベンションホール」

J・プルーヴェ「ナンシー大学宿舎棟」

K・ワックスマン「スペースフレーム」

F・オットー「北極地方の露天掘り鉱山の
住居都市」「峡谷に屋根をかける案」

建設省「中央官街計画・霞ケ関地区」

岡村蚊象(山口文象)「大田区政会館計画」

武基雄「羽田東京国際空港コンペ落選案」

■ L・カーン
「イエール大学アートギャラリー」[アメリカ]

J・オゴーマンほか「メキシコ大学都市」[メキシコ]

□ CIAM第9回総会開催[フランス]

チームX結成

川添登『新建築』編集長に就任

★ [音楽]K・シュトゥックハウゼン「習作1」

[文学]P・K・ディック『地図にない町』

[映画]小津安二郎「東京物語」

◆ スターリン死去[ソ連]

バルカン三国同盟発足

朝鮮戦争休戦協定調印

内灘闘争

NHKが日本最初のテレビ本放送開始

1954

● K・ワックスマン「格納庫試案」

P・ルドルフ「コロネード」

I・M・ペイ「ハイパーボロイド」

吉阪隆正「国立国会図書館コンペ案」

丹下健三「国立国会図書館コンペ案」

白井晟一「原爆堂計画」

吉岡五郎「新しい住宅」

■ ル・コルビュジエ
「アーメダバードの綿織物協会」[インド]

内田祥三「天理都市計画」

村野藤吾「広島世界平和記念聖堂」

□ 工地区画整理法公布

丹下健三、吉阪隆正ら「例の会」発足

『グロピウスとバウハウス展』
[東京国立近代美術館]、W・グロピウス来日

『建築学体系』刊行開始

国立国会図書館コンペ

★ J・ポロック、シドニー・ジャニス画廊で個展

[映画]A・ヒッチコック「裏窓」[アメリカ]

[映画]R・フライシャー「海底二万哩」[アメリカ]

吉原治良ら、具体美術協会結成

[映画]黒澤明「七人の侍」

[映画]本多猪四郎「ゴジラ」

◆ ジュネーヴ会議

ベトナムから仏軍撤退

インドシナ停戦協定

カラーテレビが正式に
商業放送として開始[アメリカ]

ビキニ水爆実験、第五福竜丸事件

電気冷蔵庫・洗濯機・掃除機が
3種の神器と呼ばれる

都市人口の増加と急速なスプロール化が進む

戦後初の地下鉄、丸ノ内線の池袋・
御茶ノ水間が開通

1955

● ル・コルビュジエ「国立西洋美術館原案
(上野公園一帯の計画案)」

J・ブリッシュ「宇宙都市」

B・ガフ「クエーカー教徒の家」

R・ステイシージャッド「全ての国の道」

R・キャメロ、デュ・メイリー、ザーファス
「ラ・デファンス地区のための検討」

P・ホイザーマン
「ドモビール・シリーズ(プロトタイプ)」

R・モーゼス
「フィフス・アベニュー・エクステンション」

ペレイラ＆ラックマン
「コミュニケイションズ・シティ」

N・ベル・ゲデス＋B・フラー
「ドジャー・スタジアム」

F・シラバン「ナショナル・モニュメントコンペ案」

ゴー・ヴィエト・トゥ「奉納堂」

青江邦良「新宿副都心業務街案」

坂本鹿名夫「生駒ホテル」

■ W・ディズニー「ディズニーランド」[アメリカ]

ル・コルビュジエ「ロンシャンの教会」[フランス]

吉阪隆正
「ヴェネチア・ビエンナーレ日本館」[イタリア]

□ 日本住宅公団発足

UIA、日本加盟を承認

『新建築』戦後10年を特集

ル・コルビュジエ来日

ワックスマン・ゼミナール開講

★ マリノ・アウリッチ「百科事典の宮殿」[アメリカ]

カッセルで「ドクメンタ1」開催[ドイツ]

『ル・ムーヴマン』展[ドニーズ・ルネ画廊、フランス]

[文学]J・ブリッシュ『地球人よ、故郷に還れ』

[哲学]C・L＝ストロース『悲しき熱帯』[フランス]

[映画]A・レネ「夜と霧」[フランス]

[映画]E・カザン「エデンの東」[アメリカ]

[文学]石原慎太郎『太陽の季節』

◆ 第16回夏季オリンピック開催[オーストラリア]

第1回アジア・アフリカ会議がバンドンで開催

広島で第1回原水爆禁止世界大会開催

ソ連と東欧7カ国、ワルシャワ条約機構結成

アメリカの支援によりベトナム共和国成立

ディズニーランド開園[アメリカ]

砂川闘争

「55年体制」の出現

1956

● コンスタン(C・ニーヴェンホイス)「ニュー・バビロン」

Y・フリードマン「可動建築」

サンフォード・ホハウザー「海洋の家」

F・L・ライト「1マイルの超高層」「ザ・イリノイズ」

R・マルコルムソン「メトロによる線状都市」

A＋P・スミッソン「未来のハウス」

I・シャイン「モバイル式ホテル個室ユニット」

■ L・ミース・ファン・デル・ローエ
「イリノイ工科大学クラウン・ホール」[アメリカ]

1956–
1974

ニュー・バビロン コンスタン(コンスタン・ニーヴェンホイス)

New Babylon | Constant (Constant Nieuwenhuys)

“コンスタン”の雅号で知られるコンスタン・ニーヴェンホイスは、絵画から制作活動を始めた美術家である。1948年に結成された前衛芸術家グループのコブラ(CoBrA)に加わったこともあり、日本ではその関連でコンスタンの絵画が度々紹介されてきた。

1950年代になるとコンスタンは次第に3次元的な表現に関心を持ちはじめ、1952年にロンドンに滞在した頃から、都市空間に関わる建築的な領域に強い興味を抱くようになる。知人であったオランダの建築家アルド・ファン・エイクから建築の知識を吸収していったコンスタンは、ファン・エイクに誘われて、CIAM(近代建築国際会議)のオランダ支部であったDe 8(The Eight)の会合にも参加する。コンスタンはこのグループを通してヘリット・リートフェルトなどの建築家と親交を深め、都市と建築に関する最新の議論に触れるとともに、ナウム・ガボを彷彿とさせる構成主義的な立体作品を試みていく。

分断されている美術、建築、都市、テクノロジーの統合を夢見るようになったコンスタンは、イタリアのアルバを拠点としていたMIBI(イマジニスト・バウハウス国際運動)の関連で1956年に開催された、第1回自由芸術家世界会議に出席する。そこで現代建築に関するレクチャーを行ない、建築が不毛な機能主義から脱却し本来の社会性を獲得するためには、彫刻的な量塊やヴォイドを内包し、絵画的な色彩空間に充ちた総合的な芸術になるべきだと説いている。

この会議には、レトリスト・インターナショナルのメンバーであった音声詩の作家ジル・ヴォルマンらも同席していた。レトリスト・インターナショナルは文字や言葉の解体を試みたフランスの前衛芸術運動レトリスムから派生したグループで、既存の制度に対する批判的な社会思想を展開しており、その中核にいた人物が活動家のギー・ドゥボールであった。コンスタンはレトリスムを出自とするこういった思想家たちと連携を深め、1957年にドゥボールが新たに主宰したシチュアシオニスト・インターナショナル(国際状況主義者同盟)に同調していく。大量消費によって蝕まれていく資本主義社会を切断するため、特殊な「状況」を都市空間につくりだし、真の生を奪還するというシチュアシオニスト・インターナショナルの政治的戦略は、コンスタンの理念に重なる部分があったのだろう。主宰者のドゥボールも、「コンスタンと統一的都市計画への道」(1959)と題した論考を執筆し、美術家であるコンスタンをグループの理論の実

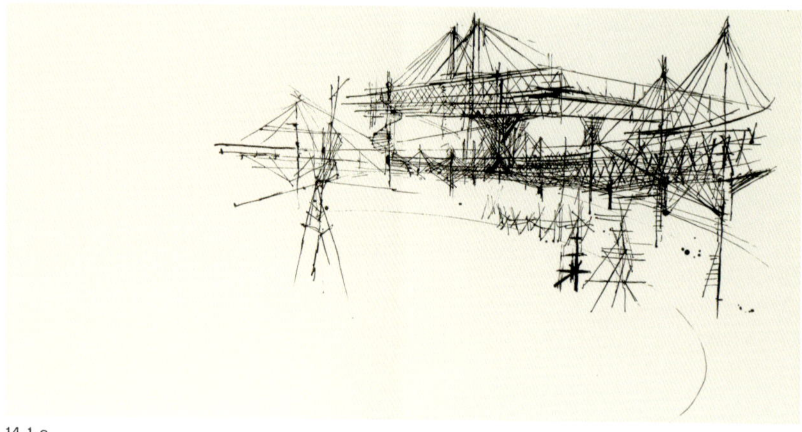

14-1-a

14-1-a
ポートフォリオ『ニュー・バビロン』、
ニュー・バビロン6
New Babylon 6,
Portfolio, *New Babylon*
1963

14-1-b
ポートフォリオ『ニュー・バビロン』、
ニュー・バビロン2
New Babylon 2,
Portfolio, *New Babylon*
1963

14-1-b

践者として捉えていた。最終的には、政治による統合か、芸術による統合か、という見解の相違が露呈しコンスタンはドゥボールと決別するが、1958年から60年までシチュアシオニスト・インターナショナルに参画している。

コンスタンの《ニュー・バビロン》は、まさにこういった社会思想系のグループとの交流があった時期に構想された新機軸のプロジェクトであった。オランダの歴史家、ヨハン・ホイジンガによる「ホモ・ルーデンス(遊ぶ人)」の論に心酔していたコンスタンは、人間の創造性を生む真の遊戯を可能にする都市のモデルとして《ニュー・バビロン》を提唱している。その構想ではオートメーション化に伴い人間は労働から解放され、土地は共有され、国境も消失した近未来を舞台に、作者が「セクター」と呼ぶ建造物を連結して、それらを世界中に拡張していく壮大な計画がうたわれている。定住をしないノマド(放浪者)として、人は地上に拡がる「セクター」を移動しながら世界中を彷徨する。《ニュー・バビロン》とは入口も出口もない迷路であり、その迷路を遊戯的精神をもって彷徨することで、根源的な生と創造力を回復していく建築的な装置と言ってよい。また、《ニュー・バビロン》の迷宮性は、既存の地図に支配される都市の画一的な日常行動から逸脱して生きることを説いた、状況主義者の「漂流」の理論と関連が認められる点も特筆しておくべきであろう。

こうしてコンスタンは1950年代末から10年以上にわたり、《ニュー・バビロン》の構想を模型、素描、版画、絵画、フォトモンタージュ、地図のコラージュ、出版物などの多様な媒体を通して精力的に表現した。その膨大な数からコンスタンがこのプロジェクトに賭けた想いが伝わってくる。しかし、プロジェクトはけっしてユートピア的な夢想の段階に留まっていた訳ではない。精緻な素描や図面によって建築の構造を具体的に視覚化し、「セクター」を中空に設置するための吊り構造なども描いている。その一方、コンスタンの模型や素描は、建築家が手がけるものとはやや趣きが異なる。建築や都市の構想に必要なヴィジョンを理知的に積み上げながらも、エモーショナルな部分も尊重しているのである。例えば、素描ではしばしば表現主義的な線描が乱舞し、動的要素が可視化されている。模型写真を素材にしたフォトモンタージュでは、バラック風に構築された建物がまるでアッサンブラージュのような様相を示し、そこに絵画的色彩が施されているのである。美術家から提言された総合芸術としての《ニュー・バビロン》の特質は、この点にまさに色濃く表われているといえる。 [I.H.]

［参考ウェブサイト］

- https://stichtingconstant.nl/

14-2
ニュー・バビロンのセクターの眺望
写真：ヴィクトール・E・
ニーヴェンホイス
View of New Babylonian Sectors
Photo: Victor E. Nieuwenhuys
1971

14-1-c

14-1-d

14-1-e

14-1-f

14-1-c
ポートフォリオ『ニュー・バビロン』、
ニュー・バビロン1
New Babylon 1,
Portfolio, *New Babylon*
1963

14-1-d
ポートフォリオ『ニュー・バビロン』、
ニュー・バビロン10
New Babylon 10,
Portfolio, *New Babylon*
1963

14-1-e
ポートフォリオ『ニュー・バビロン』、
ニュー・バビロン9
New Babylon 9,
Portfolio, *New Babylon*
1963

14-1-f
ポートフォリオ『ニュー・バビロン』、
ニュー・バビロン8
New Babylon 8,
Portfolio, *New Babylon*
1963

1956- 可動建築/空中都市 ヨナ・フリードマン

Mobile Architecture / Spatial City | Yona Friedman

2017 バイオスフィア:ザ・グローバル・インフラストクラチャー ヨナ・フリードマン

Biosphere: The Global Infrastructure | Yona Friedman

1950年代から現在まで、建築や都市計画だけではなく、貧困や格差、環境問題についても関心を寄せてきたフランス在住のヨナ・フリードマンは、社会学的な思想を携えた建築家である。ハンガリーのユダヤ人の家系に生まれたフリードマンは、ブタペストで建築を学んでいたが、ナチスの占領期には一時期レジスタンス運動に加わった。第2次大戦後はイスラエルに渡り、建築家としてこの地域に急増した移民・難民に住居を提供する仕事に従事した。グローバルな社会変動で生じる非定住性(ノマド)や住環境の確保の問題を身をもって経験したことは、彼のその後の構想に多大な影響を及ぼしている。

フリードマンは、1956年にドゥブロヴニク(旧ユーゴスラヴィア)で開催された第10回CIAM(近代建築国際会議)に参加する。同会議でモダニズムの賛否が問われるなか、第三世界を含めた社会の変化に対応すべく新たな建築の理念として、居住者が住居を自ら設計していく必要性を説く。翌年にオランダ、ドイツなどの建築家とネットワークを組んでGEAM(可動建築研究グループ)を設立すると、フリードマンは《可動建築》を具体的に図解し、居住者が簡素な住居をシステマティックに組み立て、改編できる仕組みを構想する。その構想では柔軟性が理念として最重視され、建築家に代わり居住者が住環境を安価な手法で思い思いに選択できることを保証し、都市空間に融通性と可動性を付与していくことが目論まれている。

《可動建築》を現実空間に適応させるため、フリードマンは中空を活用しながら同寸法のグリッドを連結したスケルトン状のフレームを構築し、そこに個人が設えた居住空間のユニットを装着していく案を練り、それを《空中都市》と称した。構築されたフレームには、電気、上下水道などのインフラストラクチャーが完備され、中空の街区を結ぶケーブル・メトロなどの交通手段も想定されている。都市空間を多層的に捉えその中空に着眼する《空中都市》は、旧市街を再開発したり、郊外を宅地として新たに造成したりする必要がないため、住環境を確保するうえで最も効率の良い方法とフリードマンは考えたのである。

ところで、フリードマンが描いた素描を見ると、《空中都市》は市街地だけでなく、ウォーターフロントや農地などにも展開している。それらは日本のメタボリズムの建築家が抱いたヴィジョンと類似しており、両者に同時代性を読み取ることは容易である。しかし、フリードマンの思考とメタボリズムには決定的な相違点があることを忘れてはならない。フリードマンの構想では、建築家の主体性やデザインの美観は放棄されているからである。すなわちフリードマンは、建築や都市デザインを建築家の特権から解放し、各居住者にその主導権を委ねていく社会を企図しているのである。1959年に発表した『可動建築:空間都市様式の10の原則』のなかで、「第2原則:都市の新たな社会は、その計画者に感化されるべきではない」とフリードマンは宣言している。全体主義の脅威を体験したこの建築家にとっては、各居住者個人の意思の尊重こそが思想の根幹にあるのだ。

《可動建築》と《空中都市》を提唱した時代から半世紀を経た現在、フリードマンは双方の構想を今日的な観点から見直し、それらを大幅に修正したものを2017年に提唱している。《バイオスフィア:ザ・グローバル・インフラストラクチャー》と題されたその案は、技術の飛躍的進化に伴い、高性能のソーラー・パネルや蓄電池、無線通信が普及し、個人による水の管理も可能になりつつある時代を前提に論じられている。インフラストラクチャーが物理的設備を必要としなくなり、すべてがクラウド化されていく時代、すなわち「クラウド・インフラストラクチャー」の時代が到来するとフリードマンは予見する。すると、《空中都市》を支えていたインフラストクラチャー完備の中空の架構は不要になり、インターネットを通じたコミュニケーションや在宅勤務が充実すれば、そもそも都市に暮らす必要がなくなる。都市の過密は分散され、宅地と緑地はバランスの取れた関係になり、公害やエコロジカルな課題も克服できる。さらに、フリードマンはリデュース、リサイクルの観点から、《可動建築》の発展として、家具と家を合体させた極小の住まい「家具プラス/Meuble Plus」を提案している。家具とその使用に最低限必要な空間を加えた(プラスした)8–10m³ほどのキャビンをつくり、それを連結する方法である。居住者は需要に応じ、ベッドのキャビン、食卓のキャビン、バスルームのキャビンなどを連結して住居を構成するのだが、規格化されたキャビンに家具が一体化されているので再利用・再編も容易で、経費も安価ですむ、とフリードマンは語る。

フリードマンが提唱してきた構想は、ユートピア志向が感じられ、空想的に見える側面もあるかもしれない。しかし、貧困層や難民に対する住環境の整備を棚上げし、地球全体に関わるエコロジカルな課題も抱えている私たちの未来にとって、フリードマンの構想は実践的な計画であると言えないだろうか。 [I.H.]

[参考ウェブサイト]

- http://www.yonafriedman.nl/

INFRASTRUCTURE IS A TECHNICAL DEVICE SERVING HIGH DENSITY SETTLEMENTS. WHERE COLLECTIVITY IMPOSES "PROXIMITY"

Less Hardware: The Software City
Yona Friedman

In the late fifties, I started with the idea I called 'Mobile Architecture.' It was about the importance for the inhabitant, the user, to design his living premises himself. That program involved a technique making all parts of these premises—walls, ceilings, floors—easy to move into whatever position, as easy as pushing around pieces of furniture.

The technical solution I proposed I called the 'Ville Spatiale,' consisting of a space-frame skeleton, the "infrastructure," in the voids of which were inserted the living premises. That skeleton itself was supported by "staircase pillars" high above ground level. This technical concept admitted free improvisation by the inhabitants, replacing traditional planning with a "trial and error" process, both for architecture and for urban design.

The key for the 'Ville Spatiale' was the "infrastructure," containing both engineering security of roofs and floors and also the supply networks: electric power, water, phone network, and sewage.

In the fifties, the scheme seemed perfect.

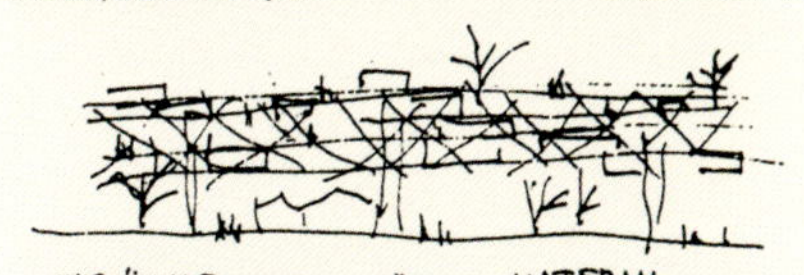

THE "VILLE SPATIALE" IS A MATERIAL INFRASTRUCTURE, ACCOMMODATING USER'S IMPROVISATION WITH LOW GROUND IMPACT

1

TODAY, MATERIAL INFRASTRUCTURE CAN BE SUBSTITUTED BY "CLOUDS" DISPENSING "PROXIMITY"

It was later, in the nineties, that new technologies emerged: digital technologies and new kinds of batteries. It started, in the praxis, with cellular phones, with solar panels, with LED lights. Material networks started to be replaced by immaterial ones.

"Infrastructure" could become largely immaterial. I call the resulting new device the "cloud infrastructure."

"Cloud infrastructure" consisted of immaterial "spheres" enveloping our planet completely: internet, sunshine, rain clouds. Each of these "spheres" can be "tapped" by small "household objects": computers, solar panels, individual water collectors, individual sewage disposal.

The large-scale "hardware" infrastructure could be transformed, by implementing the new technologies, into large-scale "software" infrastructure. Individual premises could be reduced into a small amount of small-sized "household" equipment, serving for communication, for the energy source, for the water supply, for sewage, and ultimately, for the "house."

"House" and "infrastructure" can become, for the user, kinds of sophisticated "furniture," rather inexpensive

2

2

15-1
バイオスフィア：ザ・グローバル・インフラストラクチャー
Biosphere: The Global Infrastructure
2017

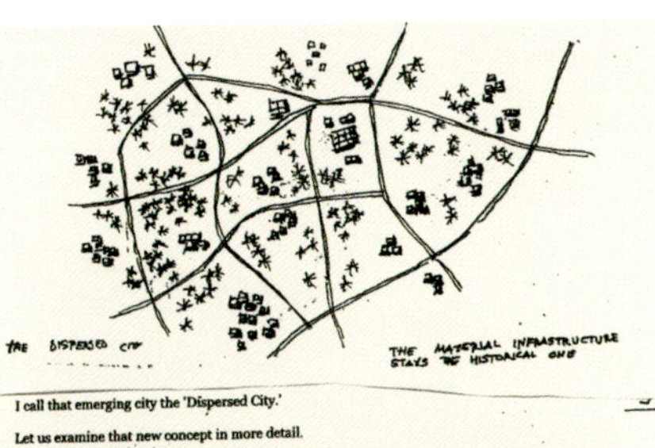

THE DISPERSED CITY
THE MATERIAL INFRASTRUCTURE STAYS THE HISTORICAL ONE

I call that emerging city the 'Dispersed City.'

Let us examine that new concept in more detail.

One of the most important motives for urban agglomeration was historically the city being the marketplace, attracting producers and consumers. In modern terms, it means that jobs are concentrated in the city.

"Cloud infrastructure" already started to change that situation. About 80% of jobs, white-collar and blue-collar jobs, can be performed "from home." Operating through computers does not make necessary workers' physical presence at condensed workplaces, like office towers or factories.

Condensing activities into crowded centers both means security risks (think about the World Trade Center and other mass killings) and provokes traffic jams. Centers provoke congestion.

Continuing to observe the labor market, many jobs are disappearing due to automation. What is emerging is a new field: personal care and assistance.

Personal care, as an industry, is easier to perform in smaller settlements, with lower habitation density. It could work better in a 'Dispersed City.'

Social contact by random meeting in a forum or a market is already disappearing. Social contact is enhanced through the cellular phone. People meet anywhere, on personal appointment.

The important function of retail is also more and more functioning through the internet, with fast delivery anywhere.

"Cloud infrastructure" is already working. In California, an area with high risk of earthquakes, many homes have solar panel installation and water reserves, as existing networks can be disrupted even by minor quakes.

4

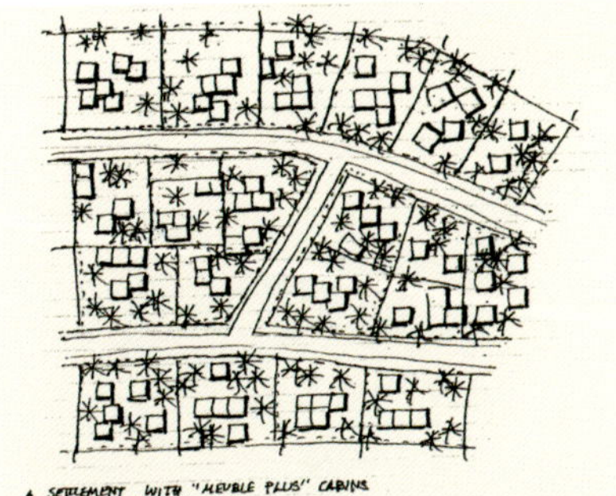

But besides those technical effects, the 'Dispersed City' might induce heavy social transformations.

The first one is what I called in the seventies "Urban Villages": communicating groups of "neighbors." Urban villages already exist in large cities today: in Paris, in New York, in Los Angeles. Their focal point might be a café, a drugstore.

The second change that the 'Dispersed City' can induce is a transformation of the "realty market," that of "land value." Today, there is an enormous value difference between land in the large city center and that in the countryside.

With the emergence of the 'Dispersed City,' of the "cloud infrastructure," land value might shift up and down: centers losing value, country values going up. The consequences for the global economy might be important. "Cloud infrastructure" has already begun to exist, and it is implicitly global.

Perhaps "land property" might become transformed with "mobility" (like the 'Meuble Plus' project) into use of limited duration, a sort of "leasing." The freehold system existing in England can serve as an example.

5

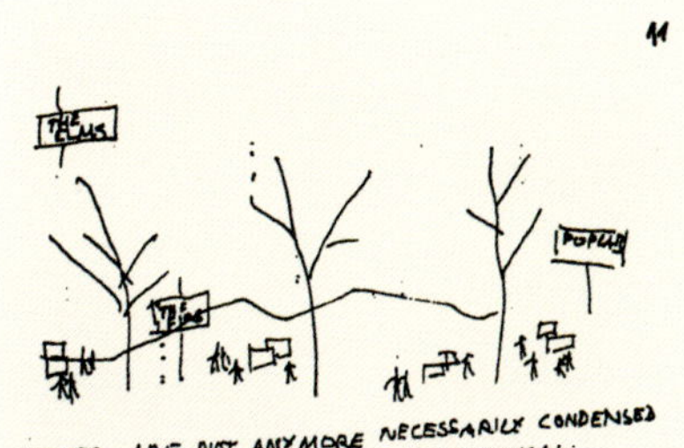

CITIES ARE NOT ANYMORE NECESSARILY CONDENSED BECAUSE OF NETWORKS, SOCIAL OR TECHNICAL

9

15-2
可動建築／空中都市
Mobile Architecture / Spatial City
1956–

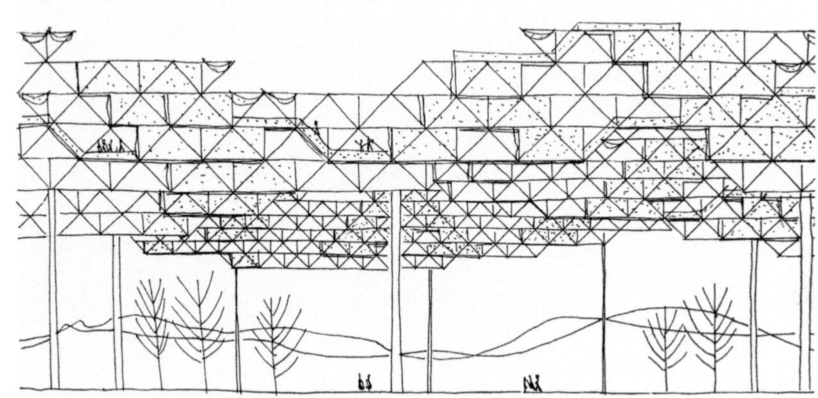

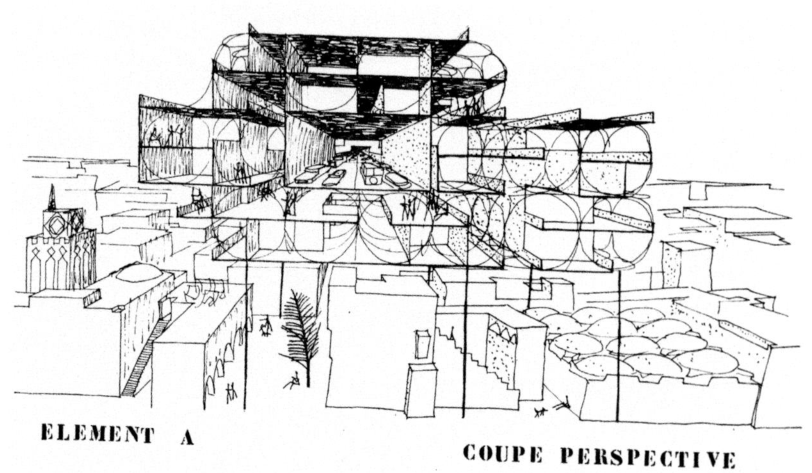

G·ポンティ＋P·ルイージ·ネルヴィほか「ピレリビル」[イタリア]

□ CIAM第10回総会開催[ユーゴスラビア]

UIA日本支部発足

東京大学の丹下健三研究室を中心に五期会創立

丹下健三「建築と現代芸術」発表

白井晟一「縄文的なるもの」発表

N·カーヴィ『日本建築の形と空間』

★『This is Tomorrow(これが明日だ)』展[ホワイトチャペル·ギャラリー、イギリス]

[文学]A·C·クラーク『都市と星』[イギリス]

[映画]F·ウィルコックス「禁断の惑星」[アメリカ]

[ダンス]土方巽「暗黒舞踏派」

[文学]三島由紀夫『金閣寺』

ヴェネチア·ビエンナーレで棟方志功がグランプリを受賞

◆ スエズ動乱発生

イスラエル軍がエジプト侵入、第2次中東戦争勃発

ハンガリー動乱発生

経済白書「もはや戦後ではない」宣言

国際連合加盟

1957

● J·クロード·マゼ「理想都市」

F·オットー「未来都市」

I·レオニドフ「国際連合本部案」

I·シャイン「ビブリオテーク·モバイル」

M·ウェブ「ファニチュア·マニュファクチュア·アソシエーション·ビルディング」

L·ミース·ファン·デル·ローエ「バカルディ·アドミニストレーション·ビルディング」

P·ルイージ·ネルヴィ「ニューノーシア」

前川國男「シルクセンターコンペ落選案」

村野藤吾「京都会館コンペ落選案」

日本住宅公団総裁加納久朗「加納構想」

■ W·グロピウス＋A·アアルトほか「国際建築展覧会(インターバウ)」[西ドイツ]

丹下健三「旧東京都庁舎」

□『アンテルナシオナル·シチュアシオニスト』創刊[フランス]

G·ドゥボール「ネイキッド·シティ」発表[フランス]

J·ゴットマン『メガロポリス論』[フランス]

K·ワックスマン『7つの命題』[西ドイツ]

『建物と公共事業』展[フランス]

ブラジリア都市計画コンペ[ブラジル]

シドニー·オペラハウス·コンペ[オーストラリア]

Y·フリードマン、GEAM(可動建築研究グループ)設立[フランス]

新宿副都心計画立案

大阪·千里ニュータウン計画開始

名神高速道路着工

川添登、『新建築』編集長を退任

京都会館コンペ

★ **岡本太郎「おばけ東京」**

[映画]石原裕次郎(主演)「嵐を呼ぶ男」

[哲学]R·バルト『神話作用』[フランス]

[文学]A·クラーク『海底牧場』

福岡を拠点に九州派結成

◆ 西欧6か国がヨーロッパ経済共同体(後のECの母体)の設立条約に調印

人工衛星スプートニク1号打上げに成功[ソ連]

1957 **おばけ東京 岡本太郎**

Obake Tokyo | Taro Okamoto

岡本太郎が都市計画のような分野にまで手を伸ばしていたという話を聞いたら疑念を持つ者も多いかもしれないが、親交のあった国際的な建築家でありジェネラリストであった丹下健三との関係のなかで自然と育まれてきた側面もあったのだろう。丹下と岡本という組み合わせに対しては、1970年大阪万博で丹下が設計した《お祭り広場》に設けた大屋根というメガストラクチャーの真ん中に大きな穴を空けて、岡本の《太陽の塔》の頭部が屋根の上に突き出したといういきさつがあり、ある見方としては敵対関係にあったと捉えられるかもしれない。しかしながら2人のあいだにはそのような取り引きが友好的に行なえる長年の交流があった。2人の仕事が最初に結びついたのは、《太陽の塔》から10年以上前、1957年に竣工した《旧東京都庁舎》においてであった。丹下の同建築は、地震国日本では無理と言われた鉄とガラスという素材を基本に構成した建築物で、これ自体がとても実験的な試みだった。岡本はそのガラス張りの光に溢れた構内の内壁に《日の壁》、《月の壁》等、11点の陶板壁画をコミッションワークとして制作し設置したのである。

雑誌『総合』1957年6月号で、岡本が「ぼくらの都市計画」という座談会の座長を務めて、丹下健三とアシスタントの都市プランナー石川允、華道家·勅使河原蒼風、航空工学者·糸川英夫、小説家·安部公房という面々を相手に東京圏の都市計画のプレゼンテーションを行なったことが紹介されている。岡本は、丹下研究室から派遣された大学院生磯崎新の手を借りながら、皇居を中心にドーナッツ状にビジネスセンターが囲み、さらに放射状に伸びた7つの拠点を設ける計画を発表している。その7つの拠点の内、6つは都内の亀戸、日暮里、池袋、新宿、渋谷、品川といった繁華街であり、そこはビジネスセンターとされていた。そして、それら拠点のあいだは、住居、学校、病院といった生活に必要な地域となっていた。残るもう1つの拠点は東京湾に延伸した埋め立て地にあり、水族館、動物園、ビーチ、ヨットハーバー、音楽堂、美術館、そしてコニーアイランド(遊園地)を備えた「いこい島」という名のレジャーアイランドとなっていた。このように都市の中に自由な遊興ゾーンを設ける方法論は、岡本がパリで暮らした経験に基づくものかもしれない。また、岡本は1965年に千葉の海沿いあたりに行政、立法機関さえも別に持つ「もうひとつの東京」をつくり、既存の東京と競わせていくという案も発表している。岡本はその「もうひとつの東京」に「おばけ東京」という名前を与えているのだが、先の「いこい島」と「おばけ東京」が後にひとつのプランとして解釈された可能性がある。 [Y.N.]

[参考文献]

- レム·コールハース、ハンス·ウルリッヒ·オブリスト『プロジェクト·ジャパン メタボリズムは語る』(平凡社、2012)

16-1
僕らの東京都設計図/いこい島拡大図
石川允、糸川英夫、安部公房、岡本太郎、丹下健三、勅使河原蒼風
「ぼくらの都市計画」『総合』
(東洋経済新報社、1957年6月号)
'Draft of Urban Planning of Tokyo for Ourselves / Artificial Island of Ikoi Island'
Makoto Ishikawa, Hideo Itokawa, Kobo Abe, Taro Okamoto, Kenzo Tange, Sofu Teshigahara, 'Urban Planning of Tokyo for Ourselves,' *Sogo*, Toyo Keizai Inc., June 1957.

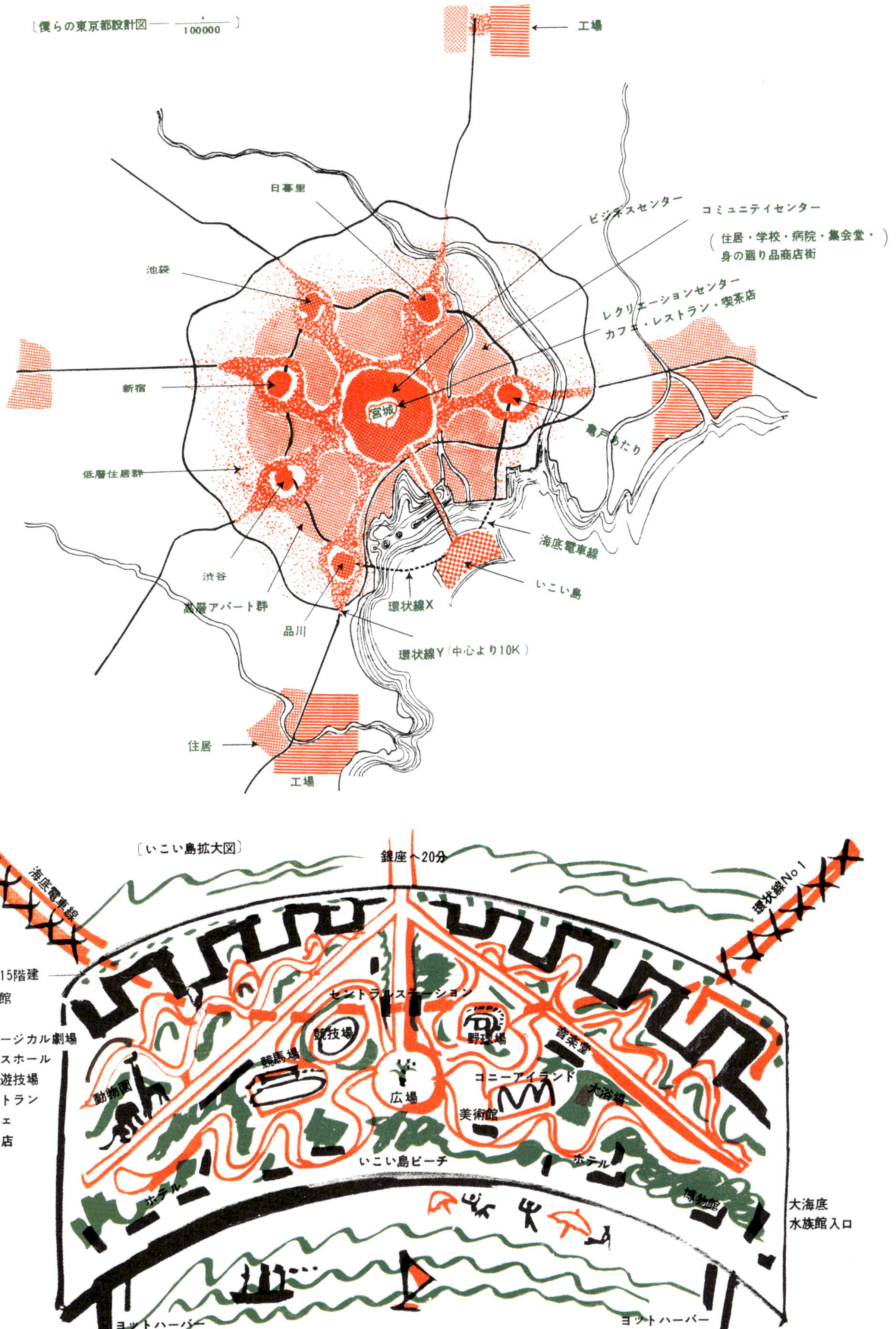
〔僕らの東京都設計図 1/100000〕
工場
日暮里
ビジネスセンター
コミュニティセンター
（住居・学校・病院・集会堂・身の廻り品商店街）
池袋
レクリエーションセンター
カフェ・レストラン・喫茶店
新宿
宮城
亀戸あたり
低層住居群
海底電車線
渋谷
いこい島
高層アパート群
環状線X
品川
環状線Y（中心より10K）
住居
工場
〔いこい島拡大図〕
銀座へ20分
海底電車線
環状線No.1
高層15階建
ミュージカル劇場
室内遊技場
カフェ
セントラルステーション
競技場
野球場
音楽堂
競馬場
動物園
広場
コニーアイランド
大浴場
美術館
いこい島ビーチ
ホテル
ホテル
博物館
大海底
水族館入口
ヨットハーバー
ヨットハーバー

1958 超高層建築 ハンス・ホライン

Skyscraper | Hans Hollein

1968 プロジェクト：ゴールデン・スマート ハンス・ホライン

Project "Golden Smart" | Hans Hollein

ポスト・モダンの建築家として知られているハンス・ホラインだが、最初期には建築の根幹を揺るがす論を唱えた。1950年代末から60年代にかけて制作されたドローイングやコラージュを見ていくと、建築の実現性という条件からいったん離れ、建築の概念を根源的に問うて、拡張していく目論みがあったことがうかがえる。例えば、ホラインは牧歌的な風景に航空母艦や巨大なボルトを配した合成写真をつくり、それらを都市や高層建築の新たなヴィジョンとして提示した。非現実的なアンビルトの構想であるが、シュルレアリスムに通じるその驚異の光景を見ていると、建築がこれまでいかに矮小化され、制約を受けてきたか、私たちは痛感するであろう。

本展の出品作品も、当時のホラインのラジカルな思考を遺憾なく示している。イリノイ大学に留学していた24歳の頃に描いた《超高層建築》(1958)は、彼の原点といってよい素描である。シカゴの超高層建築案として夢想されたものだが、荒々しい筆触で力強く天に向かって伸びる腕が描かれている。シカゴの超高層建築案をホラインはほかにもいくつか描いており、そのなかには立ち上がる男根をモチーフにした素描もある。それらは、自然の重力に抗って大地に屹立する建築の原初の姿を、身体性になぞらえて視覚化しているといえる。そこに表われたイメージは、自然に対する人間の意志や暴力という、建築を巡るもうひとつの問題にも言及している。またこの案がシカゴを想定している点を考えると、ミース・ファン・デル・ローエによるシカゴの超高層建築《レイク・ショア・ドライブ・アパートメント》(1951)などに対抗するプランにも見えてくる。素描が描かれた雑誌の誌面の右側には細長い長方形が配されているが、ひょっとしたらホラインは、それをミースのモダニズムの建築に見立てていたのかもしれない。

もうひとつの作品《プロジェクト：ゴールデン・スマート》は、ホラインが編集長を務めた雑誌『Bau』の1968年1–2号で「すべては建築である」と唱えた年に制作された。オーストリアの煙草「ゴールデン・スマート」が風景の上空に浮かび、その姿はまるでUFOのようである。ホラインは1960年代、建築の概念を刷新して拡張するため、建築をとりまく情報や環境について眼を向けていた。その理論の展開を辿ると、マーシャル・マクルーハンの『メディア論——人間の拡張の諸相』(1964)を参照していた節がある。建築とは、実体を超えたコミュニケーションのメディアであり、それが生み出す情報や環境も含めて、建築を再定義すべきだとホラインは語る。すなわちホラインにとって、人間に影響を与える情報や環境はすべて建築であり、電話ボックスやテレビの受像機、人間の体内環境を変えるカプセル剤すらも、拡張したメディアとしての建築なのだ。従って、クレス・オルデンバーグの作品のように巨大なイメージとなって上空を漂う煙草「ゴールデン・スマート」も、まぎれもない建築として提唱し得るのである。 [I.H.]

[参考文献]

- 磯崎新「ハンス・ホライン——観念の触手で環境を捕獲する」『建築の解体』(美術出版社、1975)

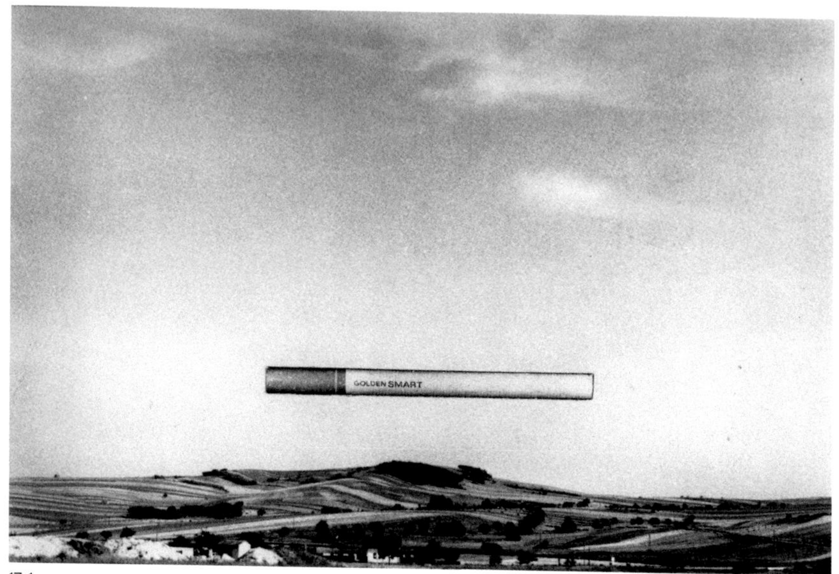

17-1

17-1
プロジェクト：ゴールデン・スマート
Project "Golden Smart"
1968

17-2
超高層建築
Skyscraper
1958

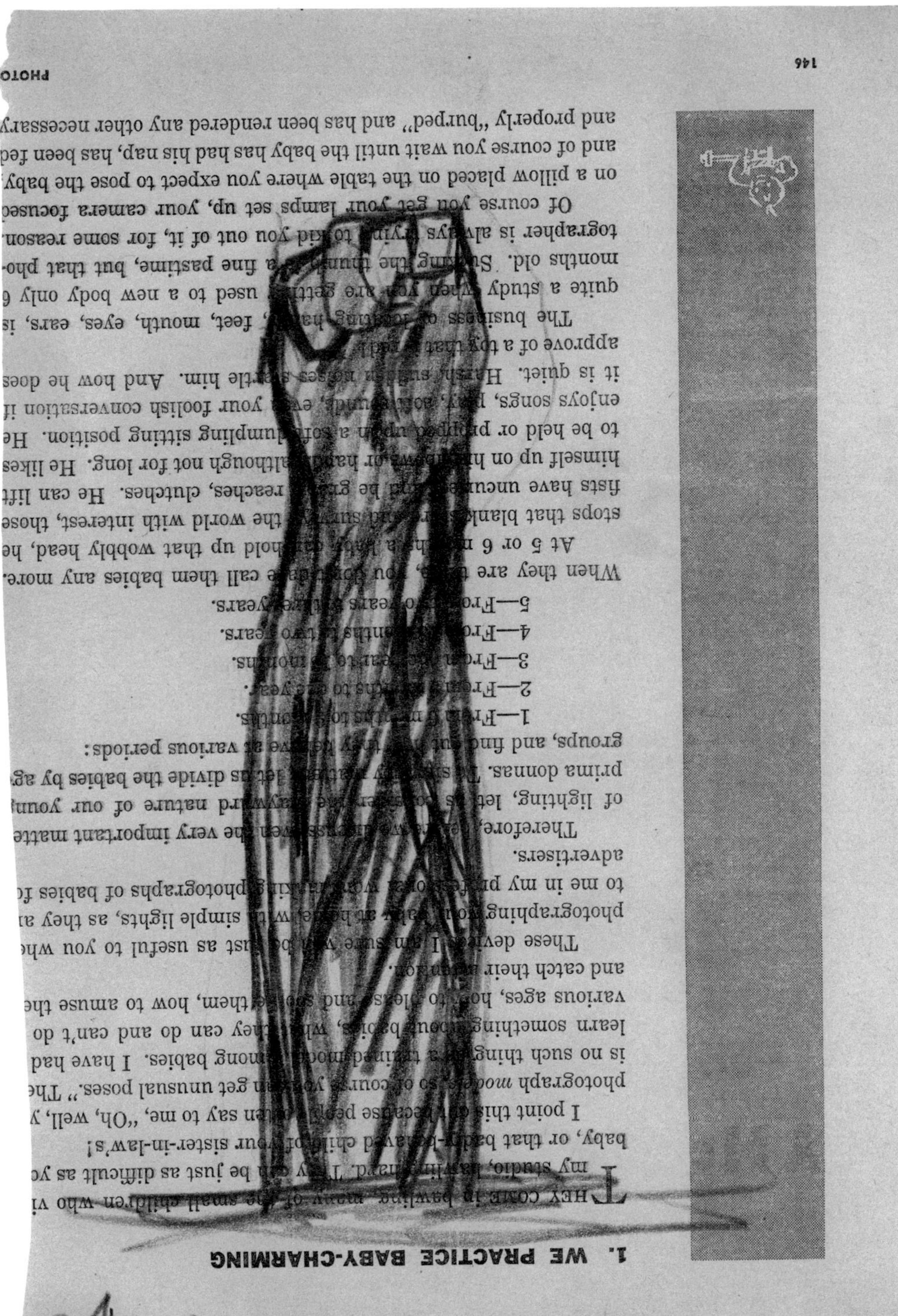

17-2

東京の人口が850万人を超え、世界1位となる
東海村原子力研究所で「原子の火」点火
第1次南極観測隊上陸

1958

● **Y・フリードマン「空中都市」**
H・ホライン「超高層建築」
A＋P・スミッソン「ベルリン計画」
R・マルコルムソン「国立科学博物館」
P・M・ポゾロフ「ベーリング海峡横断ダム」
シャアネク「プラスチック製の多機能な空間細胞（プロトタイプ）」
V・モリヴァン「カンボジア国会議事堂案」
D・グリーン「モスク・プロジェクト」
O・ハンセン「ザ・ロード・モニュメント」
鄭光復「人民大会堂コンペ案」
鹿島建設「屋根付球場」
内井昭蔵「カトリック教会付属小学校」
坂倉準三「トロント市庁舎コンペ落選案」
加納久朗「新首都ヤマト計画」

■ L・ミース・ファン・デル・ローエ＋F・ジョンソン「シーグラムビル」［アメリカ］
BBPR「トーレ・ヴェラスカ」［イタリア］
菊竹清訓「スカイハウス」
丹下健三「香川県庁舎」
白井晟一「善照寺本堂」
内藤多仲「東京タワー」

□ トロント市庁舎コンペ［カナダ］
F・フンデルトヴァッサー「建築における合理主義に対する壊敗化宣言」発表［オーストリア］
コンスタン（C・ニューヴェンホイス）＋G・ドゥボール「状況主義の定義」発表［フランス］
G・ドゥボール「文化革命に関するテーゼ」発表［フランス］
ブリュッセル万国博覧会で日本館（前川國男設計）金賞受賞［ベルギー］
川添登『現代建築をつくるもの』
尾崎記念会館コンペ

★ Y・クライン「空気の建築」［フランス］
［文学］H・ハウザー『巨人頭脳』［西ドイツ］
［文学］O・ピーネ＋H・マック『ゼロ』創刊［西ドイツ］
［音楽］ビートルズ結成［イギリス］
M・タピエ企画『新しい絵画世界展――アンフォルメルと具体』が日本各地を巡回
［文学］阿部公房『第四間氷期』

◆ 人工衛星打上げに成功［アメリカ］
NASA創設［アメリカ］
関門海底国道トンネル開通
岩戸景気起こる

1959

● P・ソレリ「生態科学的都市の神学センター」
M・ウェブ「シン・センター計画案」
Y・アルツターノフ「軌道エレベーター」
B・フラー「球体テンシグリティ」「テンシグリティ・マスト」
F・L・ライト「エリス島のためのキープロジェクト」
C・プライス「ファン・パレス」
E・シュルツェ＝フィーリッツ「空間都市」
L・ミース・ファン・デル・ローエ「バッテリー・パーク・アパートメント」

W・L・コーヴェリー
「インターナショナル・マーケットランド」
金寿根「韓国国会議事堂設計競技当選案」
黒川紀章「農業都市」
「新東京計画——50年後の東京」
菊竹清訓「海上都市1958」
「塔状都市1958」「東京湾計画1959」
大高正人+奥平耕造「副都心:上野」
大高正人「東京湾計画」
秀島乾「大阪市周辺高速道路」
野々村宗逸+つばたしゅういち
「東京湾運河の提案」
産業計画会議「ネオ・トウキョウ・プラン」
佐々木宏+小野林宏城+山田弘康
「有機的都市」
吉阪隆正「レオポルドヴィル市文化センター案」
藤井博巳「レオポルドヴィル市文化センター案」
小松崎茂「空飛ぶエレベーター」
■ F・L・ライト「グッゲンハイム美術館」[アメリカ]
ル・コルビュジエ
「ラ・トゥーレット修道院」[フランス]
ル・コルビュジエ「国立西洋美術館」
□ WHO本部コンペ[アメリカ]
首都高速道路着工
伊藤鄭爾+二川幸夫『日本の民家』
★ A・カプロー「6つのパートからなる
18のハプニング」[アメリカ]
第1回パリ青年ビエンナーレ[フランス]
L・フォンタナ、ローマトリノの画廊で
本格的な回顧展開催[イタリア]
[文学]R・ハインライン『宇宙の戦士』
国立西洋美術館開館
[文学]『S-Fマガジン』創刊
◆ シンガポール独立
キューバ革命により、カストロ政権樹立
伊勢湾台風発生
安保闘争起こる
東京湾埋め立てが活発化

1960

● Y・フリードマン「空間都市」「パリ空中都市」
H・ホライン
「ウィーン上空のアーバン・ストラクチャー」
J・ジェリコー「モートピア」
P・メイモン「円錐都市」
J・ペリエ「アブ・シンベル神殿逆ダム保存案」
B・フラー「球形都市クラウド・ナイン」
P・マンゾーニ「オットー・ピーネの
ライト・バレーのための劇場」
ゴー・ヴィエト・トゥ
「サイゴン・チョロン都市計画」
F・シラバン
「ナショナル・モニュメントコンペ案」
I・ノグチ+L・カーン
「アデル・レヴィ・メモリアル・プレイグラウンド」
P・ウィリアムズ「ザ・ハリウッド」
B・ブッシュマン「バイブルストーリーランド」
E・シュルツェ=フィーリッツ「空中都市」
丹下健三「東京計画1960」
「WHO(世界保健機構)本部計画」
「25,000人のためのコミュニティ計画」
槇文彦+大高正人
「群造形(新宿副都心ターミナル再開発計画)」

1960 農村都市計画 黒川紀章

Agricultural City Project | Kisho Kurokawa

1957年、京都大学を卒業した黒川は、東京大学大学院の丹下研究室に入り、1958年レニングラードの世界建築学生会議に参加する。彼はロシア・アヴァンギャルドの作品が見られることを望んでいたが、その期待は裏切られた。帰国後、『建築文化』1959年9月号の誌面上で、当時始まっていた東京湾へ伸展するプランに対して、東京の土地を区画整理する《新東京計画案》を発表する。同時期、丹下健三の指令で、浅田孝と川添登を補佐し、世界デザイン会議の準備に奔走した。その川添に促されて菊竹清訓と黒川は、それまでに思考を重ねてきた建築プランをまとめて『METABOLISM 1960:都市への提案』の本づくりに取り組んだ。

黒川の《農村都市計画》は、同書のなかで最初に発表された空中に田園都市をつくるプランで、人工土地が地上から4mの空中に浮かぶようにグリッド状のフレームを設け、地上に設けられた農地で共同作業を行なえるようになっている。人工土地は共同所有とし、ここに神社、学校、行政施設などが設置されることを想定している。個人所有となる住居は人工土地上につくられ、2層から3層の独立したキノコ型のユニットになっている。水道、電気、ガスはグリッドのフレームやキノコの軸にあたる箇所に仕組まれるようだ。以上のように、農業と社会生活と個人の生活をそれぞれ別の次元で安全に共存させる計画であった。一見すると、黒川がロシアで見ることが叶わなかったロシア・アヴァンギャルドの建築を具現化したような大胆な幾何学的形状の都市計画でもある。しかしながら、黒川がこのようなプランを生み出す契機となったのは、黒川の郷里である名古屋の周辺地域を襲った伊勢湾台風が通過したあとの光景を見た体験からだったという。一面泥海と化した水田の中に見えたのは、等間隔に分布する集落の草屋根とその集落とは無関係に走る県道や国道だけだった。黒川はそのような奇妙な光景から、人々のためのインフラは国道のような車移動のためばかりでなく、人々の住空間と職空間を提供し、維持するための計画であるべきだという考えに至った。 [Y.N.]

[参考文献]

- レム・コールハース、ハンス・ウルリッヒ・オブリスト『プロジェクト・ジャパン メタボリズムは語る』(太田佳代子ほか編訳、平凡社、2012)
- 『メタボリズム 1960 複製本』(美術出版社、2011)

18-1

18-2

18-2
農村都市計画、模型
写真：大橋富夫
Model, Agricultural City Project
photo: Tomio Ohashi
1995

18-3

18-1
農村都市計画、スケッチ
（住宅単位、断面）
Section sketch, habitat unit,
Agricultural City Project
1960

18-3
農村都市計画、スケッチ
Sketch, Agricultural City Project
1960

菊竹清訓「海上都市うなばら」
黒川紀章「農村都市計画」
「丸ノ内再開発計画」
磯崎新「空中都市——新宿計画」
西山夘三「イエポリス」
東京工業大学「東京湾臨海都市計画」
グループ・U「東京湾上の1つの提案」
磯村英一「富士山麓遷都」
山手国弘「24世紀の超コミュニティ」
■ A・ファン・アイク「子供の家」[オランダ]
□ G・ドゥボール+P・カンジュエール「文化と革命的政治」発表[フランス]
シチュアシオニスト「世界宣言」発表
『ヴィジョナリー・アーキテクチャー』展[MoMA、アメリカ]
GEAM『動く建築のための綱領』[フランス]
K・リンチ『都市のイメージ』[アメリカ]
R・バンハム『第一機械時代の理論とデザイン』[イギリス]
U・コンラーツ+H・G・シュペルリヒ『幻想の建築』[ドイツ]
世界デザイン会議が東京で開催
メタボリズム・グループ結成
第1次全国総合開発計画による産業都市建設
川添登『建築の滅亡』
★ V・ルーナウ+Y・クライン「空気建築の計画」[フランス]
A・ブロック「居住彫刻」[フランス]
R・マグリット「ピレネーの城」[ベルギー]
P・レスター、ヌーヴォー・レアリスムを宣言し、展覧会開催[フランス]
[映画]J=L・ゴダール「勝手にしやがれ」[フランス]
[文学]W・ミラー『黙示録3174年』[アメリカ]
吉村益信ら、ネオダダイズムオルガナイザーズ結成、荒川修作も参加
第12回読売アンデパンダン展で廃材利用の作品が増加
◆ 第17回夏季オリンピック開催[イタリア]
経済協力開発機構(OECD)設立
石油輸出国機構(OPEC)設立
日米新安保条約調印、強行採決
全学連が国会構内で警官隊と激突
チリ地震による三陸津波発生

1961

● P・ソレリ「メサシティ」
B・フラー「マンハッタン・ドーム」
A・アアルト「ヘルシンキ・センター」
C・セーガン「金星改造」
R・アフラロほか「ブジョービル国際競技設計案」
V・グルーエン「ウェルフェア島」
黒川紀章「東京計画1961−Helix計画」
黒川紀章「霞ヶ浦計画」
大谷幸夫「麹町計画」
菊竹清訓「東京湾計画1961」
「江東地区計画1961」「テトラ計画」
藤本昌也+増山敏夫+下山政明「30万都市計画案」
生活装置研究会「群体コミュニティ」
阿久井義孝ほか「ネオ・マスタバ計画」
沖種郎「ジャングルシステム」
■ C・プライス「ロンドン動物園鳥小屋」[イギリス]
前川國男「東京文化会館」

1961

東京計画1961−Helix計画 黒川紀章

Helix City Plan for Tokyo 1961 | Kisho Kurokawa

黒川は丹下研究室で「東京計画1960」の担当メンバーとして働きながら、自身のメガストラクチャー第1号を個人的なプロジェクトとして密かにつくっていた。「東京計画1960」とは、丹下が『週刊朝日』1960年10月16日号に発表した、東京湾に新たな居住地域を設ける大胆なプラン「海の上に五百万——新東京計画が実現すれば」を基本に、丹下研のチームで綿密な人口・経済調査を経た上で打ち出した大規模な都市計画案である。メンバーのそれぞれの役割は、神谷宏治が住宅システム、磯崎新がオフィスビル、そして黒川は交通システムの構想だった。東京人口の爆発的増加(1950年630万人が1960年には1000万人近くに達した)に対する根本的な対応策として考えられたのが、高さ138mにも及ぶ山型の構造をしたメガストラクチャーに500万人もの人々が海面上に暮らすというプランであった。

黒川は『METABOLISM 1960:都市への提案』でも発表しているように、その人口増加に対して東京湾の埋め立てではなく、杭基礎によって竹型(巨大な円柱構造)あるいは樹木型(柱の周囲に円形の構造物を重ねる)で垂直に空中に伸びていく構造体を等間隔につくり、それらすべてを空中交通と地中交通で結ぶという計画を構想している。《東京計画1961−Helix計画》は、そこから発展してきたメガストラクチャーと捉えることができるだろう。ただし、螺旋状になった巨大な構造物は皇居を中心にアメーバ状に拡がり、その一部は東京湾に伸展している。螺旋状の構造は、1956年に発見された遺伝子の二重螺旋構造に着想を得たものである。黒川は「私が螺旋状の人口土地を用いるのは、自動車と人間の有機的な交通システムを構築するためです。人工土地頂部の道路がやがて都市の高速道路を形成してゆきます」と発言している。すなわち以前の計画案では住居の構造物と基幹交通の構造がまったく異なる存在であったことに対して、《東京計画1961−Helix計画》では、その2つの機能を一体化したところに、この新しいプランが生み出された意義があると言ってもいいだろう。 [Y.N.]

[参考文献]

- レム・コールハース、ハンス・ウルリッヒ・オブリスト『プロジェクト・ジャパン メタボリズムは語る』(太田佳代子ほか編訳、平凡社、2012)
- 『メタボリズム 1960 複製本』(美術出版社、2011)

19-1
東京計画1961−Helix計画、模型
写真:大橋富夫
Model, Helix City Plan for Tokyo 1961
photo: Tomio Ohashi
1961

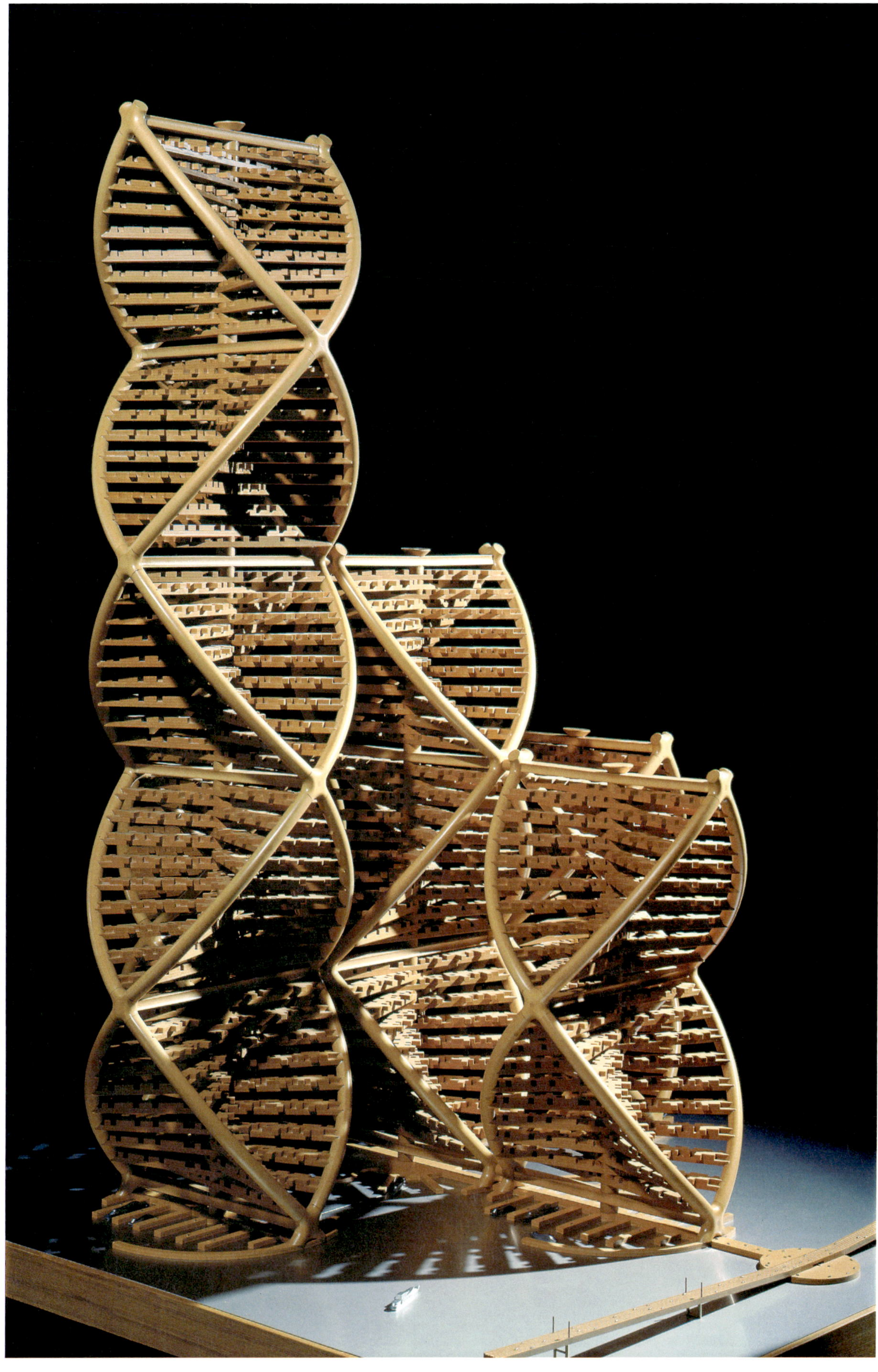

◘ F·D·ルーズベルト・メモリアルコンペ［アメリカ］
プジョービル国際設計競技［アルゼンチン］
『アーキグラム』創刊［イギリス］
V·スカーリー『近代建築』［アメリカ］
J·ジェイコブズ
『アメリカ大都市の死と生』［アメリカ］
B·フラー「世界計画のプログラムのために」発表［アメリカ］
八田利也『現代建築愚作論』
「持ち家政策」住宅ローン制度化
国立国会図書館新庁舎開館
『ル・コルビュジエ』展［国立西洋美術館］
★『アッサンブラージュの芸術』展開催［MoMA、アメリカ］
［文学］S·レム『ソラリスの陽のもとに』［ポーランド］
◆ J·F·ケネディ、第35代アメリカ大統領に就任
アメリカがキューバと国交断絶
東ドイツ、東西ベルリンの境界に壁を構築
ガガーリン、世界初の有人宇宙飛行［ソ連］

1962

● P·メイモン「浮かぶ都市」「セーヌ川の地下都市計画」
Y·フリードマン「空間都市計画の10の原理」
W·ピッヒラー「地中都市」
W·ピッヒラー＋H·ホライン「絶対建築」
A·ロッシ「対独抵抗運動記念碑」
R·アブラハム「巨大な構造体」
F·オットー「未来の小さな都市」
P·ゼクリ＋F·ブリード「精神の街」
A·クァームビー「トウモロコシ型構築物」
前川國男「東京カテドラル落選案」
槇文彦「堂島再開発計画」
黒川紀章「箱型量産アパート基本計画」
菊竹清訓「池袋計画」
千葉大学清水研究室「東京湾天の橋立」
榮久庵憲司「スキーロッジ」
磯崎新「空中都市——渋谷計画」
■ E·サーリネン「TWAターミナル・ビルディング」［アメリカ］
L·ハルプリン「ニコレット・モール」［アメリカ］
吉村順三「軽井沢の山荘」
◘『ラルシテクチュール・ドジュルデュイ特集：幻想建築』1962年6/7月号［フランス］
ボストン市庁舎コンペ［アメリカ］
磯崎新「都市破壊業KK」発表
川添登＋真鍋博『未来都市物語』
京都国立国際会館コンペ
『都市計画と都市生活展 あなたの都市はこうなる』［池袋西武］
★『ニューリアリスツ』展、アルマン、Y·クライン、J·ダイン、A·ウォーホルら出品［ニューヨーク、シドニ・ジャニス画廊、アメリカ］
C·グレイ『偉大なる実験：ロシア芸術1863-1922』刊行、構成主義の再評価へ［イギリス］
［文学］J·G·バラード『時間都市』『沈んだ世界』『狂風世界』『時の声』［イギリス］
唐十郎「状況劇場」結成
具体美術協会「グタイピナコテカ」開設
◆ キューバ危機
東京が世界初の1000万人都市に
NHKテレビ受信契約者数1000万突破

(2015) **見えない都市 #パート1 #メタボリズム**
ピエール=ジャン・ジルー

Invisible Cities # Part 1 # Metabolism | Pierre-Jean Giloux

映像作家として活躍するピエール＝ジャン・ジルーは、かつて日本で発足したユートピア的建築動向、メタボリズムに着想を得て、「見えない都市」シリーズを制作する。《パート1 #メタボリズム》(2015)、《パート2 #ジャパン・プリンシプル》(2015)、《パート3 #縮みゆく都市》(2016)、《パート4 #ステーション》(2017)の4部からなるこの作品で、ジルーは東京、横浜、大阪、奈良、京都のポートレイトを提示しながら、都市景観、または街並のあり方を問う。
本展で紹介する第1作《パート1 #メタボリズム》は、革新的な建築動向、メタボリズムへの一種のオマージュといえる。1960年、評論家の川添登、建築家の大高正人、槇文彦、菊竹清訓、黒川紀章、グラフィック・デザイナーの粟津潔、インダストリアル・デザイナーの榮久庵憲司によって「メタボリズム・グループ」が結成された。生物学用語で「新陳代謝」を意味するこのグループは、生命が成長、変化を繰り返すように、建築や都市も有機的にデザインされるべきであるという考えのもと、画期的な建築設計、都市計画案を次々に発表した。
ジルーは3Dコンピュータ・グラフィックス技術を駆使し、かつてメタボリストたちが発案したものの、実現には至らなかったメガストラクチャーを、大都市東京に見事に出現させる。東京湾内にそびえ建つのは、DNAの二重螺旋構造をモデルにした黒川紀章の《東京計画1961－Helix計画》(1961)。都心に乱立するビル群の合間には、構造物全体を空中に形成するという奇抜なアイデアの、磯崎新による《空中都市——渋谷計

画》(1962)も見え隠れする。しかしながら、ここに映し出される景観は、けっして完全なる架空ではない。銀座には、樹木の幹と葉から着想を得た丹下健三の《静岡新聞・静岡放送 東京支社》(1967)、お台場方面には、同じく丹下による《フジテレビ本社ビル》(1996)、そしてレインボーブリッジ(1993)など、今の東京で、実際に目にすることができる建造物もしかと建っている。

ジルーは、現実と虚構とが錯綜する東京を描き出す。日常生活で耳にする電車の音やリアルな街の喧騒によって、私たちは現実の都市を見ているかのような錯覚に陥る。がしかし、そこに暮らしているはずの人々の姿はなく、不自然なほどに空中を舞い続ける桜吹雪によって、そこがじつは拡張された仮想都市であることが絶えずほのめかされている。私たちにはなにが「見えない」のだろうか。1960年代当時、実現するにはあまりにも斬新だったメタボリストたちの発想は、必ずしも建築の破壊や廃棄を前提とするのではなく、成長－衰退－再生という有機的なサイクルによる持続可能な都市を検討するのであれば、じつは今こそ有効なのかもしれない、ということを、ジルーのリアルとヴァーチャルのハイブリッドな都市景観は暗示している。［N.S.］

［参考文献］

- *Invisible Cities: Machinami, Japanese Urban Landscapes*, Zéro2 éditions, 2018

20-1
見えない都市#パート1#メタボリズム
Invisible Cities # Part 1
Metabolism
2015

1963

- ● **コンスタン(C・ニューヴェンホイス)ポートフォリオ「ニュー・バビロン」**
- **J・ヘイダック「ダイヤモンド・ハウスB」**(-67)
- G・キャンディリス「ベルリン自由大学計画」
- P・クック「モントリオール・エンターテインメント・タワー案」
- W・ピッヒラー「コンパクト・シティ」
- シャアネク「クレーター都市」
- H・ホライン「ホロコースト犠牲者慰霊碑」
- アルベイツ・グルッペ4「フラクトゥルム計画/DCAタワー」
- B・ゴールドバーグ「ABCヘッドクォーターズ」
- P・コーニッグ「ハリウッド・モスク」
- C・ラックマン「ロングビーチ国際博覧会」
- A・ファン・アイク「プロテスタント教会」
- **菊竹清訓「国立京都国際会館競技設計案」「海上都市1963」**
- 菊竹清訓「浅海型コミュニティ計画1963」
- 大高正人+槇文彦+浅田孝ほか「大手町人工土地計画」
- 馬場知己「新東京駅改築案」
- 松田平田設計事務所「築地場外市場計画案」
- 磯崎新「空中都市——丸ノ内計画」
- 自民党「東京湾開発構想」
- ■ J・スターリング「レスター大学工学部」[イギリス]
- H・シャロウン「ベルリン・フィルハーモニー」[ドイツ]
- ル・コルビュジエ「カーペンター視覚芸術センター」[アメリカ]
- R・ヴェンチューリ「母の家」[アメリカ]
- 村野藤吾「日本生命日比谷ビル」
- 菊竹清訓「出雲大社庁の舎」
- □ M・ラゴン『われわれは明日どこに住むか』[フランス]
- C・パラン+P・ヴィリリオ、建築集団アルシテクチュール・プランシプ(建築原理)結成[フランス]
- 磯崎新「プロセス・プランニング論」発表
- 国立劇場コンペ
- 建築基準法改正により31mの高さ制限が解除
- ★ [映画]A・ヒッチコック「鳥」[アメリカ]
- [文学]R・ハインライン『宇宙の孤児』[アメリカ]
- 高松次郎、赤瀬川源平、中西夏之、ハイレッドセンター結成
- [アニメ]手塚治虫「鉄腕アトム」
- [アニメ]横山光輝「鉄人28号」
- ◆ 米英ソ、部分的核実験停止条約成立
- フィリップス社が録音・再生カセットを開発[オランダ]
- ケネディ暗殺、初のテレビ宇宙中継で報道[アメリカ]
- アフリカ統一機構設立
- 初の原子力発電に成功

1964

- ● **C・プライス「ファン・パレス」**
- **R・ヘロン/アーキグラム「ウォーキング・シティ—ニューヨーク」**
- **M・ウェブ/アーキグラム「ドライブ・イン・ハウジング」**
- P・クック/アーキグラム「プラグイン・シティ」

1963 国立京都国際会館設計競技案 菊竹清訓

Competition plan for Kyoto International Conference Hall
Kiyonori Kikutake

京都市郊外の景勝地に立地する国際会議場の設計案を募った「国立国際会館設計競技」は、建物の規模の大きさや、前川國男や丹下健三も名を連ねた審査体制の充実で話題を集めたが、当選者に実施設計も委嘱するとした点で、我が国の設計コンペとして画期的であった。応募は1963年6月15日に締め切られ、受理総数は195件、この菊竹清訓案は、大谷幸夫の「最優秀作品」(実施案、1966年竣工)に次ぎ、芦原義信、大高正人とともに「優秀作品」となっている[1]。

軽量なプレキャストコンクリート部材を、巨大な井桁に組み重ねて梁とし、上層ほど幅の増す逆台形のボリュームの全体を、列柱で空中に持ち上げる。外光の導入、眺望の確保を特に重視していたが、審査員には逆に閉鎖的に見えたという。また、利用者の目的別の動線をコントロールするため、「同一機能は同一フロアにおく」という原則に従った結果、肝心の会議室が最上層に置かれた。これが特に審査員に疑問視される結果となるが、菊竹としてはほかのビルのエレベーター稼働率調査も踏まえての配慮であり、のみならず自邸《スカイハウス》(1958)と同様、最も大切なものを最も上にするという象徴性の表現も目指していた。審査講評には「寺の山門を連想させる」と述べた直後に、「その造形としても異教徒的に感じ取られる」とあるのは、菊竹建築の一種異様な迫力への率直な反応として興味深い。にもかかわらず、菊竹案は「全応募作品中最大の問題作」とされ、「実施してみたい期待は非常に強かった」とまで絶賛されたのである。

この設計を通じて、菊竹は「か/かた/かたち」という独自の方法論を確立させた。設計作業は一切の残業なしで進めたと豪語しているが、それもこの方法論のおかげという。メタボリズム運動を牽引した建築評論家・川添登は、当時の新聞記事で「現代の技術を駆使しながら、しかも"人間の空間"の創造に努力している現代の建築」として、菊竹案が実現しなかったことを惜しんだ[2]。日本の戦後コンペ史上最も話題となった菊竹の「代表作」である。 [M.F.]

---

1 以下、特に次の文献を参照した。菊竹清訓ほか「座談会 国際会館コンペを終って」『新建築』(第38巻第9号、1963年9月、pp. 148-154)『国立国際会館設計競技応募作品集』(日本建築学会、1964)『世界建築設計図集 17 国立京都国際会議場計画案/菊竹清訓』(同朋社、1984)

2 川添登「現代の芸術 建築13 明日の文明を期待」『読売新聞』夕刊(1963年10月30日)

21-1

21-1
国立京都国際会館設計競技案、
応募時の模型写真
撮影：小山孝
Photograph of the model,
Competition plan for Kyoto
International Conference Hall
photo: Takashi Koyama
1963

21-2
制作：早稲田大学古谷誠章研究室
国立京都国際会館設計競技案、
模型（1:100）
Production: Waseda University,
Nobuaki Furuya Lab.
Model, Competition plan for
Kyoto International
Conference Hall (1:100)
2011

21-2

21-2（部分）

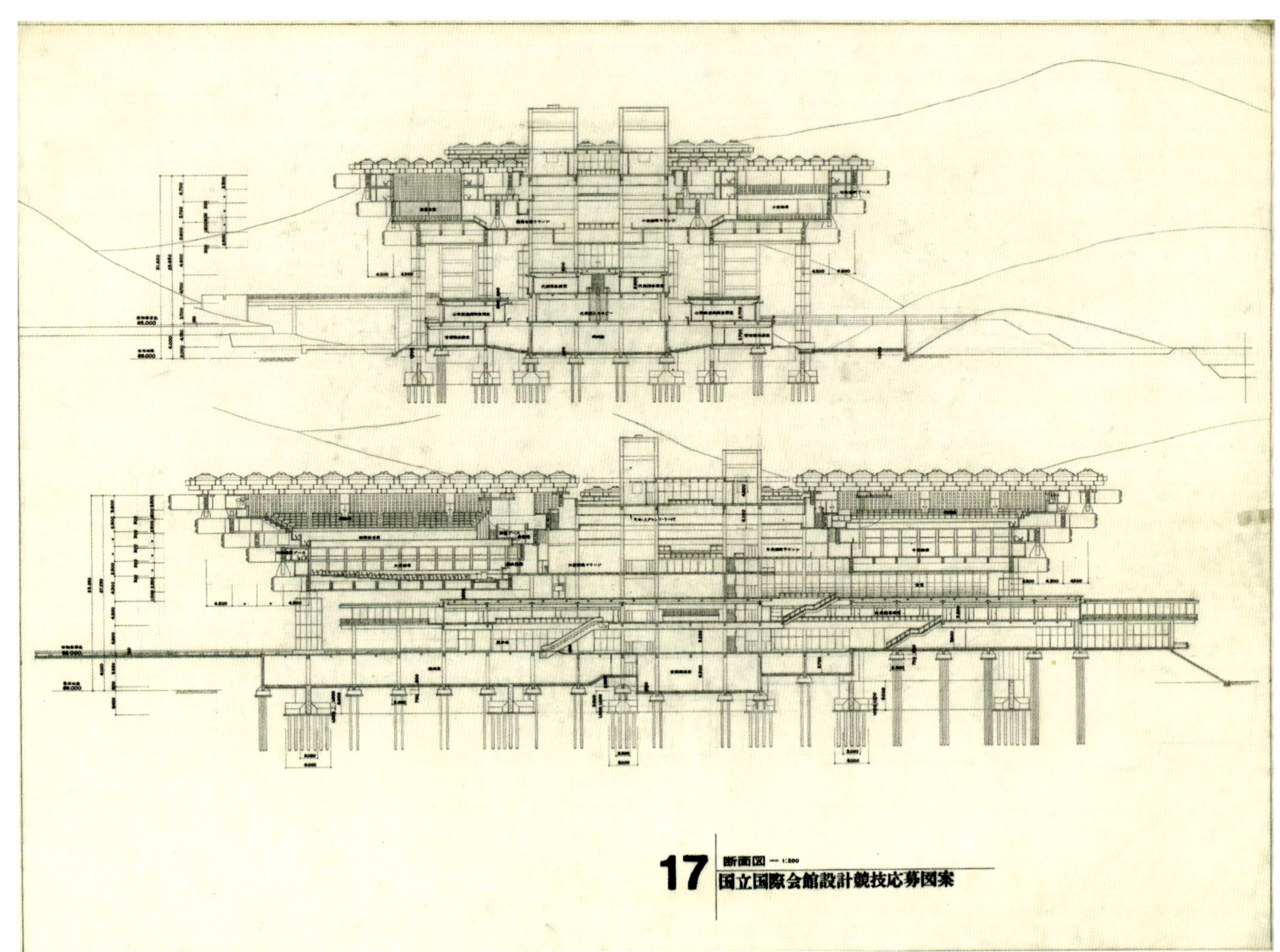

21-3
国立京都国際会館設計競技案、
断面図（1:200）
Section, Competition plan for
Kyoto International
Conference Hall (1:200)
1963

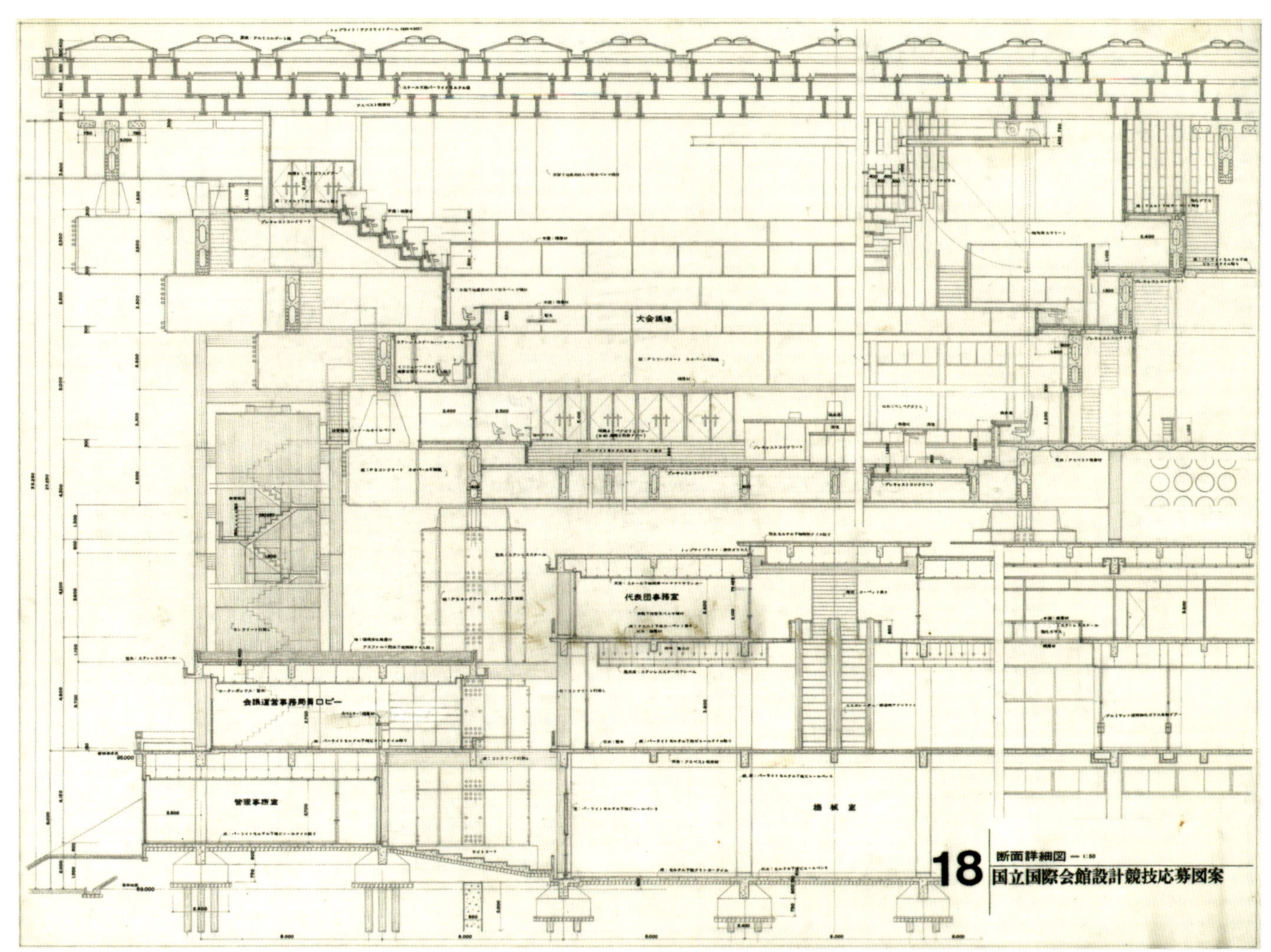

21-4
国立京都国際会館設計競技案、
断面詳細図（1:50）
Section detail, Competition plan for Kyoto International Conference Hall (1:50)
1963

海上都市1963 菊竹清訓

Marine City 1963 | Kiyonori Kikutake

1958年、日本住宅公団総裁、加納久朗が驚くべき構想を発表する[1]。房総半島の山々を核爆弾で崩落させ、その土砂や岩石で東京湾を半分埋め立てる、そこに皇居をはじめ首都機能を移転して、新首都「ヤマト」と呼ぼう、というのである。菊竹清訓が《海上都市1958》のコンセプトを雑誌に発表するのは、その翌年のことであった。これに、黒川紀章《新東京計画》や丹下健三《東京計画1960》など、同じく海上に展開する都市計画の発表が続く。1960年、東京での世界デザイン会議開催を機にメタボリズム・グループが結成され、そのメンバーとして黒川は《農村都市計画》[pp. 098–099]を、菊竹は《海洋都市うなばら》を発表した。

この《海上都市1963》は、菊竹の海上都市構想の発展形であり、メガフロートを大小の単位に分割したものである。それらの配置は、外環が産業エリア、中央が居住エリアと区分された。各エリアを結ぶ橋は、相互を係留するジョイントの役割も果たす。塔状の構築物は地盤を突き抜けて海面下に及び、メガフロートを安定させるバラストとしても機能している。この塔には、増減可能な空間ユニットが無数に取り付けられる。新陳代謝するメガ・ストラクチャーというメタボリズムのコンセプトが、いっそう明快に示されていた[2]。

海上都市計画への真摯な取り組みは長年にわたって続けられ、沖縄海洋博の《アクアポリス》(1975)で限定的ながら実現されることとなった。晩年、その情熱の背景には、個人的な憤りがあったと告白している[3]。佐賀県の吉野ケ里一帯の大地主であった菊竹家は、戦後の農地改革ですべての土地を失った。それは菊竹にとって、故郷の社会と文化の喪失でもあったというのである。例えば丹下とは異なって、菊竹の海上への進出は一種の亡命であり、国家制度の超克、それ以前への回帰の願望でもあった。彼のドローイングの多くには対岸の山々と太陽が描かれ、古代神話の風景のような趣きを示しているのも、そのことに由来するのかもしれない。 [M.F.]

1 翌年刊行の加納久朗『新しい首都建設』(時事通信社、1959)にまとめられている。
2 『菊竹清訓 構想と計画』(美術出版社、1978、pp. 48–55)
3 レム・コールハース、ハンス・ウルリッヒ・オブリスト『プロジェクト・ジャパン メタボリズムは語る』(太田佳代子ほか編訳、平凡社、2012、pp. 128–172)

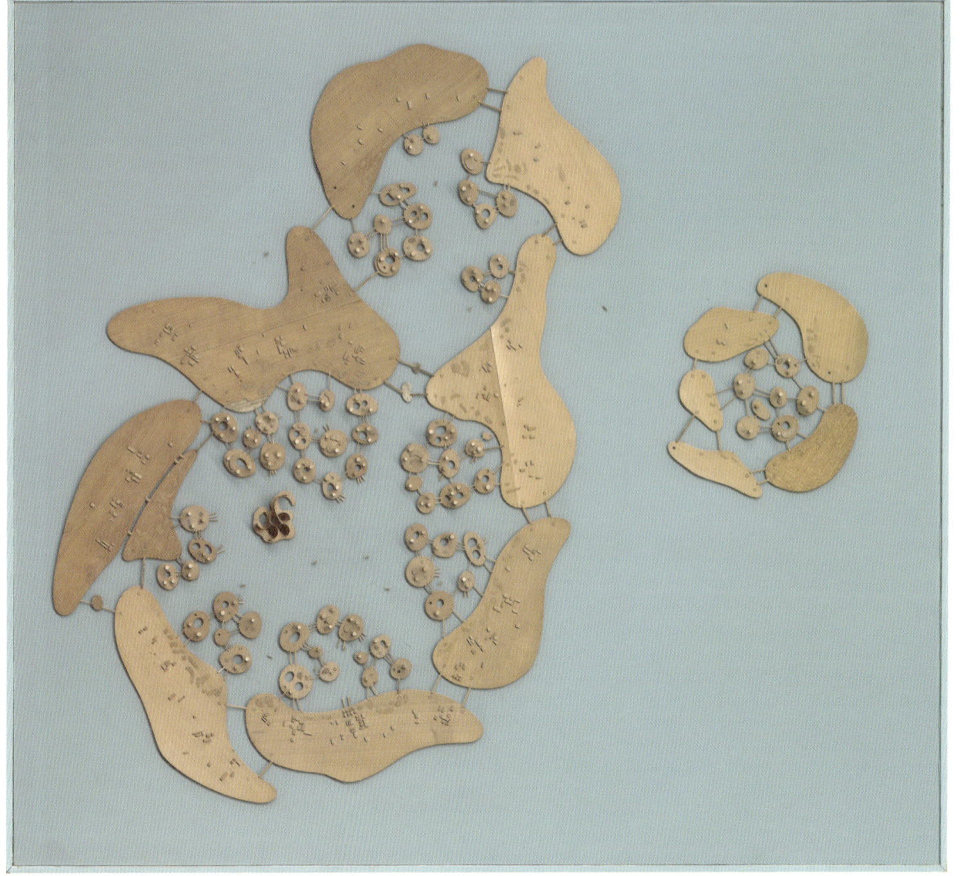

22-1
海上都市1963、模型
Model, Marine City 1963
1963

22-2
海上都市1963、模型写真
Photograph of the model,
Marine City 1963
1980s

22-4

22-4
《海上都市1963》
Marine City 1963
1963

22-3
《海上都市1963》の
原型になったスケッチ
Prototypical sketch of
Marine City 1963
1963

22-5
海上都市1963、
住居ユニット側面・断面・平面図
Elevation, section, floor plan
for Residential Unit,
Marine City 1963
1963

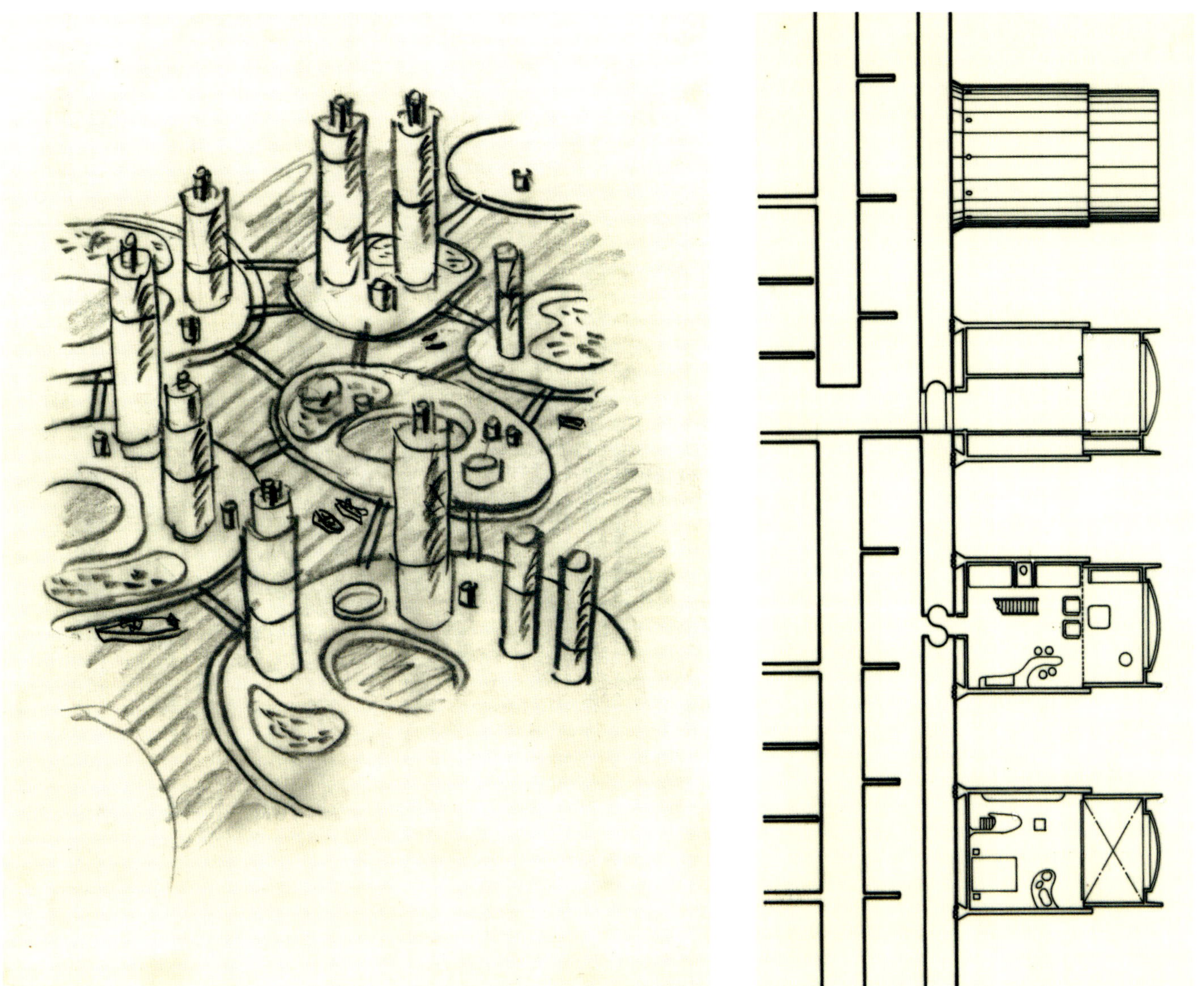

22-3

22-5

1964 **ウォーキング・シティ―ニューヨーク** ロン・ヘロン/アーキグラム

Walking City – New York | Ron Herron / Archigram

ドライブ・イン・ハウジング マイケル・ウェブ/アーキグラム

Drive-in Housing | Michael Webb / Archigram

イギリスの前衛建築家集団アーキグラムの名称は、彼らが1961年から1970年まで刊行した雑誌名でもある。ピーター・クック(1936–)とデビッド・グリーン(1937–)、マイケル・ウェブ(1937–)の、大学を卒業して間もない3人が集まり、1961年5月『アーキグラム』を創刊した。グリーンの詩を掲載した第1号は、クックによると「当時のロンドンの建築の不毛性に対して若い建築家予備軍を爆発させる排泄物」であった[1]。次号からはLCC(London County Council)で働いていた建築家3人、ウォーレン・チョーク(1927–1988)、ロン・ヘロン(1930–1994)、デニス・クロンプトン(1935–)が参加することになる。この3人ずつの2つのグループを結びつけたのは、イギリスのポップ・アートの先駆者とされるIG(Independent Group)のひとり、テオ・クロスビーであり、彼が手がけたアーキグラムの初となる展覧会『リヴィング・シティ』展が1963年に開催される。同展の内容は、「使い捨ての建築」というテーマの『アーキグラム』第3号にまとめられた。それ以後『アーキグラム』誌は1970年の第9号まで、彼らが共有していた特定のテーマを中心に構成されるようになる。アーキグラムの友人であり、彼らを日本に紹介した磯崎新は彼らのプロジェクトを「建築をマスコミ媒体にのせ、その情報性だけに還元し、完結させてしまった。……建築を、グラフィカルに表現された虚像だけの世界にひきずりだし、虚像のなかの操作技術を発見し、まったく架空の状況を構築する」と評する[2]。

《ウォーキング・シティ―ニューヨーク》(1964)は、ロン・ヘロンが1964年に『アーキグラム』第5号で発表した作品である。マンハッタンの摩天楼を背景に、細長い脚のついた巨大な昆虫のような建造物が群れをなしている。当時メンバーのあいだで共有されていた「動く建築」や居住ユニットを意味する「カプセル」、それを構造体にとりつける「プラグ・イン」といったコンセプトがここで具現化されている。また、NASAの可動建築やホバークラフト、SFコミックなどからインスピレーションを得た《ウォーキング・シティ》は、都市全体がマンハッタンや砂漠や海上を歩き回ることによって、ある固定された場所に存在するメガ・ストラクチャーとしての都市という観念を揺さぶる。 [J.Y.]

1 中村敏男「アーキグラムのカプセル」『SD』第52号(1969年3月、p. 56)

2 磯崎新「アーキグラム――建築を情報に還元する」『建築の解体』(美術出版社、1975、p. 57)

［参考文献］
The Archigram Archival Project
(http://archigram.westminster.ac.uk/)

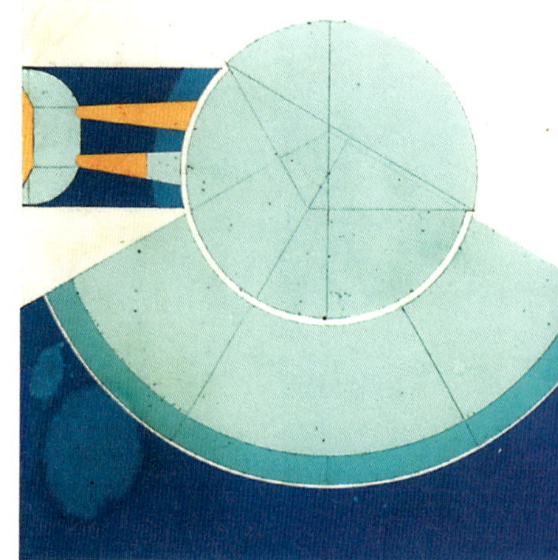

24-1

EACH WALKING UNIT HOUSES NOT ON
ELEMENT OF THE CAPITAL , BUT ALSO
POPULATION OF WORLD TRAVELLER-WO

24-2

24-1
マイケル・ウェブ
ドライブ・イン・ハウジング
Michael Webb
Drive-in Housing

24-2
ロン・ヘロン
ウォーキング・シティ－ニューヨーク
Ron Herron
Walking City – New York
1964

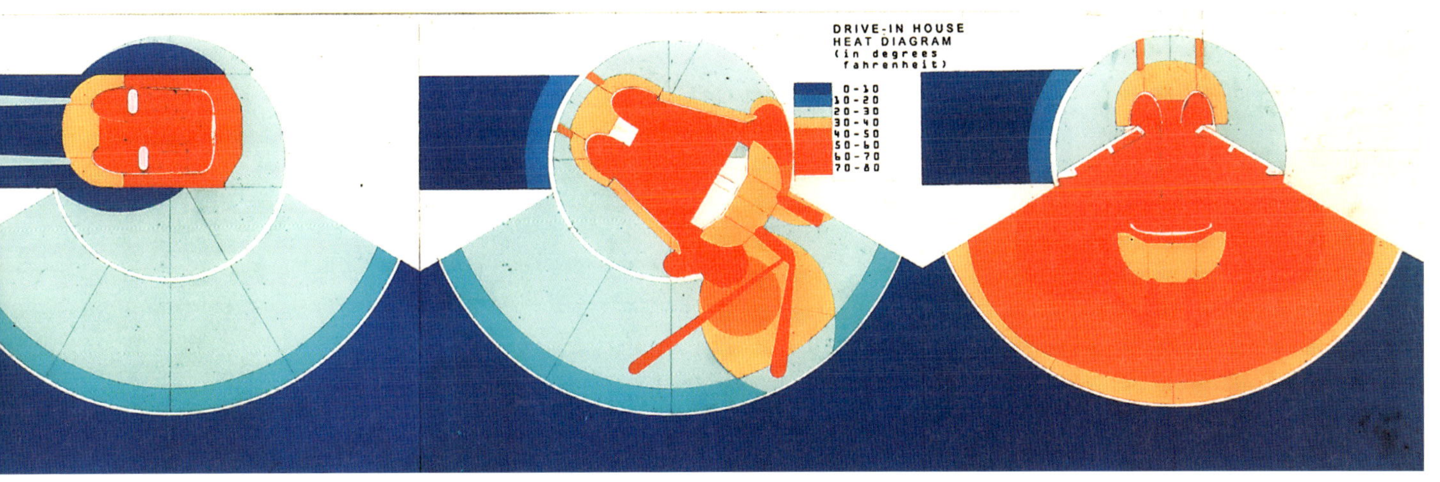

A WALKING CITY

H・ホライン「航空母艦都市」「峡谷都市」
D・クロンプトン「コンピュータ・シティ」
R・アブラハム「線形都市」
A・リング「ランコーン」
P・ゼクリ「空中都市」
V・モリヴァン「プノンペン・オリンピックスタジアム初期案」
W・チョーク「プラグイン・カプセル住宅」
C・パラン「クライン廟」
P・ジョンソン「ニューヨーク大学のガレリア」
丹下健三「築地再開発計画」
京都大学西山研究室「京都計画」
建設省「新首都建設の構想」
真鍋博「蛇の目ターミナルビル」
榮久庵憲司「住居都市——シャンデリア都市」「カメノコ住居」

■ P・ルドルフ「イェール大学建築芸術学部棟」[アメリカ]
丹下健三「代々木体育館」
菊竹清訓「東光園」

□ C・アレグサンダー『形の合成に関するノート』[アメリカ]
U・コンラーツ『世界建築宣言文集』[ドイツ]
『建築家なしの建築』展[MoMA、アメリカ]
AIA本部コンペ[アメリカ]
『SD』創刊
槇文彦『集合体を求めて』にて「メガストラクチャー」という言葉が初めて使用される

★「ドクメンタ3」、J・ボイスが初出品[西ドイツ]
[映画]S・キューブリック「博士の異常な愛情」[イギリス]
[文学]D・F・カロイ『模造世界』[アメリカ]
[文学]J・G・バラード『燃える世界』『時間の墓標』[イギリス]
読売アンデパンダン廃止
[漫画]雑誌『ガロ』創刊
[映画]勅使河原宏「砂の女」

◆ パレスチナ解放機構(PLO)設立
東京で第18回夏季オリンピック開催
海外旅行自由化
東海道新幹線開通

1965

● C・A・ドクシアディス「エキュメノポリス」
R・アブラハム「メガ・ブリッジ」
C・パラン「波」
R・ヘロン+W・チョーク/アーキグラム「ガスケット・ハウジング」
F・ダルグレ「非=住宅 輸送可能な生活標準パッケージ」
アイルフリート・フート&ギュンター・ドメニク「ラグニッツ・プロジェクト」
D・グリーン「リビング・ポッド」
P・アイゼンマン+M・グレイヴス「ジャージー回廊」
C・オルデンバーグ「ニューヨークのパーク・アヴェニューに立つ溶けた逆さのアイスクリーム」
I・クセナキス「コズミック・バーティカル・シティ」
保坂陽一郎「創造的都市」
池辺陽「1500人の住居ユニット」
西山夘三「奈良計画」
渡邊洋治「日本ランド観光開発」
沖種郎「史都計画」
黒川紀章「メタモルフォーゼ計画1965」
槇文彦「ボストン市交通網計画」
丹下健三「リヤド・スポーツセンター」

■ L・カーン「ペンシルバニア大学リチャーズ医学研究棟」[アメリカ]
H・ホライン「レッティ蝋燭店」[オーストリア]
丹下健三「スコピエ都心部再建計画」[ユーゴスラビア]
吉阪隆正「大学セミナー・ハウス」

□ J・イェディケ『生ける建築のために』[ドイツ]
C・アレグザンダー『都市はツリーではない』[アメリカ]
R・バンハム「ホームはハウスではない」発表[イギリス]
H・ホライン『バウ』創刊[オーストリア]
ル・コルビュジエ死去[フランス]
M・ラゴン、Y・フリードマンほか、GIAP(国際未来建築研究会)結成[フランス]
村松貞次郎『日本建築家山脈』
川添登『都市と文明』
新建築住宅設計競技開始

★ J・コスース「一つの椅子と三つの椅子」[アメリカ]
D・ジャッド、論考「特殊な物体」発表[アメリカ]
『応答する眼』展[MoMA、アメリカ]
[文学]F・ハーバート『デューン 砂の惑星』[アメリカ]
[映画]J=L・ゴダール「気狂いピエロ」[フランス]
[テレビドラマ]「サンダーバード」(-66)[イギリス]
赤瀬川源平、「千円札裁判」で東京地検へ起訴

◆ アメリカ軍が北爆、ベトナム戦争激化
黒人指導者マルコムX暗殺[アメリカ]
国連安保理事会の非常任理事国に選出
ベ平連発足。ベトナム反戦運動活発化
日韓基本条約調印

1966

● W・ヨナス「漏斗状都市」
S・タイガーマン「インスタント・シティ」
P・ジョンソン「第三の都市」
M・グレイブス+P・アイゼンマン「リニアシティ」
M・ウェブ/アーキグラム「クシクル」「ドライヴ・イン・ハウジング」
P・クック/アーキグラム「ブロウ・アウト・ヴィレッジ」
C・プライス「ATOM計画」「ポッタリーズ・シンクベルト」
F・St.・フローリアン「ヴァーティカル・シティ」
D・グリーン「リヴィング・ポッド」
コープ・ヒンメルブラウ「ヴィラ・ローザ」
P・ルドルフ「リゾート・コミュニティの集合住宅」
L・カーン「600万人のユダヤ人殉教者のためのメモリアル」
C・ワックスマン「カリフォルニア・シティ・シビック・センター」
C・オルデンバーグ「ストックホルムの記念碑：ジャイアント・ウイング・ナット」
B・フラー「東京タワー」
I・ガンスト、K・プルシニコフ「モスクワ・イリッヒ広場計画」
黒川紀章「細胞都市計画」
菊竹清訓「ペアシティ計画」

マイケル・ウェブ ドライブ・イン・ハウジング(1968年) 長倉威彦

Michael Webb (Archigram), Drive- in Housing (1968) | Takehiko Nagakura

《ドライブイン・ハウジング》は、アーキグラムのマイケル・ウェブによって1964年から1966年にかけて構想された。バージョンによってデザインに違いが認められるが、基本的な考え方は一貫している。すなわち、車輪がついた動くユニット、変形する空間ユニット、設備ユニットを組み合わせることで、住宅、レストラン、教会、銀行、オフィスなど、さまざまなビルディングタイプを成立させるシステムである。現実に登場したドライブ・イン・シアターやトレーラーハウスから着想されたものだが、同様に黒川紀章も《ホモ・モーベンス——都市と人間の未来》(1969)のなかでカプセル宣言を発表している。かつてル・コルビュジエは『建築をめざして』(1923)においてパルテノン神殿とスポーツカーの写真を並べ、機械としての建築のイメージを唱えたが、アーキグラムは宇宙船や潜水艦、ホバークラフトなどの新しい乗り物に触発され、建築と自動車が融合するようなヴィジョンを開拓した。なお、ウェブはさらにノマド的な住環境を追求し、衣服が膨らむようなシステムの《クッシクル》(1966)も提案している。

長倉威彦による《ドライブイン・ハウジング》の映像は、まさにユニットが動くことの魅力を伝える作品になっており、建築と自動車の合体を表現している。こうした未来的なイメージを採用したのが、SF映画の「マイノリティ・リポート」(2002)だった。この映画では、自動操縦によるポッド状の乗り物が登場し、高層マンションに到着すると、そのまま上昇した後、部屋とドッキングしている。《ドライブイン・ハウジング》の想像力を継承したものといえるだろう。 [T.I.]

[参考文献]

- アーキグラム編『アーキグラム』(浜田邦裕訳、鹿島出版会、1999)

25-1
映像制作・監督:長倉威彦
CG:マリオス・クリストドリデス、長倉威彦
マイケル・ウェブ
ドライブ・イン・ハウジング(1968年)
Film producer and director:
Takehiko Nagakura
CG: Marios Christodoulides and
Takehiko Nagakura
Michael Webb (Archigram),
Drive- in Housing (1968)
1999

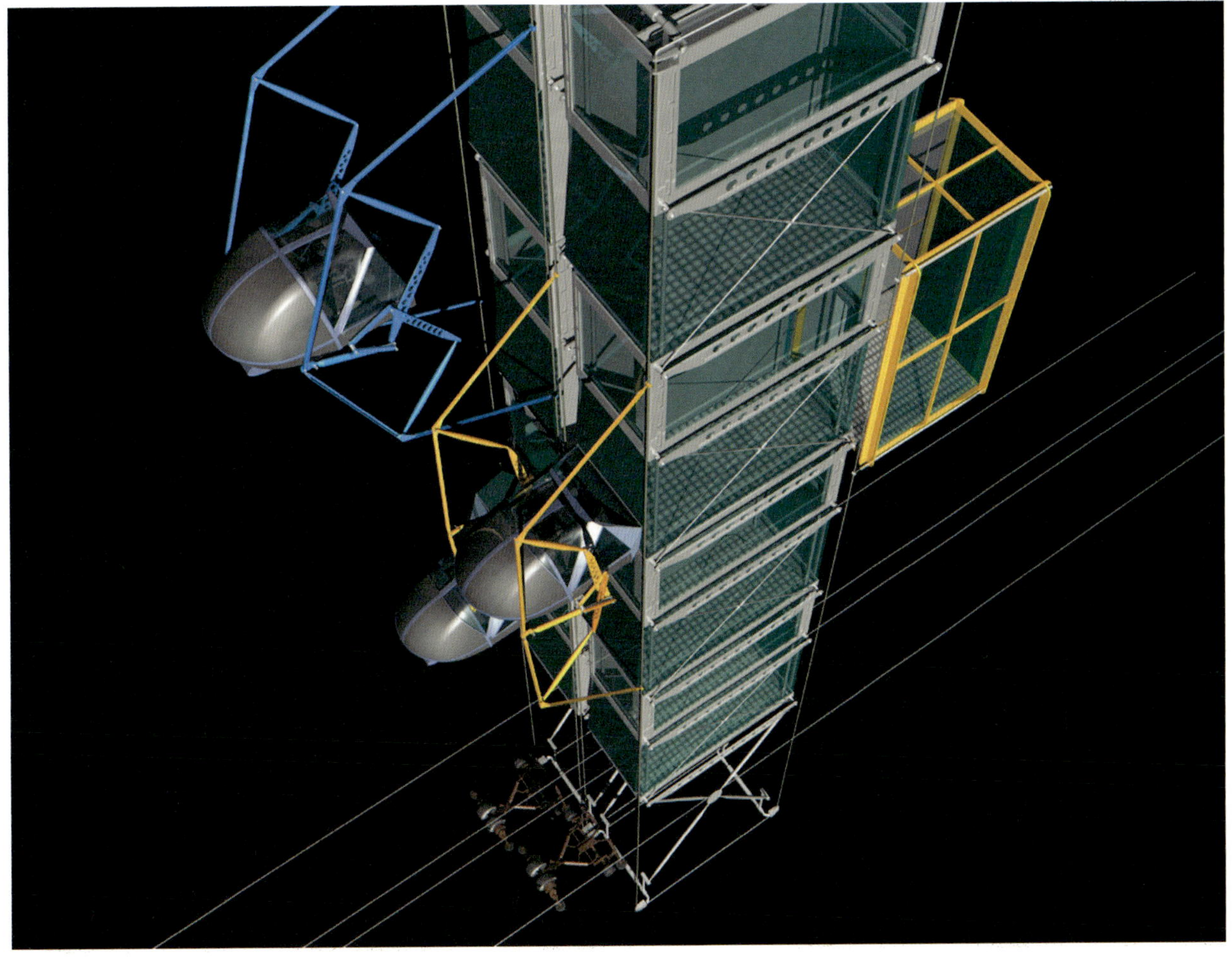

c.1964 ファン・パレス セドリック・プライス

Fun Palace | Cedric Price

従来のスタティックな建造物とは異なり、建築の可変性を積極的に受け入れる実験的な構想を提案したのが、イギリスの建築家のセドリック・プライスである。とりわけプライスが1960年代初めから取り組んだ《ファン・パレス》の計画案は、建築界のみならずハンス・ウルリッヒ・オブリストのような美術関係者も魅了し、今日まで語り継がれてきた。その理由は、《ファン・パレス》が急速に変化していく社会状況や最先端の社会科学理論を反映させながら、利用者が能動的に参画できるシステムを起動させる構想であったからにほかならない。

《ファン・パレス》はもともと、労働者に向けた前衛的な演劇を手がけていた左翼系の劇場プロデューサー、ジョアン・リトルウッドが考案したもので、地域社会の核となる新たなタイプの社会教育施設の創造を企図していた。オートメーション化によって労働時間の短縮や労働者の失業が進む現実を見据えながら、余暇の過ごし方の向上を目的に、芸術やスポーツの享受を通して、自発的な学習や新たな技能の習得を可能とする場をつくることを目指したのである。

1962年にプライスに出会ったリトルウッドは、バックミンスター・フラーらから影響を受け、モダニズムの系譜とは異なる建築を模索していたこの若き建築家に《ファン・パレス》の設計を依頼する。こうして2人は協働しはじめ、ロンドンの再開発が予定されていた場所に《ファン・パレス》を建て、10年後にはそれを解体するという、非永続的な建築の具体的な計画に着手する。当初の候補地はロンドン東部のドッグ島であったが、後にロンドンのリー川沿いに移された。計画は極めて実践的、工学的に進められており、プライスと親交があった同世代のアーキグラムによるユートピア的なヴィジョンとは対照的であった。

《ファン・パレス》は屋内外の映画館、劇場、講堂、展示室、学習室、遊戯のグラウンドなど、さまざまな機能を備えた複合施設であるが、その最大の特質は用途や状況に応じて空間や各施設を自由に編成しなおすことができる点にある。立体トラスの柱と梁によって骨格が形成され、床面はさまざまな階層に設置することができ、梁から施設自体を中空に吊るすことも可能である。上方にはクレーンが設置され、空間を再編成する際に必要となる、資材の運搬を容易にしている。また、各階層や各施設を移動するためのエスカレーターが随所に渡されており、訪れた人は内部を回遊できるような仕組みになっている。

空間の再編成を自由自在に行なうことを優先するため、建築上のヒエラルキーを生むファサードなどは存在せず、芸術的なデザインも徹底的に排除され、全体が交換可能な規準化された構造に貫かれている。驚くほど無骨で没個性的な佇まいではあるが、空間が再編成されるたびに建物は変貌し、決して同一性を保持しない。この不確定性の点において、《ファン・パレス》は伝統的な建築とは決定的に異なる革新性が認められるのである。

《ファン・パレス》における不確定性という特徴は、当時の社会科学理論との関係が深い。プライスは当初から複数の主体が干渉しあう状況を分析するゲーム理論などに興味があり、《ファン・パレス》の構想においても、建築以外の分野の専門家をコンサルタントとして招き、彼らとの議論を吸収しながら計画を進行させていった。そのなかには、サイバネティクスの理論家であったゴードン・パスクなども含まれていた。地域に住むさまざまな利用者により、目的に応じて建物が再編成され続けるシステムを内包した《ファン・パレス》は、いわば自己組織化(オートポイエーシス)としての建築ともいえるが、その画期的なアイデアからは当時の社会科学理論との共振が読み取れるのである。

《ファン・パレス》の計画は形を変えながら1970年代前半まで継続していくが、行政の官僚主義的な反対もあって、実現には至らなかった。しかし、地域社会との双方向性の促進を目指して建築の可変性の機構を取り入れ、多目的な用途に応答していく《ファン・パレス》の計画は、社会の多様性や分野の横断性が求められる今日において、多くの示唆を含んでいる。《ファン・パレス》は、磯崎新による大阪万国博覧会の《お祭り広場》(1970)や、レンゾ・ピアノとリチャード・ロジャースによる《ポンピドゥー・センター》(1977)などとも比較されてきたが、さらに広い文脈からこの構想が放つ多面的な可能性を捉え直していく必要があろう。 [I.H.]

[参考文献]

- 「セドリック・プライス——システムのなかに建築を消去する」『建築の解体』(美術出版社、1975)

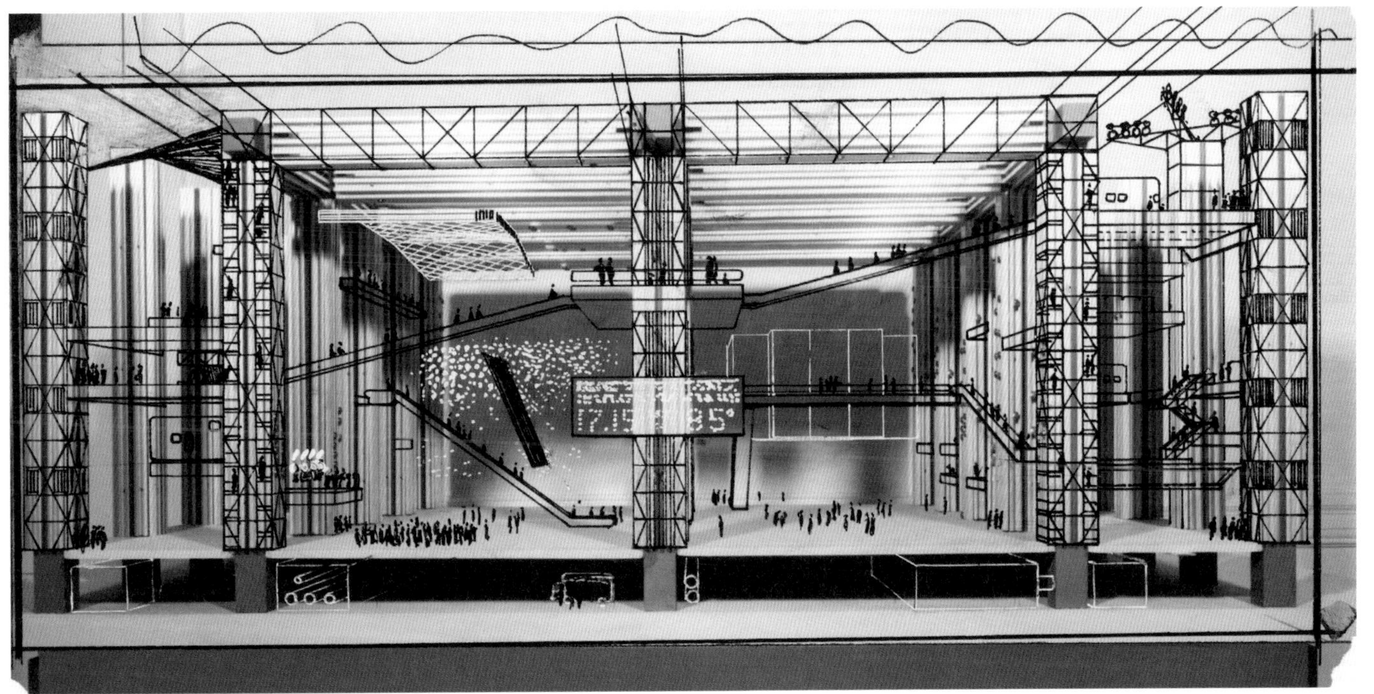

26-1

26-2

26-1
ファン・パレス、内観透視図
Interior Perspective for
Fun Palace
1964

26-2
ファン・パレス、内観透視図
撮影：デ・バー・ゴールウェイ
Interior Perspective for
Fun Palace
Photo: de Burgh Galwey
1964

T.V., radio etc.
lighting
lighting
SERVICE & ACCESS TOWER
OPEN SCREEN PROJECTION
ENCLOSED THEATRE
SERVICE & ACCESS TOWER
galleries
helicopter arrivals
escalators
GALLERIES
CLOSED CINEMA
OPEN AUDITORIUM
travelators
GALLERIES
RESTAURANTS, PROMENADES, ETC.
GALLERIES
VEHICULAR & PEDESTRIAN ACCESS
unrestricted movement
PEDESTRIAN & PRIVATE VEHICULAR
unrestricted movement
vertical service access
SERVICE & PUBLIC VEHICULAR ACCESS
storage
SERVICE LEVEL
vertical service access
service vehicles
river arrivals — hovercraft etc
RIVER THAMES
FUN PALACE PROJECT
DIAGRAMATIC SECTION
51 18

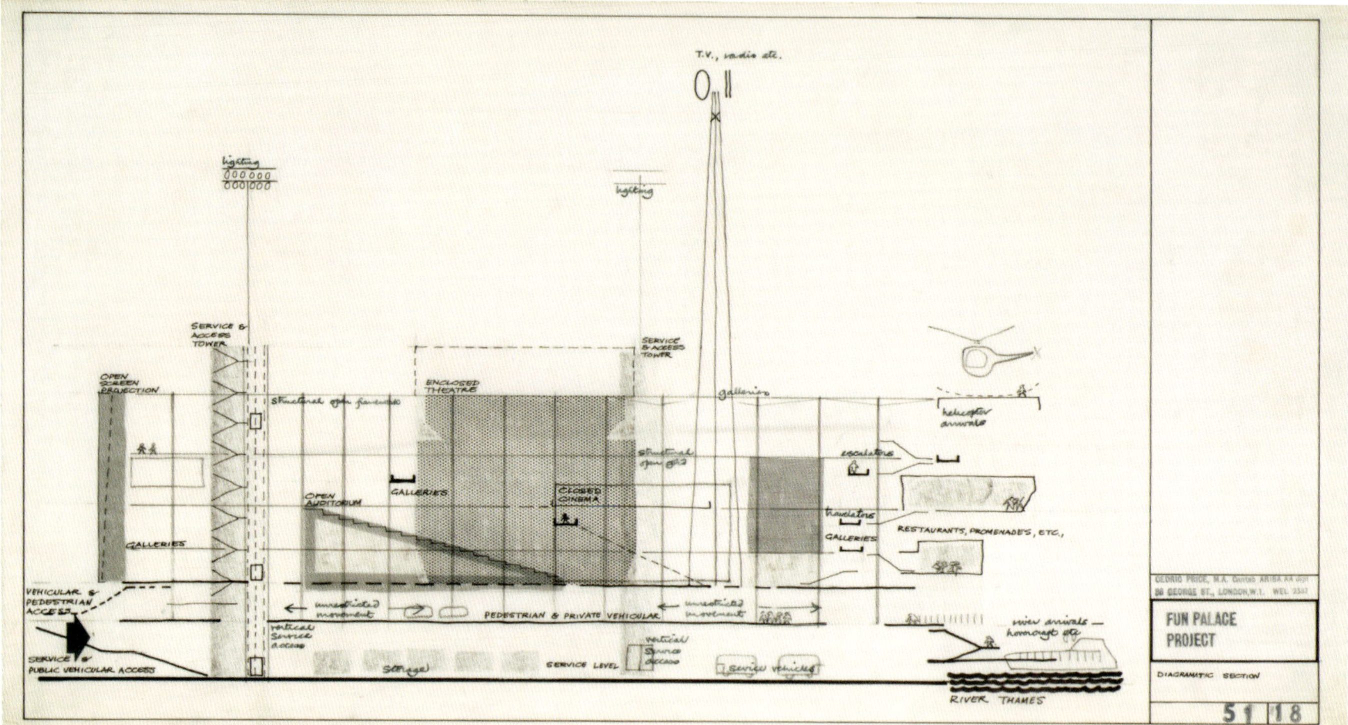

26-3

High level lighting
Rest area
Changing
Observation
Exhibition
Eating
Play track
Inflatable auditorium
Theatre
Roofs over
Open screening
Mass Rally
Closed Screening
Lectures
Therapy
Eating
Exhibitions
Eating
Learning
Work
Heli-port
High level screening
COMPLEX—PLAN typical
1/500
51 66

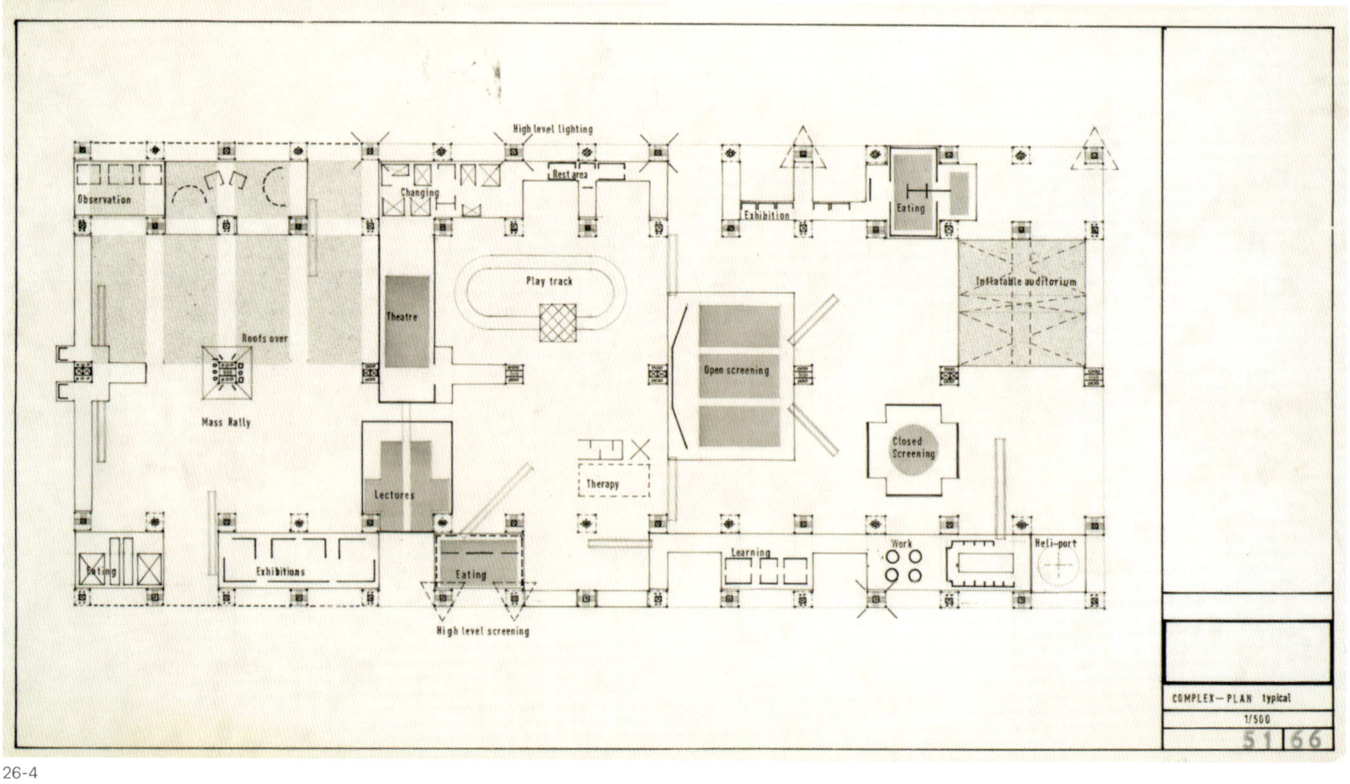

26-4

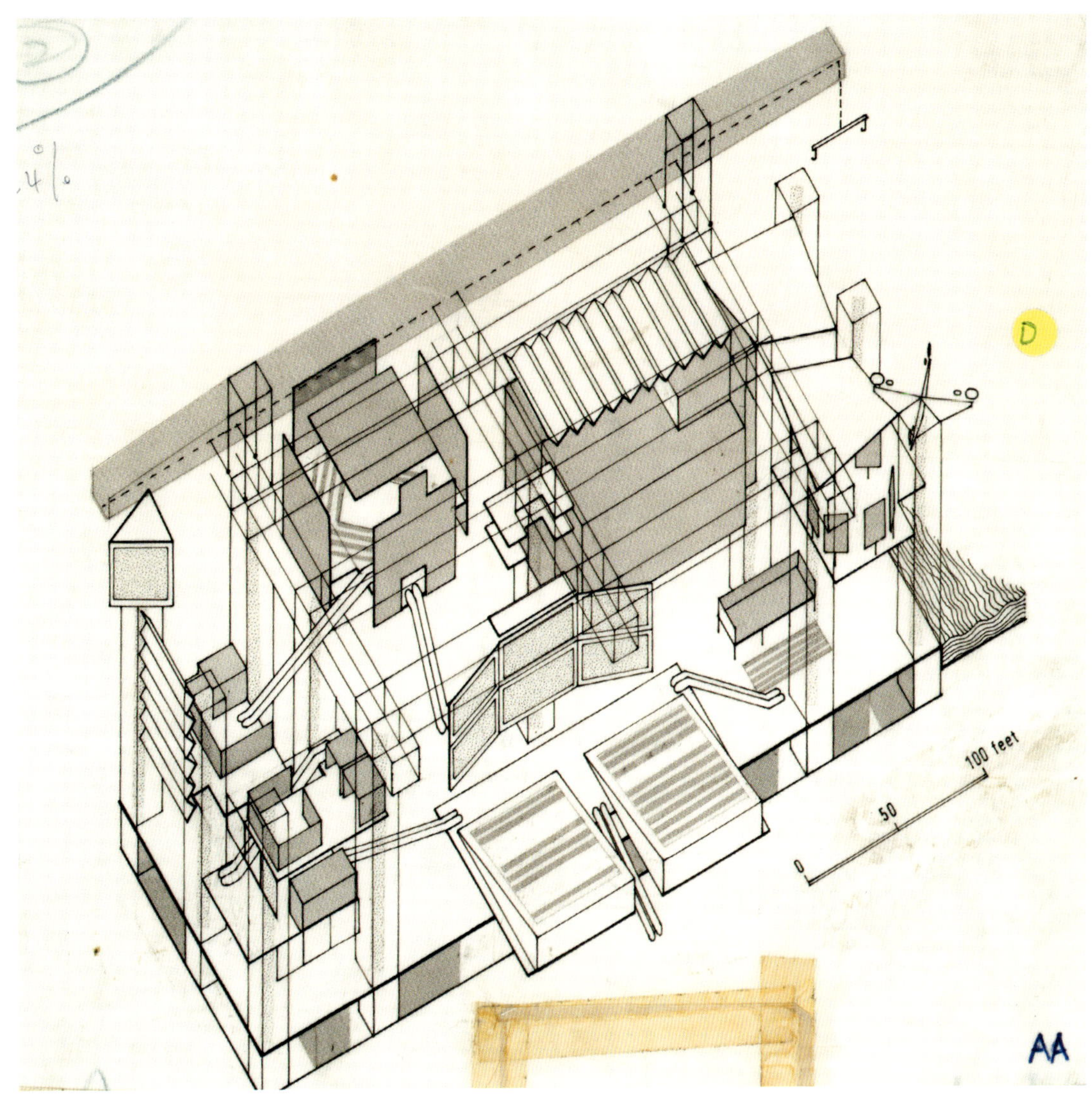

26-5

26-3
ファン・パレス、断面ダイヤグラム
Diagrammatic Section for Fun Palace
1963

26-4
ファン・パレス、基準階平面図
Typical Plan for Fun Palace
c.1964

26-5
ファン・パレス、アクソノメトリック図
Axonometric for Fun Palace
1964

COMPLEX - Typical short SECTION
1/16 inch to 1 foot.
5165
Travelling Crane
Lighting
Adjustable Cover
Cover
Projection Screens
Vertical Adjustable Cover
'Open' Activities
Open Auditorium
Observation
Restaurant
Exhibition Area
Closed Auditorium
Play Complex
'Closed' Activities
Service + Access Tower
Sewage Purification Plant
Heating + Ventilating Track
Storage

26-6

FUN PALACE PROJECT
86 GEORGE ST., LONDON, W.1. WEL 2387

26-7

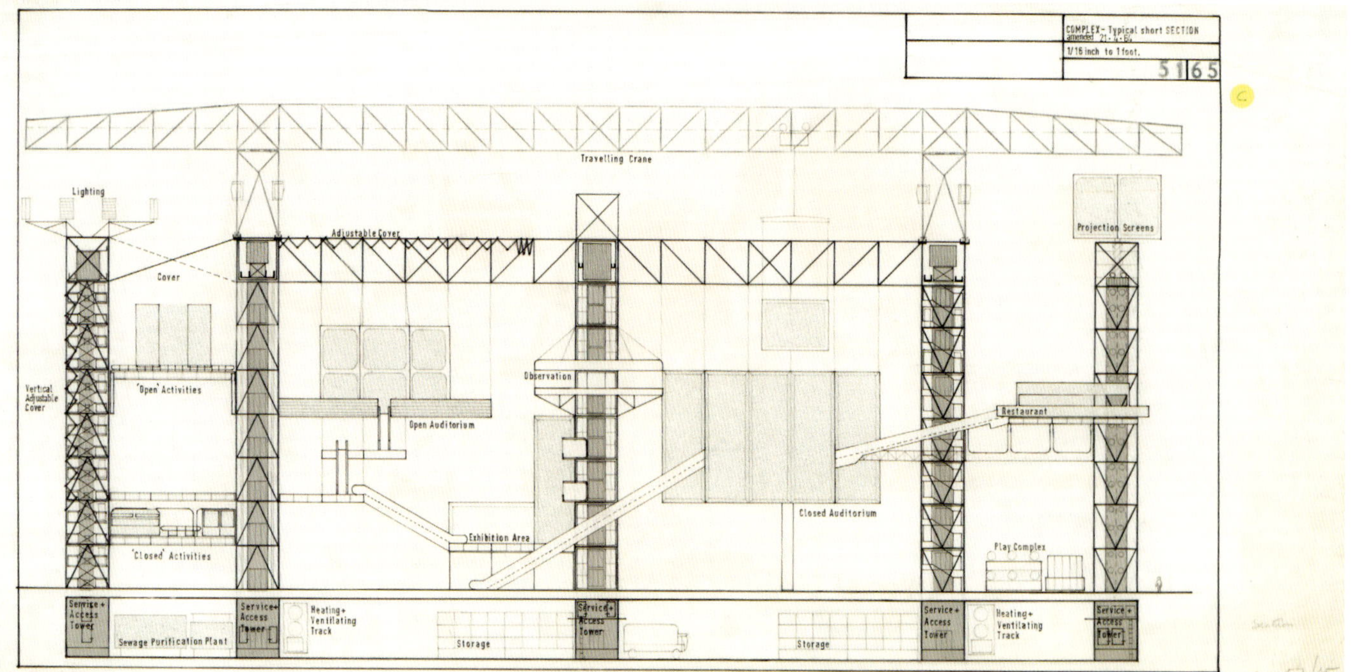

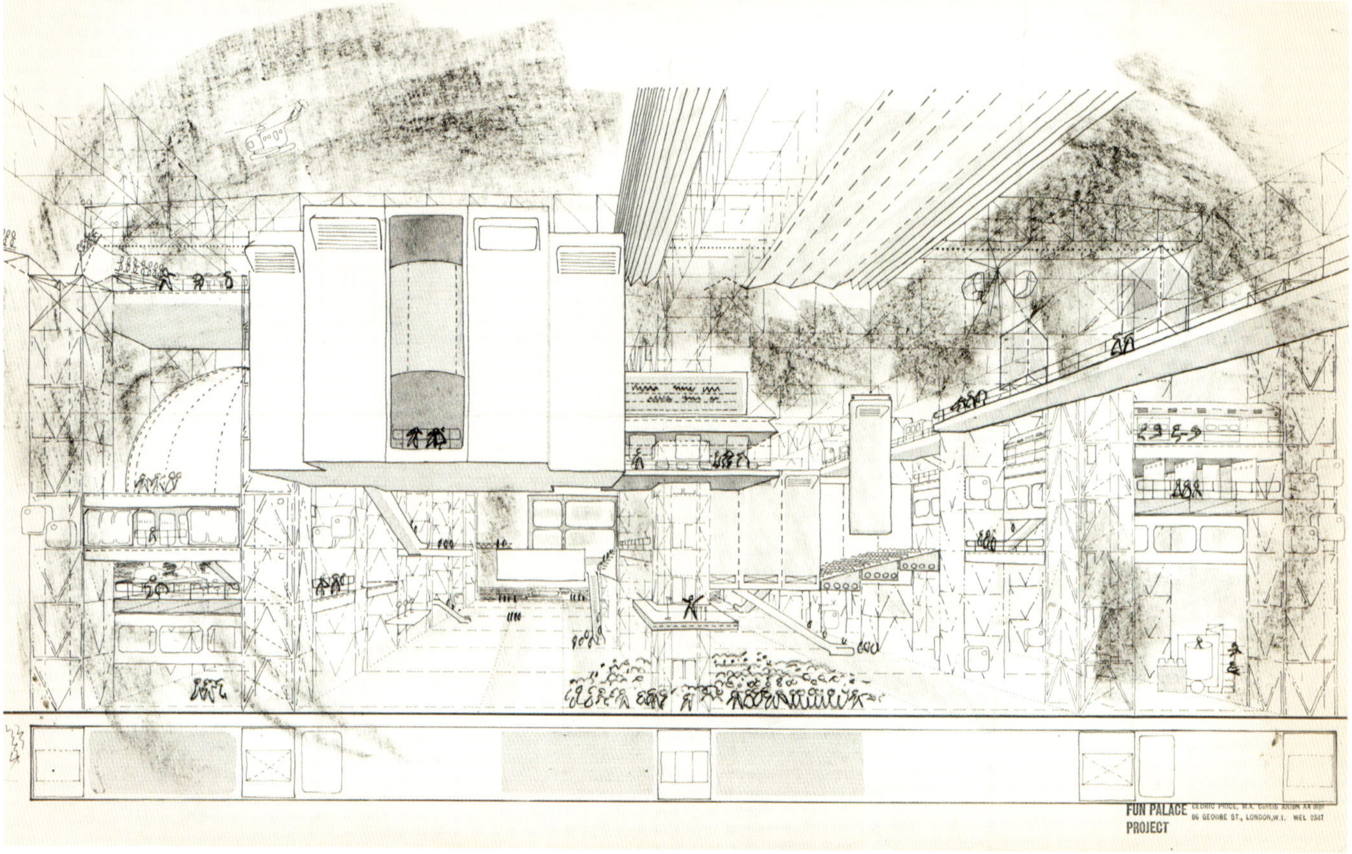

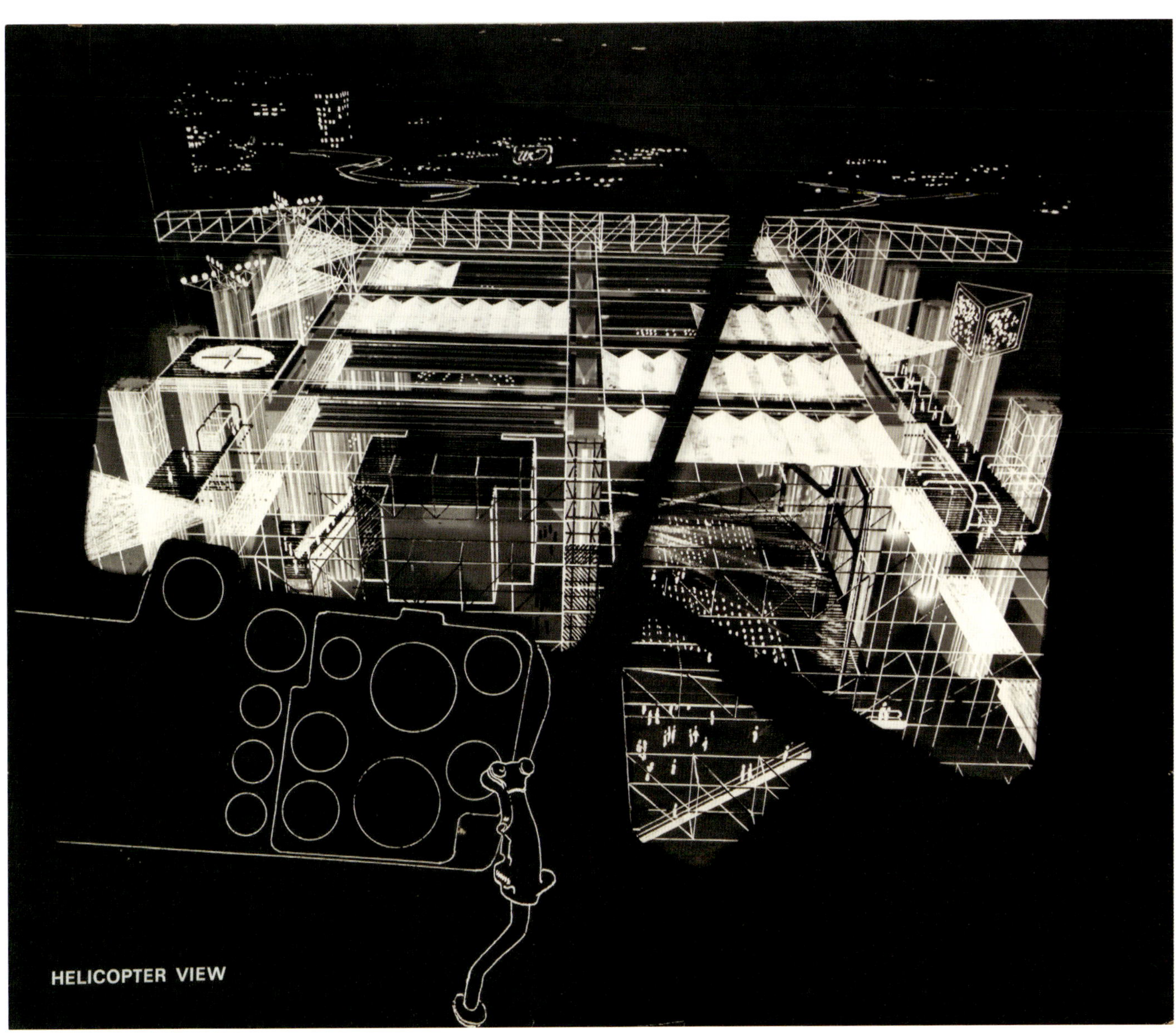

26-8

26-6
ファン・パレス、基準短手断面図
1964年4月21日
Typical Short Section for
Fun Palace
April 21, 1964

26-7
ファン・パレス、内観透視図
Interior Perspective for
Fun Palace
c.1964

26-8
ファン・パレス、ヘリコプターでの到着
Arriving by Helicopter at the
Fun Palace
c.1964

1963–
1967

ダイヤモンド・ハウスB ジョン・ヘイダック

Diamond House B | John Hejduk

ジョン・ヘイダックは建築家でありながら、詩や文学への造詣も深かった。モダニズムの還元主義的な手法をとった初期のプロジェクトでさえも、通俗的なモダニズムとは一線を画し、建築とは何かを問うような詩的な精神性を感じさせる。その一例として、正方形を45度回転させた形であるダイヤモンド型に平面図を描く、1960年代のヘイダックのプロジェクトが挙げられるだろう。

このプロジェクトは、建築における基本的な形態である正方形を巡る、図面上の思考実験といえる。興味深いのは、その端緒が絵画史のキュビスムやデ・スティルの空間表現にある点だ。周知のとおり、キュビスムは過去の透視図法とは異なる手法で、3次元空間を2次元平面に幾何学的に表現し、デ・スティルはその様式をいっそう単純化し水平/垂直線が直角に交わる表現へと進んだ。さらにデ・スティルの画家ピエト・モンドリアンは、水平/垂直線の関係は保ちながらも、ダイヤモンド型のカンヴァスを導入する。モンドリアンのダイヤモンド型の絵画においては、支持体の枠と描かれた水平/垂直線から緊張関係が生まれる。ヘイダックが関心を抱いたのはまさにこの点であった。ダイヤモンド・ハウスのために、ヘイダックは直行する線でダイヤ

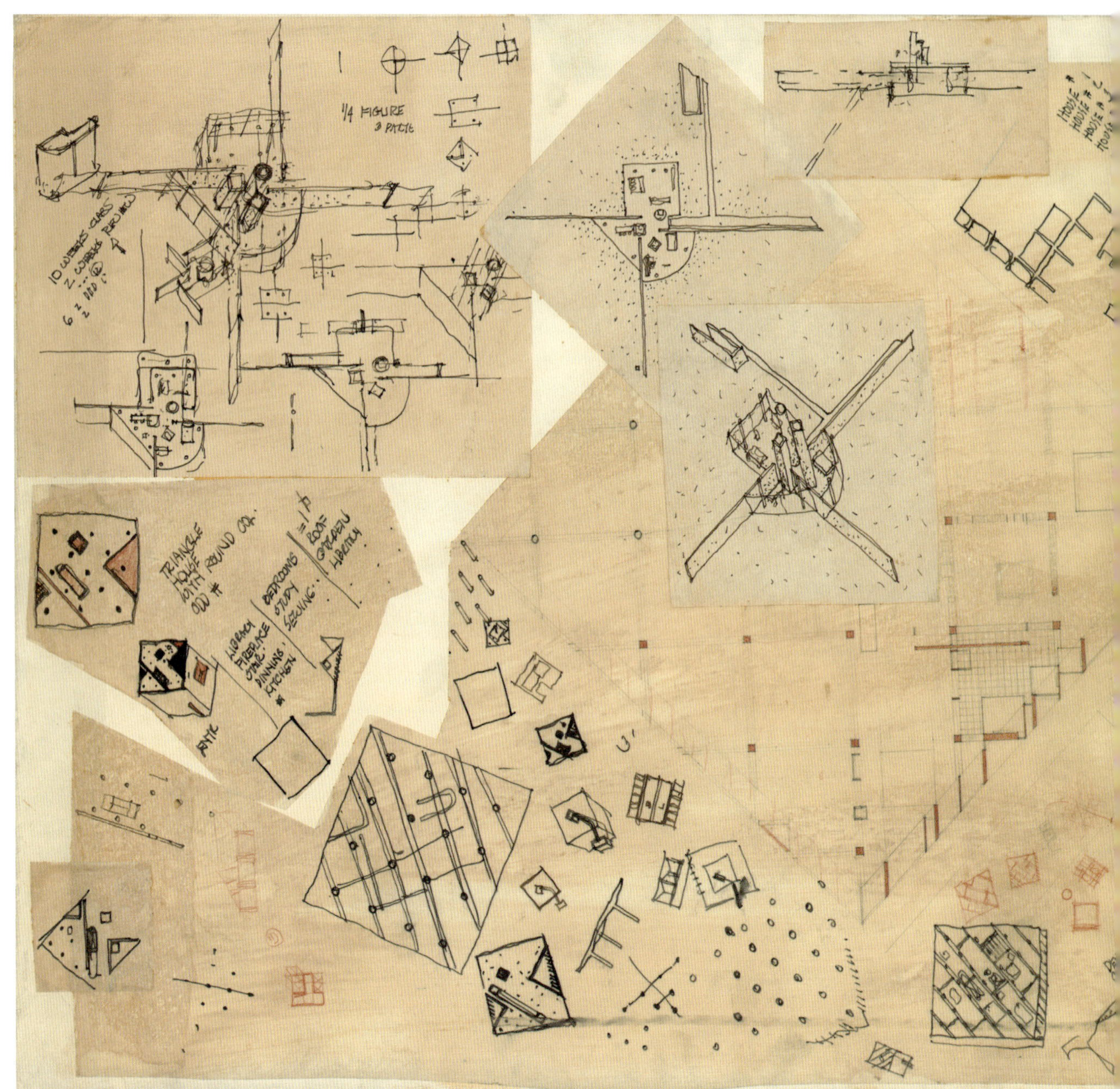

モンド型を分割する平面図を執拗に描いているが、それらは建築におけるモンドリアン的な空間の実践といえる。

またヘイダックはダイヤモンド型のプロジェクトにおいて、平面図とアクソノメトリックに現われる2次元/3次元の原理的な関係にも目を向ける。正対した(傾いていない)正方形の平面図を、斜め上から見たアクソノメトリックに変換するとダイヤモンド型になり、3次元的な空間が視覚的に立ち上がる。この場合、複数階の建築を示すアクソノメトリックであっても、建物の立体的な姿が自然に連想できる。

その反対に、ダイヤモンド型の平面図を描き、それをアクソノメトリックに変換すると正方形になり、空間はより平板なイメージとして知覚される。複数階の建築になると、アクソノメトリックが不自然に重なり、奥行きのある3次元的なイメージは薄れ、平板なレリーフのような印象が強まる。この印象は、出品作品の《ダイヤモンド・ハウスB》のアクソノメトリックを見ると明らかであろう。そしてヘイダックは、ダイヤモンド・ハウスのアクソノメトリックに現われる、このレリーフ状の浅い空間性こそ、まさにキュビスムの絵画空間と類似性があると語るのだ。

ダイヤモンド・ハウスにおいてヘイダックは、2次元の図面から3次元性が生まれ、建築の発生を知覚し得る条件を批判的に検証する。と同時に、3次元の世界を特異な方法で2次元に表わしたキュビスムのプロセスを逆行させ、キュビスム的な空間性を有する2次元の図面から、いかに3次元の建築が構想し得るのかを問うてもいるのだ。 [I.H.]

［参考文献］

- John Hejduk, *Mask of Medusa – Works 1947–1983*, Rizzoli International Publications, 1985.

27-1
ダイヤモンド・ハウスの素描
Sketches for Houses
c.1967–74

日建設計「ブラチスラバ都市計画コンペ案」
丹下健三+西山卯三「日本万国博覧会会場基本計画」
東京大学丹下研究室+大谷研究室+日本大学小島研究室「磐梯猪苗代自由時間都市基本計画/観光開発計画」
東京大学高山研究室「江東十字ベルト構想」
村田豊「三好箱根別邸案」
京都大学川崎研究室「万国博覧会構想」
増田友也「計画案・万博計画」
■ チャールズ・ムーア「シーランチ・コンドミニアム」[アメリカ]
林昌二/日建設計「パレスサイドビル」
大谷幸夫「国立京都国際会館」
磯崎新「大分県立大分図書館」
□ R・ヴェンチューリ『建築の多様性と対立性』[アメリカ]
P・ヴィリリオ+C・パラン『建築原理』(全9号)[フランス]
スーパースタジオ結成[イタリア]
アーキズーム結成[イタリア]
馬場知己『東京2000万都市の改造計画』
丹下健三『日本列島の将来像』
真鍋博『絵で見る20年後の日本』
「万国博への提案」懸賞募集(朝日新聞主催)
★『プライマリー・ストラクチャー』展[ジューイッシュ美術館、アメリカ]
[哲学]M・フーコー『言葉と物』[フランス]
[文学]J・G・バラード『結晶世界』[イギリス]
[映画]R・フライシャー「ミクロの決死圏」[アメリカ]
[テレビドラマ]「スタートレック」[イギリス]
『空間から環境へ』展[銀座松坂屋]
季刊『デザイン批評』創刊
[音楽]ビートルズ来日
[テレビドラマ]「ウルトラQ」
[テレビドラマ]「マグマ大使」(-67)
[テレビドラマ]「ウルトラマン」(-67)
◆ 文化大革命勃発[中国]
ヒッピー文化隆盛[アメリカほか]
総人口1億人を突破

1967

● J・ヘイダック「ダイヤモンド・ハウスA」
W・ピッヒラー「携帯用居間」「TV-Helmet」
P・ルドルフ「ロウアー・マンハッタン高速道路計画」
R・ヴェンチューリ「米国フットボール記念館」
R・ヘロン「マンザック」
B・フラー「トリトンシティ」
コープ・ヒンメルブラウ「アーバン・フィクション」「鼓動する都市」
M・ウェブ「スータルーン」
ハウス・ルッカー・コー「ニューマコスム(空気膜による宇宙)」
C・パラン+P・ヴィリリオ「マリオッティ邸」
H・ホライン「建築ピル」
Y・フリードマン「フラットライター」
SPURグループ「明日のアジア都市」
J・リガモンティ「Oasis」
NER「モスクワ新都市計画」
V・ロクテフ「未来都市」
西山卯二「古やまと計画」

大高正人「東京湾計画」

槇文彦「ゴルジ構造体(高密度都市)」

槇文彦＋M・コレアほか「ボストン市中心部共用空間網計画」

丹下健三「ボローニャ市北部開発」

丹下健三＋M・ブロイヤー＋L・ハルプリン「フラッシング・メドウ・スポーツパーク」

三菱グループ「万博会場 記念塔『ランドマーク』案」

■ B・フラー「モントリオール万国博覧会アメリカ館」[アメリカ]

M・サフディ「ハビタ'67」[カナダ]

□ C・アレグザンダーがパタン・ランゲージを提唱[アメリカ]

建築家集団UFO結成[イタリア]

建築都市研究所(IAUS)設立[アメリカ]

『ユートピー：都市の社会学』[フランス]

『ザ・ニュー・シティ・アーキテクチャー・アンド・アーバン・リニューアル』展[MoMA、アメリカ]

『ヴィジョナリー・アーキテクツ：ブレー、ルドゥー、ルクー』展[セントルイス市立美術館、アメリカ]

小松左京編『シンポジウム 未来計画』

夢の島埋立て完了

★ G・チェラント、アルテ・ポーヴェラの動向紹介[イタリア]

[思想]G・ドゥボール『スペクタクルの社会』

[文学]G・ガルシア＝マルケス『百年の孤独』

寺山修司ら、「演劇実験室天井桟敷」結成

[文学]大江健三郎『万延元年のフットボール』

[文学]平井和正『幻魔大戦』

[漫画]手塚治虫『火の鳥 未来編』

◆ ヨーロッパ共同体(EC)発足

イスラエルとアラブ連合の間で第3次中東戦争勃発

チェ・ゲバラがボリビアで殺害

ツィギー来日、ミニスカートブーム到来

佐藤栄作首相、非核三原則言明

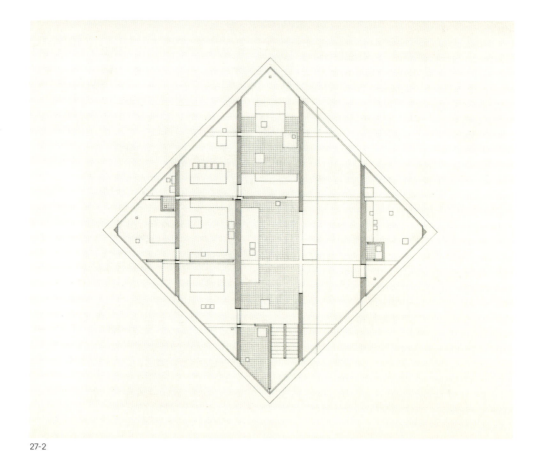

27-2

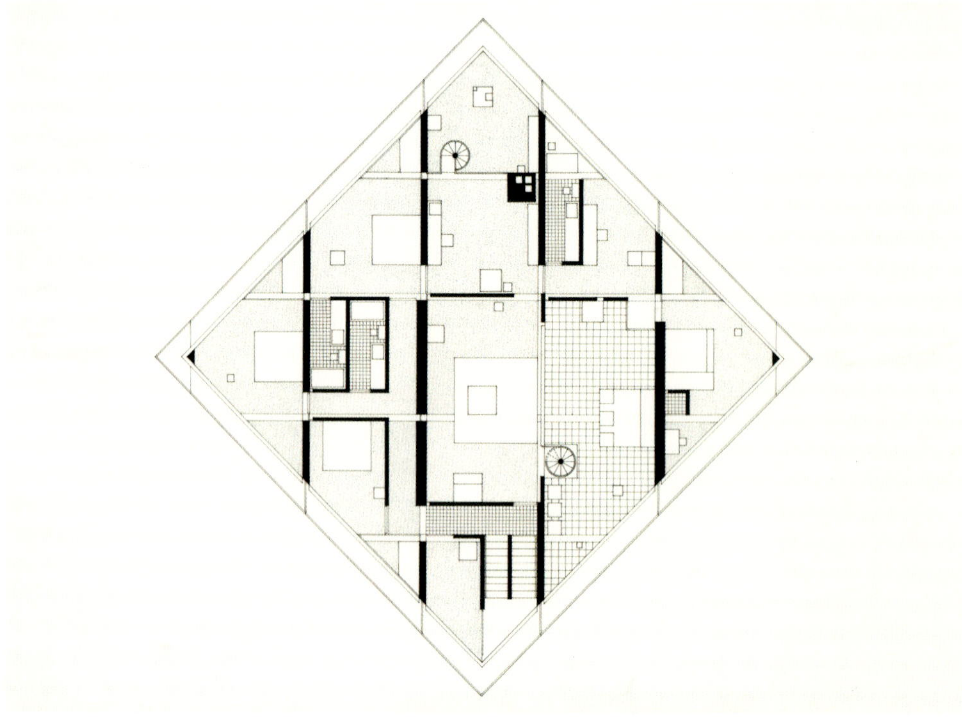

27-4

27-2
ダイヤモンド・ハウスB、平面図
Plan for Diamond House B
1963–67

27-3
ダイヤモンド・ハウスB、平面図
Plan for Diamond House B
1963–67

27-4
ダイヤモンド・ハウスB、平面図
Plan for Diamond House B
1963–67

27-5
ダイヤモンド・ハウスB、平面図
Plan for Diamond House B
1963–67

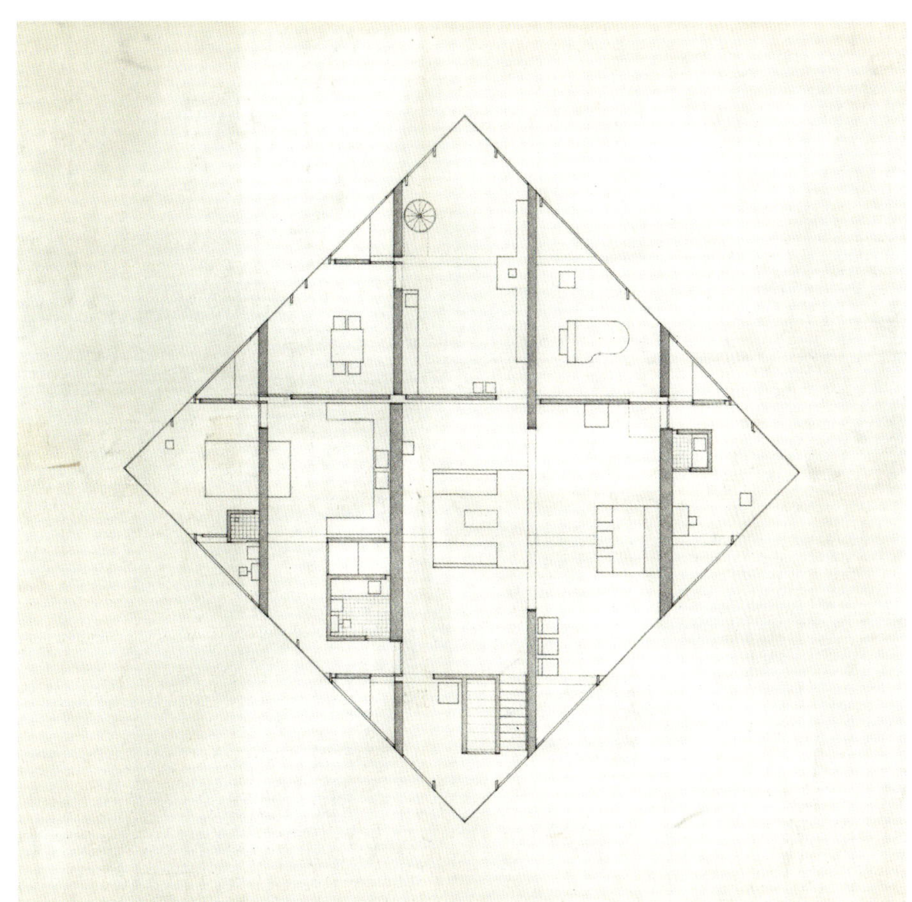

27-3

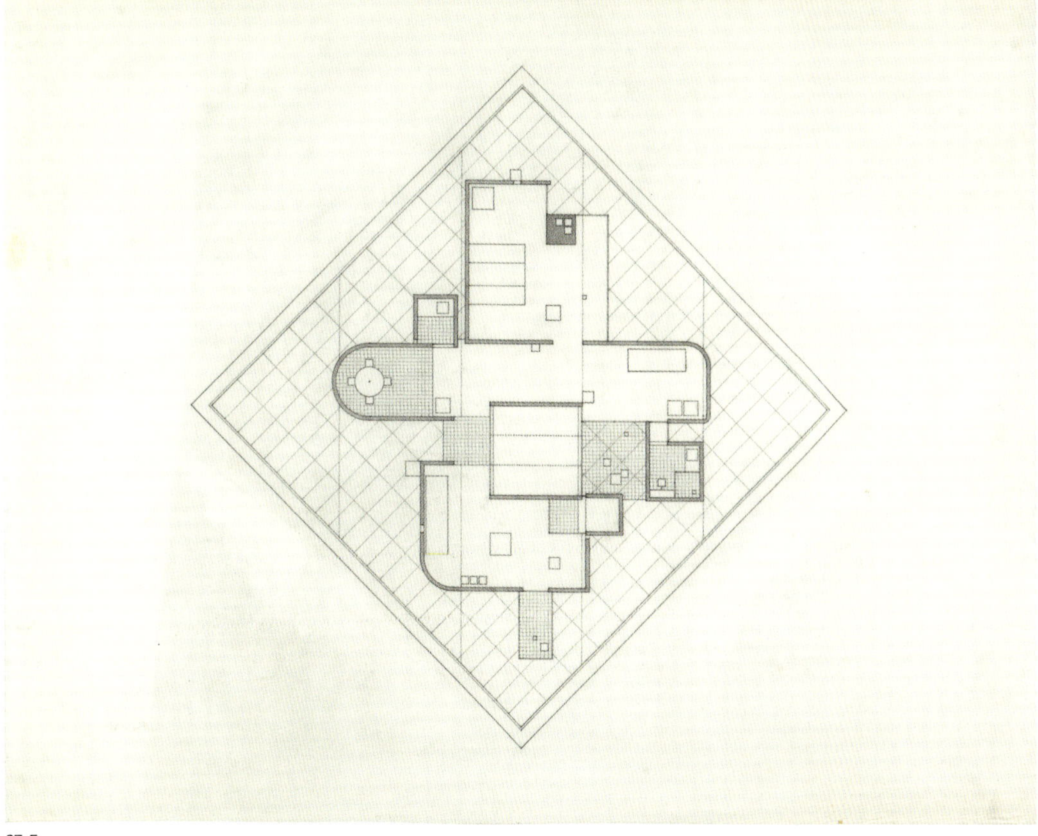

27-5

27-6
ダイヤモンド・ハウスB、
アクソノメトリック図
Axonometric for
Diamond House B
1963-67

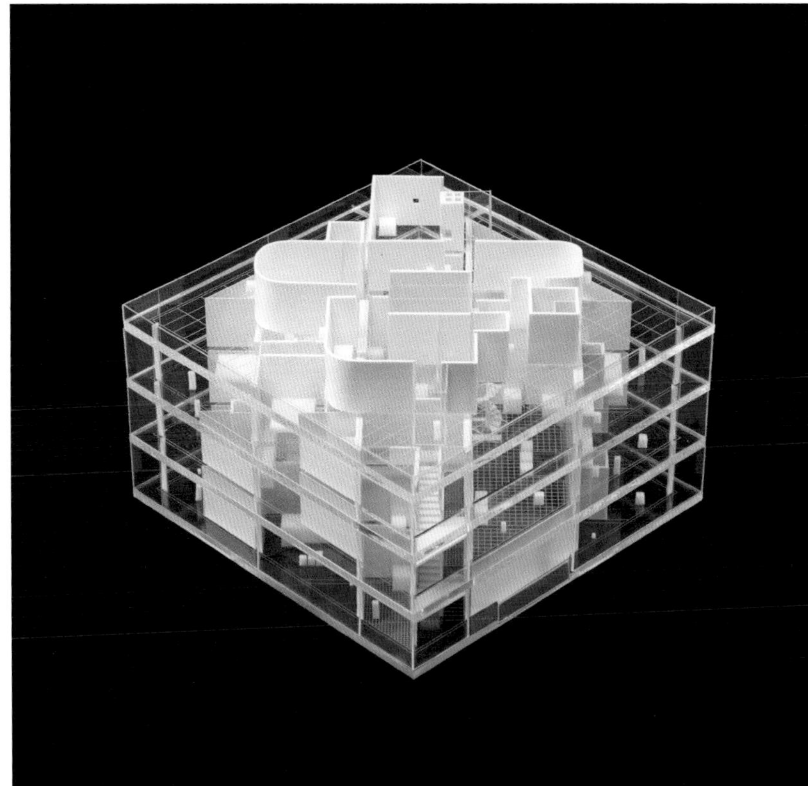
27-7

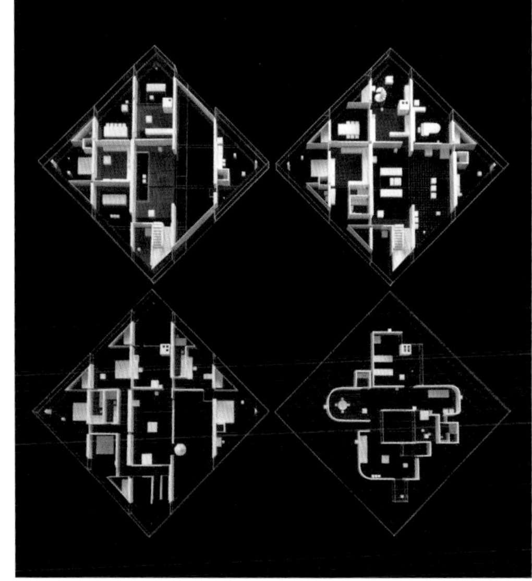
27-7

27-8

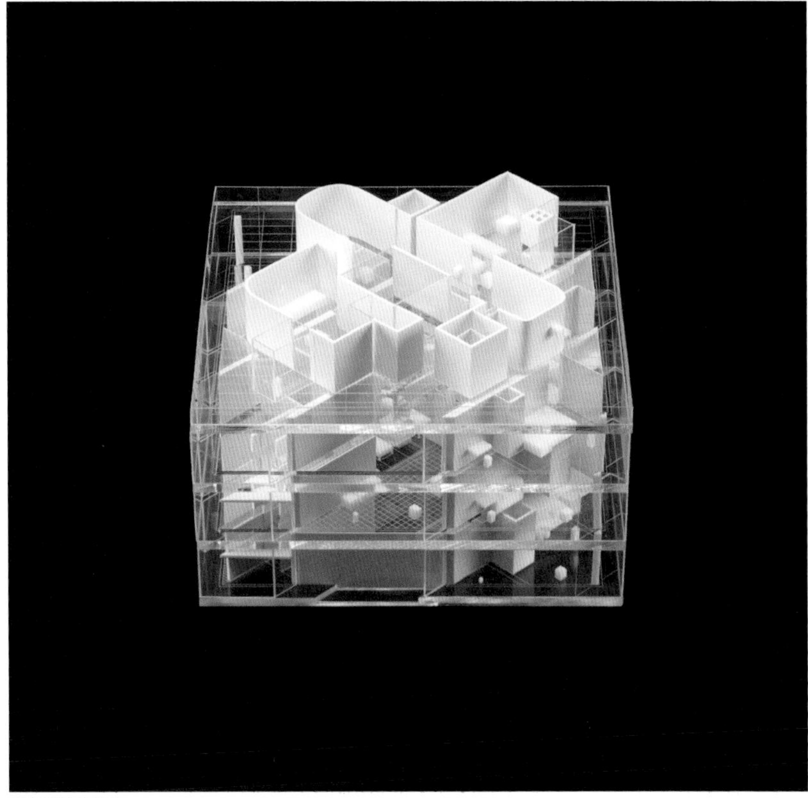
27-7(別角度より)

27-7
制作：早稲田大学古谷誠章・
藤井由理研究室
ダイヤモンド・ハウスB、模型(1:75)
Production: Waseda University,
Nobuaki Furuya & Yuri Fujii Lab.
Model, Diamond House B (1:75)
2019

27-8
制作：早稲田大学古谷誠章・
藤井由理研究室
ダイヤモンド・ハウスB
アクソノメトリック、レリーフ(1:75)
Production: Waseda University,
Nobuaki Furuya & Yuri Fujii Lab.
Relief, Axonometric for
Diamond House B (1:75)
2019

1968

- ● H・ホライン「プロジェクト:ゴールデン・スマート」
- スーパースタジオ「理性の王国への旅」(-69)
- D・グリーン「空気注入式のスーツ型住宅」
- コープ・ヒンメルブラウ「雲」
- H・ホライン「環境変化のためのスプレー」
- ONYX「毎秒都市」
- L・ボ・バルディ「展覧会のためのスタディ 子供の玩具」
- J・コンスタンティノフ「電気通信センター初期案」
- J・バワ「ヤーラ・ビーチホテル」
- M・サクリパンテ「大阪万博イタリア館案」
- クリスト&ジャンヌ=クロード「タイムズスクエアのビルの梱包」
- M・ウェブ「水と空気の壁」
- P・クック「インスタント・シティ」「アイデア・サーカス」「インフォ・ゴンクス」
- 磯崎新「電子的迷宮(ふたたび廃墟になったヒロシマ)」
- 富家建築事務所「京都に超高層を」
- 運輸省「大阪湾海上都市計画案」
- 東京大学丹下研究室「京都都市軸計画」
- 渡邊洋治「最高裁判所競技設計案」
- ■ M・ファン・デル・ローエ「ベルリン国立美術館」[ドイツ]
- P・アイゼンマン「住宅第1号」[アメリカ]
- 三井不動産+山下寿郎「霞ケ関ビル」
- 大高正人「坂出人工土地」
- □ M・タフーリ『建築のテオリア』[イタリア]
- 『空気膜構造』展[パリ市立近代美術館、フランス]
- 第14回ミラノ・トリエンナーレ[イタリア]
- ユートピー・グループ結成[フランス]
- エコール・デ・ボザールのストライキ[フランス]
- ONYX設立[アメリカ]
- 『都市住宅』創刊
- 最高裁判所庁舎コンペ
- 「21世紀初頭の日本の国土と国民生活の未来像の設計」コンペ(内閣総理府主催)
- 林雄二郎、小松左京、梅棹忠夫ら「日本未来学会」結成
- ★『アート・オブ・ザ・リアル』展開催[MoMA、アメリカ]
- [映画]S・キューブリック「2001年宇宙の旅」[アメリカ]
- [映画]F・J・シャフナー「猿の惑星」[アメリカ]
- 『トリックス・アンド・ヴィジョン』展[東京画廊、村松画廊]
- 『第1回現代彫刻展』、関根伸夫「位相─大地」を出品[神戸須磨離宮公園]
- [文学]小松左京『空中都市008 アオゾラ市のものがたり』
- ◆ 第19回夏季オリンピック開催[メキシコ]
- プラハの春[チェコスロヴァキア]
- パリ五月革命[フランス]
- 東大闘争開始
- イタイイタイ病、水俣病を公害病と認定

1969

- ● スーパースタジオ「建築のヒストグラム」
- S・アルマジャニ「ゴーストタワー」
- G・バーカーツ「コーニング図書館ブリッジ案」
- A・バウトウェル+M・ミッチェル「コンプリヘンシブ・シティ」

1968–1969 理性の王国への旅 スーパースタジオ
Journey into the Realm of Reason | Superstudio

1969 建築のヒストグラム スーパースタジオ
Histograms of Architecture | Superstudio

1970 ナイアガラ、あるいはリフレクティド・アーキテクチャー スーパースタジオ
Niagara or the Reflected Architecture | Superstudio

1960年代末に世界各地で起きた、さまざまな制度を問い直す動きは、イタリアの建築界においても例外ではなかった。フィレンツェから登場したアーキズームとスーパースタジオはその中核を担うグループであり、彼らを中心とした動向は批評家ジェルマーノ・チェラントにより「ラディカル・アーキテクチャー」と称された。とりわけスーパースタジオは、1970年代に『ジャパン・インテリア・デザイン』誌で度々特集が組まれ、日本でも馴染みのあるグループだ。

加速する消費社会を見据えながら、建築を批評的に検証するスーパースタジオのプロジェクトは、『Casabella』、『Domus』、『In』といったイタリアの建築・デザイン雑誌やグラフィカルな版画などを通して発表された。印刷媒体を介したスーパースタジオの活動は、同時代的なメディアのイメージを摂取し、視覚的なヴィジョンとともに近未来の建築を提唱したアーキグラムの戦略に近似しているかもしれない。たしかに、スーパースタジオのポップ・アート的なコラージュやSFのイメージの流用などは、同時代性を強く意識したものといえる。しかしその一方で、スーパースタジオには神話的、寓意的な側面があり、建築の起源について人類の歴史を遡って再考しようとする姿勢もうかがえる。例えば《理性の王国への旅》(1968–69)では地球上の元型的な要素として、立方体、虹、雲、ジッグラト(聖塔)、波の5つを挙げ、それらの出現と互いの関係性のなかから、建築の発生を寓意的に図解している。

また、カウンター・カルチャーからの影響が読み取れるスーパースタジオには、価値や意味を抹消していくニヒリズム的な傾向がある。それを端的に示す作例が、《建築のヒストグラム》(1969)であろう。資本主義的な原理や因習的な権威によって建築が価値づけられている現状を打破するため、《建築のヒストグラム》ではあらゆる様式やデザインを否定し、単一のグリッドを徹底して用いる方法が提案されている。価値体系を消去するニヒリスティックなグリッドが世界に拡張していく様子は、彼らの《コンティニュアス・モニュメント》シリーズ(1969)に描写されているが、その光景はディストピアそのものである。

《コンティニュアス・モニュメント》から派生したプロジェクト《ナイアガラ、あるいはリフレクティド・アーキテクチャー》(1970)も、批評性を持った提案である。ナイアガラを想定したプランでは、鏡面による構造体がナイアガラの滝をダムのように囲い、周囲の環境を映し出す。構造体はスペクタクルな光景を創出する一方、周囲の現実をそのまま照らしだす装置となる。《リフレクティド・アーキテクチャー》とは、まさに現実を内省(リフレクション)する建築なのだ。 [I.H.]

[参考文献]

- 『スーパースタジオ&ラディカルズ』(ジャパン・インテリア・デザイン[別冊]、インテリア出版、1982)

28-1
理性の王国への旅
Journey into
the Realm of Reason
1968–69

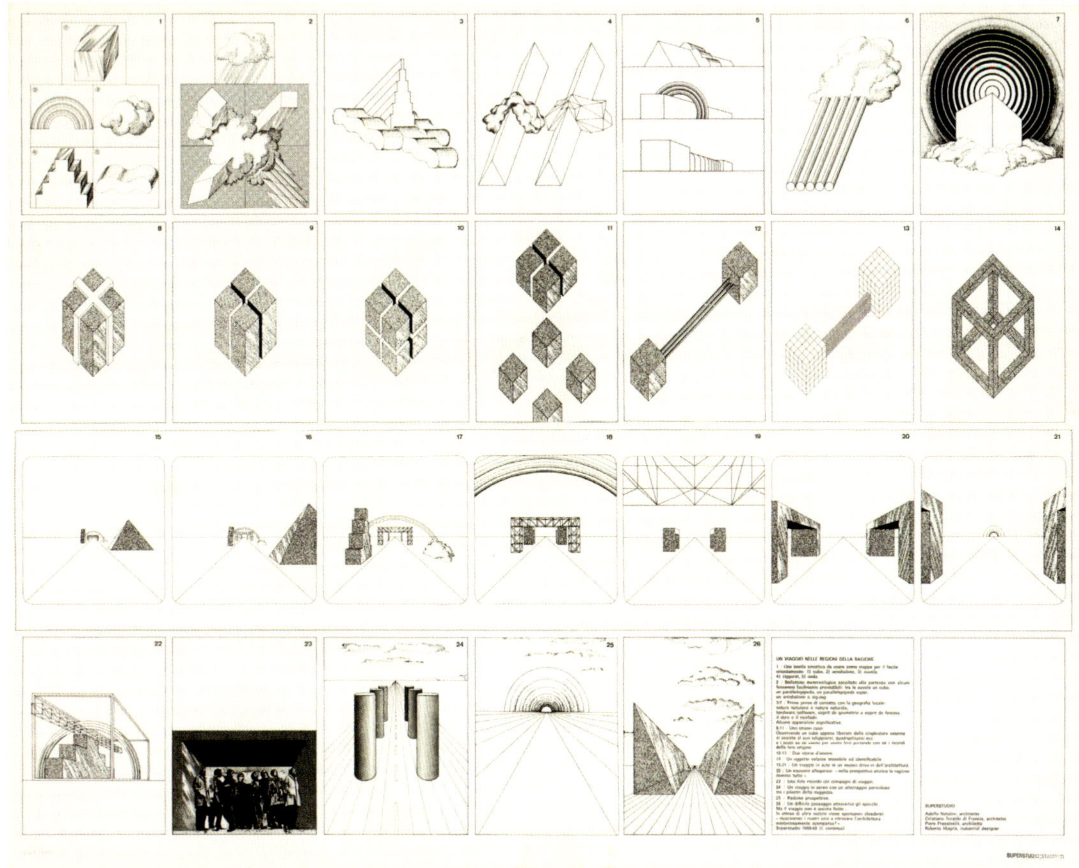

28-2
建築のヒストグラム
Histograms of
Architecture
1969

F・イゲーラス「モンテカルロ多目的センター」
I・ノグチ「大阪万博アメリカ館案」
C・コレア「大阪万博インド館案」
アーキズーム「ノン・ストップ・シティ」
H・ホライン「ニューヨーク、マンハッタンの変形」
R・アブラハム「ユニーバサル・シティ」
コープ・ヒンメルブラウ「アストロバルーン」
M・R・マズール「マチュピチュ・ホテル」
W・チョーク+D・グリーン/アーキグラム「電気トマト」
G・K・オニール「スペース・コロニーのアイデア」
丹下健三
「イエルバ・ブエナ・センター再開発計画」
「最高裁判所コンペ優秀案」
「ルンビニ釈迦生誕地聖域計画」
木村俊彦+伊藤久枝+渡辺邦夫「超越建築」
梅沢忠雄「スペース・フレーム・シティ東京計画」
池辺陽「高層住居ユニット計画」
下河辺淳+黒川紀章「新全国総合開発計画」
岡本太郎「24時間都市」
■ L・V・ロキシン「舞台芸術シアター」[フィリピン]
槇文彦「ヒルサイドテラス」
竹山実「新宿一番館」
□ L・ミース・ファン・デル・ローエ死去
P・ソレリ『アーコロジー』[イタリア]
第6回パリ青年ビエンナーレ[フランス]
ペルー低所得者向き集合住宅コンペ
加藤秀俊+真鍋博+朝日新聞社編『2001年の日本』
新全国総合開発計画発表
都市再開発法制定
★『態度がかたちになる時』展[ベルン美術館、スイス]
『アンチ・イリュージョン/手続きと素材』展開催[ホイットニー美術館、アメリカ]
[哲学]M・フーコー『知の考古学』[フランス]
堀浩哉、彦坂尚嘉ら、美術家共闘会議結成
[文学]小松左京『日本タイムトラベル』
[文学]光瀬龍『百億の昼と千億の夜』
[映画]山田洋次「男はつらいよ」
◆ ウッドストック・ロック・フェスティヴァル[アメリカ]
東大安田講堂で学生と機動隊が衝突
GNP、世界第2位に

1970

● **スーパースタジオ「ナイアガラ、あるいはリフレクティッド・アーキテクチャー」**
P・ポルトゲージ「理想都市ディカイア」
UFO「フィレンツェ大学プロジェクト」
C・ワックスマン「シビックセンター」
B・フラー「浮かぶ球状都市」「マンハッタン計画」
J・プルーヴェ「教育省」
ミルトンキーンズ開発公社ほか「ミルトンキーンズ」
P・クック「アドホックス・ストリップ計画」
ハウス・ルッカー・コー「プロテクティッド・ヴィレッジ」
A・グトノフ「渦巻都市」
早稲田大学21世紀の日本研究会「新首都北上京計画」「東京再建計画」
丹下健三+21世紀の日本研究会「21世紀の日本/東海道メガロポリス」

28-3
ナイアガラ、あるいはリフレクティッド・アーキテクチャー
Niagara or the Reflected Architecture
1970

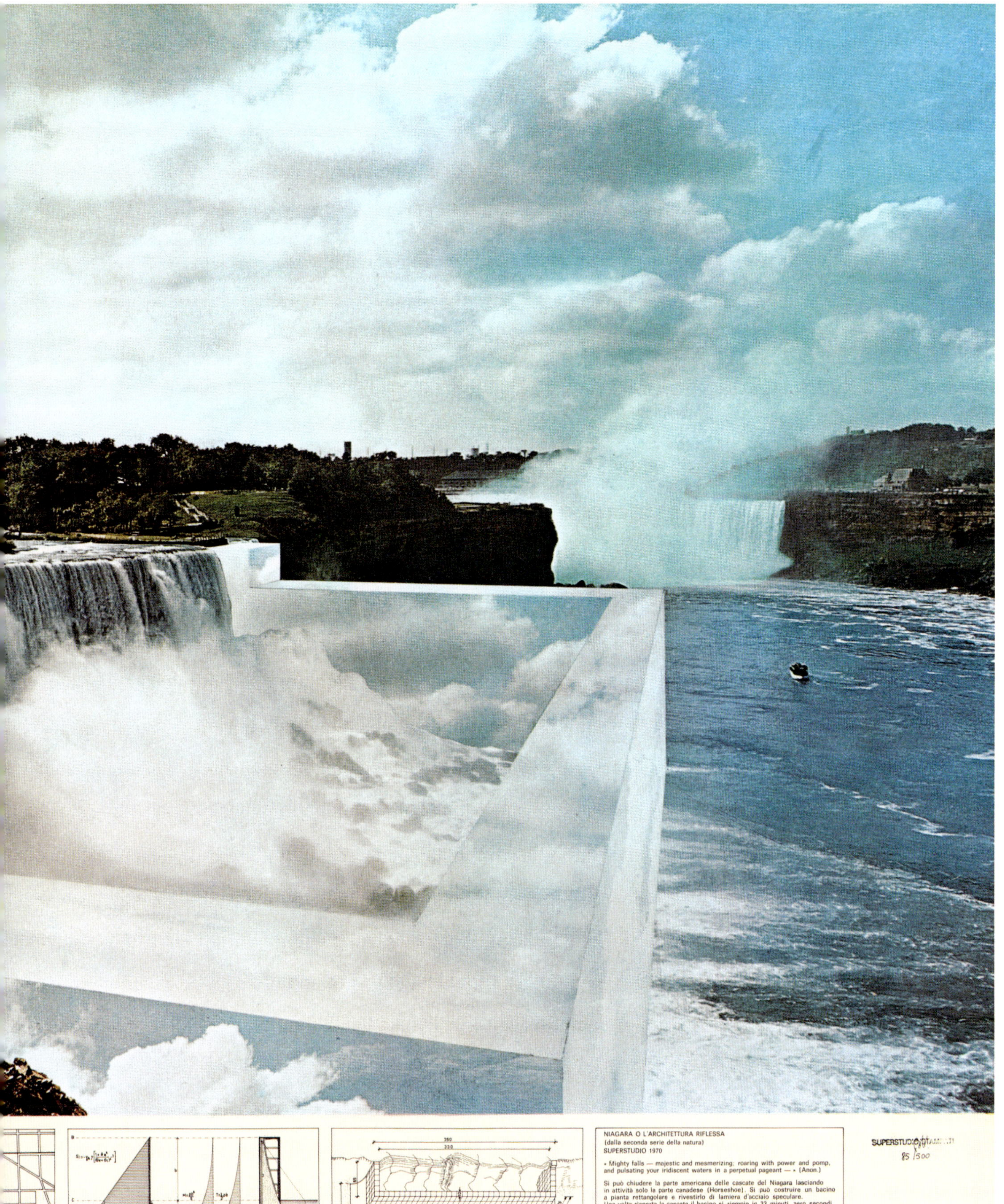
NIAGARA O L'ARCHITETTURA RIFLESSA
(dalla seconda serie della natura)
SUPERSTUDIO 1970
« Mighty falls — majestic and mesmerizing; roaring with power and pomp, and pulsating your iridiscent waters in a perpetual pageant — » (Anon.)
Si può chiudere la parte americana delle cascate del Niagara lasciando in attività solo la parte canadese (Horseshoe). Si può costruire un bacino a pianta rettangolare e rivestirlo di lamiera d'acciaio speculare.
Una volta riaperta la cascata il bacino si riempie in 33 minuti, zero secondi e 94 centesimi. Solo in questa frazione di tempo (brevissima rispetto ai 20.000 anni dell'esistenza del Niagara) l'acqua è accostata alle nuvole riflesse geometricamente. Poi la superficie speculare del bacino scompare.
La struttura può esser calcolata per restare sommersa per un certo numero di anni. Il crollo della struttura artificiale realizza un arretramento visibile della cascata americana simile alla distruzione naturale per retrocessione della cascata canadese.
85/500

1971 **ポンピドゥー・センター競技設計案 村田豊**

Proposal for Pompidou Center Competition (Centre du plateau Beauboug) | Yutaka Murata

ド・ゴール政権の文化相アンドレ・マルローから「20世紀の美術館」の建築を一任されたル・コルビュジエは、回廊が螺旋状に連なる「無限発展美術館」という1930年代以来の構想の実現を目指した。この計画は、ル・コルビュジエが1965年に急逝したことで頓挫する。1969年に政権を後継したポンピドゥー大統領は、戦後フランスの文化的地位の低下や、そのなかで起こった五月革命に強い危機感を抱き、現代芸術に特化した複合文化施設の構想を改めて推進した。1970年11月19日、整備委員会が発表した国際コンペは、審査員長にジャン・プルーヴェ、審査員にはフィリップ・ジョンソンやオスカー・ニーマイヤーらが迎えられた。翌年夏までにフランス国内から186件、そのほか48カ国から495件(うち日本から35件)が集まり、レンゾ・ピアノ、リチャード・ロジャース、ジャンフランコ・フランキーニの3名による提案が当選、その大胆なデザインは激しい批難を浴び、パリの新名所として認められるまで時間を要している[1]。

村田豊案は佳作を受賞した。4本の巨大な柱を建て、その頂部から8層に及ぶフロアを吊り下げる。村田が坂倉準三のスタッフとして担当した《岡本太郎邸》(1954、現・岡本太郎記念館)などで試みたテンション構造の発展と見られる。構造を外壁で保持することで屋内に無柱の大空間が生まれるというアイデアは、当選案とも通じ合うものだが、村田は直接師事したル・コルビュジエが提唱する「自由な平面」を意識したようにも思われる。ボリュームのすべてを吊ることで建物の下にも広大な無柱空間を確保し、この広場を地下3層まで掘り下げているが、これはル・コルビュジエのピロティ空間を更に自由にしたものだ[2]。組積造の古都のど真ん中に、仏塔のようにも、大樹のようにも見える巨大建造物を建てるという、西洋文明への衝突的な介入といえる提案であった。

ポンピドゥー・センターの落成式でのスピーチで、ジスカール・デスタン大統領は建築への批判を意識してか、前任者から引き継いだ事業に過ぎないことを強調したというが[3]、実施案に優るとも劣らぬアナーキーな提案を集めたコンペだったのである。 [M.F.]

---

1 ポンピドゥー・センターのWEBアーカイブ(http://archivesetdocumentation.centrepompidou.fr/[2019年1月閲覧])で関係史料が多数公開されている。

2 佐々木暢『村田豊の建築 同時代の空気構造と彼のオリジナリティ』(2014年度東北大学大学院工学研究科修士論文、未公刊、pp. 30–31)の指摘による。村田豊「ビル建築の大スパン化」(『カラム』第46号、新日本製鉄株式会社、1973年1月、pp. 47–49)も参照。

3 岡部あおみ『ポンピドゥー・センター物語』(紀伊國屋書店、1997、p. 37)

29-1
ポンピドゥー・センター競技設計案、概念図
Diagram, proposal for Pompidou Center Competition
1971

29-2
ポンピドゥー・センター競技設計案、概念図
Diagram, proposal for Pompidou Center Competition
1971

29-3
ポンピドゥー・センター競技設計案、部分断面図(1:200)
Coupe facade, proposal for Pompidou Center Competition (1:200)
1971

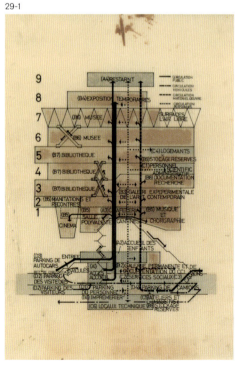

29-1

29-2

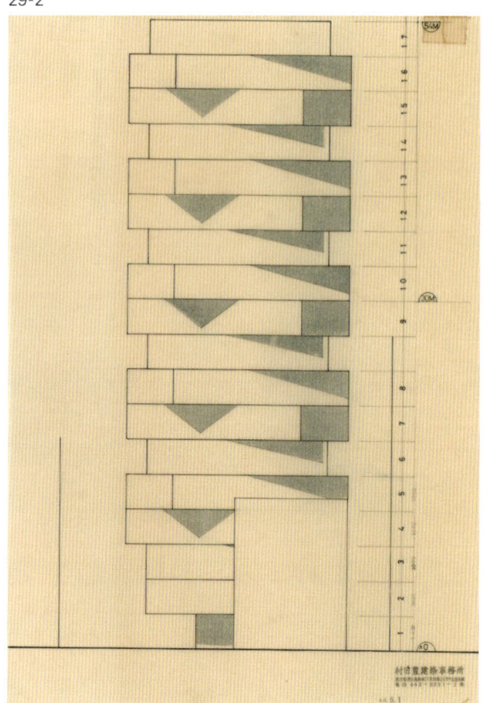

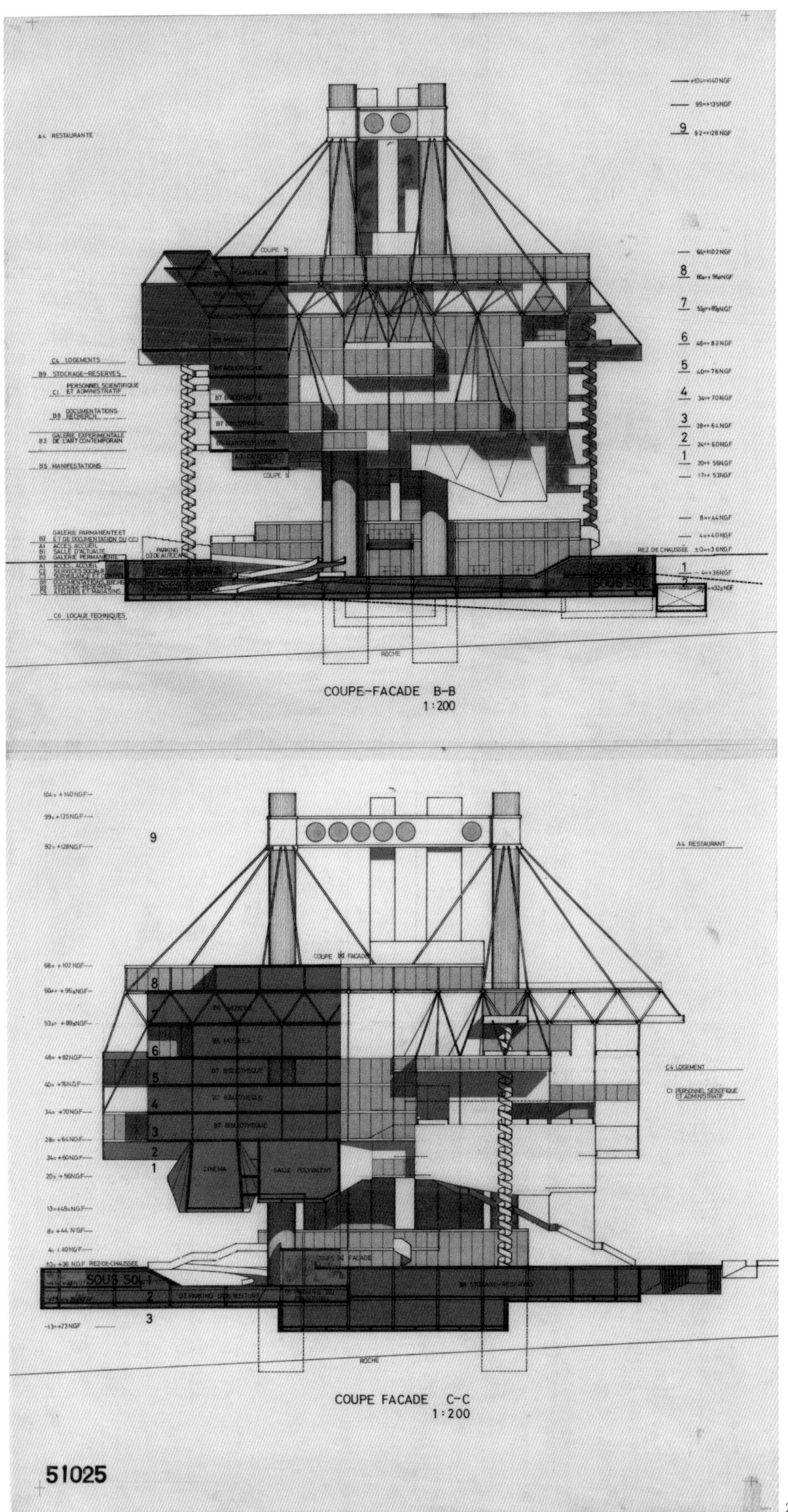

29-3

丹下健三「クウェート・スポーツシティ」
「ボルチモア都市再開発計画」

佐々木隆文＋首藤尚丈
「'70ディストピア大阪計画」

宇佐美圭司「ゴースト・プラン」

■ P・ソレリ「アーコサンティ」[アメリカ]

□ シンガポール都市計画法施行

C・パラン『斜めに生きる』[フランス]

R・コールハース／OMA
「建築としてのベルリンの壁」発表[オランダ]

D・ウォール『ヴィジョナリー・シティーズ：
アーコロジー・オブ・パオロ・ソレリ』[アメリカ]

H・ホライン「死」展
[メンヒェングラートバッハ美術館、ドイツ]

槇文彦＋川添登『現代建築』

建築基準法改定

ARCHITEXT結成

★ R・スミッソン「螺旋形の突堤」[アメリカ]

[哲学] R・バルト『表徴の帝国』[フランス]

[文学] L・ニーヴン『リングワールド』

コミッショナー：中原佑介、
第10回日本国際美術展(東京ビエンナーレ)
「人間と物質」展[東京都美術館ほか巡回]

企画：東野芳明「1970年8月—現代美術の
断面」展[東京国立近代美術館]

[文学] 国際SFシンポジウム

◆ ボーイング747型機が
大西洋横断航路に就航[アメリカ]

大阪万国博覧会開催

日航機よど号ハイジャック事件

三島由紀夫、割腹自殺

1971

● R・クリエ「シュトゥットガルト都市計画」

M・フィッシャー「ダイナマット」

V・デ・フェオ「エッソ・サービス・ステーション」

スーパースタジオ「12の理想都市」

G・ペッテナ「氷の住宅」

コープ・ヒンメルブラウ
「フィードバック・バイブレーション・シティ」

J・ヌーヴェル「ポンピドゥー・センターコンペ案」

F・オットー＋丹下健三「北極都市」

村田豊「ポンピドゥー・センター競技設計案」

黒川紀章「ポンピドゥー・センター・コンペ案」

村田豊「箱根国際観光センター設計競技案」

原広司＋宇佐美圭司
「箱根国際観光センター設計競技案」

吉阪隆正
「箱根国際観光センター設計競技案」

内閣官房内閣審議室
『21世紀の日本 その国土と国民生活の未来像』

菊竹清訓＋クレーヴァン
「海上都市1971——ハワイ計画」

丹下健三「オラン総合大学」
「伊リブリーノ新住宅地区」

六角鬼丈「八卦空想都市」

伊東豊雄「URBOT 003」

鈴木恂「タンザニアTANU党ビルコンペ案」

渡邊洋治「ユーゴスラビア国立オペラハウス」

北海道大学太田研究室
「コミュナル・ゾーン・システム」

広瀬元久「東京改造計画案」

■ ホセイン・エーテマド「アザディ・タワー」[イラン]

29-4-a

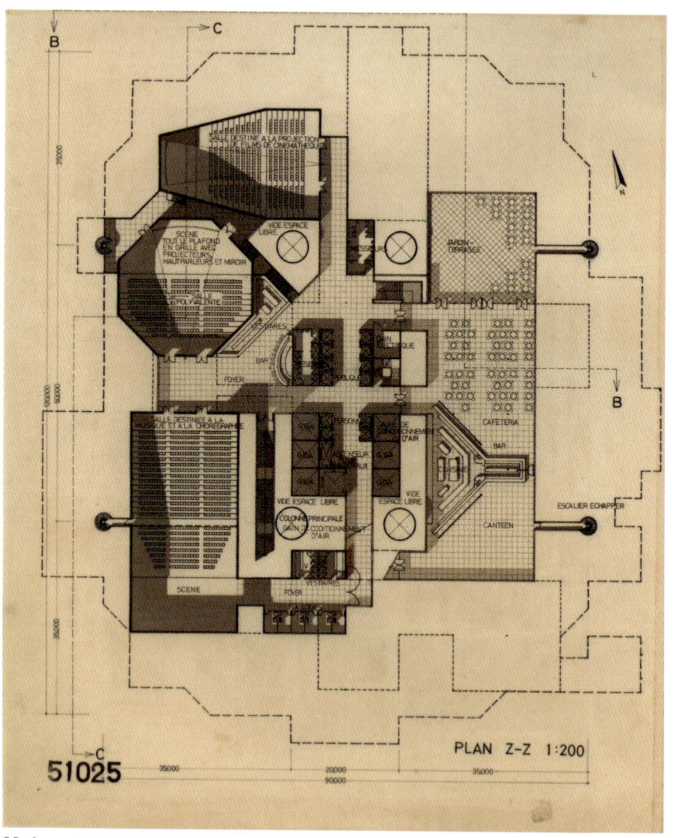

29-4-c

29-4-b

29-4-a
ポンピドゥー・センター競技設計案、
配置図（1:500）
Arrangement plan,
proposal for Pompidou Center
Competition (1:500)
1971

29-4-b
ポンピドゥー・センター競技設計案、
断面図（1:500）
Section, proposal for Pompidou
Center Competition (1:500)
1971

29-4-c
ポンピドゥー・センター競技設計案、
平面図（1:200）
Plan, proposal for Pompidou
Center Competition (1:200)
1971

29-5
ポンピドゥー・センター競技設計案、
アクソノメトリック図（1:500）
Axonometric view, Pompidou
Center Competition (1:500)
1971

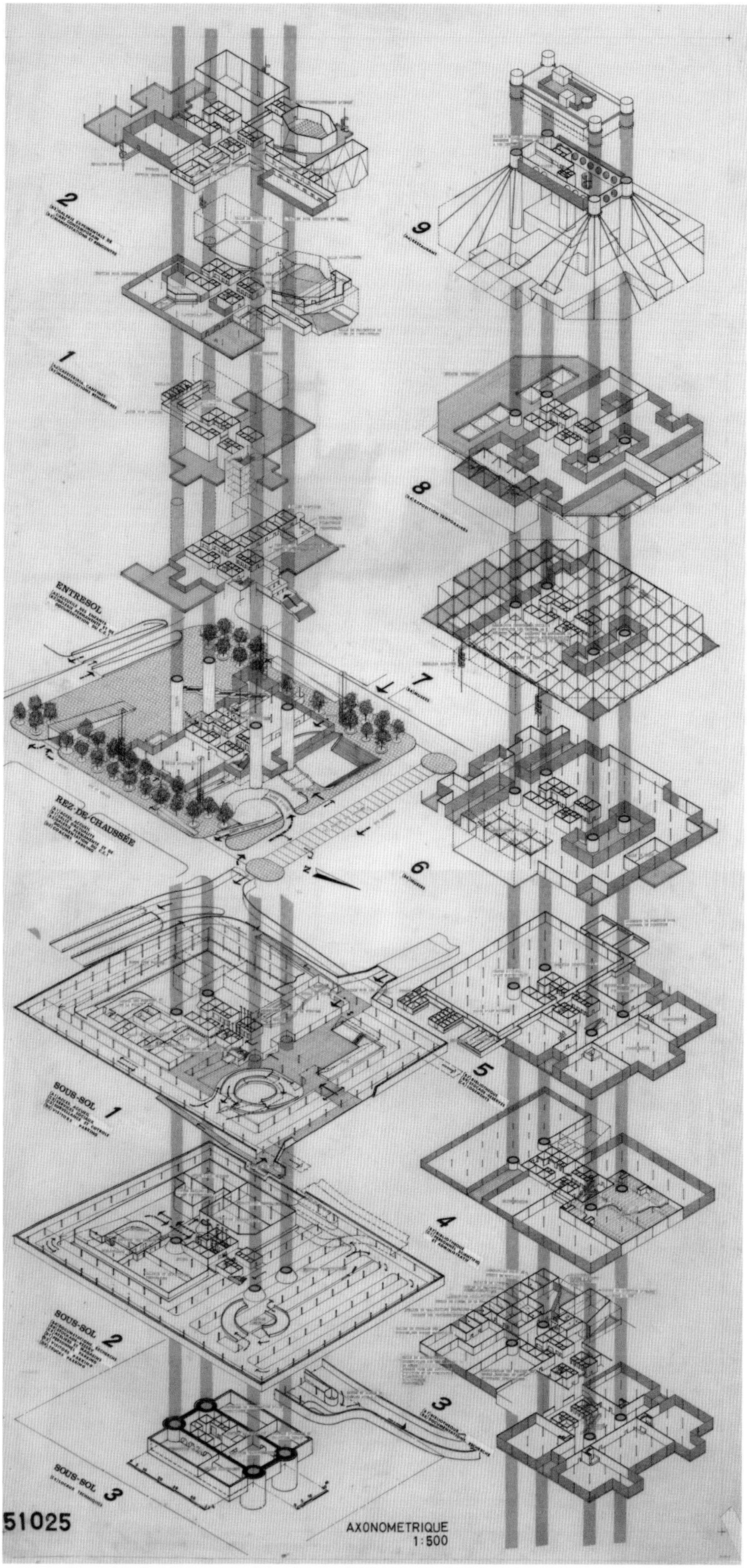

29-5

2

9

1

8

ENTRESOL

7

REZ-DE-CHAUSSÉE

6

5

SOUS-SOL 1

4

SOUS-SOL 2

3

SOUS-SOL 3

51025

AXONOMETRIQUE
1:500

- 大野勝彦「セキスイ・ハイムM1」
- ◘ ポンピドゥー・センター・コンペ[フランス]
- 長谷川堯『神殿か獄舎か』
- 磯崎新『空間へ』
- 『a+u』創刊
- 箱根国際観光センターコンペ
- ★ W・デ・マリア「ライトニング・フィールド」[アメリカ]
- 「グッゲンハイム国際美術」展、河原温、高松次郎出品[アメリカ]
- [文学]R・シルヴァーバーグ『内側の世界』[アメリカ]
- [文学]B・J・ベイリー『シティ5からの脱出』[イギリス]
- 李禹煥『出会いを求めて』
- [文学]寺山修司『書を捨てよ街へ出よう』
- ◆ インド・パキスタン全面戦争
- アラブ首長国連邦が成立
- ドル・ショック
- 沖縄返還協定調印
- カップヌードル発売

1972

- ● **E・ソットサス「祝祭としての惑星」**
- E・ソットサス「ウォーキング・シティ・スタンディング・スティル」
- G・ペッテナ「無意識の建築」
- R・ボロ「ヴェル・ルカ休暇村設計競技案」「青少年会館」
- R・コールハース＋M・フリーゼンドルフ＋E・ゼンゲリス＋Z・ゼンゲリス「エクソダス、あるいは建築の自発的囚人」
- **村田豊「ソビエト青少年スポーツ施設」**
- 菊竹清訓「層構造モジュール」「海上計画1976」
- 丹下健三「ファイサル国王宮殿」
- 黒川紀章「ドドマ・マスタープラン」「タンザニア共和国TANU党本部ビル国会議事堂」「V/STOL(垂直/短距離離着陸機)ネットワーク」
- 磯崎新「コンピューター・エイディド・シティ」
- 大谷幸夫「川崎再開発計画/栄通り再開発計画」
- ■ L・カーン「キンベル美術館」[アメリカ]
- C・スカルパ「ブリオン・ヴェガ墓地」[イタリア]
- 毛綱毅曠「反住器」
- 黒川紀章「中銀カプセルタワービル」
- ◘ ローマクラブ『成長の限界』[イタリア]
- 『ファイヴ・アーキテクツ』[アメリカ]

1972 ソビエト青少年スポーツ施設 村田豊

Soviet Youth Sports Facilities | Yutaka Murata

空気膜構造とは、風船のように屋内の空気圧を外気圧より高めることで屋根を支えるという構造形式であり、1950年代以降さまざまに研究されていた。村田豊の大阪万博《富士グループ・パヴィリオン》(1970)は、その大規模な実現であった。当時の村田は、次のように書いている。「かつてRC[引用註:鉄筋コンクリート造]に形態を与え新建築が展開した。この万博で空気構造の可能性が大分出揃う。この段階まできたら、これに形態を与える努力がはじまってもよい。……原始人は連想作用をもつ空間に会うと神話をつくったであろう。今日、強烈な連想作用の空間をつくるのは芸術家の仕事である。新しいこの空間はその有機的形態のゆえにか連想作用を人に引起こす。」[1]

《富士グループ・パヴィリオン》は国際的な注目を集め、村田はソビエト連邦から極めて大きな依頼を受けることになる。1,000×500mという広大な敷地に、いくつものエアドームを並べる。中心となるのは直径120mの巨大なドームであり、その中に小さなドームが4つ並ぶ。それぞれの内部は異なる温湿度に空調され、透明な膜を介してプールとスケートリンクが隣接する。大ドームの外部にも体育館、展示場、屋内公園などのドームが並列・連結するという、都市的な規模の構想である[2]。ソ連共産党の少年団・青年団であるピオネールやコムソモールの教育・保養施設として、寒冷地に計画されたものかと思われるが、これが立ち消えとなるまでの経緯は不詳である。その後も村田は空気膜構造への取り組みを続けた。彼は新しい技術こそが建築という芸術の「オリジナリテ」を決定すると考えていたのである[3]。最晩年の《蘭・第12回世界会議・向ヶ丘遊園展示場》(1987)は、久々の話題作となる。そのエアドームに空気を送り込む作業の当日、村田は多忙な長女を常ならぬ熱心さで誘い、その現場に伴ったという[4]。 [M.F.]

1 村田豊「空気構造の可能性」『新建築』(第45巻第5号、1970年5月、p. 241)

2 村田豊「空気膜構造の可能性と提案」『建築生産』第13巻第12号(1973年12月、pp. 13–15)、ならびに佐々木暢『村田豊の建築 同時代の空気構造と彼のオリジナリティ』(2014年度東北大学大学院工学研究科修士論文、未公刊、pp. 29–30)を参照。

3 村田豊「オリジナリテ」(『建築文化』第484号、1987年2月、pp. 24–25)

4 村田あがさんの直話による。

30-1
ソビエト青少年スポーツ施設、模型写真
Photograph of the model, Soviet Youth Sports Facilities
c.1972

30-3
ソビエト青少年スポーツ施設、
空気構造 テニスコート図面(1:200)
Plan of air structure: tennis court, Soviet Youth Sports Facilities (1:200)
1972

30-4
ソビエト青少年スポーツ施設、
ボーリング場図面(1:500)
Plan of bowling alley, Soviet Youth Sports Facilities (1:500)
1972

30-5
ソビエト青少年スポーツ施設、
体育館図面(1:500)
Plan of gymnasium, Soviet Youth Sports Facilities (1:500)
1972

30-6
ソビエト青少年スポーツ施設、
水泳場図面(1:500)
Plan of swimming pool, Soviet Youth Sports Facilities (1:500)
1972

30-7
ソビエト青少年スポーツ施設、
水泳場+アイススケート場(1:500)
Plan of swimming pool and ice rink, Soviet Youth Sports Facilities (1:500)
1972

30-8
ソビエト青少年スポーツ施設、
空気構造レクリエーション公園計画(1:2000)
Plan of air structure recreation facility, Soviet Youth Sports Facilities (1:2000)
1972

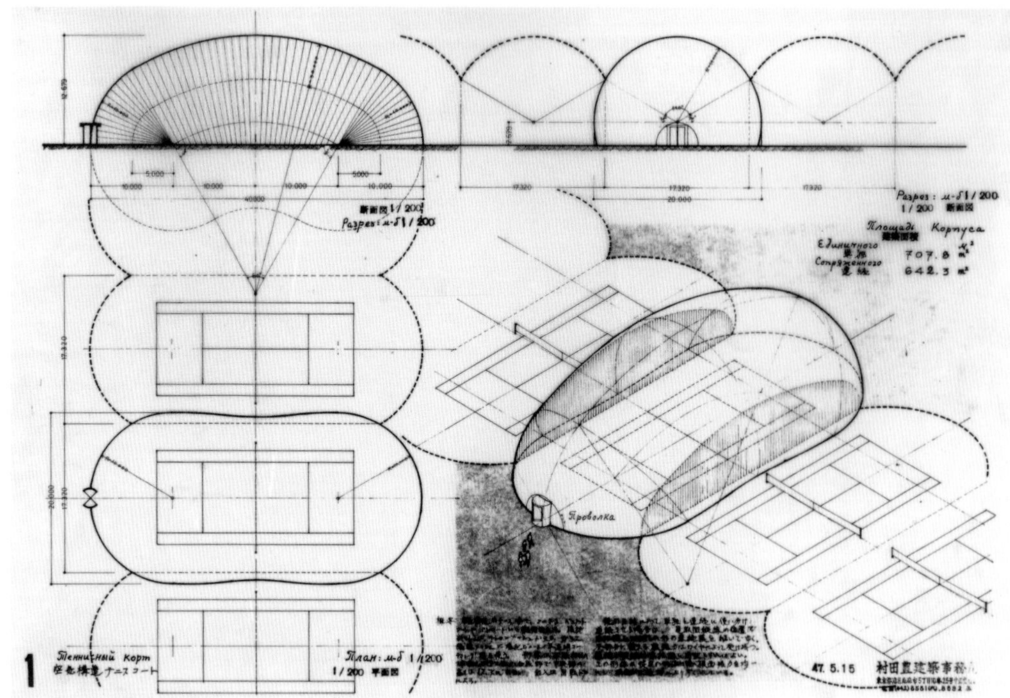

30-3

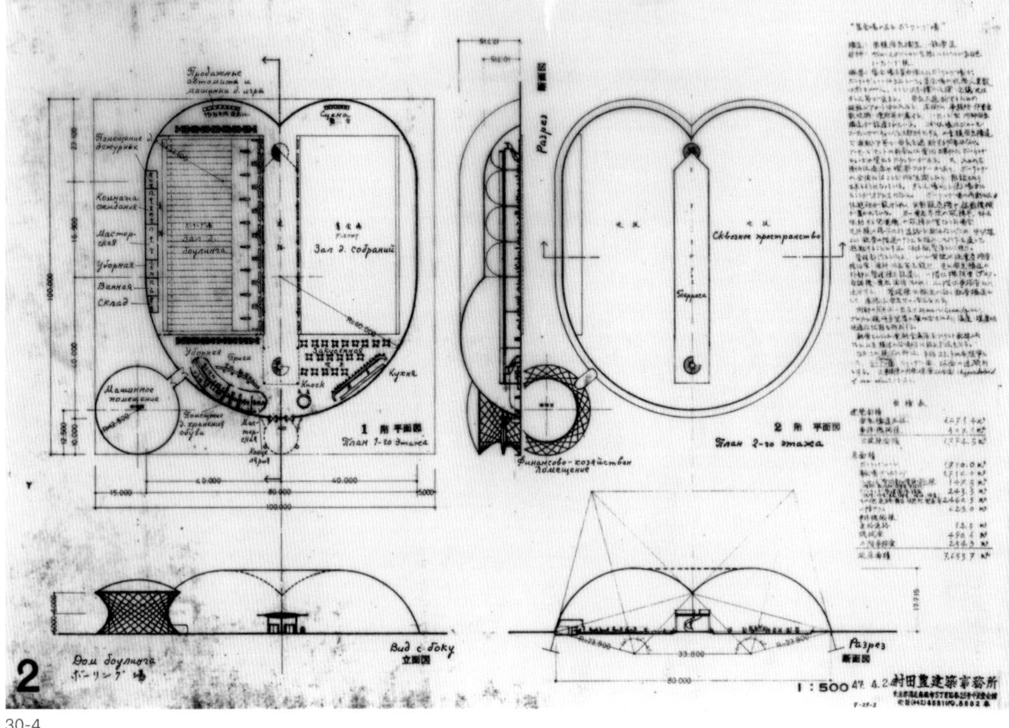

30-4

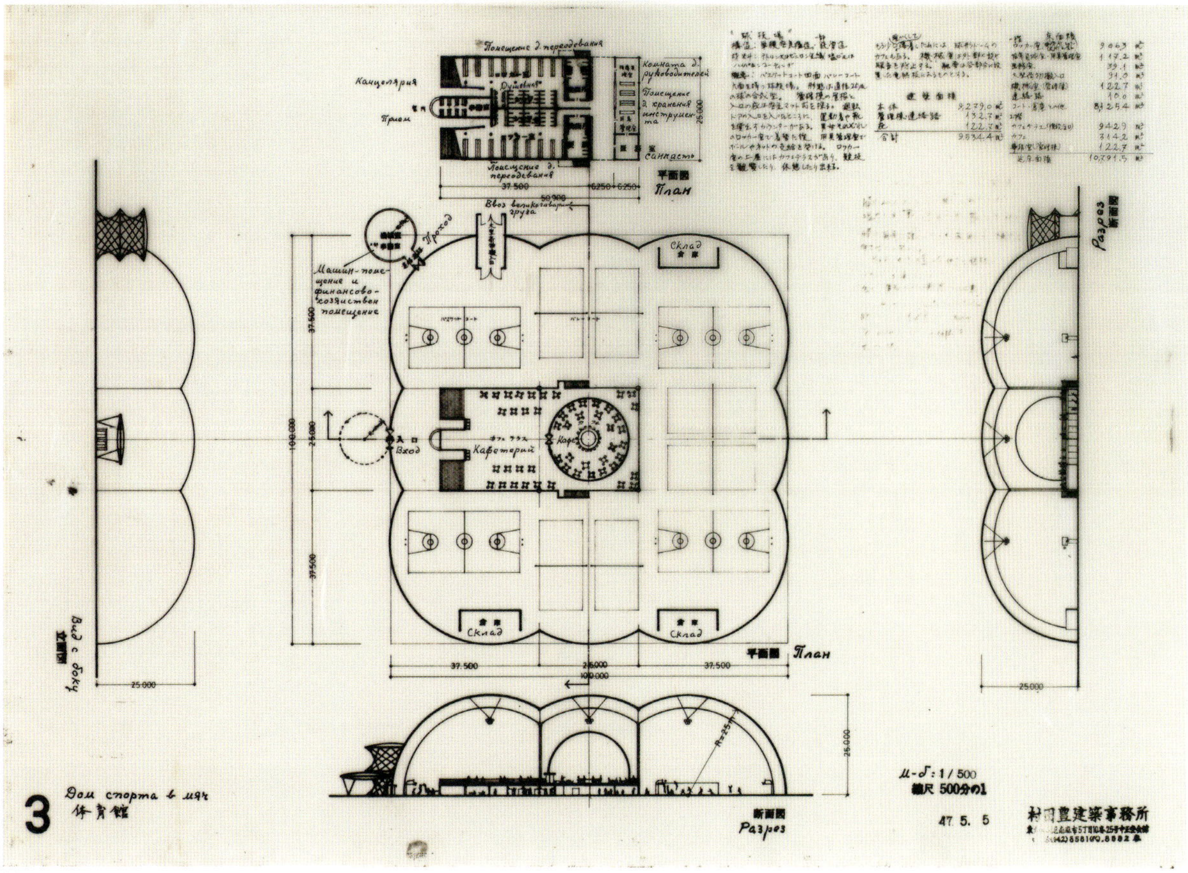
Помещение д переодевания
Комната д. руководителей
Канцелярия
Душевная
Прием
Помещение д. хранения инструмента
Санпост
Помещение д. переодевания
平面図 План
Ввоз великогабаритного груза
Проход
Склад
Машин-помещение и финансово-хозяйствен помещение
Вход
Кафетерий
Кафе
Склад
平面図 План
Вид с боку
立面図
Разрез
断面図
Дом спорта в мяч
体育館
断面図
Разрез
м-б: 1/500
縮尺 500分の1
47. 5. 5
村田豊建築事務所

3

30-5

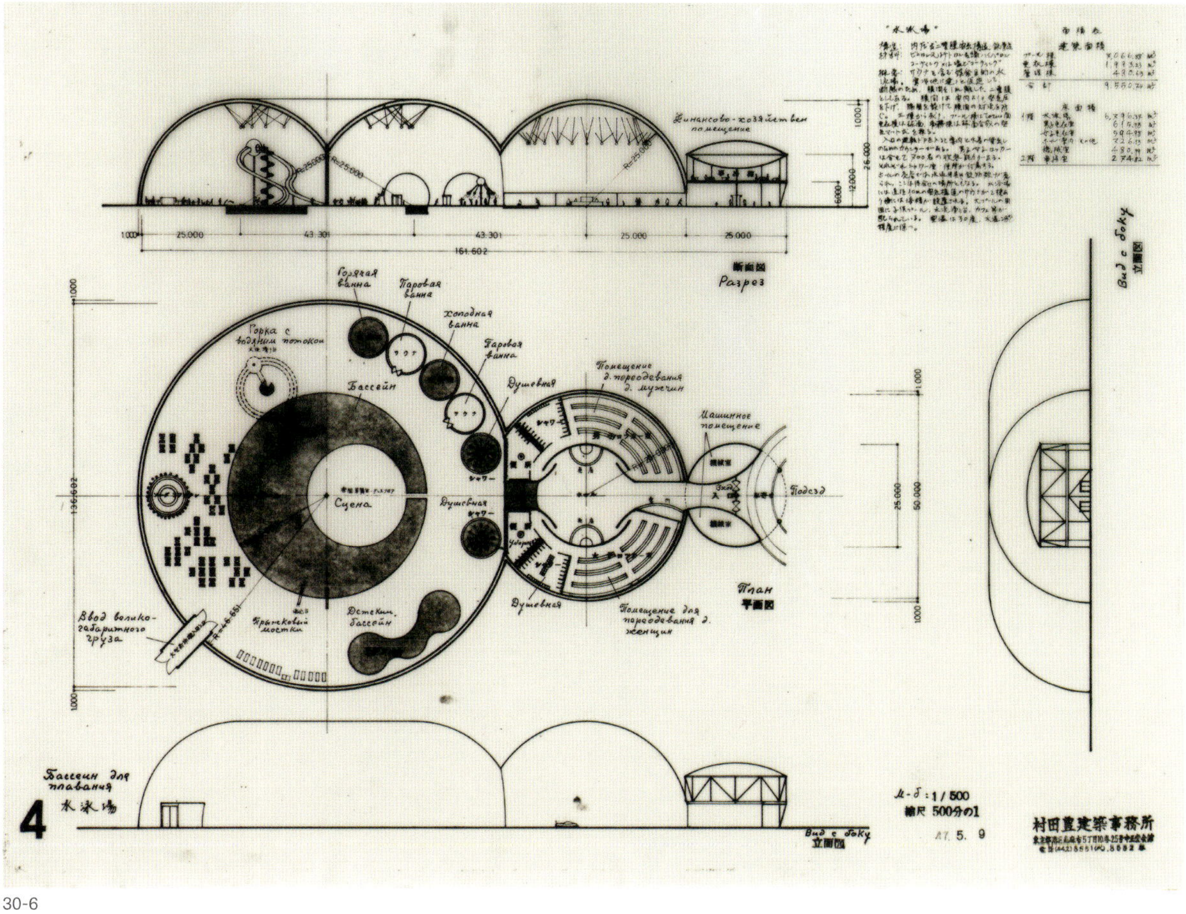
"水泳場"
Финансово-хозяйствен помещение
断面図
Разрез
Горячая ванна
Паровая ванна
Горка с водяным потоком
Холодная ванна
Паровая ванна
Бассейн
Душевная
Помещение д. переодевания д. мужчин
Машинное помещение
Сцена
Душевная
Подъезд
Ввод великогабаритного груза
Прыжковый мостки
Детский бассейн
Душевная
Помещение для переодевания д. женщин
План
平面図
Вид с боку
立面図
Бассейн для плавания
水泳場
Вид с боку
立面図
м-б: 1/500
縮尺 500分の1
47. 5. 9
村田豊建築事務所

4

30-6

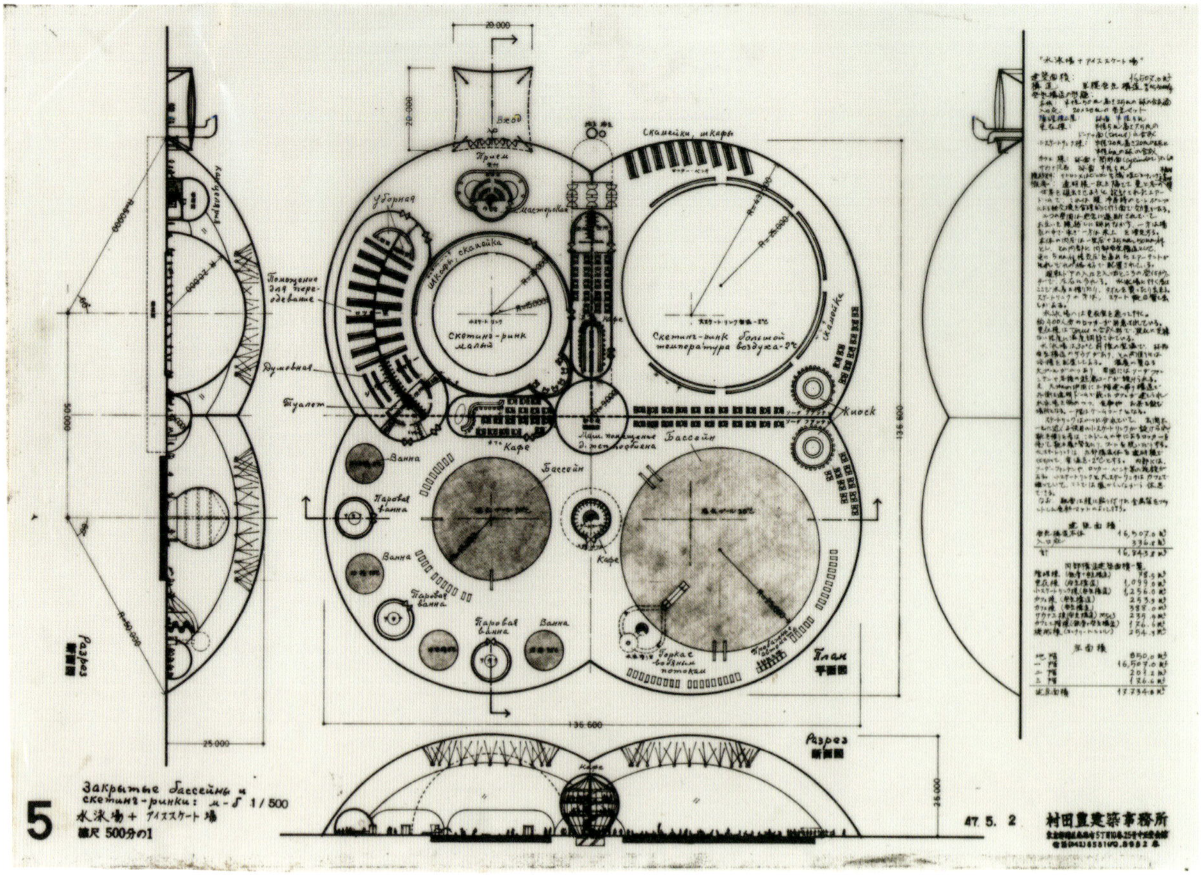
5
Закрытые бассейны и скетинг-ринки: м-б 1/500
水泳場＋アイススケート場
縮尺 500分の1
47. 5. 2
村田豊建築事務所
План
平面図
Разрез
断面図
Бассейн
Кафе
Ванна
Киоск
Туалет
Душевная
Уборная

30-7

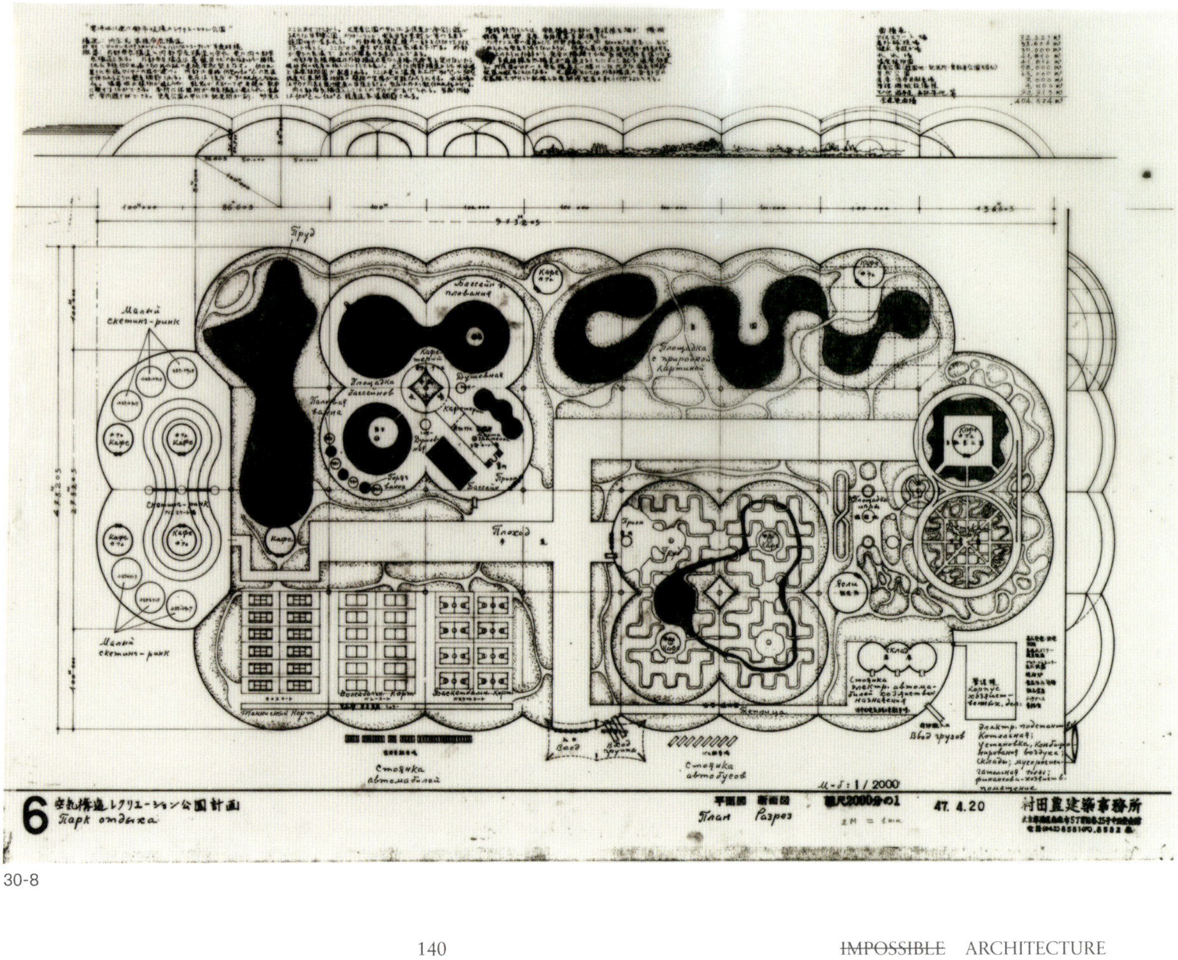
6
空気構造レクリエーション公園計画
Парк отдыха
平面図 断面図
План Разрез
м-б: 1/2000
縮尺2000分の1
47. 4. 20
村田豊建築事務所
Пруд
Малый скетинг-ринк
Кафе
Стоянка автомобилей
Стоянка автобусов
Ввод
Ввод грузов

30-8

1972　祝祭としての惑星 エットレ・ソットサス

The Planet as Festival | Ettore Sottsass

もともと建築家として出発したソットサスは、プロダクトデザインの分野でも活躍するようになり、事務機器メーカーのオリヴェッティ社のデザイナーとしてさまざまなデザインを手がけた。その一方、1956年にイタリアのアルバで開催された、前衛芸術家による第1回自由芸術家世界会議に参加するなど、同時代の最先端の動向にも常に関わっていた。1960年代末に体制への異議申し立てが起きた時代には、イタリアの前衛的な建築・デザイン運動を牽引し、若手建築家のグループ「アーキズーム」や「スーパースタジオ」にも大きな影響を及ぼした。イタリアの建築・デザイン雑誌『カサベラ』(1972年5月号)にマニュフェストとともに掲載された《祝祭としての惑星》は、そういった気運の中で提唱された空想のプロジェクトである。

この時期のデザイン・建築界では、現実に建物や製品として完成することよりも、ユー

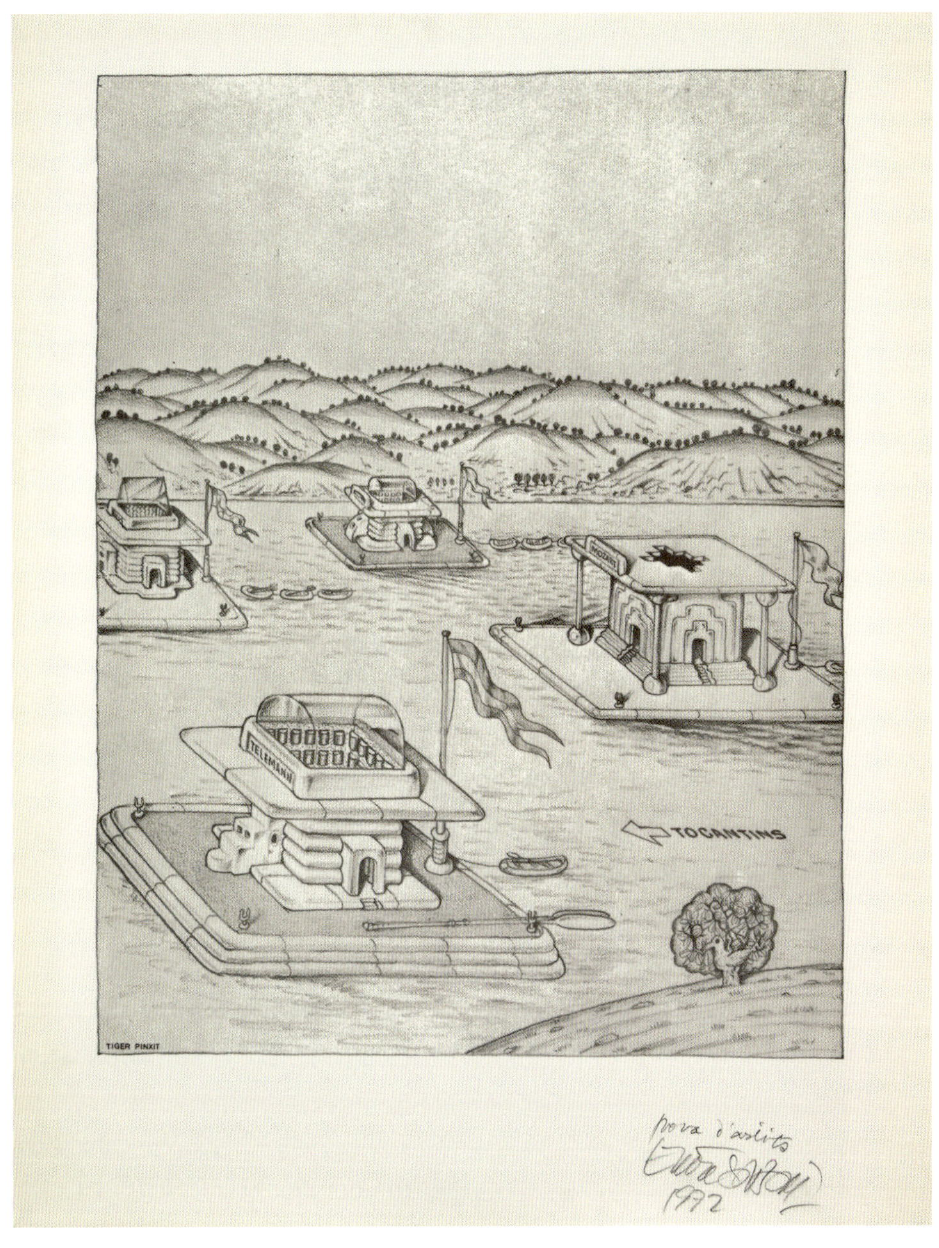

31-1
祝祭としての惑星：
室内楽を聴くための筏
原画：タイガー立石
The Planet as Festival:
Rafts for Listening to
Chamber Music
Original drawing: Tiger Tateishi
1972

トピアや近未来を思い描いたヴィジョンを盛んに論じる「反デザイン」「反建築」の思潮が隆盛していた。《祝祭としての惑星》でも、先端的なテクノロジーによって人間を社会的制約や労働から解放し、想像力に満ちた自由で豊かな生活へと導くユートピアのイメージが描かれている。モダニズム以来の機能性を追求した合理主義を脱して、人間の精神を活性化する建築やデザインを模索するソットサスの姿勢が良く表れている。

掲載誌の『カサベラ』は、1972年当時、自身先鋭的なデザイナーであったアレッサンドロ・メンディーニが編集長を務め、同時代の前衛的なアーティストを積極的に紹介していた。表紙を飾っている《室内楽を聴くための筏》では、ブラジルのトカンチンスを流れる河が想定され、モーツァルトやテレマンといった作曲家ごとに筏がデザインされている。

ちなみに《祝祭としての惑星》のシリーズの原画は、当時ミラノに在住し、オリヴェッティ社内のソットサス事務所に在籍していた日本人画家、タイガー立石の手による。ソットサスのさまざまなラジカルなアイデアを魅力的なイメージに視覚化する上で、タイガー立石は極めて重要な役割を果たした。

［I.H.+R.G.］

［参考文献］

- ジャン・バーニー『エットーレ・ソットサス』（高島平吾訳、鹿島出版会、1994）

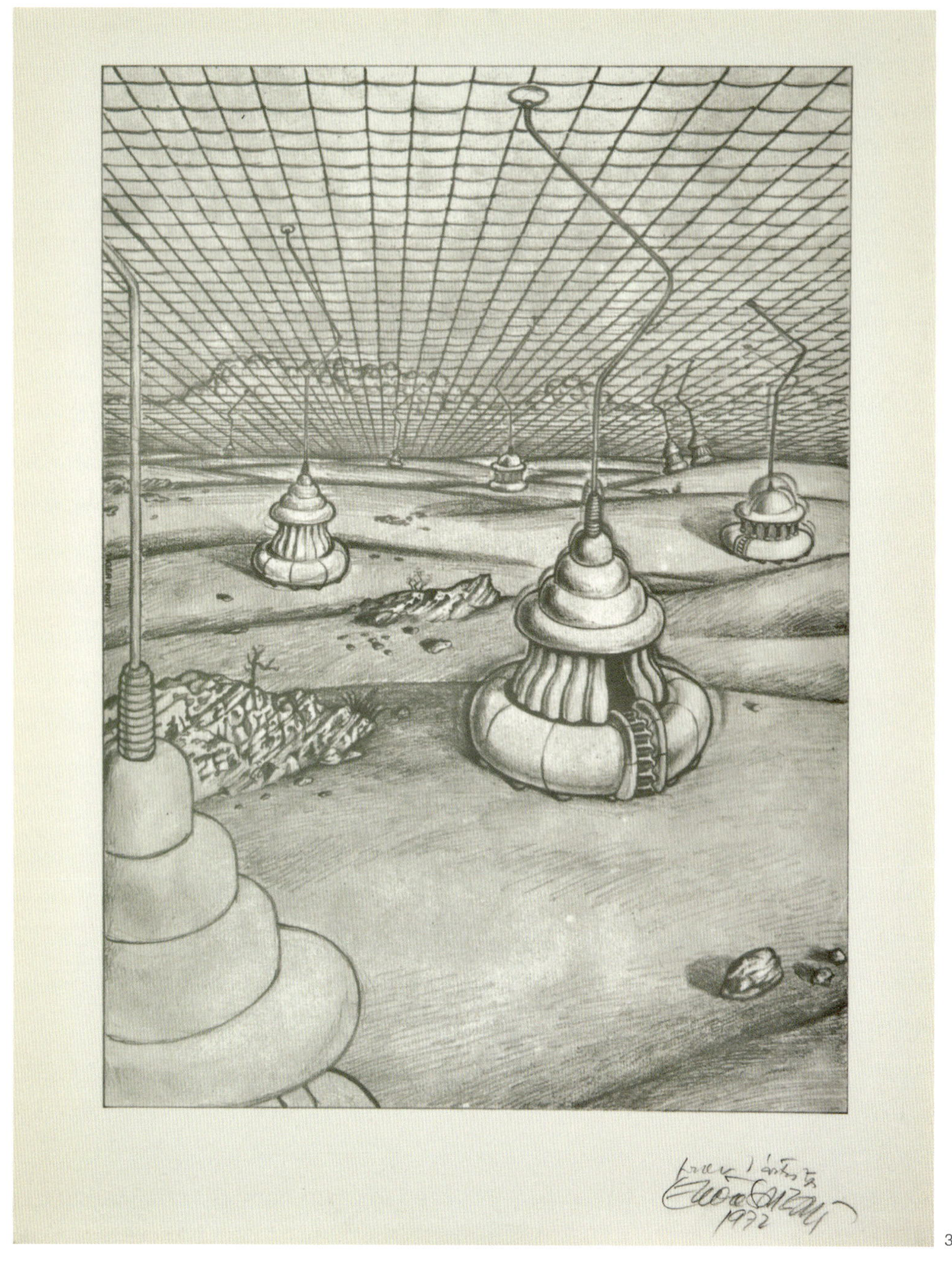

31-2

31-2
祝祭としての惑星：
ワルツ、タンゴ、ロック、チャチャの
音楽を提供する巨大な自動販売機
原画：タイガー立石
The Planet as Festival:
A Large Dispenser of Waltzes, Tangos, Rock, and Cha-Cha
Original drawing: Tiger Tateishi
1972

31-3
祝祭としての惑星：
星をみるためのスタジアム
原画：タイガー立石
The Planet as Festival:
Stadium to Watch the Stars
Original drawing: Tiger Tateishi
1972

31-3

R・ヴェンチューリ＋D・S・ブラウン
『ラスベガス』［アメリカ］
『イタリア：ニュー・ドメスティック・ランドスケープ』展［MoMA、アメリカ］
オーストラリア最高裁判所コンペ
倉田康男、高山建築学校を開校
★「ドクメンタ5」、スーパーリアリズムやコンセプチュアル・アートの動向紹介［西ドイツ］
［文学］I・カルヴィーノ『見えない都市』［イタリア］
［映画］F・コッポラ映画「ゴッドファーザー」［アメリカ］
［映画］A・タルコフスキー「惑星ソラリス」［ソ連］
［文学］藤本泉『十億トンの恋』
［漫画］楳図かずお『漂流教室』
［漫画］吉田竜夫『科学忍者隊ガッチャマン』
◆第20回夏季オリンピック開催、パレスチナ・ゲリラがイスラエル選手を襲撃［西ドイツ］
「血の日曜日」事件［イギリス］
日中共同声明調印
札幌冬季オリンピック開催
連合赤軍あさま山荘事件
沖縄返還
田中角栄内閣発足

1973

●E・ソットサス「筏建築」
A・カンタフォーラ「ラ・チッタ・アナローガ」
A・ラムスデン「ビバリーヒルズホテル」
O・M・ウンガース「ティールガルテン地区計画」
R・ベンチューリ＋D・S・ブラウン「シティエッジ計画」
R・ガベッティ「フィアット管理センター案」
J・ヘイダック「壁の家」
荒川修作＋マドリン・ギンズ「問われているプロセス／天命反転の橋」（－2018）
丹下健三＋榮久庵憲司「メッカ巡礼者のための聖地ムナ計画」
丹下健三「アンダルース湾観光開発」「マドラグ・リゾート開発」「三つの高層アパート」
黒川紀章「ヴァスト市・サンサルヴォ市マスタープラン」
■Y・ウッソンほか「シドニー・オペラハウス」［オーストリア］
A・ロッシ「ガララテーゼ地区の集合住宅」［イタリア］
M・ボッタ「リヴァ・サンヴィターレの住宅」［スイス］
W・リム「ピープルズパーク」［シンガポール］
日建設計「中野サンプラザ」
山本忠司「瀬戸内海歴史民俗資料館」
□M・タフーリ『建築神話の崩壊』［イタリア］
菊竹清訓『海上都市』
藤島亥治郎『日本建築宣言文集』
★ビデオアート、実験音楽、パフォーマンスを紹介する「キッチン」がニューヨークにスペース開設［アメリカ］
［文学］B・J・ベイリー『時間衝突』［イギリス］
［文学］アーサー・C・クラーク『宇宙のランデヴー』［イギリス］
企画：峯村敏明、たにあらた、『実務と実施12人展』［ピナール画廊］
［文学］小松左京『日本沈没』
［漫画］永井豪『バイオレンスジャック』

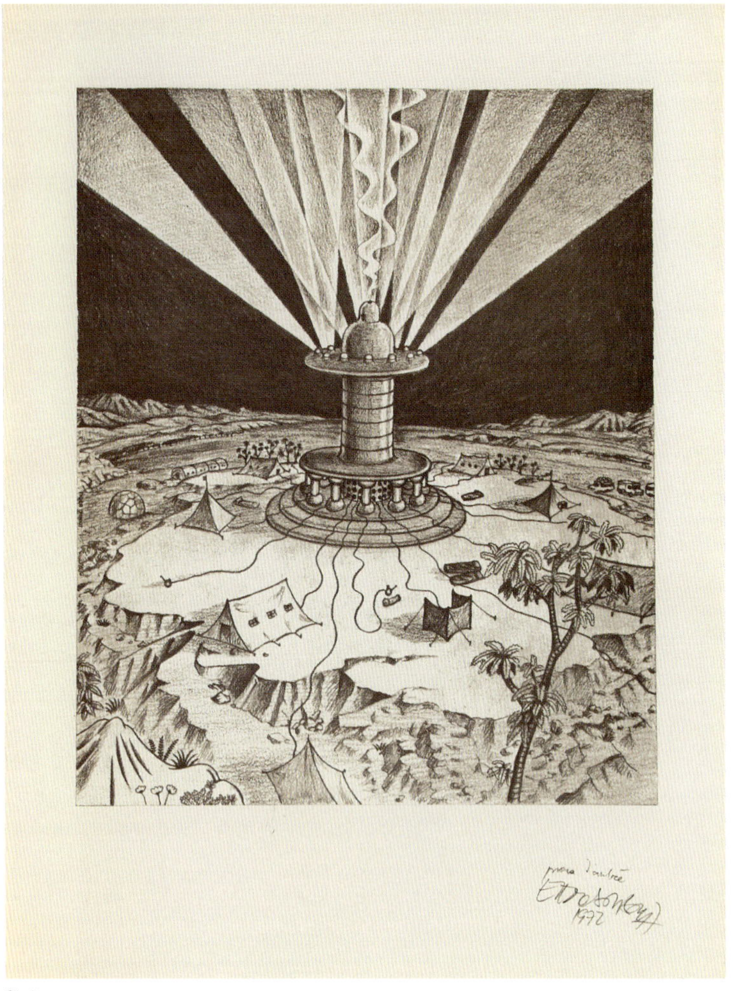

31-4

31-5

31-4
祝祭としての惑星：
香、LSD、マリファナ、阿片、
笑気ガスを提供する自動販売機
原画：タイガー立石
The Planet as Festival:
A Dispenser of Incense,
LSD, Marijuana,
Opium and Laughing Gas
Original drawing: Tiger Tateishi
1972

31-5
祝祭としての惑星：
巨大コンサートを開くためのスタジアム
原画：タイガー立石
The Planet as Festival:
Stadium for Large Public
Concerts
Original drawing: Tiger Tateishi
1972

31-6
祝祭としての惑星：
瞑想にふけるための屋上
原画：タイガー立石
The Planet as Festival:
Roofs under Which to Meditate
Original drawing: Tiger Tateishi
1972

31-7
「祝祭としての惑星：
室内楽を聴くための筏」
『カザベラ』365号表紙（1972）
'The Planet as Festival,'
cover of *Casabella*, no.365, 1972

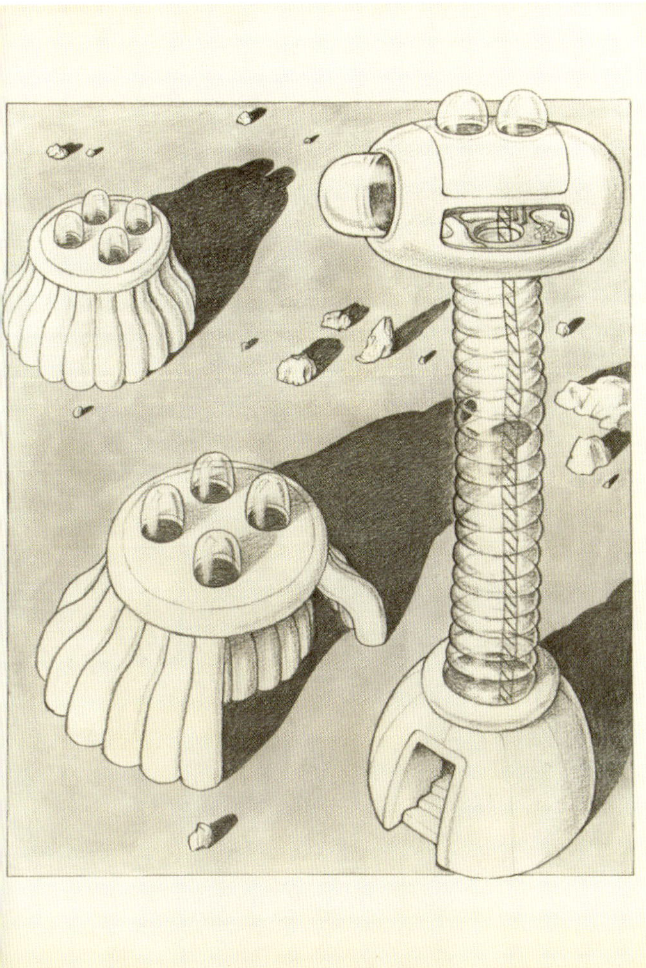

31-6

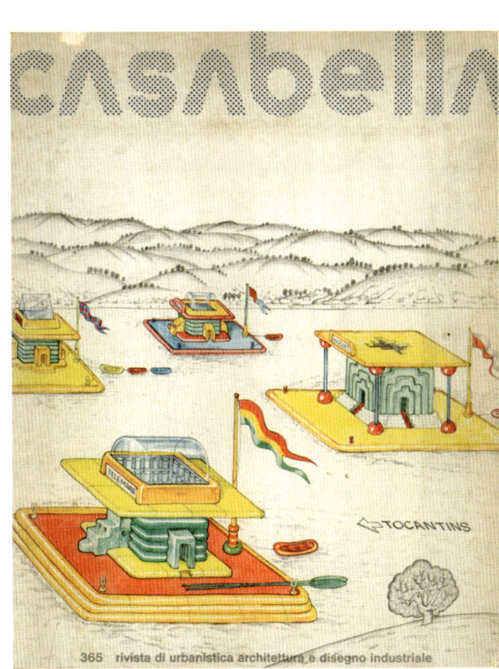

31-7

［ファッション］三宅一生、パリでデビュー
◆ ベトナム和平協定調印
第4次中東戦争勃発
円の変動相場制移行決定
原油値上げ、第1次オイルショック

1974

● G・バーカーツ「重層都市計画」
L・ペッレグルン「線状都市」
J・K・オニール「スペースコロニー島1号」
スーパースタジオ
「エクストラ・アーバン・マテリアル・カルチャー」
R・アブラハム「部屋のない家」
R・クリエ「ハウス・フォア・リタ」
「ロイヤル・ミント・スクエア」
シャアネク「ジョルジュ・ポンピドゥー・センター設計競技案」
G・スティーヴンス「デザート・クラウド」
F・ラッジ「ラ・テンダ・ロッサ（赤いテント）」
A・ロッシ「トリエステ地方事務局コンペ案」
大高正人「千葉港周辺計画」
丹下健三＋L・カーン
「アッバサバド新都心開発マスタープラン」
丹下健三「ファラ・パーク・ホテル」
毛綱毅曠「宇宙庵2」
象設計集団「多野岳〈山の冠〉計画」
東京大学池辺研究室＋
東京工業大学森研究室＋新制作G「球型所」
■ R・マイヤー「ダグラス邸」［アメリカ］
L・カーン「バングラデシュ国会議場」
［バングラデシュ］
L・クロール「ルーヴァン・
カトリック大学学生寮」［ベルギー］
P・アンドリュー
「シャルル・ド＝ゴール空港」［フランス］
岡田新一「最高裁判所」
磯崎新「群馬県立近代美術館」
原広司「原邸」
□『新建築』1974年10月臨時増刊号
「日本近代建築史再考 虚構の崩壊」
長谷川堯『建築 雌の視角』
上松佑二『世界観としての建築』
国土利用計画法制定
★ G・マッタ＝クラーク「スプリッティング」［アメリカ］
『日本−伝統と現代』展［西ドイツ］
［映画］J・ギラーミン
「タワーリング・インフェルノ」［アメリカ］
［文学］C・プリースト『逆転世界』［イギリス］
［文学］J・G・バラード『コンクリートの島』［イギリス］
［漫画］松本零士『宇宙戦艦ヤマト』
［漫画］諸星大二郎『生物都市』
◆ ニクソン大統領、ウォーターゲート事件で
辞任［アメリカ］
無血クーデターによる革命［ポルトガル］
石油危機
セブンイレブン国内第1号店が豊洲にオープン
原子力船むつ、放射能漏れ事故

1975

● T・ヘネガン「スーパースターたちの家」
D・アグレスト「マジョルカの音楽家の為の住宅」
A・ロッシ「暗殺された建築」

1973–2018

問われているプロセス/天命反転の橋
荒川修作+マドリン・ギンズ

The Process in Question / Bridge of Reversible Destiny
Shusaku Arakawa and Madeline Gins

荒川修作+マドリン・ギンズ(以下、AGと記す)の《問われているプロセス/天命反転の橋》(エピナール・プロジェクト)はフランスのエピナール市を流れるモーゼル河にかける橋として構想されたが、実現には至っていない。出品されるのはその長さ13m(実際のスケールは140mになるはずであった)の巨大な模型であって、漆黒の装置としての異様な存在感を漂わせている。

橋は21の装置の連鎖からなり、それぞれ「光の身体的推量」、「共同体的凝視のプロセス」、「不確定性とのつきあい」、「惑星の叫び」、「不滅性の形成」などと名づけられているが、いずれにも特定の行為を強いるような造作が仕組まれており、球状のタンクの横の隙間を体を折り曲げてくぐり抜けたり、斜めに傾けた姿勢で歩んだりしなければならない。内部の構造は複雑で、色セロハンによるステンドグラスのような透明な仕切りも設けられている。

AGの制作ノートには「このコンストラクションは、ディスクールのまったく新しいかたちを可能にする。従来、たとえば話し言葉においては、話し手ないしその話すプロセスはずっと、言葉の連続の背後に隠れていた」。だがこの作品では「人間の行動や表現につねながら課せられている拘束を真似るか、あるいは並行するコンストラクションの中に立つと、通常のように言語の一方的発生によって進む必要がなくなり、問題のプロセスと直接的なディスクールに入っていくことになるだろう」と記されている。

極めて難解ではあるが、エピナールの橋がアフォーダンス的に動作を誘発する(無自覚的な動作を引き出す)装置ではなく、要請された行為の必然性に従うという拘束的な空間の体験をもたらすものであり、それが「ポスト・ユートピアの時代の人間」として私たちを形成し直すことになるのだと解釈できなくはない。AGのそのような天命反転の思想は、後日、実現した《養老天命反転地》(1995)や《三鷹天命反転住宅》(2005)に引き継がれていくことになる。　[A.T.]

32-1
問われているプロセス/天命反転の橋
The Process in Question /
Bridge of Reversible Destiny
1973–1989

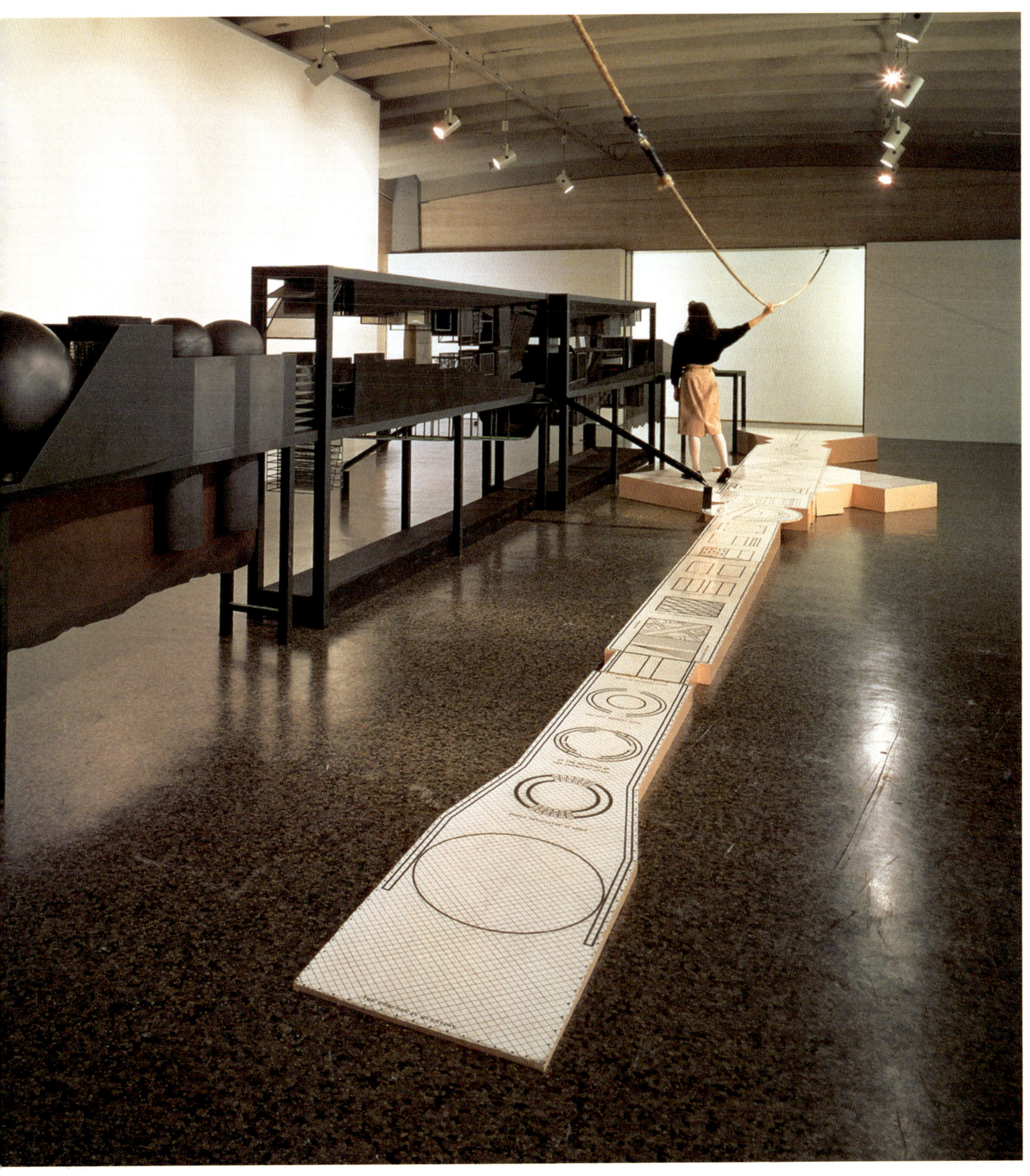

32-2

32-3

32-2
問われているプロセス／
天命反転の橋
（展示風景、ウィリアムズカレッジ、
マサチューセッツ、1990年）
The Process in Question /
Bridge of Reversible Destiny
(Installation-Williams College,
Williamstown,
Massachusetts, 1990)
1990

32-3
左右上下反転ホール 習作
（《問われているプロセス／
天命反転の橋》の部分）
The Process in Question /
Bridge of Reversible Destiny
[Detail: Reverse-Symmetry
Transverse-Envelope Hall – in the
direction of to not to die Study]
1980-90

「問われているプロセス/天命反転の橋」制作年についての付記

本間桃世［荒川修作＋マドリン・ギンズ東京事務所］

- これまでに同作品の制作年は1973–89年と表記されてきたが、2018年に開催されたArakawa and Madeline Gins: Eternal Gradient展（March 30 – June 16, 2018, Arthur Ross Architectural Gallery, Columbia University GSAPP, NY）のExhibition Guideの作品解説には"The Process in Question / Bridge of Reversible Destiny 1987–1990"と紹介されている。これは同展キュレーターによるアーカイヴ資料考察の結果、荒川修作とマドリン・ギンズが同作品の具体的な構想に着手し始めたのは1987年からであり、初めて完成作品が展示されたのが1990年（ロナルド・フェルドマン画廊）であることからの見解による。
- その後「荒川修作の実験展――見る者がつくられる場」（1991年、東京国立近代美術館）、「荒川修作 マドリン・ギンズ展 死なないために 養老天命反転地」（1998年、岐阜県美術館）にて展示されたこの巨大な模型作品は非常に丁寧に記録・展示写真が残されている。
- 今回展示されている2点の写真パネルのオリジナル・プリントのうち、ウィリアムズ・カレッジでの展示風景の左下には作品タイトルとして"Process in Question/Bridge of Reversible Destiny 1973–1989"と記されていることから、年号を含めて作品のタイトルである（制作年は異なる）とする説も上述の展覧会準備期間中に持ち上がった。荒川とギンズの代表作である《意味のメカニズム》でも制作年を構想着手時からの期間を含めて表記する例と同様、《天命反転の橋》も構想を始めたのが1973年とすれば実作の制作年は後年であるとするコロンビア大学展の指摘も興味深い。
- しかし岐阜県美術館での展覧会時までは作家である荒川とギンズが存命中であり、展示、印刷物を含め作家自身が美術館と直接綿密なやりとりをしてきたことを考慮すれば、制作年の表記をどう判断するかは今後の更なる活発な研究に期待したい。
- なお、「問われているプロセス/天命反転の橋（プラン）」の制作年が1989/2018とあるのは、2018年NYの荒川＋ギンズ財団事務所が保管するアーカイヴ資料から元の青焼き写真が発見され、経年劣化していた部分を補修したためである。

32-4
問われているプロセス/
天命反転の橋（プラン）
Plan and Side Elevation of the Process in Question / Bridge of Reversible Destiny
1989 / 2018

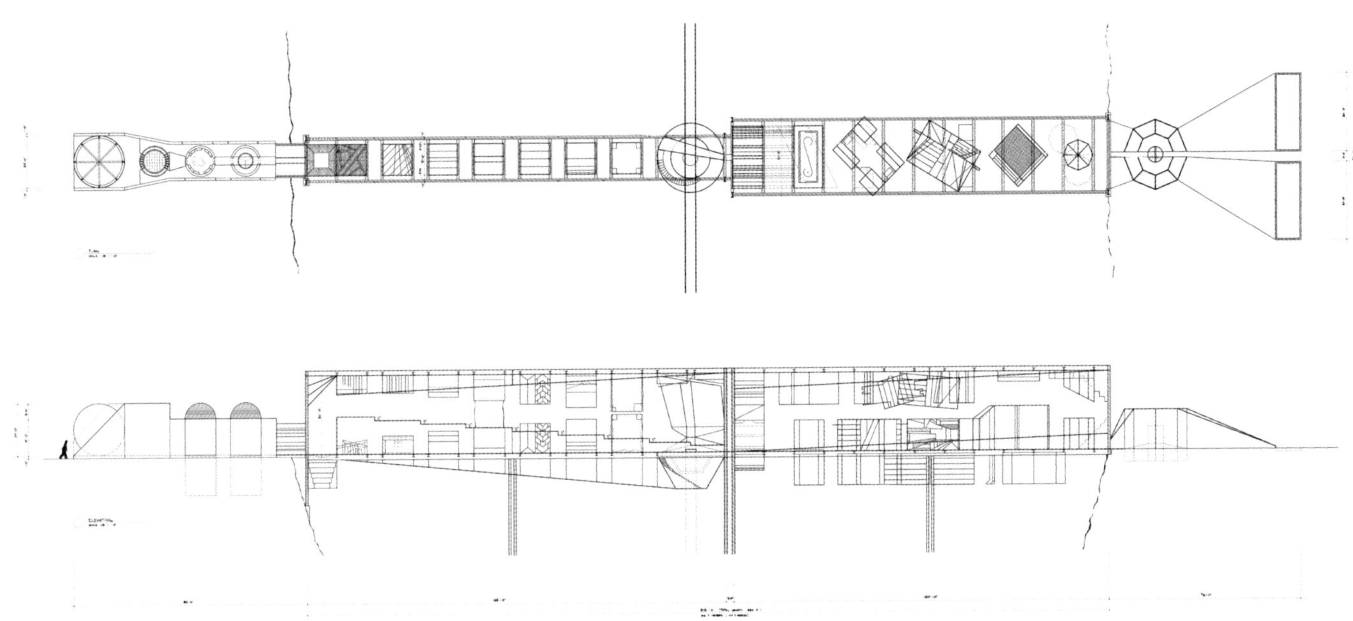

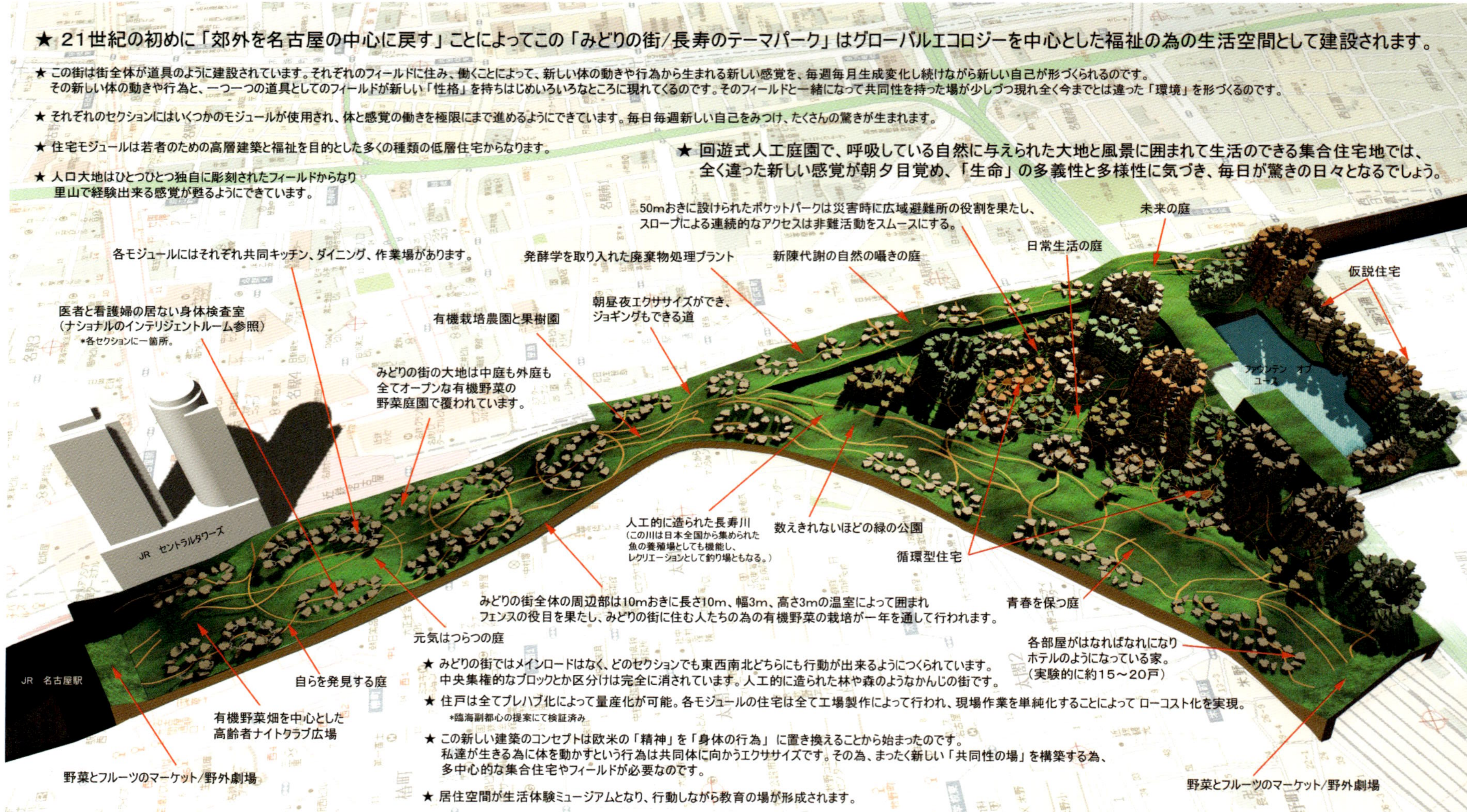
★ 21世紀の初めに「郊外を名古屋の中心に戻す」ことによってこの「みどりの街/長寿のテーマパーク」はグローバルエコロジーを中心とした福祉の為の生活空間として建設されます。
★ この街は街全体が道具のように建設されています。それぞれのフィールドに住み、働くことによって、新しい体の動きや行為から生まれる新しい感覚を、毎週毎月生成変化し続けながら新しい自己が形づくられるのです。
その新しい体の動きや行為と、一つ一つの道具としてのフィールドが新しい「性格」を持ちはじめいろいろなところに現れてくるのです。そのフィールドと一緒になって共同性を持った場が少しづつ現れ全く今までとは違った「環境」を形づくるのです。
★ それぞれのセクションにはいくつかのモジュールが使用され、体と感覚の働きを極限にまで進めるようにできています。毎日毎週新しい自己をみつけ、たくさんの驚きが生まれます。
★ 住宅モジュールは若者のための高層建築と福祉を目的とした多くの種類の低層住宅からなります。
★ 人口大地はひとつひとつ独自に彫刻されたフィールドからなり
里山で経験出来る感覚が甦るようにできています。
★ 回遊式人工庭園で、呼吸している自然に与えられた大地と風景に囲まれて生活のできる集合住宅地では、
全く違った新しい感覚が朝夕目覚め、「生命」の多義性と多様性に気づき、毎日が驚きの日々となるでしょう。
50mおきに設けられたポケットパークは災害時に広域避難所の役割を果たし、
スロープによる連続的なアクセスは非難活動をスムースにする。
未来の庭
日常生活の庭
仮説住宅
各モジュールにはそれぞれ共同キッチン、ダイニング、作業場があります。
発酵学を取り入れた廃棄物処理プラント
新陳代謝の自然の囁きの庭
医者と看護婦の居ない身体検査室
(ナショナルのインテリジェントルーム参照)
*各セクションに一箇所。
有機栽培農園と果樹園
朝昼夜エクササイズができ、
ジョギングもできる道
ファウンテン オブ ユース
みどりの街の大地は中庭も外庭も
全てオープンな有機野菜の
野菜庭園で覆われています。
JR セントラルタワーズ
人工的に造られた長寿川
(この川は日本全国から集められた
魚の養殖場としても機能し、
レクリエーションとして釣り場ともなる。)
数えきれないほどの緑の公園
循環型住宅
みどりの街全体の周辺部は10mおきに長さ10m、幅3m、高さ3mの温室によって囲まれ
フェンスの役目を果たし、みどりの街に住む人たちの為の有機野菜の栽培が一年を通して行われます。
青春を保つ庭
元気はつらつの庭
各部屋がはなればなれになり
ホテルのようになっている家。
(実験的に約15～20戸)
JR 名古屋駅
自らを発見する庭
★ みどりの街ではメインロードはなく、どのセクションでも東西南北どちらにも行動が出来るようにつくられています。
中央集権的なブロックとか区分けは完全に消されています。人工的に造られた林や森のようなかんじの街です。
★ 住戸は全てプレハブ化によって量産化が可能。各モジュールの住宅は全て工場製作によって行われ、現場作業を単純化することによって ローコスト化を実現。
*臨海副都心の提案にて検証済み
有機野菜畑を中心とした
高齢者ナイトクラブ広場
★ この新しい建築のコンセプトは欧米の「精神」を「身体の行為」に置き換えることから始まったのです。
私達が生きる為に体を動かすという行為は共同体に向かうエクササイズです。その為、まったく新しい「共同性の場」を構築する為、
多中心的な集合住宅やフィールドが必要なのです。
野菜とフルーツのマーケット/野外劇場
★ 居住空間が生活体験ミュージアムとなり、行動しながら教育の場が形成されます。
野菜とフルーツのマーケット/野外劇場
★ 日本人はながいながい間、私達の風土から根源的な生活観を感じることのできる環境を建設できませんでした。その理由の一つにはデタラメな法や制度の存在、
もうひとつには都市プランナーや建築家と呼ばれる専門家の方々が「理想的な生活の場所のモデル」のブループリントも提出できなかったからです。
★ 世界で最も高齢化が進んでいる日本で、新しい体の動きや行為を中心とした生活の場所と、歴史(与えられた土地)と人口大地との関係から
健康や長寿がいかに伝統と連続しているか、このみどりの街/長寿のテーマパークで試みます。
みどりの街 / 長寿のテーマパーク
GREEN TOWN / LONGEVITY THEME PARK
ARAKAWA + GINS

32-7
みどりの街/長寿のテーマパーク(仮称)
2002
Green Town /
Longevity Theme Park 2002
2002

愛・地球博に合わせて発表した、
名古屋駅上からの都心部に
郊外型田園都市を展開するプラン。

J・R・コスナー「イタリア広場」
P・アイゼンマン「House X」
E・ゼンゲリス|Z・ゼンゲリス
「ホテル・スフィンクス」
R・コールハース/OMA
「現行犯」「ニューウェルフェア島」
東京大学池辺研究室「PIX-3 VALVIT計画」
菊竹清訓「KIC計画」
丹下健三「コンスタンティン大学」
黒川紀章「ヴァスト市スポーツセンター」
「ソフィアのホテル」「UAE国立大学」
「アブダビ国会議事堂・国際会議場都市」
「カーナジール島観光開発計画」
■ Z・ヘッカー「ラモト・ポリン」[イスラエル]
石山修武「幻庵」
菊竹清訓「アクアポリス」
□ 磯崎新『建築の解体』
文化財法改正、
伝統的建造物群の保存事業開始
新首都問題懇談会発足
新建築住宅設計競技
「わがスーパースターのいえ」
★『ボディ・ワークス』展[シカゴ現代美術館、アメリカ]
[哲学]M・フーコー『監獄の誕生』[フランス]
[文学]B・ショウ『オービッツヴィル』[イギリス]
西武美術館開館
[漫画]藤子・F・不二雄『ドラえもん』
◆ 第1回サミット(主要先進国首脳会議)開催
サイゴン陥落、ベトナム戦争終結
ポル・ポトがカンボジアを占領
沖縄で海洋博覧会開催

1976

● A・グランバック「ラ・ヴィレット巨人の森計画」
C・ホーレイ「ブリックストンの住宅」
A・ロッシ「類推的都市」
E・アンバース「ブドウ栽培共同組合」
M・スコラーリ「破壊的な天使」
B・ミナルディ「ドクター・ノウの家」
S・タイガーマン「ハウスインザクラウズ」
スペースコロニー「オニール&オリアリー」
R・クリエ「新ラ・ヴィレット地区建設のための
APUR競技案」
P・ウィルソン「ウォーター・ハウス/
インターセクション・ハウス」
B・チュミ「マンハッタン・トランスクリプト」
R・コールハース/OMA
「ウェルフェア・パレス・ホテル」
「囚われの球を持つ都市」
O・M・ウンガース「緑の群島」
金壽根「アルボーズ・ハウジング」
A・ロブ=グリエ『幻影都市のトポロジー』
丹下健三
「アルジェリア国際空港」「ヤルムーク大学」
菊竹清訓
「フローティング・ラグジュアリー・ホテル」
「アブダビ・フローティング・ホテル」
白井晟一「京都ホテル」
黒川紀章「アブダビ国際会議場都市コンペ案」
多木浩二「都市の経験」
■ A・ロッシ「サン・カタルドの墓地」[イタリア]
M・ヤマサキ
「ワールド・トレード・センター」[アメリカ]
篠原一男「上原通りの住宅」
安藤忠雄「住吉の長屋」
伊東豊雄「中野本町の家」
□ R・バンハム『メガストラクチャー』[イギリス]
A・スカイ『アンビルト・アメリカ』[アメリカ]
『Man transFORMS: Aspects of Design』
展[クーパー・ヒューイット国立デザイン博物館、
アメリカ]
宮内嘉久『廃墟から——反建築論』
★ R・クラウスら『オクトーバー』創刊[アメリカ]
[映画]M・スコセッシ
「タクシードライバー」[アメリカ]
[映画]マイケル・アンダーソン
「2300年 未来への旅」
[音楽]ロンドンで、セックス・ピストルズが
人気を呼ぶ[イギリス]
◆ 第21回夏季オリンピック開催[カナダ]
周恩来首相が死去して
華国鋒が首相代行に就任[中国]
探査機ヴァイキング1号2号、
火星に軟着陸[アメリカ]
ポル・ポト政権成立[カンボジア]
田中元首相、ロッキード事件で逮捕

1977

● ハウス・ルッカー・コー「びん詰めの自然」
B・チュミ「ジョイスの庭」
A・ロッシ「都市センター計画」
P・クック「アルカディア」
「トロンハイム図書館コンペ案」
G・ドメニク/バー「象」
G・ボリャーコフ「宇宙ネックレス都市」
R・クリエ「レンヴェーク地区再生計画」
黒川紀章「国立劇場」
菊竹清訓
「フローティング・インフラカセット計画」
丹下健三「テヘラン市庁舎」
「カタール・ガバメント・センター」
槇文彦「コタキナバル・スポーツ・コンプレックス」
小見山昭「PROJECT〈R〉」
相田武文「『ホス』ホテル計画案」
重村力「酔ひどれ船」
竹山実+武蔵野美術大学大学院
「表情する環境」
日大トラポリス委員会
「軌道空間都市"トラポリス"」
■ R・ピアノ+R・ロジャース
「ポンピドゥー・センター」[フランス]
前川國男「熊本県立美術館」
黒川紀章「国立民族学博物館」
□ C・ジェンクス
『ポスト・モダニズムの建築言語』[アメリカ]
第14回サンパウロ・ビエンナーレ[ブラジル]
鈴木博之『建築の世紀末』
『SD』にて磯崎新
「イマジナリー・アーキテクチュア」連載開始
★『20年代の傾向』展[西ドイツ]
ドクメンタ6、荒川修作、河原温、高松次郎、
原口典之、李禹煥ら出品[西ドイツ]
[文学]M・ビショップ『ささやかな叡智』[アメリカ]
[映画]G・ルーカス「スター・ウォーズ」[アメリカ]
第1回『ぴあ』展
国立国際美術館、開館

[漫画]竹宮恵子『地球へ…』
◆エジプト大統領サダト、イスラエル訪問
日本赤軍によるダッカ日航機ハイジャック事件
王貞治ホームラン世界記録

1978

● D・アグレスト「パーク・スクエア」
G・ペッシェ「マンハッタンの摩天楼」
S・ホール「テレスコープハウス」
D・グラハム「ビデオ・プロジェクション・アウトサイド・ホーム」
M・スコラーリ「シークレット・タウン」
F・O・ゲーリー+L・ハルプリン「アーツ・パーク・ロサンゼルス」
丹下健三「モロッコ・ガバメント・センター」「カンヌ国際フェスティバルホール」
黒川紀章「ソウル新都心計画」
菊竹清訓「斜面をもつサービスエリア」
高崎正治「月のいろ」
仙田満「世界を望む家」
安藤忠雄「みえないいえ」
吉阪隆正「イラン・パーレビ図書館コンペ案」
立石紘一(タイガー立石)「裏がえしの家」
木村恒久「ラディカル・エコノミック・タワー」
■ N・フォスター「セインズベリィ美術センター」[アメリカ]
谷口吉生+高宮眞介「資生堂アートハウス」
三菱地所「サンシャイン60」
□ C・ロウ+F・コッター『コラージュ・シティ』[アメリカ]
R・コールハース『錯乱のニューヨーク』[アメリカ]
C・パラン『建築と核』[フランス]
『日本建築のニューウェーブ』展[IAUS、アメリカ]
★[映画]R・ドナー「スーパーマン」[アメリカ]
[文学]R・シェクリイ『フューチュロポリス』[アメリカ]
[文学]A・ケストラー『ホロン革命』[オーストリア]
磯崎新・武満徹『間――日本の時空間』展[パリ装飾美術館ほか、フランスほか]
『国際ビデオアート展』[朝日講堂、草月会館]
◆世界初の対外受精児誕生[イギリス]
新東京国際空港(成田空港)開港
日中平和友好条約調印

1979

● **D・リベスキンド「マイクロメガス」**
N・O・ルンド「建築の未来:スカイスクレーパー・オン・ザ・ロック」
ハウス・ルッカー・コー「リンツのミケ」
M・スコラーリ「都市門」
C・プライス「ジェネレーター・ネットワーク」
W・ピッヒラー「眼痛」
B・マイヤーズ、C・ペリ、F・O・ゲーリーほか「グランド・アベニュー」
丹下健三「ナイジェリア新首都都心計画」
黒川紀章「アサリール・ニュータウン計画」
■ G・ドメニク「ウィーン中央銀行」[オーストリア]
F・O・ゲーリー「ゲーリー自邸」[アメリカ]
□ パリ・グラン・プロジェ[フランス]
『トランスフォーメーション・イン・モダン・アーキテクチュア』展[MoMA、アメリカ]
鈴木博之「私的全体性の模索」発表

1979 マイクロメガス:終末空間の建築 ダニエル・リベスキンド

Micromegas: The Architecture of End Space | Daniel Libeskind

脱構築主義の建築家として位置づけられるダニエル・リベスキンドは、「終末空間の建築」と副題の付けられたドローイング《マイクロメガス》で鮮烈なデビューを果たす。18世紀フランスの歴史家・哲学家ヴォルテールによる哲学的小説『ミクロメガス』に因んで命名されたこのドローイングは、「1. The Garden/庭」、「2.Time Sections/時の断片」、「3. Leakage/漏出」、「4. Little Universe/小宇宙」、「5. Arctic Flowers/北極の花」、「6. The Burrow Laws/穴の法則」、「7. Dance Sounds/ダンス・サウンド」、「8. Maldoror's Equation/マルドロールの方程式」、「9. Vertical Horizon/鉛直水平線」、「10. Dream Calculus/夢の微積分」の10点、およびタイトルページで構成される。

ドローイングは、いずれも破壊された建築の断片が飛散しているようにも、分解された線や機械の部品か何かの集合体のようにも見える。地と図の区別すらつかないくらい無数の線が集積し、錯綜した形態がひたすら展開される。幾何学的図形が複雑に入り組んだ図面のように見えなくもないが、それ自体はけっして、建築物を構成してはいない。

私たちは多くの場合、建築における「ドローイング」とは、建物を設計するために用意されるものであり、最初は単なるアイデアに過ぎなかった概念が次第に形態をおびて、最終的に建築物として実現される、そのプロセスにおいて欠かせないものとして認識している。しかしながら、リベスキンドのドローイングは、この認識から逸脱しているだけでなく、古典主義的な透視図法をも拒絶し、紙面上に3次元空間が展開されていることを期待する私たちを軽快に欺く。因習的なドローイングの解釈に依拠するかぎり、完全に解読不可能なドローイングなのだ。

なんらかを指示し伝達する機能を担わないばかりか、建築することすら意図されていないリベスキンドのドローイングは、彼がいうところの「自らをなぞとして――それがどのように使われるかが未定の、未知の道具として」不完全の様相を差し出すことによって、作品として終わりのない、つねに流動的な戯れのなかにとどまり続けている。

[N.S.]

[参考文献]

- 『ユリイカ 特集=ダニエル・リベスキンド 希望としての建築』第35巻第4号(青土社、2003年3月号)
- 『第5回ヒロシマ賞受賞記念展 ダニエル・リベスキンド――存在の6つの段階のための4つのユートピア』(図録、広島市現代美術館、2002)
- ダニエル・リベスキンド『ブレイキング・グラウンド――人生と建築の冒険』(鈴木圭介訳、筑摩書房、2006)

33-1-a

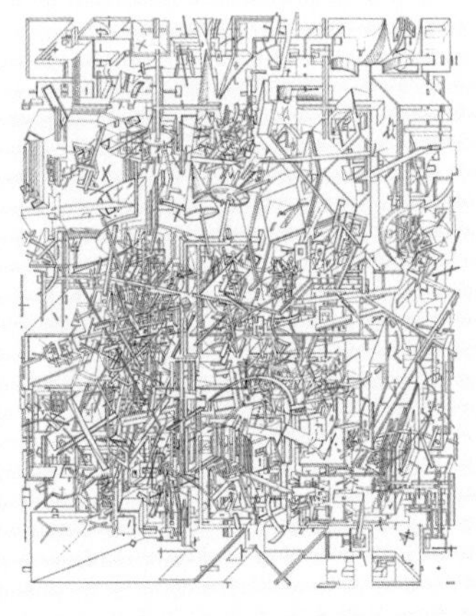
33-1-b

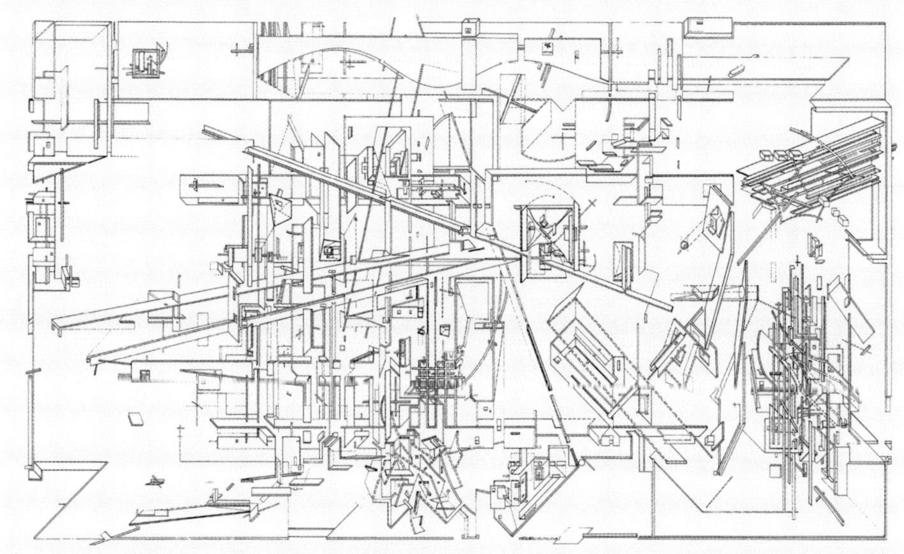

33-1-c

33-1-a
マイクロメガス、表紙
Cover, Micromegas
1979

33-1-b
マイクロメガス、
マルドロールの方程式
Maldoror's Equation,
Micromegas
1979

33-1-c
マイクロメガス、庭
The Garden, Micromegas
1979

33-1-d
マイクロメガス、時の断片
Time Sections, Micromegas
1979

33-1-e
マイクロメガス、漏出
Leakage, Micromegas
1979

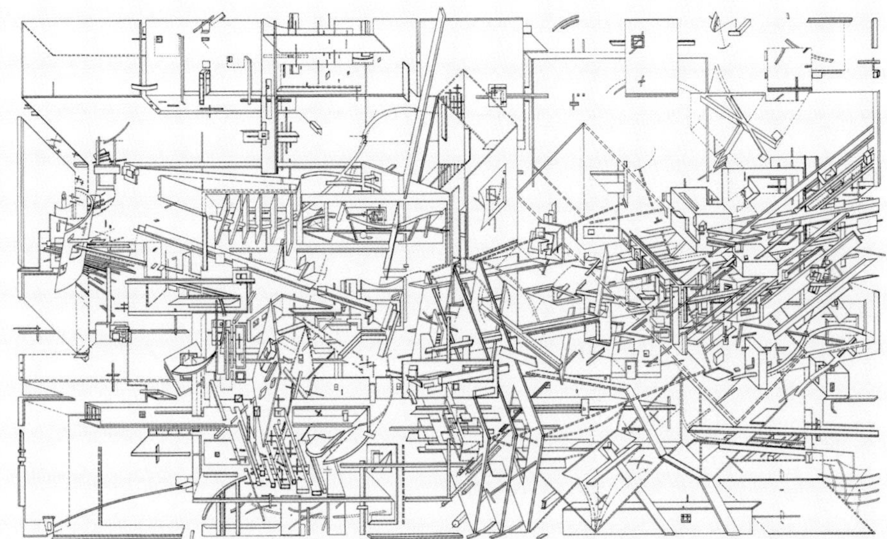

33-1-d

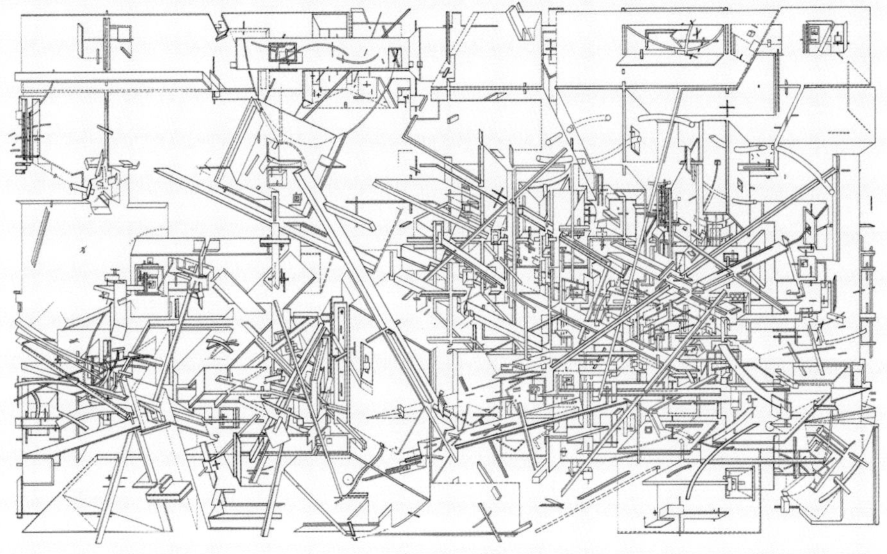

33-1-e

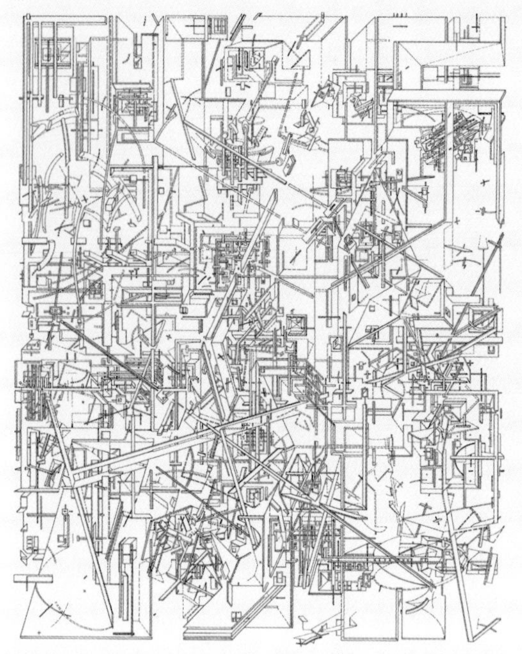

33-1-f

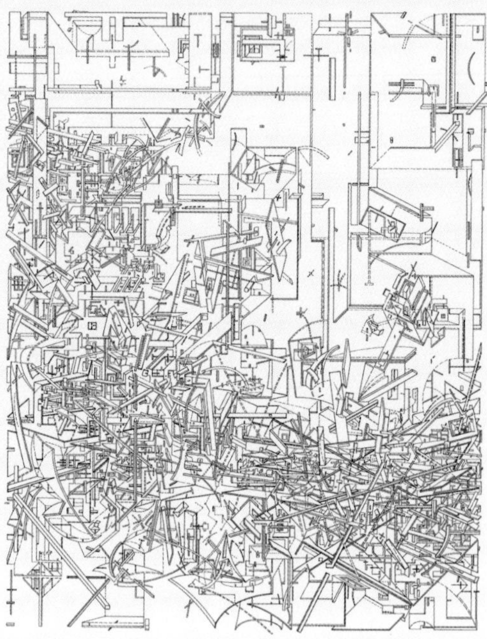

33-1-g

33-1-f
マイクロメガス、穴の法則
The Burrow Laws, Micromegas
1979

33-1-g
マイクロメガス、北極の花
Arctic Flowers, Micromegas
1979

33-1-h
マイクロメガス、夢の微積分
Dream Calculus, Micromegas
1979

33-1-i
マイクロメガス、鉛直水平線
Vertical Horizon, Micromegas
1979

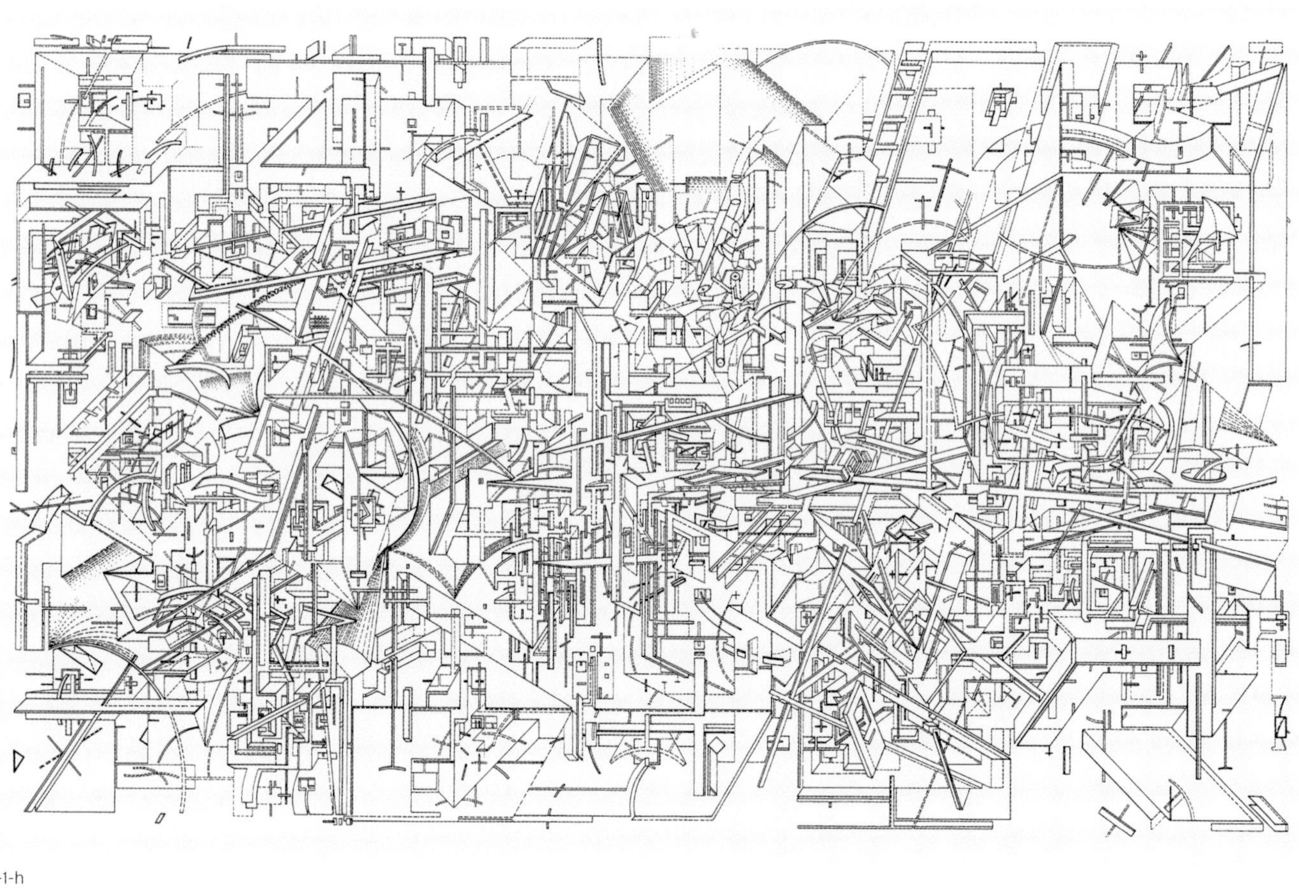

33-1-h

33-1-i

槇文彦「平和な時代の野武士達」発表
八束はじめ編『建築の文脈・都市の文脈』
柏木博『近代日本の産業デザイン思想』
名護市庁舎コンペ
毛綱毅曠、六角鬼丈、石山修武ら、婆沙羅結成
第2期高山建築学校開校

★［哲学］J＝F・リオタール『ポストモダンの条件』［フランス］
［映画］R・スコット「エイリアン」［アメリカ］
［映画］G・ミラー「マッドマックス」［アメリカ］
企画：谷川晃一『アール・ポップ』展［池袋パルコ］
［思想］蓮實重彦『表層批評宣言』
［アニメ］日本サンライズ「機動戦士ガンダム」

◆スリーマイル島で原発事故［アメリカ］
ホメイニ師パリから帰国、イラン革命達成
サッチャーが初の女性首相に［イギリス］
ソ連軍、アフガニスタン侵攻
第2次オイルショック
日本電気、パーソナル・コンピュータPC-8001を発表
インベーダー・ゲーム流行

1980

● **J・ヘイダック「ランカスター／ハノーバーの仮面劇」**
H・ヤーン「スカイ＝スクレーパー」
A・カンタフォーラ「平凡な街」
E・アンバース「コルドバの家」
L・ウッズ「シカゴトリビューン」「アインシュタインの墓」
コープ・ヒンメルブラウ「Blazing Wing」
G・ドメニク「ストーンハウス・エクスプロージョン」
M・ウェブ「テンプル・アイランド・リサーガム」
E・O・モス「ファン・ハウス」
C・ホーリィ「シャドウ・ハウス」
コイ・ハワード「グロスレジデンス」
木島安史「新建築会館コンペ2等案」
東孝光「日銀大阪支店再生計画」
黒川紀章「エルファテ大学」「南フリードリッヒ地区指名競技」「ベンガジ・イーストコースト再開発」
丹下健三「ナポリ市新都心計画」

■D・カラヴァン「大都市軸」［フランス］
高須賀晋＋宮下英雄「生闘學舎」
葉祥栄「光格子の家」

□ベルリンIBAプロジェクト［ドイツ］
オーストラリア国会議事堂コンペ［オーストラリア］
第1回ヴェネチア・ビエンナーレ国際建築展『過去の現前』［イタリア］
『ハウス・フォー・セール』展［レオ・キャステリ・ギャラリー、アメリカ］
磯崎新＋篠山紀信『建築行脚10 幻視の理想都市』
月尾嘉男＋北原理雄『実現されたユートピア』
槇文彦ほか『見えがくれする都市』
新建築会館コンペ

★ニューヨークでD・サーレ、R・ロンゴらによるニューペインティング運動のブームが起こる［アメリカ］
『ジャパン・スタイル』展［ヴィクトリア・アンド・アルバート美術館、イギリス］
プロデュース：榎本了壱『第1回日本グラフィック』展
［漫画］大友克洋『童夢』
［音楽］YMO「テクノポリス」

◆モスクワで第22回夏季オリンピック開催、冷戦のため59か国がボイコット［ソ連］
光州事件［韓国］
イラン・イラク戦争勃発
ジョン・レノン射殺［アメリカ］
自動車生産台数世界第1位に

1981

● P・クック＋C・ホーリィ「レイヤー・シティ」
J・ワインズ＋SITE「高層戸建てプロジェクト」
SITE「高層人工大地」
P・アイゼンマン「コートハウス・スクエア」
C・ムーア「建築のファンタジー」
S・ホール「家の橋」
丹下健三「ナイジェリア国会議事堂」
黒川紀章「ベンガジ7000戸住宅」
竹山実「ある病院の計画」
上田篤「生国魂神社――海の監視所」
渡辺豊和「仁徳帝『高津宮』」「三輪山王宮夢屋」
高崎正治「自由建築・3家族のすまい」「フリーアーキテクチュア：3つの家族のための住宅」
荒川修作＋M・ギンズ「知覚の降り立つ場（II）」

■J・バワ「スリランカ国会議事堂」［スリランカ］
象設計集団＋アトリエ・モビル「名護市庁舎」

□N・コーツほか『NATO』創刊
アラブ世界研究所コンペ［フランス］
『ハウス・アズ・イメージ：ポストモダン・アーキテクチャー』展［ルイジアナ近代美術館、デンマーク］
エットーレ・ソットサス「メンフィス」設立［イタリア］
布野修司『戦後建築論ノート』
同時代建築研究会『悲喜劇・一九三〇年代の建築と文化』

★［映画］J・カーペンター「ニューヨーク1997」［アメリカ］
［文学］V・ヴィンジ『マイクロチップの魔術師』［アメリカ］
［文学］R・ラッカー『時空ドーナツ』［アメリカ］
［文学］L・ニーヴン＋J・パーネル『忠誠の誓い』［アメリカ］
『マルセル・デュシャン』展［高輪美術館］
［映画］山口勝弘「未来庭園」
［文学］田中康夫『なんとなくクリスタル』

◆後天性免疫不全症候群（AIDS）をアメリカ防疫センターが認定
R・レーガンが第40代大統領に就任［アメリカ］
超特急TGVがパリ―リヨン間に開通［フランス］
中国残留日本人孤児、初の正式来日
台湾で遠東航空103便墜落事故
ローマ法王初来日
神戸ポートアイランド博覧会開催

1982

● P・バーチ「部分軌道エレベーター」
A・ブロツキー＋I・ウトキン「クリスタル・パレス：第17回セントラル硝子国際コンペ案」
I・ノグチ「カリフォルニア・シナリオ」

B・フラー「ダイマキシオン・スカイオーシャン・ワールド・マップ」
N・コーツ「フォークランズ・ミュージアム」「ミューズ・ブリタニア」
C・ホーレイ「ベッカム・ハウス」
R・コールハース／OMA「ラ・ヴィレット公園コンペ案」
Z・ハディド「ラ・ヴィレット公園コンペ案」
早稲田大尾島研究室「アングラ都市構想」
茶谷正洋「折り紙建築」
村田豊「ラ・ヴィレット公園コンペ案」
原広司「ラ・ヴィレット公園コンペ案」
丹下健三「アラビアン・ガルフ大学」「シャハラーム・タウンセンター」「シャハラーム・ホテル」「キングズ・センター」

■ H・ホライン「メンヘングラートバッハ美術館」［ドイツ］
M・グレイヴス「ポートランドビル」［アメリカ］
M・イン・リン「ベトナム慰霊碑」［アメリカ］
W・ディズニー「EPCOTセンター」［アメリカ］
黒川紀章「埼玉県立近代美術館」
日建設計「新宿NSビル」

□ V・M・ランプニャーニ『20世紀のヴィジョナリー・アーキテクチュア』［イタリア］
C・ノリス『ディコンストラクション』［イギリス］
ラ・ヴィレット公園コンペ［フランス］
イラク国立モスクコンペ［イラク］
M・グロピウス・バウ『ツァイトガイスト』展［ドイツ］
藤森照信『明治の東京計画』
八束はじめ『逃走するバベル』
『現代建築家ドローイング集成』
前田愛『都市空間のなかの文学』
荻須記念館コンペ

★ ドクメンタ7、J・ボイス「7000本の樫の木」プロジェクトを提案［西ドイツ］
『時代精神』展［西ドイツ］
［映画］R・スコット「ブレードランナー」［アメリカ］
［映画］S・リズバーガー「トロン」［アメリカ］
『芸術と革命』展［西武美術館］
ニューペインティング、日本でも隆盛
［文学］菊地秀行『魔界都市〈新宿〉』
［漫画］大友克洋『AKIRA』
［漫画］宮崎駿『風の谷のナウシカ』
［アニメ］「超時空要塞マクロス」

◆ ニューヨークで100万人が集う反核デモ発生［アメリカ］
フォークランド紛争勃発［アルゼンチン・イギリス］
CDプレイヤー発売

1983

● Z・ハディド「香港ピーク」
D・リベスキンド「チェンバーワークス」
コープ・ヒンメルブラウ「オープンハウス・プロジェクト」
C・プライス「パースのパヴィリオン」
M・プライズマン「アルビオン」「ウルフ・ハウジング」
渡邊洋治「香港ピークコンペ案」「パリ新オペラ座コンペ案」
象設計集団「パリ新オペラ座コンペ案」
高崎正治「大地のいろ・響層のいろ・気層の関」
菊竹清訓「テートデファンス国際情報センターコンペ案」
相田武文「積木の家IX 人形の家」
丹下健三「ヨルダン国家宮殿」「OCBCコンドミニアム」「インターナショナル・ペトロリアム・センター」「マリーナ・サウス」「MRTラッフルズプレイス駅」「フェデラル・ツイン・キャピタル」
黒川紀章「セルディカ・コンプレックス」

■ L・カーン「バングラデシュ国政センター」［バングラデシュ］
R・マイヤー「ハイ・ミュージアム」［アメリカ］
D・スコット「トランプタワー」［アメリカ］
磯崎新「つくばセンタービル」
高松伸「ARK（仁科歯科医院）」
大江宏「国立能楽堂」
谷口吉生「土門拳記念館」

□ C・パラン『原子の家』［フランス］
『フォリーズ』展［レオ・キャステリ・ギャラリー、アメリカ］
パリ新オペラ座コンペ［フランス］
音楽都市コンペ［フランス］
香港ピーク・コンペ［香港］
柄谷行人『隠喩としての建築』
渡辺豊和『三輪山王宮夢・東京展』［千代田火災ギャラリー］
『21人の手 建築家によるドローイング展』［ギャラリーたかぎ］
幕張新都心事業化計画策定

★ J・バダム「ウォー・ゲーム」［アメリカ］
『日本の前衛1920-1970』展［西ドイツ］
佐賀町エキジビット・スペース開館
［思想］浅田彰『構造と力』
［漫画］武論尊＋原哲夫『北斗の拳』

◆ 大韓航空機を撃墜［ソ連］
レーガン「SDI構想」発表［アメリカ］
東京ディズニーランド開園
ロッキード裁判始まる

1984

● **J・ヘイダック「犠牲者たち」**
NYアーキテクツ「タイムズスクエアタワー」
アルキテクトニカ「サウスフェリープラザ」
M・スコラーリ「アクロポリス」
フューチャー・システムズ「ピーナッツハウス」
N・コーツ「アークアルビオン」「ラディカル・テクノロジー」「早送り：東京1997」
L・ウッズ「シティ・オブ・エア」「エピサイクラリアム」
B・ドーシ「ビッドヒャダー・ナガー都市計画案」
A・ブロツキー＋I・ウトキン「ワンダリング・タートル」
R・ヴェンチューリ「市立アートソサイエティ・タイムズタワー・サイト・コンペティション案」
原広司「グラーツ多層構造モデル」
丹下健三「キングサウド大学キャンパス」
海洋情報都市開発研究会（菊竹清訓ほか）「海洋情報都市1985」
尾島俊雄「下町マンハッタン構想」
丹下健三「アソケ・プロジェクト」「パークランド・コンドミニアム」「ニュー・ワールド・コンプレックス」

■ J・スターリング「シュトゥットガルト州立美術館」［ドイツ］
F・ジョンソン＋J・バギー「AT＆Tビル」［アメリカ］
R・モネオ「国立古代ローマ博物館」［イタリア］

金壽根「ソウルオリンピック・スタジアム」[韓国]
石井和紘「直島町役場」
伊東豊雄「シルバーハット」
石山修武「伊豆の長八美術館」
高松伸「キリングムーン」
□ 松山巖『乱歩と東京』
伊藤俊治『写真都市』
★『20世紀におけるプリミティヴィズム』展[MoMA、アメリカ]
[映画]W・ヴェンダース「パリ、テキサス」[西ドイツ]
[映画]D・リンチ「デューン/砂の惑星」[アメリカ]
[映画]J・キャメロン「ターミネーター」[アメリカ]
[文学]W・ギブスン『ニューロマンサー』[アメリカ]
『ヨーゼフ・ボイス』展開催[西武美術館]
『ナムジュン・パイク』展[東京都美術館]
[映画]宮崎駿「風の谷のナウシカ」
◆ 第23回夏季オリンピック開催[アメリカ]
NHK衛星テレビ放送開始
日本人の平均寿命、男女ともに世界1位に

1985

● ディラー+スコフィディオ「アメリカン・ミステリーズ」
D・リベスキンド「建築における3つのレッスン」
P・アイゼンマン「Moving Arrows, Eros and Other Errors」
ボレス+ウィルソン「アッカデーミア橋」
コープ・ヒンメルブラウ「ハンブルクのスカイライン」
R・ヘロン「ロボ・ハウス」
R・ブンショーテン「スピノザの庭」
M・ウェスト「ウェルカム・トゥ・ザ・ネイバーフッド」
F・プリーニ+L・テルメス「バーバラス・スカイスクレーパー」
P・ウォーカー「タナー・ファウンテン」
M・サフディ「コロンバス・センター」
SITE「パーシング・スクウェア・グリーン・カーペット」
相田武文「ロメオ城とジュリエット城」
入江経一「2001年の様式」
石井和紘「スイギング・ハウス計画」
東京大学原研究室「影のロボット」
丹下健三「バンダルスリブガワン・マスタープラン」
鈴木了二「断層建築II『原基』」
毛綱毅曠「聖なる3つの変奏による空間」
象設計集団+高松伸+毛綱毅曠+山本理顕ほか「住居2010年への予告」
■ コープ・ヒンメルブラウ「ルーフトップ・リモデリング」[オーストリア]
槇文彦「SPIRAL」
早川邦彦「アトリウム」
C・アレグザンダー「盈進学園東野高等学校」
□『非物質』展[ポンピドゥー・センター、フランス]
N・コーツ/NATO『ガンマ・シティ』展[AIR Gallery、イギリス]
第3回ヴェネチア・ビエンナーレ国際建築展コンペ「ロミオ城とジュリエット城」[イタリア]
「2001年の様式」『新建築』(1985年7月臨時増刊号)
陣内秀信『東京の空間人類学』
TOTOギャラリー・間開館
『現代デザインの展望 ポストモダンの地平から』展[京都国立近代美術館ほか]

1980–1982 ランカスター/ハノーバーの仮面劇 ジョン・ヘイダック

The Lancaster / Hanover Masque | John Hejduk

1984 犠牲者たち ジョン・ヘイダック

Victims | John Hejduk

1950年代からモダニズムを批判的に継承し、建築を純粋に幾何学的、空間的な観点から捉えてきたジョン・ヘイダックは、1980年代になると寓意性に充ちた構想を発表していく。それらの構想は病理的な側面も含む社会や歴史への関心がうかがわれ、犠牲者、自殺者といった主題にも言及している。例えば、ヘイダックはベルリンでの設計競技において、第2次大戦中に拷問室を備えたナチスのゲシュタポ本部があった地区のために、《犠牲者たち》(1984)と題した計画を提案している。「子供/メリーゴーランド」、「死者/死者の泣声」など、それぞれ主題と役割を担った67体の多様な構築物を、30年間かけて配置していくという案である。それらの構築物の中には、舞台装置、遊具、彫刻的なオブジェのようなものも含まれていた。

社会的、歴史的になんらかの性格をもった場所にさまざまな構築物を配して、その場所の多元的な意味や記憶を浮かび上がらせるこのようなプロジェクトを、ヘイダックは「仮面劇」と総称している。16世紀から17世紀にかけて英国の宮廷で栄えた仮面劇は、物語の展開が少ない寓意的で非言語的な演出を軸としていた。ヘイダックはその特質に触発され、仮面劇を自らのプロジェクトの名称に付したと言われている。

ヘイダックの仮面劇はベルリンのようなポリティカルな都市だけではなく、アメリカの素朴な農村共同体を想定した案も構想された。その案は《ランカスター/ハノーバーの仮面劇》(1980-82)と題されていることから、ヘイダックがその文化的風土や歴史に惹かれていたニューイングランドのこれら2つの小都市が念頭にあったと思われる。68体の構築物によって構成される《ランカスター/ハノーバーの仮面劇》は、繊細に描かれた9点の大型の素描を中心に練られており、多数の小型の素描も添えられている。素描は詩的な感性に満ち溢れており、登場する構築物はベルリンの案と同様、無意識に作用するようなオブジェ的なものが含まれている。全体に通底する文脈や論理は不在であるが、それらを通観していくと絵本の世界のようであり、建築の構想であることを忘れてしまうほどである。

だがヘイダックは仮面劇のプロジェクトを、決して幻想としては語らない。それは、《ランカスター/ハノーバーの仮面劇》に登場する構築物がそれぞれ入念に計画され、《老人の農夫の家》、《農村病院》、《ホテル》、《死神の家》といった具体的な役割を担っていることからもわかる。ヘイダックの「仮面劇」とは、寓意的な形を纏ったさまざまな構築物の意味と役割の関係を手がかりに、その場所に住むこと、コミュニティに暮らすことについて問いかけていくプロジェクトであるといえるだろう。 [I.H.]

[参考文献]

- *John Hejduk: Lancaster/Hanover Masque*, Canadian Centre for Architecture, 1992.

34-1
犠牲者たち
Victims
1984

34-4

34-2
ホテル
(ランカスター/ハノーバーの仮面劇)
Hotel,
from Lancaster /
Hanover Masque
1980–82

34-3
死神の家
(ランカスター/ハノーバーの仮面劇)
Reaper's House,
from Lancaster /
Hanover Masque
1980–82

34-4
プレゼンテーションのための素描
(ランカスター/ハノーバーの仮面劇)
Presentation drawing
for Lancaster /
Hanover Masque
1980–82

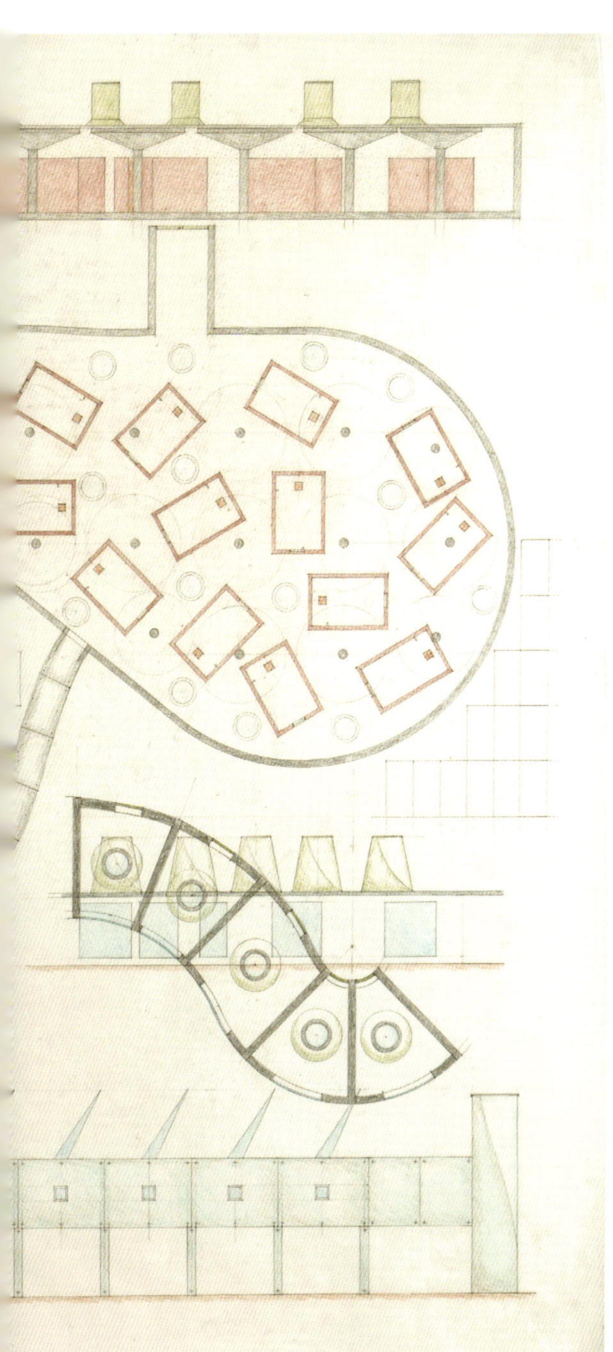

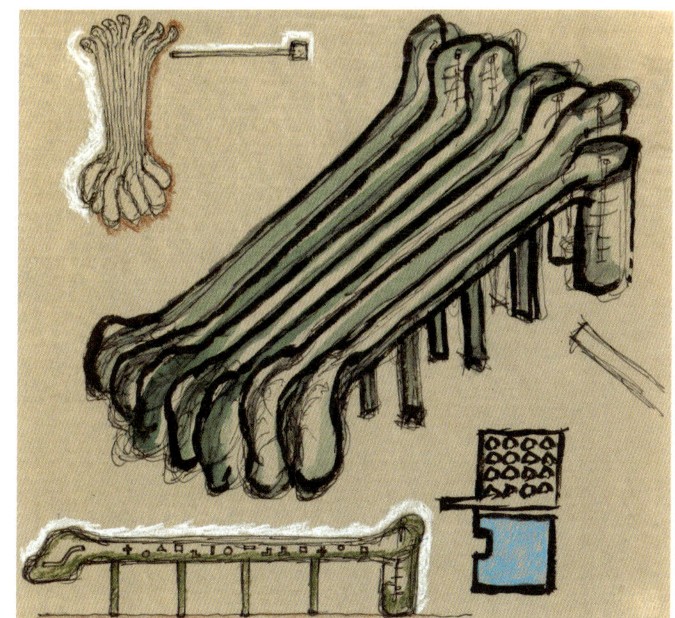

34-2

34-3

日本火災海上軽井沢厚生寮コンペ
★ R・クラウス『前衛のオリジナリティとモダニズムの神話』[アメリカ]
B・ステイブルフォード＋D・ラングフォード『2000年から3000年まで』[イギリス]
『再構成－日本の前衛1945-1965』展[オックスフォード近代美術館ほか、イギリス]
[映画]T・ギリアム「未来世紀ブラジル」[イギリス]
川俣正「PS1 in NY」
森村泰昌「ゴッホ 肖像画」
[文学]荒俣宏『帝都物語』
◆ M・ゴルバチョフ、ソ連共産党書記長に選出、ペレストロイカを提唱
R・レーガン、M・ゴルバチョフ、米ソ首脳会談
つくば科学博開催
任天堂の「スーパーマリオ」流行

1986

● R・ロジャース「ありうべきロンドン」
A・ブロツキー＋I・ウトキン「名前のない川」
A・サファティ「国道7号線計画」
フューチャー・システムズ「ドーナツハウス」「オフィスビル『BLOB』」
ボレス＋ウィルソン「パラダイス・ブリッジ」
モーフォシス「六番街の家」
B・ニコルソン「アプライアンス・ハウス」
R・コールハース／OMA「ボディ・ビルディング・ハウス」
Y・アヴァクモフ＋Y・クージン「レッド・タワー（ウラジミール・タトリンへのオマージュ）」
P・アイゼンマン「グワルディオラ邸」
P・アイゼンマン＋J・デリダ「コーラル・ワークス」
M・チャーニー「ヴィジョンズ・オブ・テンプル」
J・ヌーヴェル「第2国立劇場コンペ案」
B・チュミ「第2国立劇場コンペ案」
D・クロンプトン＋R・ヘロン「川崎情報都市」
N・コーツ「ガンマ・シティ」
磯崎新「東京都新庁舎計画」
石山修武「映宙船都市ラーマーヤナ」
伊東豊雄「シルバーシティへの夢」
竹山聖「湘南台文化センターコンペ案」
高崎正治「大地の建築'86」
丹下健三「東京計画1986」
毛綱毅曠「KAWASAKI発見伝」（高度情報都市国際コンペ1等案）
■ N・フォスター「香港上海銀行」[香港]
磯崎新「ロサンゼルス現代美術館」[アメリカ]
R・ピアノ「メニル・コレクション美術館」[アメリカ]
R・ロジャース「ロイズ・オブ・ロンドン」[イギリス]
石井和紘「同世代の橋」
北河原温「RISE」
□『Tokyo: Form and Sprit』展[ウォーカー・アート・センター、アメリカ]
隈研吾『10宅論』
近江榮『建築設計競技：コンペティションの系譜と展望』
西和夫ほか『SD』1982年7月号「幻の日本建築：失われた建築、描かれた建築」
藤沢市湘南台文化センターコンペ
東京都新庁舎コンペ
第2国立劇場コンペ

1986 **東京都新都庁舎計画 磯崎新**

New Tokyo City Hall Project | Arata Isozaki

1985年11月8日から86年2月25日にかけて、有楽町から新宿へ移転する東京都庁舎の設計者を選定する指名設計競技（コンペティション）が実施された。敷地は、かつての淀橋浄水場跡地である、新宿西口の都有地3ブロック。庁舎の規模は、職員数1万3千人、本庁舎総面積は33万9千m²、議会棟総面積3万m²、総工費（予算）は1,365億円に及ぶ。指名コンペに参加したのは、丹下健三都市建築設計研究所、日建設計東京本社、日本設計事務所、前川國男建築設計事務所、坂倉建築研究所東京事務所、山下設計、松田平田坂本設計事務所、安井建築設計事務所東京事務所、磯崎新アトリエの9社。

要項には、「21世紀に向けて発展する東京の自治と文化のシンボル。ふるさと東京のシンボル。国際都市東京のシンボル」と、執拗なほど新都庁舎のシンボル性が求められていた。要項では棟数の制限はないが、超高層1棟案では、高さ制限250mという新宿新都市開発協議会協定（SKK協定）に抵触することが予測された。つまり、要項を読めば「超高層2棟」が求められていることは明らかだったが、磯崎は、「超高層2棟」、「超高層1棟」、約20階建ての「低層（超中層）」の3つの可能性を探ることとし、それぞれの案を、当時磯崎アトリエの所員だった菊地誠、青木淳、渡辺真理が中心となって検討を進めるよう指示を出す。そして、プロジェクト全体のまとめ役として青木宏が指名された。1985年12月、スタディにおける各案の問題点や可能性の報告を受けた磯崎は、「低層案」でいくことを決める。建築デザインの検討に際し、磯崎がいつも使用する薄黄色トレーシングペーパーに、いくつものアイデアをスケッチするところから始めた。最終的に磯崎からスタッフたちに提示された図面は、極めてシンプルな図形○×△□で構成されたものだった。

磯崎は意図的に「低層」に抑えることで、縦割り行政から横へのネットワークを促す「錯綜体」の構成を模索した。低層とはいえ、地上23階建て、高さ97mに及ぶ。本庁舎は、一辺24mの立方体スーパーフレーム構造を採用した4つの主ブロックからなり、これらのあいだには、高さ約90m、長さ約300mの十字の吹き抜けを設け、ここを市民のための「大広間」とした。「シティホールとは庁舎建築そのものではなくて、大広間であり、前面の広場であるから、大空間をもった大広間そのものが象徴性を体現していると考えたため、高さを競うことも、そこに派手な衣装をまとわせることもさけて、崇高性をもつような過剰な空間をこそ重視することにした」（「超高層ではシティホールはなりたたない」『建築文化』1986年6月号）と、のちに磯崎が述べているように、この大広間に「シンボル性」をもたせることとした。なお、4つのブロックは、この大広間の空中に架かる立方体状のブリッジ、空中庭園を介して相互に連結されている。

刷り師の石田了一によって制作されたシルクスクリーン版画「断面図」からは、屋根にめり込むように配された球体とピラミッド型のトップライトを通じて、巨大な内部空間に光が差し込んでいることがわかる。磯崎アトリエは、当時まだ珍しかったコンピュータ・グラフィックス（CG）による図面も制作し、コンペに提出している。また、コンペに提出した木製の外観模型（縮尺1/500）および、コンペ終了後に磯崎が改めて依頼した縮尺1/200の断面模型とも、制作は石黒昭二によるものである。 [N.S.]

［参考文献］

- 平松剛『磯崎新の「都庁」戦後最大のコンペ』（文藝春秋、2008）
- 磯崎新『UNBUILT／反建築史』（TOTO出版、2001）

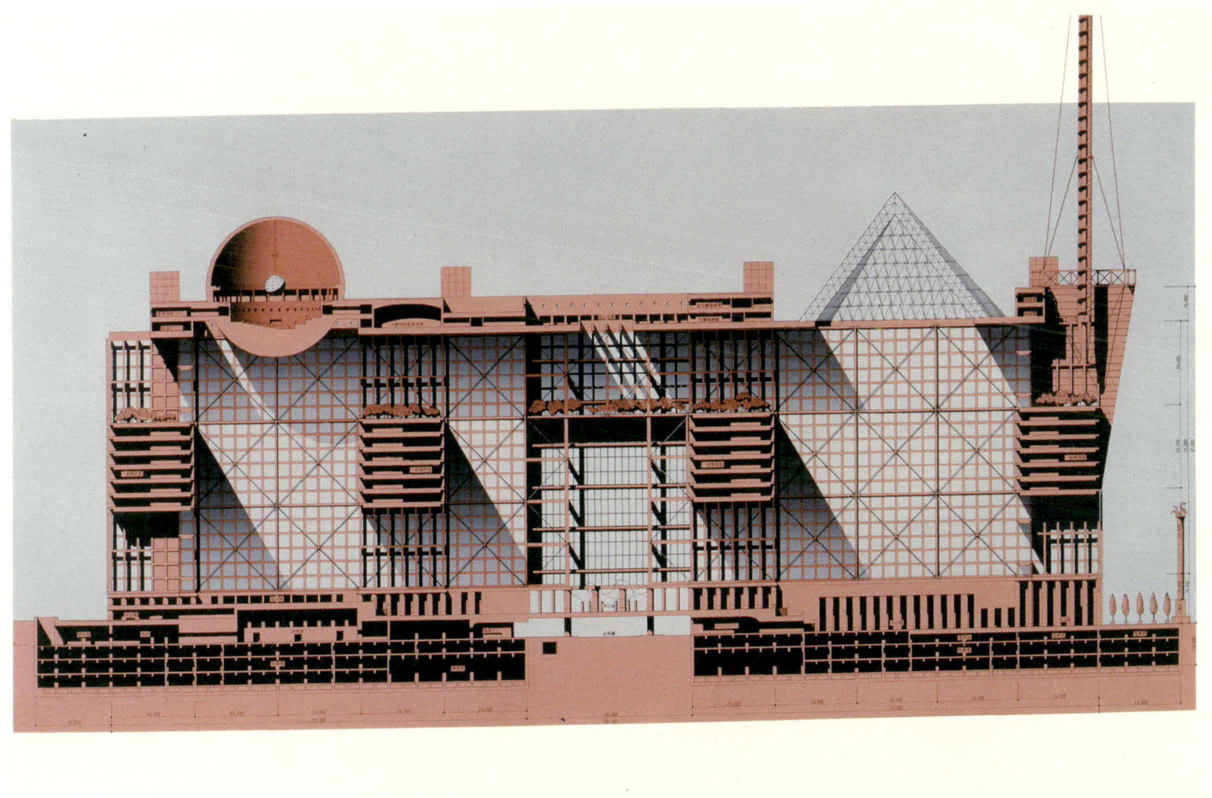

35-1

35-2

35-3

35-1
東京都新都庁舎計画、
南北断面図
North-south cross-sectional view, New Tokyo City Hall Project
1986

35-2
東京都新都庁舎計画
New Tokyo City Hall Project
1986

35-3
東京都新都庁舎計画、
天・地・人の間
Space of Ten-Chi-Jin,
New Tokyo City Hall Project
1986

35-4

35-4
東京都新都庁舎計画、
断面模型（1:200）
撮影：石元泰博
Cross-section model,
New Tokyo City Hall Project
Photo: Yasuhiro Ishimoto
1991

35-5, 35-6
東京都新都庁舎計画、
関連スケッチ
Related sketches,
New Tokyo City Hall Project
1985–86

35-5

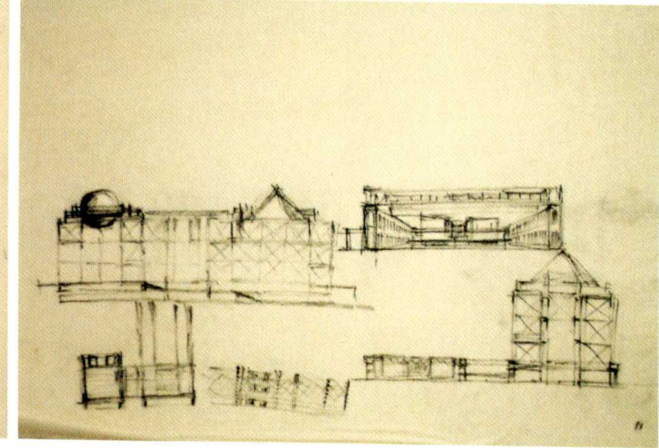

35-6

35-7

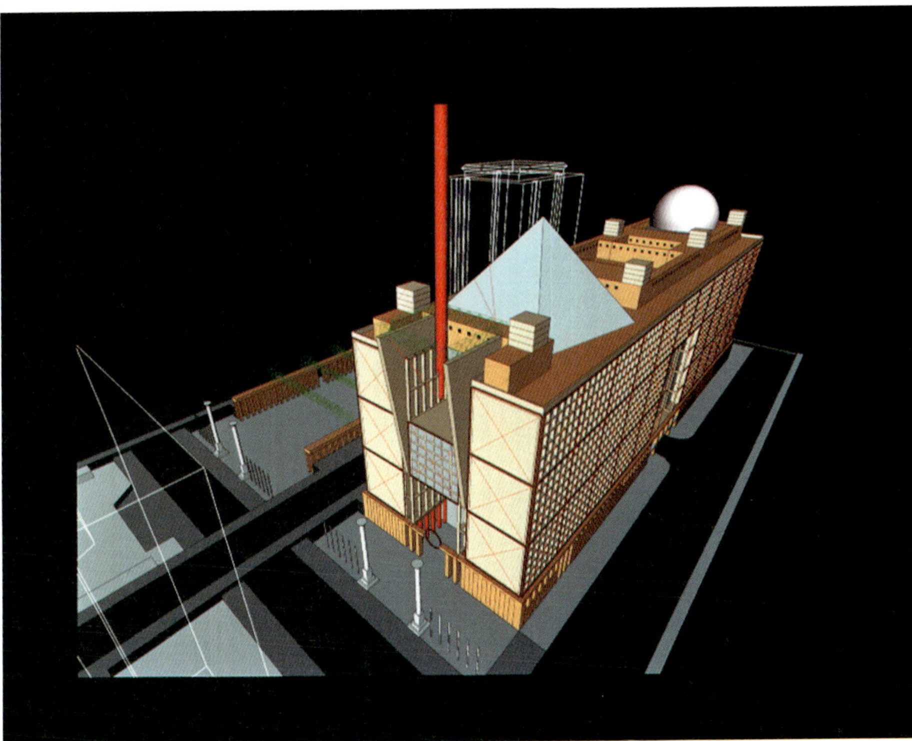
35-8

35-7, 35-8
東京都新都庁舎計画、
コンピュータ・グラフィックス
CG：1986、プリント：1991
Computer graphics,
New Tokyo City Hall Project
CG: 1986, print: 1991

『近代の見なおし：ポストモダンの建築 1960-1986』展［東京国立近代美術館ほか］

★『前衛芸術の日本 1910-1970』展［ポンピドゥー・センター、フランス］
V・バーギン『芸術理論の終焉：批評とポストモダニティ』［アメリカ］
［映画］J・J・アノー「薔薇の名前」［フランス、イタリア、西ドイツ］
［文学］W・ギブスン『カウント・ゼロ』『クローム襲撃』［アメリカ］
千葉成夫『現代美術逸脱史』
［文学］広瀬隆『東京に原発を！』
［映画］宮崎駿「天空の城ラピュタ」
［アニメ］大友克洋「工事中止命令」

◆スペースシャトル「チャレンジャー」爆発事故［アメリカ］
チェルノブイリ原発事故［ソ連］
男女雇用機会均等法施行
伊豆大島の三原山大噴火

1987

● D・リベスキンド「シティ・エッジ設計競技案」
O・M・ウンガース「NYウォーターフロント」
M・ソーキン「パルケ・ロス・オリーボス」
R・コールハース／OMA「ムラン・セナール計画」
コープ・ヒンメルブラウ「ムラン・セナール計画」
R・ブンショーテン「アペイロン」
P・クック「Hulk」
モーフォシス「マリブ・ビーチ・ハウス・プロジェクト」
G・バーティア「インディラ・ガンディー国立芸術センター・コンペ案2等案」
清水建設ほか「太平洋スペースポート」
原広司＋東京大学原研究室「メディアパークケルン」
グループ2025（黒川紀章ほか）「東京計画2025計画」
東京都「臨海副都心開発基本構想」
東海銀行「名古屋遷都論」

■ J・ヌーヴェル「アラブ世界研究所」［フランス］
伊東豊雄「横浜風の塔」
原広司「ヤマトインターナショナル」
篠原一男「東京工業大学百年記念館」
高松伸「KIRIN PLAZA OSAKA」

□ J・ワインズ『デ・アーキテクチュア』［アメリカ］
M・ウェブ『テンプル・アイランド』［イギリス］
『ベルリン国際建築』展［IBA、ドイツ］
海洋産業研究会『東京湾21世紀構想——魅力あるウォーターフロントの創造』
原広司『空間〈機能から様相へ〉』
井上章一『アート・キッチュ・ジャパネスク』
吉見俊哉『都市のドラマツルギー』

★ミュンスター彫刻プロジェクト［西ドイツ］
［映画］W・ヴェンダース「ベルリン天使の詩」［西ドイツ］
［映画］P・グリーナウェイ「建築家の腹」［イギリス］
『もの派とポストもの派の展開』展［西武美術館］
［文学］村上春樹『ノルウェイの森』
［文学］筒井康隆『アノミー都市』
［漫画］手塚治虫『ネオ・ファウスト』
［アニメ］大友克洋「工事中止命令」

◆ペレストロイカ推進［ソ連］

ブラック・マンデー（ニューヨーク株式市場大暴落）［アメリカ］
国鉄が分割民営化
国鉄が分割民営化され、JR各社が発足
利根川進がノーベル生理学賞受賞

1988

● L・ウッズ「DMZ」
ボストン建築家協会＋R・ボフィル「セントラルアーテリー地下埋設計画」
ポレス＋ウィルソン「フォーラム・オブ・サンド」
M・ウェブ「テンプル・アイランド」
アシンプトート「スティール・クラウド」
V・アコンチ＋R・マングリアン「ワシントン州立大学の公共空間プロジェクト」
スタジオ・ワークス＋J・タレル「グランド・センター」
B・チュミ「関西国際空港コンペ案」
安藤忠雄「中之島プロジェクトII－アーバンエッグ（計画案）」
大都市問題ワーキンググループ「仙台重都構想」
三菱地所「丸ノ内マンハッタン計画」
新建築家技術者集団京都支部「京都計画'88」
■ R・コールハース／OMA「ダンス・シアター」［オランダ］
安藤忠雄「水の教会」
黒川紀章「広島市現代美術館」
A・ロッシ「ホテル・イル・パラッツオ」
□『シン・タカマツ』展［ポンピドゥー・センター、フランス］
『ディコンストラクティヴィスト・アーキテクチャー』展［MoMA、アメリカ］
オランダ建築博物館コンペ［オランダ］
松葉一清『帝都復興せり！』
宮本隆司『建築の黙示録』
関西国際空港旅客ターミナルコンペ
坂本龍馬記念館構想コンペ
首都機能の移転に関する調査会発足
★ G・リヒター「1977年10月18日」［西ドイツ］
『ツァイトロス』展［西ドイツ］
「ヴェネチア・ビエンナーレ」にアペルト部門設置、宮島達男、遠藤利克、森村泰正、石原友明が出品［イタリア］
［哲学］G・ドゥルーズ『襞』［フランス］
白州アートキャンプ開始
［文学］神林長平『過負荷都市』
◆ 第24回夏季オリンピック開催［韓国］
初の環境サミット開催［カナダ］
アフガニスタン和平協定締結
イラン・イラク戦争
青函トンネル開通
瀬戸大橋開通

1989

● N・フォスター＋大林組「ミレニアム・タワー」
M・ソーキン「ハンザ同盟のスカイスクレーパー」
R・コールハース／OMA「フランス国立図書館」
B・チュミ「フランス国立図書館」
Y・ブリュニエ「ミュージアムパーク」
ディラー＋スコフィディオ「スロー・ハウス」
M・シク「トルビアックの郊外」
N・ディナーリ「東京国際フォーラムコンペ案」
J・パワ「シンガポールクラウドセンター」

1988 中之島プロジェクトII－アーバンエッグ（計画案） 安藤忠雄

Nakanoshima Project II — Urban Egg, Proposal for Public Hall | Tadao Ando

安藤忠雄は、建築設計事務所を設立した1969年当初から小規模な個人住宅や商業施設を設計するとともに、誰に依頼されるでもなく公共建築の設計・提案を行なっていた。旧大阪市庁舎（1921）の改築に伴う指名コンペが行なわれていた1978年には、既存建物を巨大な構造物で覆うことによって外部空間と一体化させる計画を立案している（《中之島プロジェクトI》）。

《中之島プロジェクトII－アーバンエッグ》は、その10年後の1988年に創案された、大阪市中央公会堂の再生計画である。大阪市役所の東側に位置し、中之島公会堂という通称で親しまれている同建築物は、1911年に株式仲買人岩本栄之助による公会堂建設費の寄付を契機に、設計コンペで1等となった岡田信一郎案を元として辰野金吾と片岡安が実施設計を行ない、1913年に着工、1918年に竣工した大阪を代表する公共建築物である。ネオ・ルネッサンス様式の意匠を基調としながら、西欧であれば旧約聖書の天地創造や新約聖書のキリスト降誕をモチーフとすることの多い天井画に、洋画家・松岡壽が日本神話に基づく天地開闢の物語を描くなど内装での工夫も見られる。現在、同公会堂は1999年から2002年にかけて行なわれた工事で創建当時の姿を取り戻したが、安藤が《中之島プロジェクト》を打ち立てた当時は、過去の度重なる改修によって竣工当時の意匠が損なわれ老朽化も進んでいた。

安藤のプランは、鉄筋煉瓦造り地上3階、地下2階、塔屋付の堅固な建築物内部に、巨大な卵型の構造体を内包させるという大胆な発想であった。安藤自身の説明によれば、公会堂内部の1、2階吹き抜けに設けられた1,500人収容のホール部分に、長径32m、短径21mのアーバンエッグ（卵型構造体）を内包させて、その内部を約400人収容の小ホール、外部をギャラリーとして再生するというものだ。当時、小規模な建築物から次第に大きな施設を手がけるようになっていたとはいえ、未だ本格的な公共建築物に関わることのなかった安藤が、幾何形態の構造物と既存の建築物との共生という安藤設計のスタイルを強く打ち出すために企図したプランであった。

上記プランと同時に、安藤は《中之島プロジェクトII－地層空間》というプロジェクトも発案している。《アーバンエッグ》は、中之島公会堂の再生のための提案であるが、《地層空間》は、堂島川と土佐堀川に挟まれた中洲、中之島の東半分一帯広域のプランニングである。現在でも図書館、公会堂、美術館と公園や広場が連なる文化ゾーンに、既設の施設はそのまま、新たに美術館、会議場、音楽ホールなどを地中に設け同地域への文化度を一層高めると同時に、地上部分を緑の広場として開放するという計画を打ち立てた。

この2つのプロジェクトが実現することはなかったが、前者の《アーバンエッグ》に見られる、老朽化した歴史的建築物に幾何形体の近代的な構造を組み合わせることによって「再生」する試みは、イタリア・ヴェネチアで17世紀から1980年代まで税関倉庫として用いられていた施設を現代美術館として復活させたプロジェクト《プンタ・デラ・ドガーナ・再生計画》（2006–09）等によって実現したと考えることができるだろう（公式サイト（https://www.palazzograssi.it/en/about/sites/punta-della-dogana/）より）。また、後者の《地層空間》のアイデアは、1988年から十数年にわたって瀬戸内海の直島を舞台に展開している、《ベネッセハウス》（1992–2006）、《地中美術館》（2004）といった、島の景観を最大限に活かした建築物群につながっている。以上のように、安藤忠雄の実現されなかった初期のプランは、彼の原理であり、安藤建築の展開を語るうえで欠かすことのできない貴重な資料なのである。［Y.N.］

［参考文献］

- 『現代の建築家 安藤忠雄2 1981-1989』（SD編集部編、鹿島出版会、1990）

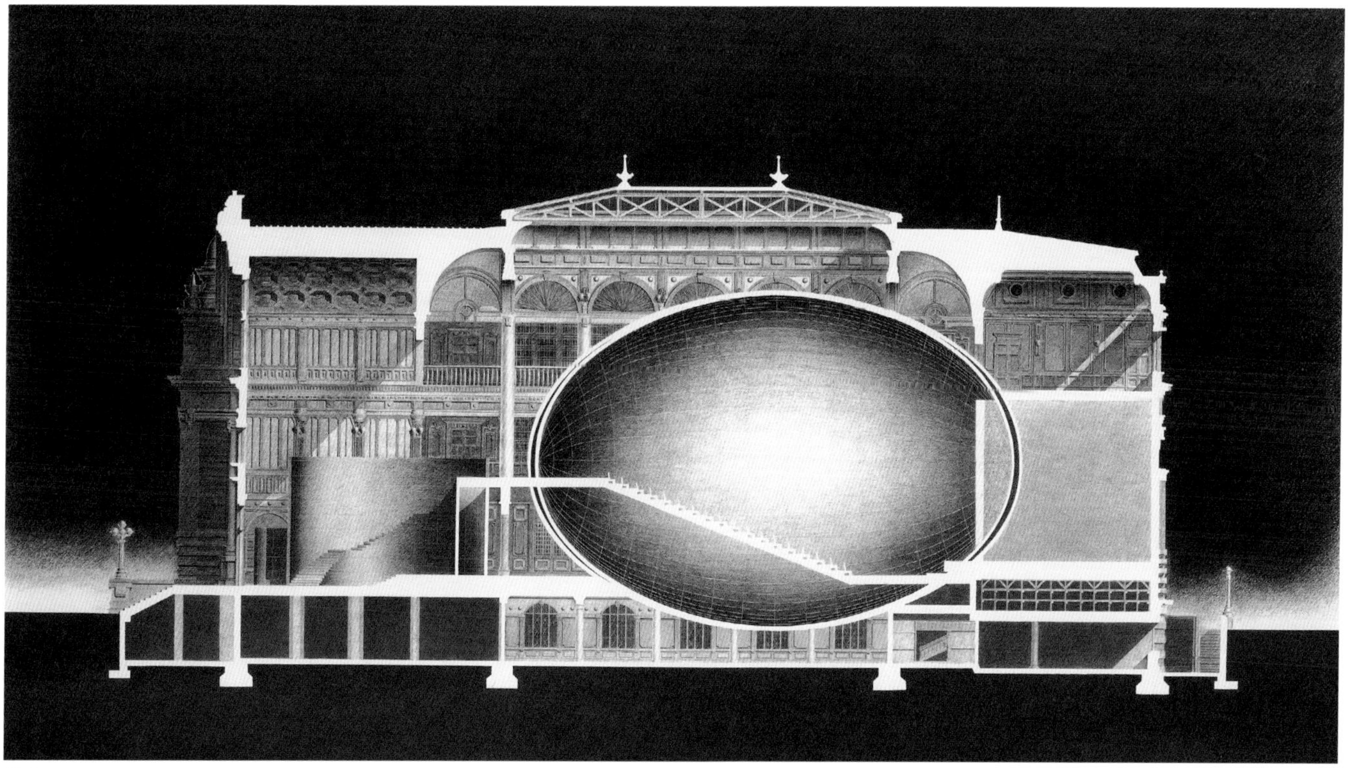

36-1

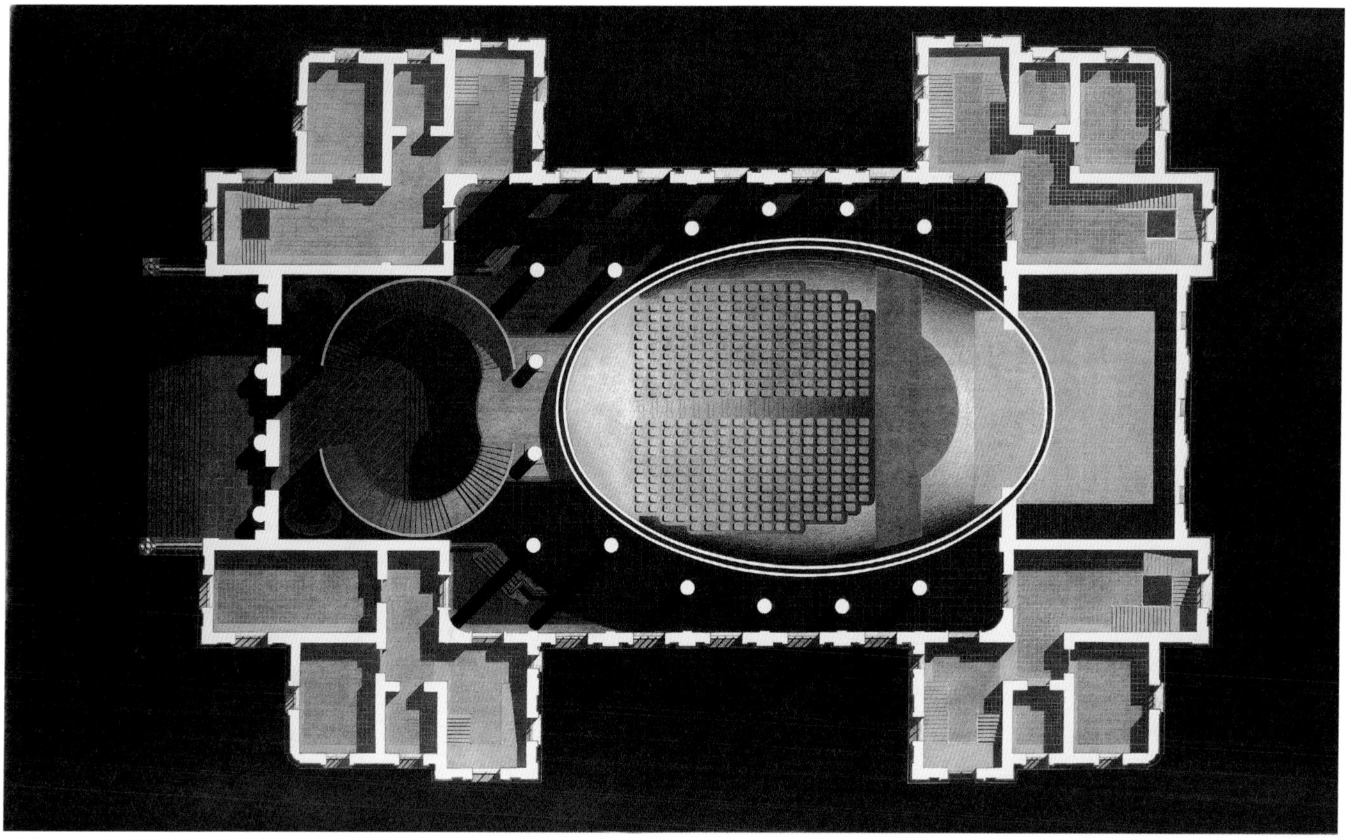

36-2

36-1
中之島プロジェクトII−
アーバンエッグ(計画案)、公会堂、
断面図

Section, Nakanoshima
Project II - Urban Egg,
Proposal, Public Hall
1988

36-2
中之島プロジェクトII−
アーバンエッグ(計画案)、公会堂、
平面図

Plan, Nakanoshima
Project II - Urban Egg,
Proposal, Public Hall
1988

1989 **フランス国立図書館 レム・コールハース/OMA**

Very Big Library | Rem Koolhaas / OMA

セーヌ河岸に立地する図書館のコンペで提案された、約75m×87mの平面が連なる巨大な直方体の建物。「量塊(マッス)」を書庫に、「空洞(ヴォイド)」を閲覧室に応用するという斬新な発想が、1989年の発表当時、建築界に大きな刺激を与えた。コールハース率いるOMAによる1980年代の活動を代表するプロジェクトのひとつ。

集合住宅に囲まれた鉄道整備場の跡地の230m×450mの広大な土地を敷地とし、トラス構造の低層部にホール・会議室・展示場・レセプション・倉庫・機械室などが計画された。上層部は、5枚の並列する長い壁で支えられ、約12mの幅に仕切られた帯状の書庫となっている。壁は2m厚のコンクリートで、中に配管や空調などの各種設備が収められている。そして壁と床を切り抜き、内部に柱を持たない5つの空間を設ける。この複数のフロアにまたがる空洞に、閲覧室を設けることがプランされた。

性格の異なる5つの閲覧室には多彩な形状が採用されている。すなわち、床面の傾いた空洞には映像資料室・講堂が、2つの空洞が交差する部分には新着資料室が、螺旋状に3周する空洞には参考資料室が、卵状の空洞にはカタログ室が、ループする形状の空洞には科学研究室が予定された。階層を貫くように設けられた9基のエレベーターは、垂直方向のアクセスを供給する。また外壁面にはガラスが使われる予定で、時に透明な光を通し、時に曇って内部を隠すガラスは、あたかも雲のように、自然現象と同じ効果を発揮することが期された。それぞれの閲覧室は独立していて、互いに干渉しない。5つの閲覧室は、構造とは無関係に成立する、くりぬかれた「空洞」であり「建設」される必要がないため、重力や通常の建築的制約から自由となる。コールハースは1995年の著書『S,M,L,XL』の中でこれを「ヴォイドの戦略」と呼んでいる。コールハースの考えによると、図書館とはあらゆるメディアによる記憶の貯蔵庫である。そして、それら情報の量塊からくりぬかれた「建築不在」のヴォイドが閲覧空間となるのである。

ここで紹介する平面図・断面図は、黒色で塗られた構造の中に閲覧室をくりぬいた表現となっている。また模型は、本来は空洞となる閲覧室・エレベーターなどを反転させ、量塊(マッス)として表している。 [R.G.]

[参考文献]

- 五十嵐太郎、南泰裕編『レム・コールハースは何を変えたのか』(鹿島出版会、2014)

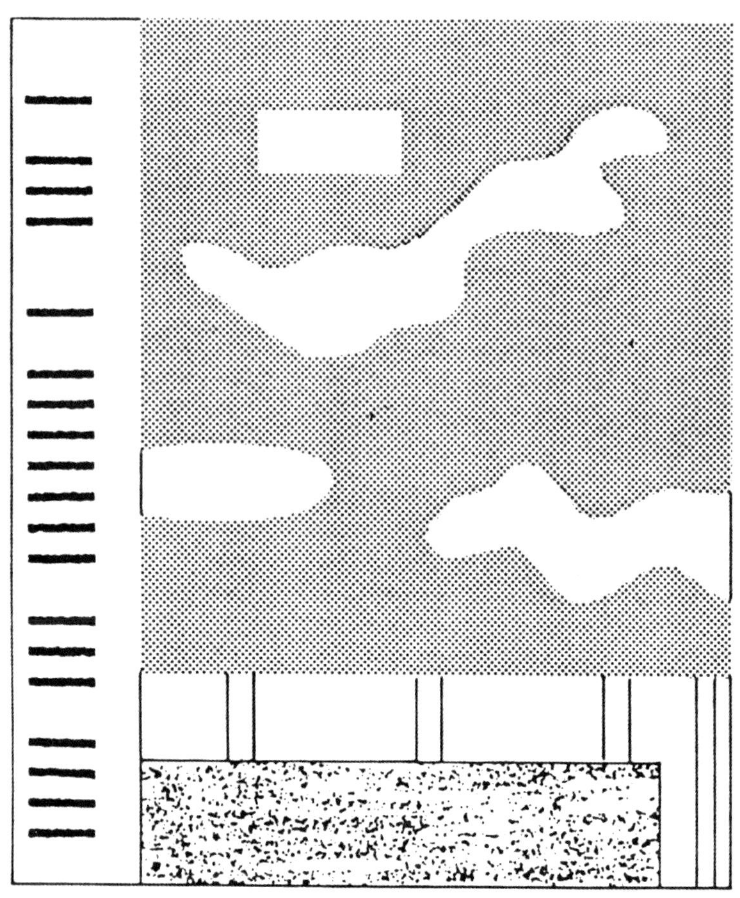

37-1

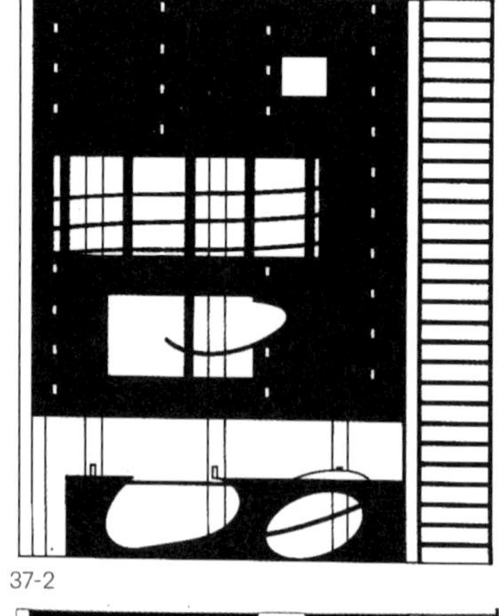

37-2

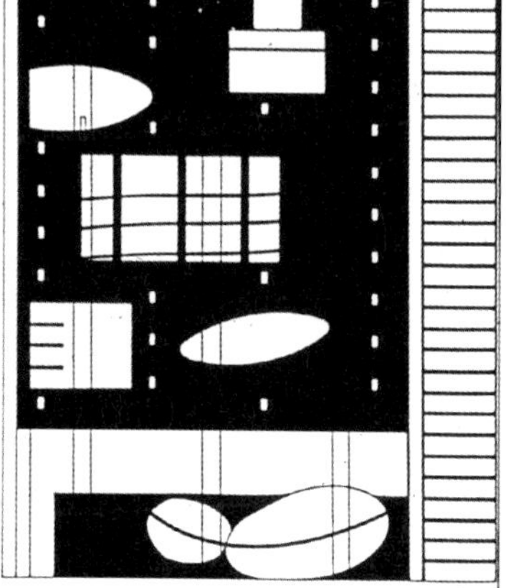

37-3

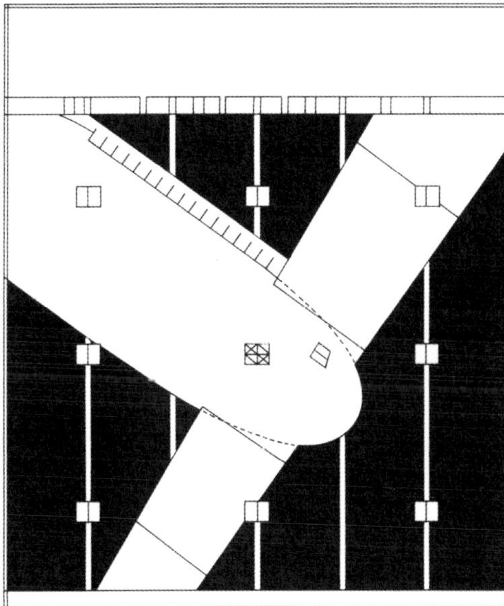
37-4

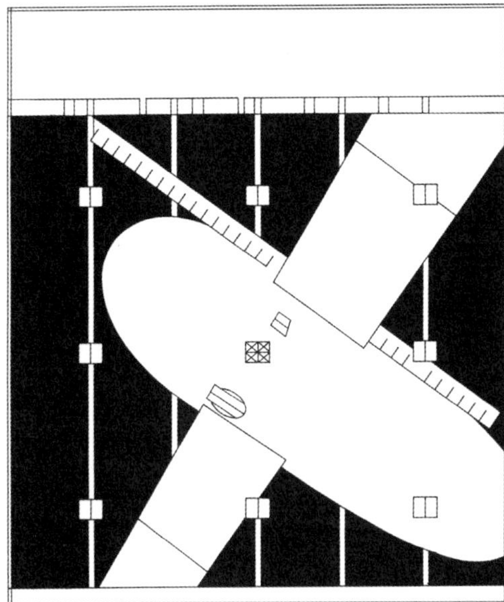
37-5

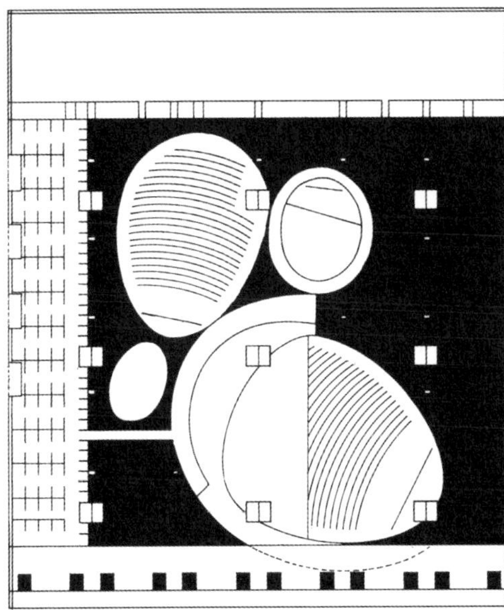
37-6

37-1
フランス国立図書館、
立面図
Elevation,
Very Big Library
1989

37-2
フランス国立図書館、
断面図3
Section 3,
Very Big Library
1989

37-3
フランス国立図書館、
断面図4
Section 4,
Very Big Library
1989

37-4
フランス国立図書館、
7階平面図
Plan of the level+6,
Very Big Library
1989

37-5
フランス国立図書館、
6階平面図
Plan of the level+5,
Very Big Library
1989

37-6
フランス国立図書館、
地下3階平面図
Plan of the level-3,
Very Big Library
1989

J・ヌーヴェル「無限の塔」
J・ファイン「トランプタワー」
ホジッツ&ファン＋モーフォシス＋M・マック＋T・ウィリアムズ・ビリー・チエン・アーキテクツ「ウエストサイド・アーツ・パーク、セパルベーダ・ベイシン」
毛綱毅曠「アレクサンドリア図書館」「東京国際フォーラム設計競技案(Tokyo Pyramid)」
大林組「エアロポリス2001」
原広司「空中都市」
グループv1000(竹中工務店ほか)「スカイシティ1000」
三鷹市役所グループ「浮上都市『ラピュタ』の転都論」
黒川紀章「2050年の超高層建築の構想」
朝日新聞社編『私のTOKYO改革論』

■ I・M・ペイ「ルーヴル美術館ピラミッド」[フランス]
B・チュミ「ラ・ヴィレット公園」[フランス]
P・アイゼンマン「オハイオ州立大学ウェクスナー視覚芸術センター」[アメリカ]
F・スタルク「アサヒビール吾妻橋ホール」
長谷川逸子「藤沢市湘南台文化センター」

□ フランス国立図書館コンペ[フランス]
ボストン・ビジョンズ・コンペ[アメリカ]
『ユーロパリア'89 ジャパン・トランスフィギュレーション』展[マガザン・ヴォケズ、ベルギー]
伊東豊雄「消費の海に浸らずして新しい建築はない」発表
JIA新人賞創設
世界都市博覧会(東京フロンティア)基本計画発表
東京国際フォーラム・コンペ

★『大地の魔術師たち』展[ポンピドゥー・センター、フランス]
企画：J・フート、『オープン・マインド』展[ゲント美術館、ベルギー]
『アゲインスト・ネイチャー展』
『プライマル・スピリッツ』展[アメリカ]
[映画]R・スコット「ブラック・レイン」[アメリカ]
[映画]T・バートン「バットマン」[アメリカ]
世界デザイン博
[映画]押井守「機動警察パトレイバー the Movie」

◆ 天安門事件発生[中国]
ベルリンの壁を撤去[東ドイツ]
消費税(3%)スタート
昭和天皇崩御、「昭和」から「平成」へ改元

1990

● フューチャー・システムズ「グリーン・ビルディング」
L・ウッズ「ベルリン・フリーゾーン」
M・ソーキン「ゴジラ」
J・ヌーヴェル「明日のベルリンコンペ案」
セントラル・オフィス・オブ・アーキテクチュア「サイト・ワークス：中間的なものの探究」「リサイクリングL.A.」
D・リベスキンド「リンデン計画」
R・ブンショーテン「地球の皮膚」
P・デュ=ベセ&D・リヨン「セビリア万国博覧会フランス館」

37-7
フランス国立図書館、模型(1:100)
Model, Very Big Library (1:100)
1989

M・グレイヴス「メトロポリス」
鈴木了二「日仏文化会館設計競技案」
伊東豊雄「日仏文化会館設計競技案」
渡辺誠「誘導都市」
「ジェリー・フィッシュ・シリーズ」
鹿島建設「DIB200」
大成建設「X-SEED4000」
大林組+ノーマン・フォスター
「ミレニアム・タワー」
原広司ほか
「モントリオール国際都市設計競技応募案」
五十嵐太郎「豊洲6丁目」
■ I・M・ペイ「中国銀行香港支店ビル」[香港]
F・O・ゲーリー
「フレデリック・R・ワイズマン美術館」[アメリカ]
磯崎新「水戸芸術館」
槇文彦「東京体育館」
□ UIAシカゴ大会にてサスティナブルデザイン
への取り組みを提言[アメリカ]
『ロシア・アヴァンギャルドの建築』展
[MoMA、アメリカ]
『イマージュのパサージュ』展
[ポンピドゥー・センター、フランス]
堺屋太一『「新都」建設』
『a+u 特集:ヴァイオレイティッド・
パーフェクション』(1990年4月臨時増刊)
歴史的建造物の保存再生で建設省が
融資制度スタート
日仏文化会館設計競技
関西国際空港旅客ターミナルビル指名コンペ
★『ハイ・アンド・ロウ——近代美術と大衆文化』
展[MoMA、アメリカ]
『手塚治虫』展[東京国立近代美術館]
企業メセナ協議会発足
◆ 東西ドイツ統一
イラクのクウェート侵攻で米軍、
湾岸周辺へ配備
大阪で国際花と緑の博覧会開催
バブル崩壊はじまる

1991

● J・ヌーヴェルほか「プラハのための都市研究」
M・ノヴァック「流体的建築」
N・コーツ「ロンドン2066」
Z・ハディド「ハーグ・ヴィラ」
ディラー+スコフィディオ「スロウ邸」
タエグ・ニシモト建築事務所「プロット・ハウス」
J・ヘイダック「エンゼル・キャッチャー」
R・コールハース/OMA「ラ・デファンス」
S・タイガーマン+M・マッカリィ
「ドロシー・イン・ドリームランド」
ディコイ「ガラス船プロジェクト案
(新建築住宅設計競技1991)」
[美術]**荒川修作+マドリン・ギンズ**
「宿命反転/センソリアム・シティ」
篠原一男「ホテル・イン・ユーラリール計画」
尾島俊雄「東京バベルタワー構想」
大林組「エアロポリス2001」
清水建設「TRY2004」
大成建設「TAISEI1000」
毛綱毅曠「建築古事記」
■ M・グレイヴス
「スワン・ホテル、ドルフィン・ホテル」[アメリカ]
S・フェーン「氷河博物館」[ノルウェー]
隈研吾「M2」
丹下健三「東京都新庁舎」
□ M・ベネディクト編『サイバースペース』
D・アグレスト『圏外からの建築』
R・ハービソン
『ビルド、アンビルド、アンビルダブル』
Any会議が発足(2000年まで10回開催)
『BEYOND HORIZONS/安藤忠雄建築展』
[MoMA、アメリカ]
『Arata Isozaki 1960/1990 Architecture』
展[ロサンゼルス現代美術館ほか、アメリカ]
磯崎新『〈建築〉という形式I』
越沢明『東京都市計画物語』
『コンペ・幻の1等案展』[ギャラリーサカ]
JR京都駅改築設計競技
那須野が原ハーモニー・ホール・
プロポーザル・デザイン・コンペ
日本、ヴェネチア・ビエンナーレ建築展への
参加を開始
★ 第1回リヨン・ビエンナーレ[フランス]
『ジャパン・フェスティバル1991
〈ヴィジョンズ・オブ・ジャパン〉』展
[ヴィクトリア・アンド・アルバート美術館、イギリス]
[映画]S・リー「ジャングル・フィーバー」[アメリカ]
『荒川修作の実験』展開催[東京国立近代美術館]
クリスト&ジャンヌ=クロード
「アンブレラ・プロジェクト」
[漫画]士郎正宗『攻殻機動隊』
◆ ソ連解体
湾岸戦争勃発
アパルトヘイト終結宣言[南アフリカ]
長崎雲仙普賢岳、200年ぶり噴火
日朝国交正常化交渉開始

1992

● L・ウッズ「戦争と建築」
「インジェクション・パラサイト」
R・ロジャース「上海計画」
E・ミラーレス
「フランクフルト東港再開発計画」
W・ジョーンズ「ゲスト・キャビン」
J・ヌーヴェル「トゥール・サン・ファン」
N・コーツ「エクスタシティ」
N・ディナーリ「フローティング・イルミネーター」
R・ヴェンチューリほか
「ホワイトホール・フェリーターミナル」
N・カラム「建築のなごり」
伊東豊雄「アントワープ市再開発計画」
「上海都市再開発計画」
原広司「未来都市500m×500m×500m」
隈研吾「東京起柱計画」「日本美術館構想」
早稲田大学尾島研究室「東京バベルタワー」
菊竹清訓「モナコ海上都市」
「アマゾン熱帯研究所」「エコシティプロジェクト」
石田頼房『未完の東京計画
実現しなかった計画の計画史』
■ 安藤忠雄「1992年セビリア万国博覧会
日本館」[スペイン]
P・メルクリ「彫刻の家」[スイス]
内藤廣「海の博物館」
菊竹清訓「江戸東京博物館」
□ B・コロミーナ『セクシャリティと空間』
A・ツォニス+L・ルフェーヴル
『1968年以降のヨーロッパ建築』
ポツダム広場ダイムラー・ベンツ本社屋
国際コンペ
『偉大なるユートピア:ロシア・ソヴィエトの
アヴァンギャルド1915-1932』展
[グッゲンハイム美術館、アメリカ]
都市計画法改正
地球サミット(環境と開発に関する国連会議)
『ヨコハマ・アーバンリング』展[スパイラル]
『第1回世界建築トリエンナーレ奈良』
[奈良県立美術館]
三宅理一『都市と建築コンペティション』
(全7巻)刊行
★「ドクメンタ9」、川俣正、竹岡雄二ら出品[ドイツ]
[文学]N・スティーヴンスン
『スノウ・クラッシュ』[アメリカ]
第1回NICAF[パシフィコ横浜]
『アノーマリー』展[レントゲン藝術研究所]
直島コンテンポラリーアートミュージアム開館
[文学]柾悟郎『ヴィーナス・シティ』
◆ 第25回夏季オリンピック開催[スペイン]
ユーゴスラビア崩壊、ボスニア紛争勃発
WWW(World Wide Web)正式発表[アメリカ]
地球サミット開催[ブラジル]

1993

● N・ディナーリ「トーキョー・プロトタイプ・ハウス」
「プロジェクト9304、ニューヨーク」
S・ボスタナシュヴィリ「建築の詩情」
I・コルブート「エコ・シティ」
M・フクサス「トランプレイ計画コンペ案」
B・シャーデル+J・キプニス
「昌六地区開発計画」
G・リン「縫い合わされたシアーズ・タワー計画」
RAA Um「クロトン導水路のマスタープラン」
山下秀之「ネスティドキューブ・イン・プロセス」
丹下健三「ホーチミン市の新都市への
ビジョン応募案」
原広司「地球外建築」
竹中工務店「スカイシティ1000」
■ Z・ハディド「ヴィトラ消防署」[ドイツ]
P・アイゼンマン「コロンバス・コンベンション・
センター」[アメリカ]
原広司「梅田スカイビル」
山本理顕「熊本県営保田窪第一団地」
□ ドローグデザイン設立[オランダ]
NAi開館[オランダ]
環境基本法制定
東京都江戸東京博物館開館
日本初の屋根開閉式球場、福岡ドーム完成
『迷宮都市』展[セゾン美術館]
新潟市民芸術文化会館及び周辺整備計画
プロポーザルデザイン・コンペティション
★ M・マリカン「ある『都市』の光景」
ニューヨーク、ホイットニー・ビエンナーレが
ポリティカル・コレクトネスの傾向を
大々的に紹介[アメリカ]
企画:建畠晢、ヴェネチア・ビエンナーレ日本館
『草間彌生』展[イタリア]
[映画]M・クライトン
「ジュラシック・パーク」[アメリカ]
[映画]R・クレッター「ザ・タワー」[アメリカ]

[文学]J・E・スティス『マンハッタン強奪』[アメリカ]
[文学]W・ギブスン『ヴァーチャル・ライト』[アメリカ]
◆イスラエルとPLOがワシントンでパレスティナ暫定自治協定に調印
インターネット民間化始まる
インド地震発生
55年体制崩壊
細川護熙連立内閣発足
小沢一郎『日本改造計画』刊行

1994

●N・ディナーリ「マッセイ・レジデンス」
N・スピラー+シックスティーン・メイカーズ「ホットデスク」
A・ウォール「アトランタ公共空間計画」
M・ソーキン「ウィード・シティ」
R・ヴェンチューリ+S・ブラウン「42番街開発計画」
重村力「新風水の都市なら」
黒川紀章「エコ・メディア・シティ」「ベルギー国会議事堂国際指名競技設計」
竹山聖「永遠のミスリード/京都未来空間」
若林広幸「風水都市京都/京都未来空間」
渡辺誠「太陽神の都市」(「誘導都市」シリーズ)
磯崎新「海市計画」
渡辺豊和「百年後の奈良・仏都計画」
■R・コールハース/OMA「コングレスポ」[フランス]
J・ヌーヴェル「カルティエ財団」[フランス]
Z・ハディド「ヴィトラ社消防署」[ドイツ]
R・ピアノほか「関西国際空港旅客ターミナルビル」
磯崎新「奈義町現代美術館」
□B・コロミーナ『マスメディアとしての近代建築』
『都市(La Ville)』展[ポンピドゥー・センター、フランス]
前間孝則『弾丸列車』
リビングデザインセンターOZONE開館
(仮称)さいたまアリーナ提案競技
ハートビル法公布
★[映画]R・ロンゴ「JM」[アメリカ]
[文学]G・イーガン『順列都市』[オーストラリア]
『第1回VOCA展』[上野の森美術館]
『戦後日本の前衛美術』展[横浜美術館]
[文学]村上龍『五分後の世界』
[文学]小野不由美『東京異聞』
[漫画]望月峯太郎『ドラゴンヘッド』
◆英仏海峡トンネル開通
黒人大統領マンデラ誕生[南アフリカ]
松本サリン事件発生
ソニー、PlayStation発売

1995

●K・ローバトム「フィールド・イベント」
R・ウッズ「クウェーク・シティ」
C・J・リム「ゲストハウス」
コープ・ヒンメルブラウ「雲の建築」
伊東豊雄+栗生明+石井和紘+山本理顕「世界都市博覧会会場計画」(臨海副都心)
竹山聖「神戸新首都計画」
古谷誠章「せんだいメディアテーク2等案」
篠原一男「横浜大さん橋設計競技案」
■ヘルツォーク&ド・ムーロン「バーゼルのシグナルボックス」[スイス]
R・マイヤー「バルセロナ現代美術館」[アメリカ]
磯崎新「京都コンサートホール」
谷口吉生「豊田市美術館」
□R・コールハース/OMA『S, M, L, XL』
B・カッシュ『アース・ムーヴス』
『ライト・コンストラクション』展[MoMA、アメリカ]
『ミュータント・マテリアルズ』展[MoMA、アメリカ]
槻橋修+石崎順一+奈尾信英、編集協力:エディフィカーレ「世界の都市プロジェクト1960-1995」『建築文化』(1995年10月号)刊行
せんだいメディアテーク設計競技
横浜港大さん橋国際客船ターミナル国際コンペ
水俣メモリアル・デザインコンペティション
青島幸男東京都知事、世界都市博の中止を発表
★I・カバコフ「プロジェクト宮殿」[ロシア]
第1回光州ビエンナーレ[韓国]
『フェミナン/マスキュラン』展[ポンピドゥー・センター、フランス]
国際展のグローバル化の傾向、強まる
[映画]K・ビグロー「ストレンジ・デイズ」[アメリカ]
会田誠「新宿城」
東京都現代美術館、豊田市美術館開館
荒川修作+M・ギンズ、岐阜県養老町に「養老天命反転地」開園
[漫画]大友克洋『大砲の街』
[アニメ]庵野秀明「新世紀エヴァンゲリオン」
[アニメ]押井守「GHOST IN THE SHELL / 攻殻機動隊」
◆狂牛病猛威[イギリス]
マイクロソフト、ウィンドウズ95発売
ボスニア和平協定調印
阪神淡路大震災発生
地下鉄サリン事件発生

1996

●R・スターンほか「セレブレーション(ディズニーワールドによる実験都市)」
P・ソレリ「アーコロジー・メジャー」
R・コールハース/OMA「ハイパービルディング」
MVRDV「データスケープ」
G・リン「OMV H2ハウス」
古谷誠章「ハイパー・スパイラル・プロジェクト」
槇文彦「浮かぶ劇場」
安藤忠雄「大谷地下劇場計画」
渡辺豊和+京都造形芸術大学デザイン科+ペッカリー「新世紀通天閣」
渡辺豊和「神戸2100計画——庭園曼荼羅都市」
■P・ズントー「ヴァルスの温泉施設」[スイス]
J・ヌーヴェル「ギャラリー・ラファイエット」[ドイツ]
妹島和世「マルチメディア工房」
坂茂「紙の教会」
□B・チュミ『建築と断絶』[アメリカ]
W・J・ミッチェル『シティ・オブ・ビット』[アメリカ]
『アンフォルム』展[ポンピドゥー・センター、フランス]
建設省や建築学会などがインターネットによる情報提供を開始
『近代都市と芸術展 1870〜1996』[東京都現代美術館]
『未来都市の考古学』展[東京都現代美術館]
『'96アーキテクチュア・オブ・ザ・イヤー:カメラ・オブスキュラあるいは革命の建築博物館』展[池袋メトロポリタンプラザ]
第6回ヴェネチア・ビエンナーレ建築展にて日本館が最優秀パヴィリオン賞(金獅子賞)受賞
鴻巣市文化センター設計競技
国立国会図書館関西館(仮称)建築設計競技
★B・ニコルソン「ローフ・ハウス」
マニフェスタ1[オランダ]
第1回上海ビエンナーレ[中国]
[文学]W・ギブスン『あいどる』[アメリカ]
川俣正「コールマイン田川」
「アトピック・サイト」(中止になった世界都市博代替事業)[東京ビックサイト]
◆第26回夏季オリンピック開催[アメリカ]
ポリネシア・ムルロア環礁の核実験センターを閉鎖、撤去[フランス]
ローマ教皇、137年を経て進化論を認める
O-157による集団食中毒発生
薬害エイズ問題が深刻化

1997

●West 8「シマウブルクプレイン」
P・アイゼンマン「スタテン島芸術科学研究所」
P・クック「マディーナ・サークル・タワー」
P・カイパー「デヴィッズ・アイランド」
L・クライン「ストレンジ・オブジェクツ No. 2」
宇野求+岡河貢「東京計画2001」(「東京計画1997」「東京計画1998」を発展)
渡辺誠「新首都 国会議事堂計画」
みかんぐみほか「幕張人造半島プロジェクト」
隈研吾「慰霊公園」「エコ・パーティクル・プロジェクト」
渡辺豊和「新首都白河」
■D・ペロー「フランス国立図書館」[フランス]
A・シザ「サンタ・マリア教会」[ポルトガル]
原広司「京都駅ビル」
R・ヴィニオリ「東京国際フォーラム」
青木淳「潟博物館」
□J・キプニスほか編『コーラル・ワークス:ジャック・デリダとピーター・アイゼンマン』
『移動する都市』展[ゼセッション館ほか、オーストリア]
ニューヨーク近代美術館(MoMA)拡張計画国際指名コンペ[アメリカ]
ヴァーチュアル・ハウス・コンペ[ドイツ]
『日本の建築・土木ドローイングの世界』(TAISEI QUARTERLY No.100)
安藤忠雄、東京大学教授に就任
『海市——もうひとつのユートピア』展[インターコミュニケーション・センター]
『バーチャルアーキテクチャー』展[東京大学総合研究博物館]
国際コンペ「21世紀・京都の未来」
★カールスルーエにZKM(芸術、メディアテクノロジー・センター)開館[ドイツ]
『センセーション』展[ロイヤル・アカデミー・オブ・アーツ、イギリス]
[文学]G・イーガン『ディアスポラ』[アメリカ]
[映画]V・ナタリ「CUBE」[カナダ]
[映画]L・ベッソン「フィフス・エレメント」[フランス]
[映画]R・エメリッヒ「インデペンデンス・デイ」[アメリカ]
NTTインターコミュニケーションセンター開館
文化庁メディア芸術祭開始
[ゲーム]「ファイナルファンタジーVII」
◆世界初のクローン羊が誕生[イギリス]
香港、イギリスから中国に返還
地球温暖化防止京都会議開催
原爆ドームと厳島神社が世界遺産に登録

1998

●アシンプトート「ヴァーチュアル・グッゲンハイム・ミュージアム」
N・スピラー「Holey Hedge」
M・クルーズ「イン・ウォール・クリーチャーズ」
IaN+「ミース・ファン・デル・ローエ財団本部」
W・ジョーンズ「原始の小屋モデル」
デコステール&ラーム「リバーレイン総合スポーツセンターデザインコンペ案」
T・コヴァッチ「アイコン・タワー」
オブジェクティル「デジタル・マシーン」
M・ノヴァック「ネクスト・バビロン、ソフト・バビロン」
隈研吾「臨海副都心計画」
隈研吾+團紀彦+竹山聖「EXPO2005国際博覧会(愛知万博/政府原案)」
黒川紀章「カザフスタン新首都計画」
■D・リベスキンド「ユダヤ博物館」[ドイツ]
F・O・ゲーリー「グッゲンハイム美術館ビルバオ」[スペイン]
R・コールハース/OMA「ボルドーの家」[オランダ]
長谷川逸子「新潟市民芸術文化会館」
みかんぐみ「NHK長野放送会館」
妹島和世、高橋晶子ほか「岐阜県営住宅ハイタウン北方」
□MVRDV『FARMAX』
『インフラタブル・モニュメント』展[建築リーグ(Architecture League)、アメリカ]
『建築の20世紀』展[ロサンゼルス現代美術館ほか、アメリカ]
くまもとアートポリス事業コミッショナー交替(新コミッショナー:高橋靗一、バイスコミッショナー:伊東豊雄)
DOCOMOMO日本支部発足
『建築の20世紀 終わりから始まりへ』展[東京都現代美術館]
★第1回ベルリン・ビエンナーレ[ドイツ]
[映画]G・エドワーズ「GODZILLA」[アメリカ]
[映画]M・クライトン「スフィア」[アメリカ]
[ゲーム]Interplay Productions「Fallout」[アメリカ]
椹木野衣『日本・現代・美術』
◆アジア経済危機深まる
アップル、iMAC発表
金融ビッグバン始動
老年人口がはじめて子供人口(15歳未満)を上回る
長野で第18回冬季オリンピック・パラリンピック開催

1999

- ● KOL/MAC「レジ=ライズ・スカイスクレイパー」
- W・ジョーンズ「モモ・レドンド・ハウス」
- ユリア・フォン・ロール「カラー・インターフェース」
- N・チャード「不確定のアパート」
- S・ヘイコック「ロンドン市庁舎」
- G・リン「発生学的住宅」
- ハイパービルディング研究会「ハイパー首都」
- オプス・アーキテクツ＋L・ウンソク「ミレニアム・ゲート」
- **長倉威彦「マイケル・ウェブ ドライブ・イン・ハウジング(1968年)」**
- ■ R・ロジャース「ミレニアム・ドーム」[イギリス]
- N・フォスター「ドイツ連邦議会新議事堂ライヒスターク」[ドイツ]
- 山本理顕「埼玉県立大学」
- 内藤廣「牧野富太郎記念館」
- □『The Un-private House』展[MoMA、アメリカ]
- MVRDV『メタシティ/データタウン』
- 市川宏雄『「NO」首都移転』
- ★ T・ディーン「バブル・ハウス」
- 総合ディレクター:H・ゼーマン、ヴェネチア・ビエンナーレで中国の現代美術を大々的に紹介
- [映画]L＋L・ウォシャウスキー『マトリックス』[アメリカ]
- 福岡アジア美術館開館
- セゾン美術館閉館
- 第1回MOTアニュアル『ひそやかなラディカリズム』[東京都現代美術館]
- [漫画]浦沢直樹『20世紀少年』
- ◆ EUの単一通貨「ユーロ」が11カ国で導入
- 世界人口、60億人を突破
- マカオ、ポルトガルから中国に返還
- パマナ運河、アメリカからパナマに返還
- 東ティモール、インドネシアより独立
- トルコ西部で大地震発生
- 台湾中部で大地震発生
- 日の丸・君が代を国旗・国歌とする法律、可決・成立
- 東海村の民間ウラン加工施設で日本初の臨界事故発生

2000

- ● ダン&レイビー「プラシーボ・プロジェクト」
- L・スパイブルック/NOX「ソフトオフィス」
- P・アイゼンマン「新竹デジタル・アート美術館」
- C・J・リム「牛の世界」「無慈悲なハーモニーの空中庭園」
- F・O・ゲーリー「グッゲンハイム美術館ロウアーマンハッタン」
- R・コールハース/OMA＋R・ピアノ「ホイットニー美術館拡張計画」
- P・ズントー「ホテル・チェリン」
- シーラカンスK&H「中央防波堤埋立地」
- 内藤廣「築地魚市場」
- 藤本壮介「青森県立美術館設計競技優秀賞案」
- ■ ヘルツォーク&ド・ムーロン「テート・モダン」[イギリス]
- N・フォスター「大英博物館グレート・コート」[イギリス]
- 隈研吾「那珂川町馬頭広重美術館」
- 安藤忠雄「淡路夢舞台」
- □『Towards Totalscape』展[オランダ建築博物館、オランダ]
- 『少女都市』(第7回ヴェネチア・ビエンナーレ国際建築展日本館展示)[イタリア]
- 50年ぶりの「建築基準法」大改正が施行
- 『間――20年後の帰還』展[東京藝術大学大学美術館ほか]
- 『ギャラリー間15周年記念展 空間から状況へ』展[ギャラリー間]
- 『EAST WIND 2000/東風2000』展[新宿パークタワー]
- DOCOMOMO Japan、支部として認定
- ★ [思想]A・ネグリ＋M・ハート『〈帝国〉―グローバル化の世界秩序とマルティチュードの可能性』[イタリア]
- 村上隆『SUPER FLAT』
- 第1回越後妻有トリエンナーレ開催
- [漫画]奥浩哉『GANTZ』
- ◆ 第27回夏季オリンピック開催[オーストラリア]
- 国際宇宙ステーションにソユーズ宇宙船がドッキング[ロシア]
- 国内初のクローン豚誕生

2001

- ● N・スピラー「スペースタイム・ビー・ゲート」
- ジャコブ＋マクファーレン「アルディー邸」
- KOL/MAC「Meta_HOM」
- R&Sie(n)「(アン)プラグ・ビルディング」
- D・リヒター「ザ・ウェイヴ」
- MVRDV「ピッグ・シティ」
- R・コールハース/OMA「LACMA」
- ダーミス・P・レオン「ハバナ、ビエンナーレ、ツーリズム:ユートピアのスペクタクル」
- 庄野泰子「小名浜港2号埠頭再開発事業」
- 阿部仁史ほか「メガフロア」
- ■ S・ホール「ベルヴュー・アート・ミュージアム」[アメリカ]
- A・C・バエザ「グラナダ貯蓄銀行本社」[スペイン]
- 原広司「札幌ドーム」
- 伊東豊雄「せんだいメディアテーク」
- 石山修武「世田谷村」
- □ 宇野求＋岡河貢『東京計画2001』
- 『磯崎新展 アンビルト/反建築史』[ギャラリー間]
- 『MUTATIONS』展[TNプローブ]
- 邑楽町役場庁舎コンペ
- ★ 世界各地で国際美術展活発化
- 総合ディレクター:長谷川祐子『第7回イスタンブール・ビエンナーレ』[トルコ]
- 第1回横浜トリエンナーレ
- [映画]S・スピルバーグ『A.I.』[アメリカ]
- [文学]P・リーヴ『移動都市』[イギリス]
- [文学]A・レナルズ『カズムシティ』[イギリス]
- 会田誠「新宿御苑大改造計画」
- [映画]坂口博信『ファイナルファンタジー』
- [映画]原恵一『クレヨンしんちゃん 嵐を呼ぶモーレツ!オトナ帝国の逆襲』
- ◆ アメリカ同時多発テロ事件発生
- WHO、国際エイズ基金を発足
- 国内初の狂牛病確認される
- テロ対策特別措置法成立

2002

- ● J・パティック「散種の大地」
- G・リン「アーク・オブ・ザ・ワールド・ミュージアム」
- N・スピラー「ホイールバロー・ウィズ・エキスパンディング・ブレッド」
- F・ロビンズ「アドバタイジング・アブサーディティーズ・ポテンシャリティ・ドローイング」
- N・チャード「レイヤー:身体に内蔵された第三世代建築」
- M・ノヴァック「アロビオ」
- アクタル・アーキテクトゥーラ「トルネード・タワー・プロジェクト」
- D・リベスキンド「WTC/メモリー・ファウンデーション」
- Servo Los Angels「ロビー=ポーツ」
- dZOアーキテクツ「ゴースト・トラック・インスタレーション」
- P・V・アウレリ/DOGMA「ストップ・シティ」
- **荒川修作＋M・ギンズ「みどりの街/長寿のテーマパーク」**
- 坂茂＋Z・ハディド＋J・ヌーヴェル「グッゲンハイム東京コンペティション・プロジェクト」
- 磯崎新「カタール国立図書館」
- 藤森照信「東京計画2101」
- アトリエ・ワンほか「河川軸都市計画」
- ■ 安藤忠雄「フォートワース現代美術館」[アメリカ]
- D・アジャイ「ダーティ・ハウス」[イギリス]
- 安藤忠雄「国立国会図書館国際子供図書館」
- FOA「横浜大さん橋国際客船ターミナル」
- 渡辺誠「大江戸線飯田橋駅」
- □ A・ファーカーソン「アバンギャルド・アゲイン:キャリー・ヤングについて」
- ニューヨークWTC跡地建築コンペティション[アメリカ]
- 『ダニエル・リベスキンド』展[広島市現代美術館、インター・コミュニケーション・センター](-03)
- 新富弘美術館建設国際設計競技
- ★ パレ・ド・トーキョー開館[フランス]
- [映画]S・スピルバーグ『マイノリティ・リポート』[アメリカ]
- 山口晃「東京圖 広尾―六本木」
- ヤノベケンジ「ビバ・リバ・プロジェクト:ニューデメ」
- 主催:村上隆、『第1回GEISAI』[東京タワーアミューズメントホール]
- 松井みどり『アート"芸術"が終わった後の"アート"』
- ◆ 対テロ対策としてイラク攻撃を示唆[アメリカ]
- ユーラシア大陸各地で大洪水相次ぐ
- 日韓サッカー・ワールドカップ開催
- 小泉純一郎首相訪朝し金正日総書記と会談

2003

- ● L・スパイブルック/NOX「ワールド・トレード・センター・コンペティション案」
- D・F・ファウスティーノ「1m²住宅」
- A・ラヒム＋H・ジャメル「リーボック・フラッグシップ・ストア」
- D・リベスキンド「建築の無方位角線」
- S・カラトラヴァ「80サウス・ストリート」
- F・O・ゲーリー「アトランティック・ヤード」
- Z・ハディド「グッゲンハイム台中美術館」
- L・ギリック「ユートピア・ステーション:ファンクショナルユートピアのために」
- 藤本壮介「安中環境アートフォーラム国際設計競技1等案」
- 黒川紀章＋磯崎新「鄭州市鄭東新区如意型区域都市計画」
- 宇野求ほか「Light City Tokyo」
- 安藤忠雄「グラウンド・ゼロ・プロジェクト」
- ■ F・O・ゲーリー「ディズニー・コンサート・ホール」[アメリカ]
- フューチャー・システムズ「ブル・リング」[イギリス]
- ヘルツォーク&ド・ムーロン「プラダ・ブティック青山店」
- 大谷弘明「積層の家」
- □ A・グリーン「複数のユートピアとユニバーサル」
- 『ノンスタンダードの建築』展[ポンピドゥー・センター、フランス]
- 『zoomorphic』展[ヴィクトリア・アンド・アルバート博物館、イギリス]
- 『CONTENT』展[ベルリン新国立美術館、ドイツ]
- ポンピドゥー分館国際コンペ
- 『ジャン・ヌーヴェル』展[東京オペラシティ]
- ★ A・ゴームリー「アジアン・フィールド」
- [文学]F・リーヴ『掠奪都市の黄金』
- 森美術館開館、『ハピネス』展開催
- ◆ イラク戦争、米英軍攻撃開始、フセイン元大統領拘束
- 新型肺炎SARS猛威振るう
- 日韓首脳会議開催
- 自衛隊のイラク南部派遣と15億ドルの無償資金援助を決定

2004

- ● N・スピラー「ミニチュア・パタフィジカル・ラボラトリー」
- ペリフェリック・アーキテクツ「フリークス・タワー・プロジェクト」
- 伊東豊雄「ゲント市文化フォーラム」
- 渡辺豊和『2100年庭園曼荼羅都市:都市と建築の再生』
- ■ R・コールハース/OMA「シアトル中央図書館」[アメリカ]
- A・アラヴェナ「キンタ・モンロイの集合住宅」[チリ]
- 谷口吉生「ニューヨーク近代美術館改修」[アメリカ]
- 藤森照信「高過庵」
- SANAA「金沢21世紀美術館」
- ヨコミゾマコト「富弘美術館」
- □ ビル・アンド・ガリア・コレクティブ「未来はここにある(The Future is Here)」
- 『OTAKU:人格=空間=都市』(第9回ヴェネチア・ビエンナーレ国際建築展 日本館展示)[イタリア]
- 『アーキラボ:建築・都市・アートの新たな実験展1950-2005』[森美術館]
- ★『六本木クロッシング:日本美術の新しい展望2004』展[森美術館]
- [思想]F・ジェイムソン「ユートピアの飛び地」[アメリカ]
- [映画]A・プロヤス『アイ、ロボット』[アメリカ]

山口晃「百貨店圖 日本橋 新三越本店」
ヤノベケンジ「マンモス・プロジェクト」
[映画]宮崎駿「ハウルの動く城」
[映画]押井守「イノセンス」
◆ 第28回夏季オリンピック開催[ギリシャ]
女性環境活動家ワンガリ=マータイ、ノーベル平和賞受賞[ケニア]
スマトラ島沖で地震、巨大津波発生[インドネシア]
陸上自衛隊イラク派遣
新潟県中越地震発生

2005

● N・スピラー「ジェネティック・ガゼボ」
P・クック「オスロ・イースト」
KOL/MAC「INVERSAbrane」
R・ウッズ「システム・ウィーン」
M・スマウト＋L・アリエン「後退する風景のための村」
コープ・ヒンメルブラウ「スカイ・アーク」
オフィス・ケルステン・ゲールス・ダヴィッド・ファン・セーヴェレン＋DOGMA「都市の文法(韓国新首都計画国際コンペ1等案)」
ネイジャ&デオストス「バグダッドの空中墓地」
■ E・ミラージェス「サンタ・カタリーナ市場」[スペイン]
MVRDV「ミラドール」[スペイン]
西沢立衛「森山邸」
古谷誠章「茅野市民館」
□ 橋爪紳也『あったかもしれない日本:幻の都市建築史』
今村創平「アンビルトの実験住宅の系譜」
『メディアとしての建築——ピラネージからEXPO'70まで』展[東京大学総合研究博物館]
小田原城下町ホールコンペ
★ J・バリグルンド「ザ・ロイヤル・ビクトリア・カラーワークス」
I・ノグチ(マスタープラン)「札幌市モエレ沼公園開園」
第1回アートフェア東京
『アジアのキュビスム』展[東京国立近代美術館、ソウル、シンガポールに巡回]
[文学]菅原幸彦『ユート・ピュリフィケーション』
[文学]池上永一『シャングリ・ラ』
◆ 京都議定書発効
ロンドンの地下鉄・バスでイスラム急進派による同時爆破テロ[イギリス]
巨大ハリケーンが相次ぎ上陸[アメリカ]
YouTubeサービス開始
愛知万博開催

2006

● アトリエ・ファン・リースハウト「スレイヴシティ」
マージャン・コレッティ「2&1/2D」
E・マッキントッシュ「ハイライズ・サーキュレーションの代替案」
W・アルソップ＋T・ソーントン「グレンウッド発電所博物館」
N・チャード「可変的画像平面描画装置02」
B・チョイ「没入、香港のブリザード」
M・フォルネスほか「theverymany」
G・ブース「ナースリー・ナースリー」

2006 **t-project 石上純也**
t-project | Junya Ishigami

2008–2009 **park in a building 石上純也**
park in a building
Junya Ishigami

2008 **cafe in the field 石上純也**
cafe in the field | Junya Ishigami

2010 **house of wind and rain 石上純也**
house of wind and rain
Junya Ishigami

2012 **group home 石上純也**
group home | Junya Ishigami

石上のドローイングと模型には、繊細な感性と大胆な発想が同居する。自身の「ドローイングには建築に対する感情が現われる」、「ドローイングと模型はコンセプトをより純化するための手段である」と石上は述べる。石上はこれまでに庭・植物・森・海・空・雲・雨などをテーマに、周囲の環境と建築がゆるやかに一体化した、あるいは建築自体が環境となるような構想を追求してきた。そして土地の持つ記憶を残しつつも、多様化する価値観や理想に応える複雑さをもった建築を打ち立てようとしている。本書で紹介するドローイングや模型は、そうした石上の建築的思考を明確に伝えている。
《cafe in the field》は、草原の中の小川に橋のように渡されたガラスの建築案。室内にいながら、自然の流れや季節の移り変わりを感じ取ることができる。ここでは、草原や小川といった自然が建築の空間をかたちづくっている。
《t-project》は、「都市のなかの別荘」という発想から生まれた。周囲との関係性が薄い現代の一般的な住宅のなかで、周囲の環境と影響を与え合うような住宅を計画したものであり、別荘としての建物が都市に新たな環境をもたらすことを期した。

38-1
t-project
2006

I・チンチラ
「マタデッロ・マドリード設計競技案」
M・パルマ「シードベッド・プロジェクト」
R・オリベイラ「メトロポール」
M・ティッチナー「建築は遠い未来のために建てなくてはならない」
MADアーキテクツ「北京2050」
石上純也「t-project」
大野秀敏「ファイバーシティ2050」
磯崎新＋石山修武「21世紀型オリンピックのための博多湾モデル(2016年福岡オリンピック構想案)」
石原慎太郎＋安藤忠雄「『10年後の東京』プロジェクト(2016年東京オリンピック構想案)」
高松伸「木造都市への憧憬」
■ J・ヌーヴェル「ケ・ブランリ美術館」[フランス]
伊東豊雄「コニャック・ジェイ病院」[フランス]
青木淳「青森県立美術館」
山下設計＋R・ボフィル「ラゾーナ川崎プラザ」
□『ザハ・ハディドの30年の仕事』展[グッゲンハイム美術館、アメリカ]
第10回ヴェネチア・ビエンナーレ国際建築展日本館展示「藤森建築と路上観察」[イタリア]
柳京ホテル設計競技(『ドムス』2006年6月号誌上コンペ)[イタリア]
★ T・クライン「反転したレギア聖母礼拝堂」
[映画]C・ウィマー「ウルトラヴァイオレット」[アメリカ]
日本郵船倉庫でBankART Studio NYK、活動を本格化
Chim↑Pom「スーパー☆ラット」
◆ プルトニウム型で地下核実験を行なう[北朝鮮]
フセイン元大統領処刑[イラク]
イラク派遣陸上自衛隊撤収
2016年夏季オリンピック、国内候補地選定委員会で東京都が福岡市を破り選出

2007

● N・コーツ「ミクスタシティ」」
A・フェレイラ「ダン・フレヴィンのモニュメント」
D・リベスキンド「ワン・マディソン・アヴェニューのニューヨーク・タワー」
モーフォシス「ヘラルド・エグザミナー・タワー」
アシンプトート「釜山ワールドビジネスセンター・ソロモンタワー」
H・D・アロンソ/セフィロトアーチ「メゾン・スルーシ」
張在元『非建築』
藤森照信「東京計画2107」
菊竹清訓「"R"計画」
■ P・ズントー「聖コロンバ教会ケルン大司教区美術館」[ドイツ]
スノヘッタ「オスロ・オペラ・ハウス」[ノルウェー]
手塚貴晴＋手塚由比「ふじようちえん」
坂茂「ニコラス・G・ハイエックセンター」
□ ロッテルダム国際建築ビエンナーレ[オランダ]
第1回リスボン建築トリエンナーレ[ポルトガル]
『スキン＋ボーンズ』展[国立新美術館]
『SPACE FOR YOUR FUTURE』展[東京現代美術館]
★ [美術]C・フェイ「RMBシティ:セカンドライフの都市計画」
[美術]L・ブル「ブルーノ・タウトに倣って(物事の甘さを自覚せよ)」
ドクメンタ12[ドイツ]
ミュンスター彫刻プロジェクト2007[ドイツ]
ヴェネチア・ビエンナーレ[イタリア]
[美術]彦坂尚嘉「皇居美術館」
国立新美術館開館
『夏への扉ーマイクロポップの時代』展[水戸芸術館]
第1回中之条ビエンナーレ
[ウェブ]F・ローズデール「セカンドライフ」
[アニメ]「電脳コイル」
◆ ソロモン諸島沖地震発生
サブプライム問題を発端に世界金融市場の混乱始まる[アメリカ]
アップル、iPhone発売
郵政民営化
山中伸弥ら、iPS細胞作製に成功
新潟県中越沖地震発生

2008

● N・コーツ「ヒュプネロトスフィア」
R・コールハース/OMA「23 EAST 22ND STREET」
J・ヌーヴェル「グリーンブレード」
ヘルツォーク&ド・ムーロン「トゥール・トリアングル」
艾未未「オルドス100プロジェクト」
石上純也「park in building」「cafe in the field」
■ W・シュウ「寧波歴史博物館」[中国]
R・コールハース/OMA「CCTV」[中国]
西沢立衛「十和田市現代美術館」
石上純也「神奈川工科大学KAIT工房」
三分一博志「犬島アートプロジェクト『精錬所』」
新居千秋「大船渡市民文化会館・市立図書館/リアスホール」
□ H・クンズル「海をみること:ポール・ノーブルについて」
『ドリームランド:1970年代以降の建築実験』展[MoMA、アメリカ]
大野秀敏『シュリンキング・ニッポン』
★ K・ラクサ「メトロポリタン・プリズン/2082」
岡本太郎「明日の神話」、渋谷駅に設置
山口晃「自由研究(柱華道)」
[映画]A・スタントン「WALL・E」
◆ 第29回夏季オリンピック開催[中国]
巨大証券・投資銀行リーマン・ブラザーズ破綻、世界的金融危機に(リーマン・ショック)[アメリカ]
四川省で大地震発生[中国]
ノーベル物理学・化学賞で日本人4人が受賞
初の日中韓首脳サミット開催、金融連携を確認

2009

● T・クライン＋B・カウド「コンタード・エンボディメント」
L・フォーレ＋K・キネガサ・ツイ「アーバン・アグリカルチャー:ビールホップ農場・醸造市場(ファーマーズマーケット・コンペ3等案)」
グリムショウ・アーキテクツ「コニーセンター」
八束はじめ＋U.P.G.「東京計画2010」

《park in a building》では、建築自体が公園として計画されている。並べ立てられた巨大な壁が、公園を仕切るのと同時にそれぞれの空間を結びつける。ここでは、あいまいな境界と、ゆるやかな連続性が立ち現われる。《house of wind and rain》は、断熱されたリング状の空間を空気が循環することで、実際に雨と風を体験することができるというプロジェクトで、建物が自然を内包するというコンセプトに基づく。《group home》は、主に認知症の高齢者を対象とした共同生活の家のプラン。もともと個人の住まいとして使われていた、日本中の家屋の一部を集めることで、人と家が持つ固有の記憶が抽象的な集合体となることが意図されている。このプロジェクトは、あたかも庭をつくるように、ランドスケープとしての建築を目指す。

このように、石上のドローイングや模型からは、環境>都市計画>地形造成>建築という従来のヒエラルキーに縛られない建築家の自由な発想と、現代の社会に対する石上なりのさまざまな角度からのアプローチをうかがい知ることができる。 [R.G.]

[参考文献]

- 石上純也『ちいさな図版のまとまりから建築について考えたこと』(INAX出版、2008)

38-2
park in a building、平面図
Plan, park in a building
2008-09

38-3
park in a building、ドローイング
Drawing, park in a building
2008–09

38-4
cafe in the field、ドローイング
Drawing, cafe in the field
2008

38-5
house of wind and rain、
コンセプト模型
Concept model,
house of wind and rain
2010

38-6
group home
2012

藤本壮介「建築のような都市、
都市のような山、山のような建築」
平田晃久「Tree-ness City」
■ 安藤忠雄
「プンタ・デラ・ドガーナ・再生計画」[イタリア]
D・チッパーフィールド
「ベルリン新博物館・改修」[ドイツ]
日建設計「木材会館」
大野秀敏
「東京大学カブリ数物連携宇宙研究機構棟」
□ C・スミス「矛盾するリアリティ:
アイ・ウェイウェイによる『ユートピア的戦略』」
『ARCHITECT 2.0』展[EYE OF GYRE]
『20XXの建築原理へ』展[INAXギャラリー]
★ C・ガイヤール「プルーイット・アイゴーの崩落」
[映画] N・ブロムカンプ「第9地区」[アメリカ]
六本木アートナイト
水と土の芸術祭2009
第1回恵比寿映像祭
[ゲーム] Mojang「Minecraft」
[映画] 細田守「サマーウォーズ」
◆ 世界中で経済危機が深刻化し、
同時株安、通貨暴落が発生
B・オバマ、第44代アメリカ大統領に就任
衆議院選挙で民主党大勝
2016年東京オリンピック、招致に失敗

2010

● A・ブランジ「新アテネ憲章」
L・フォーレ「パフューマーズ・ディストリクト」
P・クック「ヒドゥン・シティ」
P・カイパー
「中部カリフォルニア歴史博物館コンペ案」
N・ヤコウスキー+R・オストス
「インフラストラクチュラル・エコロジー」
S・F・ファウスティーノ「ボディ・イン・トランジット」
M・マクギャリー「ルアンダ、アンゴラ、2019」
石上純也「house of wind and rain」
長谷川豪「400人の大きな屋根」
藤村龍至「ローマ2.0」
中村拓志「Nesting in forest」
渡辺誠「新・太陽神の都市/反・太陽神の都市」
磯崎新+TEAM ROUNDABOUT「海市2.0」
■ Z・ハディド「MAXXI」[イタリア]
坂茂「ポンピドゥー・センター・メス」[フランス]
M・サフディ「マリーナ・ベイ・サンズ」[シンガポール]
SOM「ブルジュ・ハリファ」[アラブ首長国連邦]
西沢立衛「豊島美術館」
藤本壮介「Tokyo Apartment」
□『Dreamlands』展
[ポンピドゥー・センター、フランス]
三浦丈典『起こらなかった世界についての
物語——アンビルト・ドローイング』
山本理顕『地域社会圏モデル』
『CITY2.0 WEB世代の都市進化論』展
[EYE OF GYRE]
SANAAがプリツカー賞受賞
★ A・ビュブレックス「ペイサージュ81」
『アール・ブリュット・ジャポネ』展
[パリ市立アル・サン・ピエール美術館、フランス]
[映画] C・ノーラン「インセプション」[アメリカ]
瀬戸内国際芸術祭2010
あいちトリエンナーレ2010

3331 Arts Chiyoda開館
◆ 上海万博開催
ハイチ大地震発生
世界最長(57km)のアルプス貫通トンネル開通[スイス]
スパコン「天河1号」世界最速を記録[中国]
小惑星探査機はやぶさが帰還
尖閣諸島をめぐり日中間緊張深まる

2011

● H・D・アロンソ「TBA2.0」
P・クック「スイス・コテージ・タワー」
M・コレッティ「デジタル・デリカテッセン」
ラウムレイバー「カンティエーレ・バルカ」
WAI「アヴァンギャルドの都市群」
藤本壮介「ベトンハラ・ウォーターフロント・センター 設計競技1等案」
藤本壮介「台湾タワー」
藤本壮介+『カーサ・ブルータス』編集部「首都移転〜三都構想案」
大野秀敏「ファイバーシティ/長岡2050」
石上純也「ニュー・ホライズンズ」
鈴木了二「福島第1原発石棺化計画」
藤村龍至+東洋大学藤村研究室「雲の都市(リトルフクシマ)」
磯崎新「転都国会フクシマ」(ヒルズクラブランチョンセミナーにて)
針生承一ほか「閖上ルネサンス計画」
マウントフジアーキテクツスタジオ+芝浦工業大学原田研究室「つながる輪中都市と未来の丘」
中村拓志「エヴァキュエーションタワー」
成瀬友梨+猪熊純「シェア型・木造災害復興住宅」
東北大学五十嵐研究室「女川町津波跡地保存計画」
宮本佳明「鵜住居川河口堆積体」「基礎のまち」
東京工業大学塚本研究室「1000年に学ぶ。戻って住む。忘れない。」
重松象平「21世紀の国土のグランドデザイン2.0」
山下和正+東京工業大学奥山研究室「カーボベルデ共和国 日本人村計画」
■ J・マイヤー「メトロポール・パラソル」[スペイン]
MAD ARCHITECTS「オルドス博物館」[中国]
日建設計「NBF大崎ビル(旧ソニーシティ大崎)」
渡辺真理+木下庸子「真壁伝承館」
□ R・コールハース+H・U・オブリスト『プロジェクト・ジャパン』
『東京2050//12の都市ヴィジョン』展[丸の内ビル]
『メタボリズムの未来都市』展[森美術館](-12)
★ G・マブンダ「危機のうえに乗る男」
A・アンゲリダキス「ドメスティケイテッド・マウンテン」
◆ GDPが世界第2位へ[中国]
金正日総書記死去[北朝鮮]
国連白書、世界人口が70億人に達したと発表
東日本大震災、福島第1原発事故発生
TVのアナログ放送終了、地上デジタル放送に移行

2011

ベトンハラ・ウォーターフロント・センター 設計競技1等案

藤本壮介

Beton Hala Waterfront Center, first prize plan
Sou Fujimoto

セルビアの首都ベオグラードの、商業・展示スペースを複合した施設(ベトンハラ・ウォーターフロント施設)のコンペで一等を獲得したプロジェクト案。予定地のベトンハラ地区はセルビア語で「コンクリート・ホール」を意味し、かつてサヴァ川に面した倉庫として使われていた建物に、洗練されたショップが集う一角である。カレメグダン公園やサヴァ川などの自然豊かな環境と歴史的城塞に隣接し、一方でフェリーやトラム、バスといった交通機関のハブ機能を備えるという、多彩な要素を併せ持つ立地であった。ヨーロッパ屈指の由緒ある古都として、街の歴史や自然に配慮しつつ、同時に現代の都市としての新たな魅力を生み出すことを、藤本は本プロジェクトの課題と考えた。
プロポーザルを特徴づけるのが、中央部に向かって渦巻き状の構造を取る傾斜したブリッジである。渦の中心部には広場が設けられ、地上階には展示スペースが、上部のブリッジ層にはレストランやカフェが展開するプランとなっている。市街地側に商業施設を、川側にレストランやカフェを、公園側に展示スペースを設置することで、それぞれの機能に適した環境を創出することが意図された。また、駐車場を地下に設けて建物全体の高さをおさえ、地形に沿った構造とすることで、サヴァ川から城塞へと続く景観になじませる工夫や、歩行者と車の動線を安全に分ける配慮がなされている。リング状に連なるブリッジは、水辺や公園の木々などベオグラードの眺望を楽しみながら、いくつもの可能性のなかから好みのルートを選んで散策できる回遊性を来訪者に与える。また広場でもあり通路でもあるような開かれたデザインは、建築とその周辺環境の境界を取り払い、ゆるやかに結びつける。このように街の歴史と自然、現代社会の間に新たな関係性を引き出す本プロジェクトを、藤本は「浮遊する雲」のイメージとして提唱した。ここで目指されたのは、機能優先の型にはまらない、人々の生活のダイナミズムを吸収できる豊かさを備える建築である。不確定な自然の揺らぎも含めたさまざまな要素が共存する、「森のような建築」を志向する藤本建築の特徴が示されている。 [R.G.]

[参考ウェブサイト]

- http://akichiatlas.com/jp/archives/beton_hala_waterfront_center_01.php

39-1

39-2

39-1
ベトンハラ・ウォーターフロント・センター
設計競技1等案、周辺図
Location, Beton Hala Waterfront Center, first prize plan
2012

39-2
ベトンハラ・ウォーターフロント・センター
設計競技1等案、完成予想図
Perspective drawing, Beton Hala Waterfront Center 2011, first prize plan
2012

39-3

39-4

39-3, 39-4
ベトンハラ・ウォーターフロント・センター
設計競技1等案、内観図
interior view, Beton Hala
Waterfront Center 2011,
first prize plan
2012

2012

● H・D・アロンソ「ヘルシンキ図書館」
M・ウェスト「タングルド・シティ」
P・クック「ベジテイテッド・シティ」
I・ダンタス「エモスフェリック・ランドスケープ」
ヒメネス・ライ
「シチズンズ・オブ・ノー・プレイス」「ソシオパス」
石上純也「group home」
［美術］**山口晃「新東都名所 東海道中 日本橋 改」**
ザハ・ハディド・アーキテクツ＋設計JV 「新国立競技場」
田根剛「新国立競技場案 古墳スタジアム」
藤村龍至「列島改造論2.0」
宮本佳明「福島第1原発神社」

■ コープ・ヒンメルブラウ
「釜山シネマセンター」［韓国］
モーフォシス「ペロー自然科学博物館」［アメリカ］
伊東豊雄＋乾久美子＋藤本壮介＋
平田晃久＋畠山直哉「陸前高田『みんなの家』」
篠原聡子＋内村彩乃「SHARE yaraicho」

□『Soviet Modernism 1955-1991 unknown history』
新国立競技場基本構想
国際デザイン・コンクール

★ M・スミス「フォードランディア」
K・アッティア「近代の系譜の後に」
A・ビュブレックス「ペイサージュ114」
I・エヴィネル「ナーシング・モダン・フォール」
T・アーナル「ロボット・リーダブル・ワールド」
『太陽のレクイエム：もの派の美術』展
［ロサンゼルス・ブルム＆ポー、アメリカ］
『東京1955-70：新しい前衛』展
［MoMA、アメリカ］
『大友克洋 GENGA』展［3331 Arts Chiyoda］
『奈良美智：君や 僕に ちょっと似ている』展
［横浜美術館］

◆ 第30回夏季オリンピック開催［イギリス］
スマトラ島でM8.7の大地震発生［インドネシア］
プーチン政権発足［ロシア］
フェイスブック利用者、世界で10億人を突破
国内全原発50基が停止
東京スカイツリー開業

2013

● H・D・アロンソ「レッド・フレッシュ」
L・クライン「肉体から分離したタトゥー No.3」
T・ウィスクーム「タトゥー・スタディーズ」
A・レイブレル「隠されたオーケストラ」
V・カレボー「アジアの石塚」
藤本壮介「エネルギー・フォレスト」

2013-
2015

新国立競技場 ザハ・ハディド・アーキテクツ+設計JV
[日建設計、梓設計、日本設計、オーヴ・アラップ・アンド・パートナーズ・ジャパン設計共同体]

New National Stadium of Japan
Zaha Hadid Architects + Architects JV
[Nikken Sekkei, Azusa Sekkei, Nihon Sekkei, and Ove Arup & Partners Japan]

• 建築可能であったプロジェクト

本来、オリンピックのメインスタジアムは、祝福される「メディア建築」である。なぜなら、お披露目にあたる開会式が世界に向けて放映されることで、一晩で10億人以上が記憶し、さらに、開催期間中もスタジアムの前から連日、同時中継されるからだ。かつては万博も建築にとって大きなインパクトをもっていたが、テレビの登場によってオリンピックのほうが「メディア建築」の舞台になっている。ザハ・ハディド・アーキテクツ+設計JV[日建設計、梓設計、日本設計、オーヴ・アラップ・アンド・パートナーズ・ジャパン設計共同体]による《新国立競技場案》も2012年の国際コンペで選出された直後から注目され、筆者のところにも単一のプロジェクトとしては過去最高数を記録する取材の依頼がきた。とくに批判が盛り上がってからは、報道も異常な状態になり、設計案を擁護するとコメントは採用されず、審査員や関係者の悪い噂はないのかと聞いてくるという始末だった。またネットでは根拠のない誹謗中傷が飛び交い、まさに21世紀的なメディア環境のネガティブ・キャンペーンに翻弄される建築となった。

はじめて《新国立競技場案》を目撃したとき、空から飛来したUFOのような形態に対し、誰もが未来的な風景だと思ったに違いない。コンペでザハ・ハディドの案が選ばれた決め手も、世界に発信する力だったという。実際、彼女は世界各地のグローバル都市においてランドマーク的な建築を数多く実現し、東京もそのリストに加わるはずだった。建築を専門としない人でもガウディのスタイルを認識できるように、ザハのデザインは強力な個性をもつ。もともと彼女は1980年代に鋭角的なデザインのディコンストラクティビズム(脱構築主義)の旗手として頭角を現わし、1990年代からはコンピュータを活用した流動的な空間に舵を切り、現代建築のトップランナーとして活躍していた。

新国立競技場案は過激に見えるが、条件だった開閉式の屋根があるスポーツ施設ゆえに、左右対称の形態にするなど、彼女の通常の作品よりも抑えたデザインである。ザハの事務所はデザイン監修の立場だったが、外観を提案して終わりではなく、コンペで選ばれたあとも設計JVと議論しながら、景観やコストに配慮した設計変更に対応するなど、本腰を入れて関与した。彼女にとって、構造と意匠の統合において新しいステージになる作品だった。日本にとっても、今後の主流となるコンピュータ時代の本格的な設計と施工に挑戦するチャンスだった。

にもかかわらず、メディアでは、エキセントリックで身勝手な女性建築家というイメージが流布された。なるほど、初期には前衛的なドローイングのみ制作されるアンビルトのプロジェクトもあったが、今回は設計JVと連携し、4,000枚以上の実施図面が作成されている。そしてロンドン・オリンピックの施設を担当した経験を生かし、圧迫感を減らすサドル型のスタンド、公共に開放される空中歩廊、工期を短縮するキールアーチ、臨場感を失わない客席の配置、飲食施設へのアクセス、多目的利用に適した屋根面、照明計画、避難動線、事業運営の経済性、構造や法規など、すべての与件をクリアしつつ、価値を生むデザインを提案した。すなわち、あとは着工して建設を待つだけの状態になっており、実現可能なプロジェクトだった。

オリンピックの決定後に広く注目されたのが、『JIA MAGAZINE』2013年8月号に掲載された槇文彦の論考「新国立競技場案を神宮外苑の歴史的文脈の中で考える」である。これは場所にそぐわないという景観論を含めて、コンペの前提を批判しており、8万人という規模が巨大すぎること、関連するプログラムを詰め込みすぎていることなどは、後からコスト増の要因になったものである。《エッフェル塔》(1889)や《ポンピドゥー・センター》(1977)が、パリにふさわしくないと批判されながらも、やがて都市のランドマークになったように、筆者はこうした議論が起きることは大きな意味があると考えていた。が、メディアによる報道が過熱するなかで、プログラムの問題ではなく、建築家こそが悪者であるというわかりやすいストーリーに回収され、ザハさえ外せば、問題が解決するという雰囲気が醸成され、議論が短絡化した。そもそも景観問題も十分に議論されず、結局はコストばかりが話題を呼んでいた。

コストの増加に関してもデザインが諸悪の根源とされがちだったが、本来は発注者であるJSCが設計者と調整すべき問題だ。住宅の設計でも施主が過剰なスペックを要望し、予算がオーバーしたら、すぐに建築家と相談しながら何を削るかを検討するだろう。しかし、設計サイドの減額案にもなかなか応じず、関係団体の要望をあれもこれも詰め込んだプログラムの見直しが遅れるなど、プロジェクトのマネージメントがうまく機能しなかった。むろん、コンペの結果がひっくり返ることがないわけではない。政治や予算の問題のほか、近代の日本ではコンペの後、その案に第三者が手を入れたり、結局、審査員が設計を担当するといったケースもあった。が、新国立競技場のザハ案は、現代の国際コンペで選ばれ、2013年のIOC総会では首相が個性的なスタジアムの建設をアピールし、東京オリンピックの招致に成功している。いわば国際公約を反故にした結果のアンビルトとなったのは残念である。

[五十嵐太郎|東北大学教授]

40-1
新国立競技場、イメージ・パース
Image perspective,
New National Stadium of Japan

40-2
新国立競技場、歩廊
Corridor, New National
Stadium of Japan

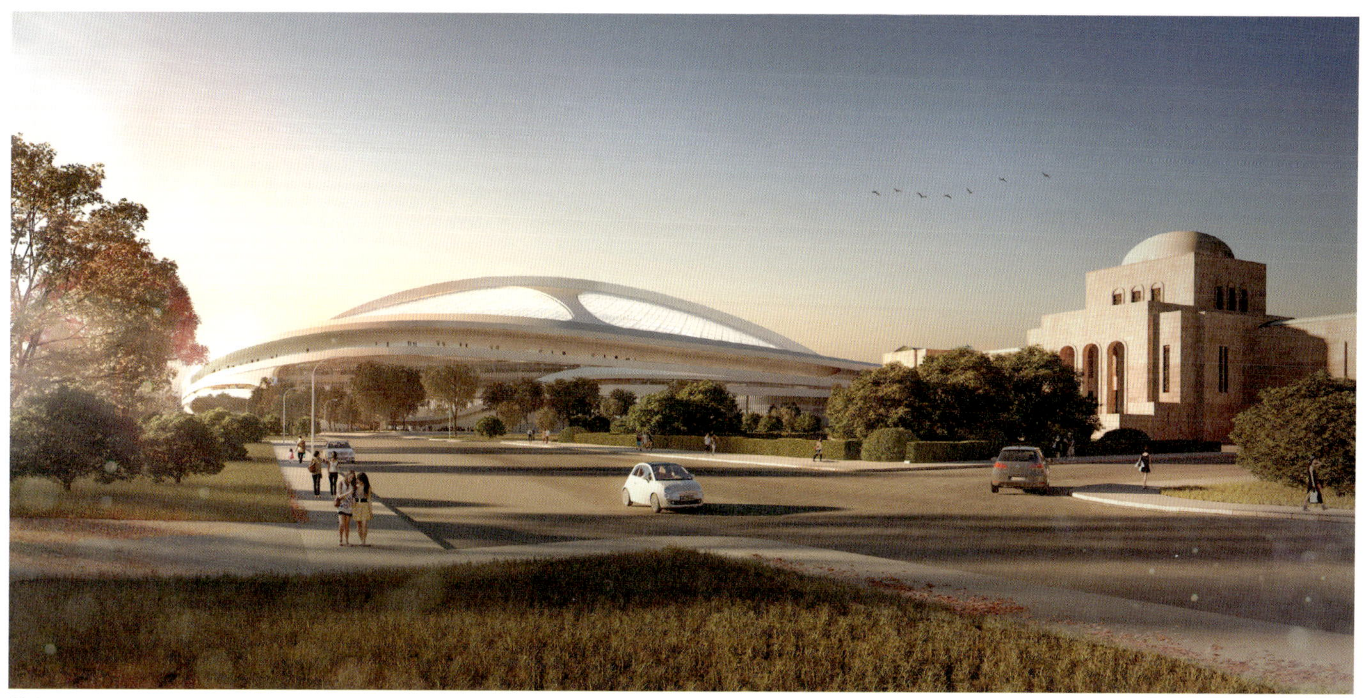

40-1

40-2

40-3

40-4

40-5

40-3
新国立競技場、イメージ・パース
Image perspective,
New National Stadium of Japan

40-4
新国立競技場、断面図
Section, New National Stadium of Japan

40-5
新国立競技場、イメージ・パース
Image perspective,
New National Stadium of Japan

40-6
新国立競技場、
キールアーチ標準詳細図
Detail plan of keel arch, New National Stadium of Japan
2015

40-7
新国立競技場
下・南北断面図(キールアーチタイ部分)、
中・南北断面図、
上・東西断面図
Bottom: North-south cross section (keel arch, tie bar),
Middle: North-south cross section,
Top: East-west cross section,
New National Stadium of Japan
2015

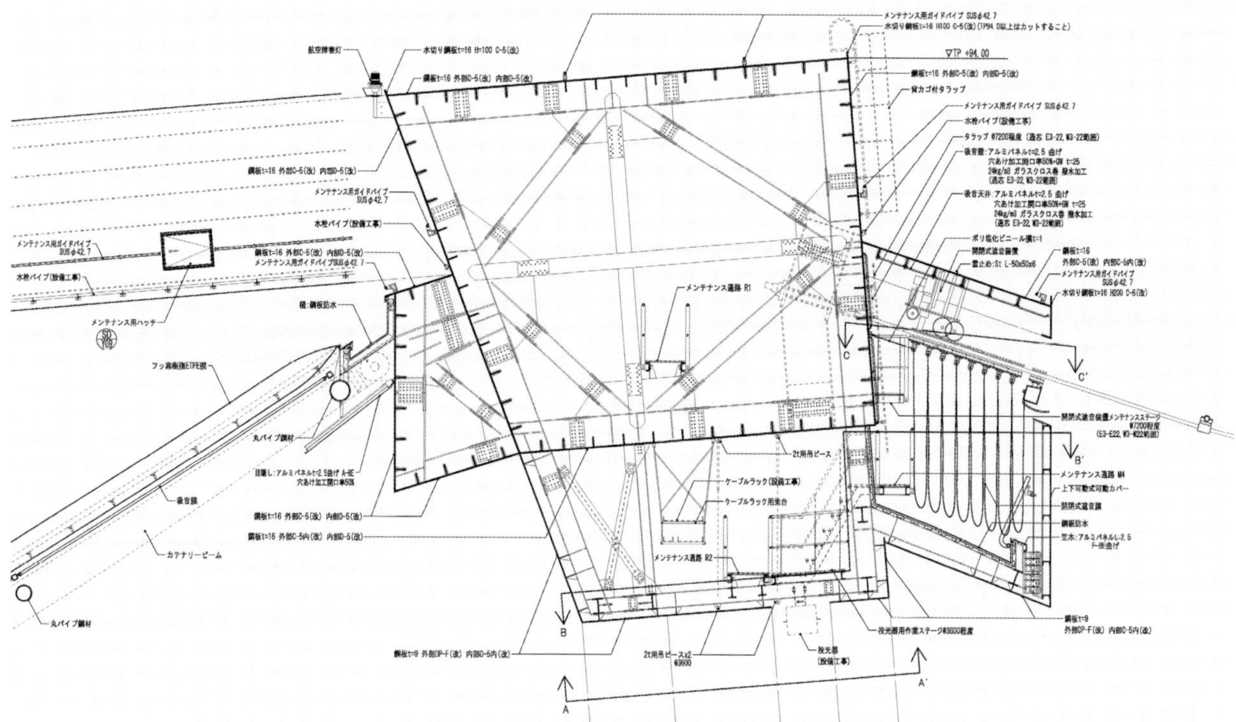

航空障害灯
水切り鋼板t=16 H=100 C-5(改)
鋼板t=16 外部C-5(改) 内部D-5(改)
メンテナンス用ガイドパイプ SUSφ42.7
水切り鋼板t=16 H100 C-5(改)(TP94.0以上はカットすること)
▽TP +94.00
鋼板t=16 外部C-5(改) 内部D-5(改)
背カゴ付タラップ
メンテナンス用ガイドパイプ SUSφ42.7
水栓パイプ(設備工事)
タラップ @7200程度 (通芯 E3-22, W3-22範囲)
吸音壁:アルミパネルt=2.5 曲げ
穴あけ加工開口率50%+GW t=25
24kg/m3 ガラスクロス巻 撥水加工
(通芯 E3-22, W3-22範囲)
吸音天井:アルミパネルt=2.5 曲げ
穴あけ加工開口率50%+GW t=25
24kg/m3 ガラスクロス巻 撥水加工
(通芯 E3-22, W3-22範囲)
ポリ塩化ビニール膜t=1
開閉式遮音装置
雪止め:St L-50x50x6
鋼板t=16
外部C-5(改) 内部C-5内(改)
メンテナンス用ガイドパイプ SUSφ42.7
水切り鋼板t=16 H200 C-5(改)
鋼板t=16 外部C-5(改) 内部D-5(改)
メンテナンス用ガイドパイプ SUSφ42.7
水栓パイプ(設備工事)
鋼板t=16 外部C-5(改) 内部D-5(改)
メンテナンス用ガイドパイプSUSφ42.7
メンテナンス用ガイドパイプ SUSφ42.7
水栓パイプ(設備工事)
メンテナンス用ハッチ
SD Y09
樋:鋼板防水
フッ素樹脂ETFE膜
丸パイプ鋼材
目隠し:アルミパネルt=2.5曲げ A-BE
穴あけ加工開口率50%
吸音膜
鋼板t=16 外部C-5(改) 内部D-5(改)
鋼板t=16 外部C-5内(改) 内部D-5(改)
カテナリービーム
丸パイプ鋼材
メンテナンス通路 R1
C
C'
開閉式遮音装置メンテナンスステージ
@7200程度
(E3-E22, W3-W22範囲)
2t用吊ピース
ケーブルラック(設備工事)
ケーブルラック用架台
B'
メンテナンス通路 M4
上下可動式可動カバー
開閉式遮音膜
鋼板防水
笠木:アルミパネルt=2.5
F-BE曲げ
メンテナンス通路 R2
投光器用作業ステージ@3600程度
鋼板t=9
外部DP-F(改) 内部C-5内(改)
B
鋼板t=9 外部DP-F(改) 内部C-5内(改)
2t用吊ピースx2
@3600
投光器
(設備工事)
A
A'

40-6

KEY PLAN S=1/5000
(メインスタンド)
(バックスタンド)
東西断面図
アーチタイ
(北サイドスタンド)
(南サイドスタンド)
南北断面図
(キール・アーチタイ部分)
部外秘/複写厳禁
独立行政法人日本スポーツ振興センター
新国立競技場設置本部
山下設計/山下ピー・エム・コンサルタンツ
/建設技術研究所共同体
日建設計・梓設計・
日本設計・アラップ設計共同体
新国立競技場(仮称)新営工事
スタンド工区・屋根工区
断面図
(全体)
A - 05 - 003
1/600
1/1200
0WW / 733
1 - 130133 - C
Revision 11

40-7

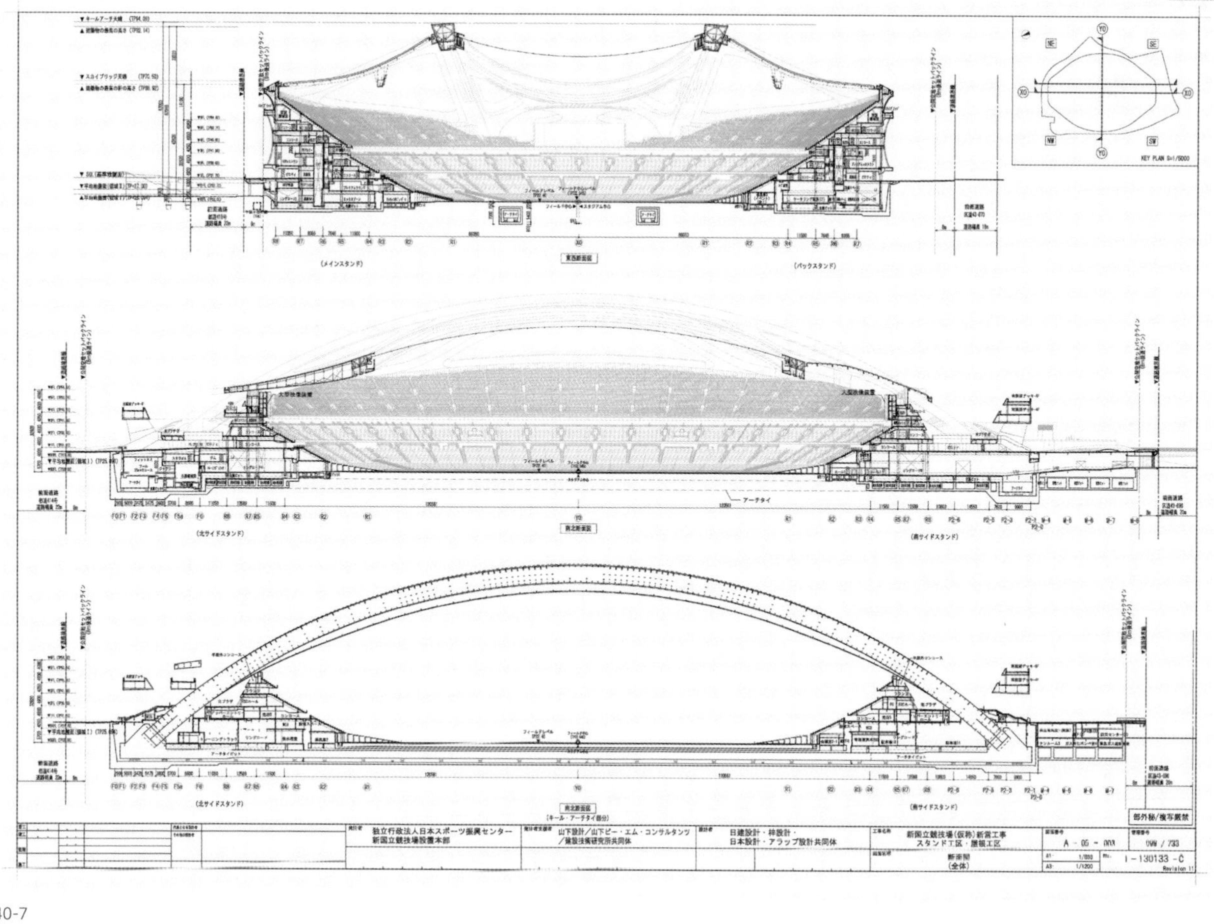

設計者のことば

設計JV［日建設計、梓設計、日本設計、オーヴ・アラップ・アンド・パートナーズ・ジャパン設計共同体］

– 当初、観客数8万人、延べ面積29万m^2を誇る国内最大の競技場を2019年のラグビー・ワールドカップまでに完成させることが命題であった。騒音対策および天然芝の生育環境を確保するために可動式の膜を設置したが、防災計画上は閉鎖されたドーム空間と見なされ、防災上も技術上も挑戦的なプロジェクトとなった。2013年からのフレームワーク業務では、設計JV（日建設計、梓設計、日本設計、オーヴ・アラップ・アンド・パートナーズ・ジャパン設計共同体）は、ザハ・ハディド・アーキテクツ（ZHA）のデザイン案を実現するべく条件整理を行なった。当初は設計JVメンバーがロンドンに常駐、基本設計以降はZHAのメンバーが東京に常駐し、全5回、延べ28日間のワークショップを開催した。

– 特徴的なデザインを扱うためにBIM［1］やコンピューテーショナル・デザインを最大限に活用し、つねに同じ設計データを共有して効率的に設計を進めた。当初、ZHAからは屋根などの部材が幾何学的なルールのない彫塑的な形状のデータで提示された。設計JVでは、力学的な合理性の追求や3次元曲面に可展面を用いるなど形状の整理を行ない、部材の設計や製作・施工上の合理化を図り、建設に適したものとした。外殻構造（セミモノコック構造）の屋根は、建築としては日本で類を見ない規模となるため、土木橋梁の専門家の意見を聞きながら設計を行なった。また、屋根の工事費と工期を抑えるために、造船や橋梁のファブリケーターへのヒアリングや建方工事の専門家と集中的な会議を行ない、製作から運搬、建方にわたる実現性の高い施工計画を立案した。BIMを活用した照明・空調等のシミュレーションにより性能の妥当性を確認し、複雑で大規模な建物の耐震性能を確保するために、工事費・工程に配慮しながら基礎免震構造を採用した。意匠・構造・設備設計の過程では、コスト調整のためのVE提案［2］を積極的に行なった。

– 基本設計を2014年1月から開始し、約1年半で膨大な数の協議を行なった。行政関連では、関係省庁、東京都や関係区との協議は200回を超えた。建築主であるJSCを筆頭に、スポーツ関連団体や民間機関とは、じつに500回以上の打ち合わせを重ねた。意匠・構造・設備等で4,000枚を超える設計図をまとめ、東京都や関係区の許認可など40項目にわたる申請等をすべて完了した。

– 2015年6月30日付で、耐火安全及び避難安全性能評価書を取得。構造性能評価では、通常はひとつの分科会を振動部会、鉄骨部会、風・膜部会の3部会に分けて20回の会議を重ねた。構造性能評価書を6月5日付で取得し、あとは大臣認定書を待って確認申請を行なうばかりであった。

1　BIMは、Building Information Modeling の略

2　バリュー・エンジニアリング案の略で、性能や価値を下げずにコストを抑える提案のこと

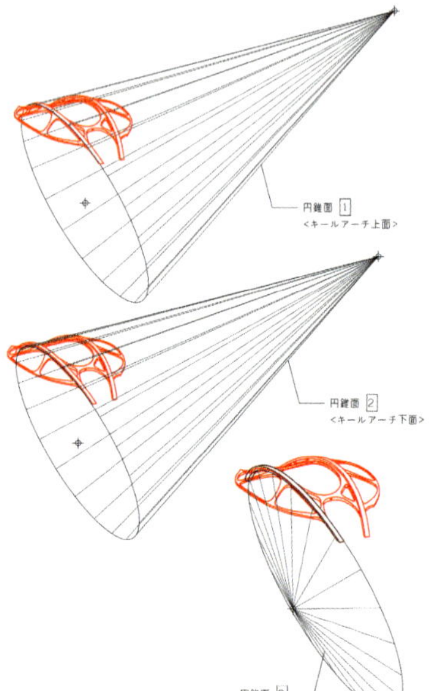

40-8-a

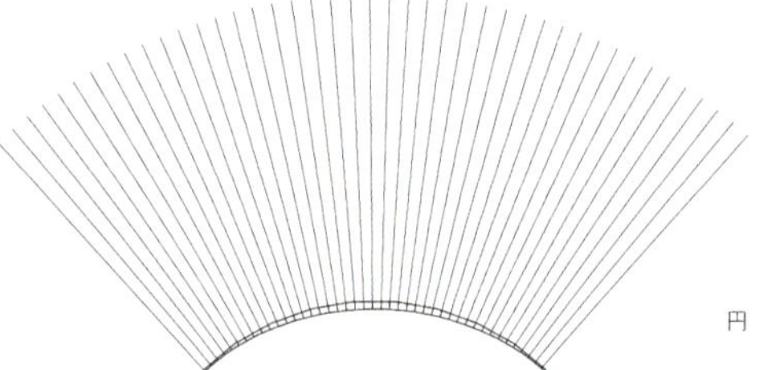

概念図 <円をキールアーチ閻に滑動させてできる面(長手断面)>

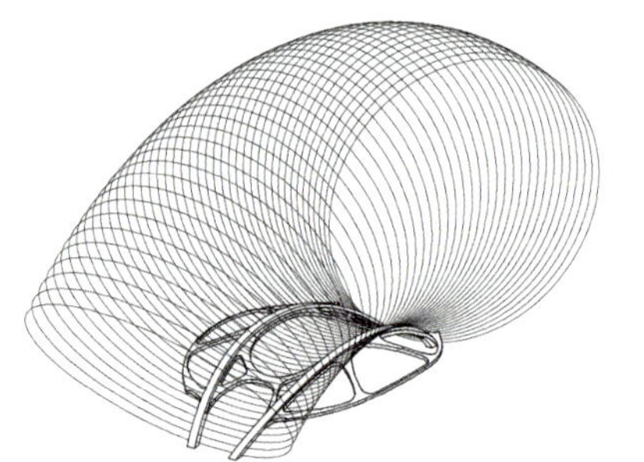

概念図 <円をキールアーチ閻に滑動させてできる面>

40-8-b

40-8-a
新国立競技場
キールアーチジオメトリ定義図
Geometric definition of keel arch, New National Stadium of Japan
2015

40-8-b
新国立競技場
クロスタイジオメトリ定義図
Geometric definition of cross tie, New National Stadium of Japan
2015

40-9
構造用風洞実験模型、
高さ75mのプラン（1:300）
Wind tunnel testing model for construction, 75 meters high (1:300)

40-10
構造用風洞実験模型、
高さ70mのプラン（1:300）
Wind tunnel testing model for construction, 70 meters high (1:300)

40-11
風洞実験の様子
（都市環境技術研究所／泉創建エンジニアリングにて）
Wind tunnel test (in Urban Environment Research Center / Izumi Sohken Engineering)

40-9

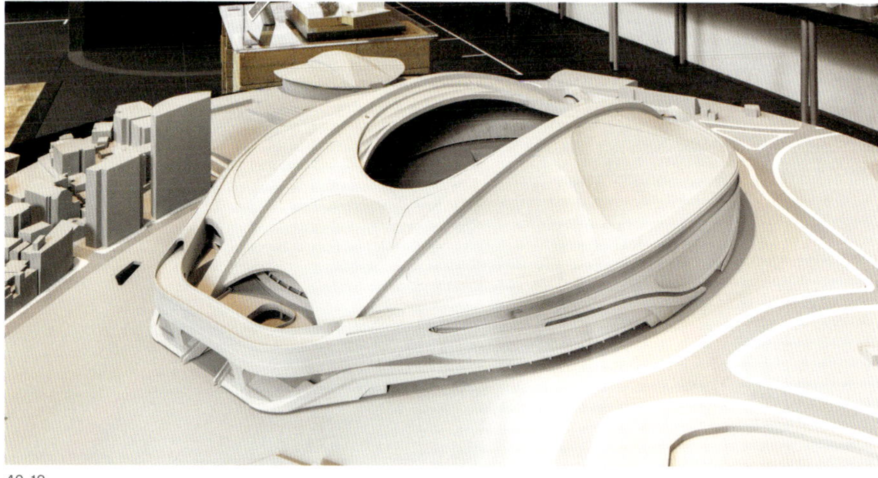

40-10

40-11

坂口恭平『思考都市』

東浩紀ほか「福島第1原発観光地化計画」

■ 槇文彦「ワン・ワールド・トレード・センター」［アメリカ］

MVRDV「グラスファーム」［オランダ］

隈研吾「新歌舞伎座」

堀部安嗣「竹林寺納骨堂」

□ G・ゴールディン『ネバー・ビルト・ロサンゼルス』［アメリカ］

槇文彦「新国立競技場案を神宮外苑の歴史的文脈の中で考える」『JIA MAGAZINE』（2013年8月号）

『空想の建築──ピラネージから野又穫へ』展［町田市立国際版画美術館］

『磯崎新 都市ソラリス』展［インターコミュニケーション・センター］

国立近現代建築資料館オープン

★ C・イアンニ「自由な形態」

T・ロバック「20XX」

『具体：素晴らしき遊び』展［ニューヨーク・グッゲンハイム美術館、アメリカ］

［映画］S・ジョーンズ「her/世界でひとつの彼女」［アメリカ］

［ゲーム］ナイアンティック「Ingress」［アメリカ］

会田誠「東京改造法案大綱」

ディレクター：五十嵐太郎、あいちトリエンナーレ2013

◆ 朴槿恵が韓国初の女性大統領として就任［韓国］

習近平総書記が国家主席に就任［中国］

2020年夏季オリンピックの開催地が東京に決定

特定秘密保護法成立

2014

● **M・フォスター・ゲージ「ヘルシンキ・グッゲンハイム美術館」**［アメリカ］

M・フーン「アーバン・ロボット」

ヒメネス・ライ「インサイド・アウトサイド・ビトウィーン・ビヨンド」

S・ラディック「サンティアゴ・アンテナ・タワー計画案」

羽藤英二ほか「東京2050＋」

■ F・O・ゲーリー「ルイ・ヴィトン財団」［フランス］

Z・ハディド「東大門デザインプラザ」［韓国］

武井誠＋鍋島千恵「上州富岡駅」

妹島和世「すみだ北斎美術館」

越沢明『東京都市計画の遺産』

□ グッゲンハイム・ヘルシンキ・デザイン・コンペティション［フィンランド］

『3・11以後の建築』展［金沢21世紀美術館］

『ジャパン・アーキテクツ 1945-2010』展［金沢21世紀美術館］

『ザハ・ハディド』展［東京オペラシティアートギャラリー］

シンポジウム「新国立競技場の議論から東京を考える」［建築会館］

国土強靭化基本計画のひとつにCLT（クロス・ラミネーテイド・ティンバー）の利用が位置づけられる

★ J・スタール「ノッソ・ラル、ブラジリア」

R・ダロル「クーム・ポッシュの帝国」

山口晃「新東都名所 芝の大塔」

2014 **ヘルシンキ・グッゲンハイム美術館 マーク・フォスター・ゲージ**

Guggenheim Museum, Helsinki | Mark Foster Gage

2014年6月、グッゲンハイム美術館分館の新規建設を目的として、ソロモン・R・グッゲンハイム財団主催による国際オープンコンペ「グッゲンハイム・ヘルシンキ・デザイン・コンペティション」の開催が公式発表された。建設予定地は、フィンランドの首都ヘルシンキ市街地に位置するウォーターフロント区画。建物面積は12,000m²(129,000ft²)、建築費(推計)は1億3千万ユーロ。審査員には、キュレーターのマーク・ウィグリー、建築家のフアン・エレロ、塚本由晴らが名を連ねた。77カ国から1,715件の応募があり、すべてのプランはオンラインで公開された。2015年6月にモロー・クスノキによる最優秀案が発表されたが、フィンランド政府は2016年10月、財政上の理由からグッゲンハイム美術館計画を破棄している。

このプロポーザルにおいて、マーク・フォスター・ゲージは、建築における形式上の伝統と哲学者グレアム・ハーマンの提唱する哲学的言説「オブジェクト指向存在論(OOO)」への関心とを融合した、極めて斬新なプランを用意した。ここで採択されたデザインは、「再利用されたデジタル素材」のみで構築を試みるリサーチ・プロジェクトから生まれた。これらの素材は、さまざまなオンラインソースから無作為にダウンロードされたオブジェクトの3Dモデルだが、それらをそのまま利用するのではなく、形態を構成する要素どうしを「キットバッシング」することによって、形を変える。「キットバッシング」とは、プラモデルの既成の「キット」の部品を取り替えて、存在しない新しい形態をつくりだす手法のことを指す。過去に存在したあらゆ

る形態を利用して、まだ見ぬ現在や未来をつくりあげるこの手法の、いわばデジタル版を活用することで、豊富な形態ヴァリエーションと高解像度のレベルでの3Dモデルが可能になる。それぞれの形態からは、それらがもともと持っていた象徴性が意図的に消し去られ、いかなる相互関連性も失われ、その結果として、建築上における新たな美学の形式が立ち現われる。建築における象徴性の問題に関心を寄せているゲージは、このプロジェクトで、象徴的に読み解くことができない何かをつくることを意図し、ただひとつの意味をもつのではなく、何百万もの意味をもちうるデザインを発表した。 [N.S.]

［参考文献］

- Mark Foster Gage: *Projects and Provocations*, Rizzoli, 2018.
- 『a+u』No.560、2017年5月号（新建築社）

41-1
ヘルシンキ・グッゲンハイム美術館
Guggenheim Museum, Helsinki
2014

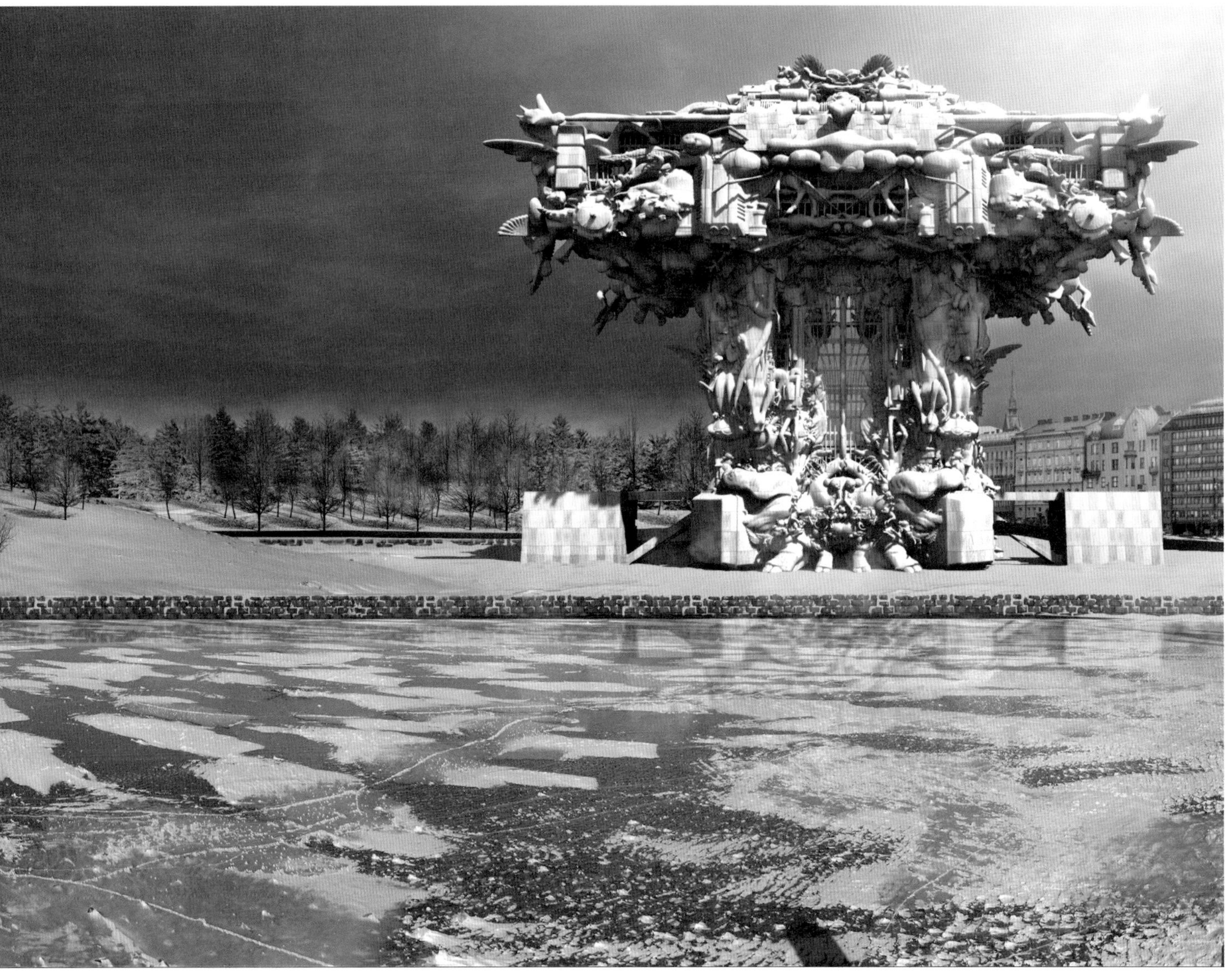

- ◆ イラク北部でスンナ派武装組織がイスラム国(IS)樹立を宣言
- イスラエル軍がガザ侵攻
- 香港で学生による反政府デモが発生(雨傘革命)[中国]
- 消費税5%から8%へ引き上げ
- 御嶽山噴火発生

2015

- ● **P=ジャン・ジルー「見えない都市#パート1#メタボリズム」**
- **M・フォスター・ゲージ「西57丁目のタワー」**
- フォレンジック・アーキテクチャー「ラファ 黒い金曜日」
- オフィス・コバック「集合住宅(メデューサの胸像)」
- ヤング・アンド・アヤタ「デッサウ・バウハウス美術館プロポーザル」
- 浅子佳英「オルタナティブ選手村2020」
- 磯崎新ほか「東京祝祭都市構想」
- 清水建設「深海未来都市構想 OCEAN SPIRAL」
- 槇文彦「2070年の旧国立競技場跡」
- 伊東豊雄「新国立競技場B案」
- ■ R・コールハース/OMA「プラダ財団美術館」[イタリア]
- T・ヘザウィック「シンガポール南洋工科大学ラーニング・ハブ」[シンガポール]
- F・O・ゲーリー「フェイスブック新社屋MPK20」[アメリカ]
- 小嶋一浩+赤松佳珠子「流山市立おおたかの森小・中学校」
- 三分一博志「直島ホール」
- □『エンドレス・ハウス:アートと建築の交差』展[MoMA、アメリカ]
- ザハ案の白紙撤回を受け、新国立競技場コンペが仕切り直しとなる
- 新国立競技場の新整備事業、隈研吾らによる「A案」に決定
- ★ J・コロメール「X-Ville」
- P・バラテイロ「現状」
- M・アルトマン「フレッシュブリーズ、オールドスメル」
- [映画]N・ブロムカンプ「チャッピー」[アメリカ]
- 会田誠「建築雑誌『BLUE'S MAGAZINE』のために描いた東京オリンピック2020メインスタジアムのイラスト」
- パラソフィア京都芸術祭2015
- 『春画展』[永青文庫]
- ◆ ボコ・ハラムが「イスラム国」(IS)への忠誠を表明[ナイジェリア]
- パリ同時多発テロ発生[フランス]
- 集団自衛権の行使を認める安全保障関連法案が強行採決
- 安倍首相、新国立競技場ザハ案の白紙撤回を決定

2016

- ● P・ポルトガル「フューチュロポリス」
- J・フォンテ・サンタ「文明の崩壊」
- ayr「ウルビ・エト・オルビ」
- B・サービノ「ジャングルのなかの失われたカテドラル」

2015 西57丁目のタワー マーク・フォスター・ゲージ

Tower on West 57th Street | Mark Foster Gage

マーク・フォスター・ゲージは、未公開のデベロッパーから、億万長者通り(ビリオネアズ・ロウ)と呼ばれるニューヨーク・マンハッタン57丁目に、高層ビルのデザインを依頼される。可能なかぎりの贅を尽くした超高級タワーを構想して欲しいというデベロッパーの要求に対し、ゲージはセントラル・パークとニューヨークのスカイラインを一望できる、102階建てレジデンシャル・タワーを提案した。ニューヨークに建設される超高層ビルは、仮想のデザインにおいては自由であること、ガラスのカーテンウォールに覆われた、ただ背が高いだけの箱はデザインとはいえないこと、富裕層たちはいまや唯一無二であることと美しさを求めている、という考えのもと、モダニストたちが出現させるガラスやスチールの箱以上の価値をもちうる、大胆かつ豪奢な建築デザインを発表する。このプロジェクトにおいても、《ヘルシンキ・グッゲンハイム美術館》で用いられ、継続してリサーチ中のキットバッシング・リサーチ・プロジェクトが適用され、再利用されたデジタル素材によって構築されたデザインとなっている。ここでは各形態の原型が特定できないほどに、キットバッシングの手法が大幅に改善されているという。

建築の外観を覆うのは、石灰岩色の人造石パネル、ハイドロフォーム法で加工された青銅合金によるディテール、押出加工による真鍮色をした合金の建材。各住戸には、ユニークな装飾的彫刻があしらわれた人造石製ファサードとバルコニーが設置され、周囲の都会と自然の風景が織りなすニューヨーク特有の眺望が提供される。スカイロビーとして機能する64階には、高級店舗、2層吹き抜けのイベントルーム、四つ星レストランが入る。そして、そのどこからも、キャンティレバー構造で張りだした4つの大きなバルコニーにアクセスできるレイアウトとなっている。

この奇抜なプロポーザルに対してメディアは、ドラマシリーズ「ゲーム・オブ・スローンズ」に登場する、青白く美しい、ミステリアスなキャラクターにちなんで「カリーシ」という愛称をつけた。 [N.S.]

[参考文献]

- Mark Foster Gage: *Projects and Provocations*, Rizzoli, 2018.
- 『a+u』No.560、2017年5月号(新建築社)

42-1
西57丁目のタワー
Tower on West 57th Street
2015

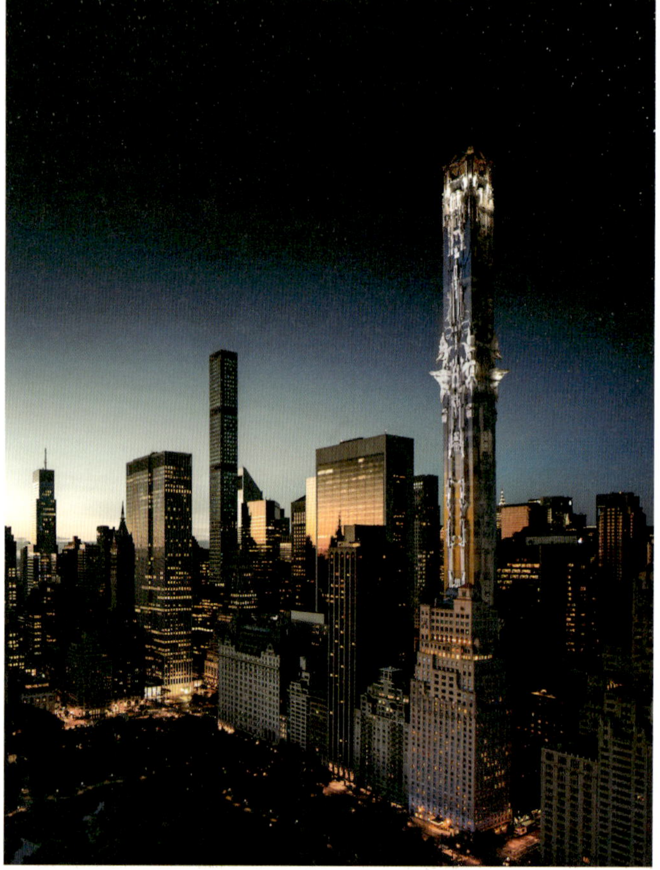

42-1
西57丁目のタワー
Tower on West 57th Street
2015

コンピュータ・グラフィックスと
インポッシブル・アーキテクチャー

平野利樹［建築家、東京大学建築学専攻 助教］

– ジープとともに大草原を駆け抜ける太古に絶滅したはずの恐竜の群れ。グニャリと変形しながら鉄格子をくぐり抜ける金属質の人型アンドロイド。1990年代のハリウッド映画で飛躍的な発展を始めたコンピュータ・グラフィックス（CG）技術は、建築においても比較的早い段階から導入され、さまざまな試みがなされてきた。

– タトリンの《第3インターナショナル記念塔》など、実現しなかった歴史的な建築案をCG映像で再現した長倉威彦による一連のプロジェクト［pp.034–035］は、その初期の事例である。ここでは、現実世界では不可能な事象がスクリーンの向こう側で実際に起こっているかのような感覚を人々に与えるCGの力が、未建設の建築物が実現した世界――ありえたかもしれない世界――を透視するためのツールとして機能している。

– CGが見せる時間的・物理的制約から自由に解き放たれた世界を「サイバースペース」と呼び、私たち人間が没入し生活する場になると考えるような思想も、同時期に起こったインターネットの世界的な普及の影響によって生まれた。建築家のアシンプトートがニューヨーク証券取引所のために設計した、株の取引の状況がさまざまな形態の動きや色の変化として可視化されたサイバースペース［1］や、建築家のマーコス・ノバックが多次元空間と称してサイバースペースの世界観を表現したサイケデリックな万華鏡的CGドローイング［2］などが、その可能性を追求した。

– 2000年代に入ると、コンピュータの計算処理能力は急速に向上し、CGはより複雑で高精細な形状や動きを扱い、ますます写実的な陰影や質感を表現できるようになった。映画においてCGは冒頭で挙げたような、明らかに不可能な事象を描写するだけではなく、無数の微細な修正にも用いられており、もはや一般人には実写とCGの判別は不可能になっている。また、誰もがスマートフォンで写真を撮り、アプリを使って、風景写真にはフィルター加工を、セルフィー（自撮り）写真には美顔・体型補正をかけ、それらをInstagramなどのSNSを通じてインターネット上にアップロードできるようになった。結果、私たちは膨大な量のCG加工された日常生活のイメージを通してコミュニケーションしている。CGは、ありえたかもしれない世界を透視させたり、没入できる別世界を提供する、つまり現実世界の向こう側としての虚構を生み出すものから、現実そのもの、しかも無数の現実を生成するものへと変貌しているのである。

– マーク・フォスター・ゲージによる《ヘルシンキ・グッゲンハイム美術館》［pp.190–191］や《西57丁目のタワー》［pp.192–194］は、インターネットから無作為にダウンロードした無数の雑多な3Dモデルを集積するという、膨大なイメージに埋め尽くされる私たちの状況を反映するかのような手法で設計されている。そしてそれが、非常に高精細で写実的なCGイメージによって、まるで実際に建設されたかのように描写されている。一連のプロジェクトは、新たな現実を生み出すというCGの力を建築にも与えようとする試みであると同時に、虚構と現実という二分法が瓦解し無数の現実が生み出され続ける今の状況を、私たちの眼前に突きつけているのだ。

---

1 《NYSE バーチャル・トレーディング・フロア》（1997–99）

2 《Data-Driven Forms》（1997）など

N・トゥル
「Comunism Capihtalism Sociallism」
M・E・スミス「無題(プレジデンシャル・ラウンジ)」
M・F・ゲージ「国立科学博物館プロポーザル」
KPF「ニュー東京計画」
大野秀敏『ファイバーシティ:
縮小の時代の都市像』
光嶋裕介『幻想都市風景』
■ 伊東豊雄「台中国家歌劇院」[台湾]
DGTアーキテクツ
「エストニア国立博物館」[エストニア]
D・アジャイ「国立アフリカ系アメリカ人
歴史文化博物館」[アメリカ]
吉村靖孝「フクマスペース/福増幼稚園新館」
大西麻貴+百田有希
「Good Job! Center KASHIBA」
□ G・ゴールディン『ネバー・ビルト・ニューヨーク』
『ネバー・ビルト・ロサンゼルス』[アメリカ]
『ジャパニーズ・コンステレーション』展
[MoMA、アメリカ]
『日本の家 1945年以降の建築と暮らし』
[MAXXI、イタリアほか]
Z・ハディド急死
建築倉庫ミュージアム開館
『アセンブル―― 共同体の幻想と未来』展
[EYE OF GYRE]
国立西洋美術館が世界遺産に登録
★ D・ゴンザレス=フォルステル
「ピンチョン・パーク」
W・パウウィーダ「コンテンポラリーとは何か?」
[映画]A・ガーランド「エクス・マキナ」[イギリス]
『生誕300年記念 若冲』展[東京都美術館]
岡山芸術交流2016
Chim↑Pom『また明日も観てくれるかな?』展
[歌舞伎町振興組合ビル]
[映画]庵野秀明「シン・ゴジラ」
[文学]作刈湯葉『横浜駅SF』
◆ 第31回夏季オリンピック開催[ブラジル]
国民投票でEU離脱選択[イギリス]
パナマ文書公開
オバマ米大統領、
現職として広島の平和記念公園初訪問
築地市場の豊洲移転が問題化
熊本地震発生

2017

● **Y・フリードマン「バイオスフィア:**
ザ・グローバル・インフラストラクチャー」
D・エヴァンジェリスタ「ザ・スカイ・イグジスツ」
DIS「スリープ・モード」
O・ジェイファス
「LAGOS SMS / CHAT: Experience」
M・クラ「アーキペラゴ―― 孤島の建築」
P・バンデイラ+18:25
(ルカ・マルティヌッチ&フィリップ・アルヴェス)「楽園」
■ ヘルツォーク&ド・ムーロン「エルプ・フィル・
ハーモニー・ハンブルク」[ドイツ]
J・ヌーヴェル「ルーブル・アブダビ」
[アラブ首長国連邦]
BIG「レゴハウス」[デンマーク]
RCRアーキテクツ「ヴァールゼ・クローク・
メディアテーク」[ベルギー]
妹島和世「すみだ北斎美術館」

2012 **新東都名所 東海道中 日本橋 改 山口晃**
New Sights of Tokyo: Tokaido Nihonbashi Revisited | Yamaguchi Akira

2018–2019 **シン日本橋 会田誠**
Shin Nihonbashi | Makoto Aida

いずれの作品でもモチーフとして取り上げられているのは、東京都中央区日本橋川に架かる橋「日本橋」である。現役の石造二連アーチ橋は、1908年に着工し、1911年に完成する。1963年、橋の上に首都高速が建設され、首都高が日本橋を圧迫するような、現在の景観が生まれた。
会田誠による《シン日本橋》は、アーティストである会田が、理想の都市のあり方をさまざまな視点から提案した『GROUND NO PLAN』展(青山クリスタルビル、2018)にあわせて制作した作品である。厳密に言えば、その展覧会会期中には完成されず、制作途中の画が展示されていたが、本展では、その後加筆された完成作品として展示される。「日本橋はいっそ首都高の上に、上れないくらい急斜面のやつを造ったらおもしろいんじゃないか」と考えていた会田は、山口晃に描いてもらうことを思いつくが、すでに山口の画による浮世絵《新東都名所 東海道中 日本橋 改》が存在することを知り、仕方なく自分でクレヨンを使って描くことにしたという。(制作途中の)画面左下には「ニセロ晃 こと会田誠筆」の署名が入る。当初のアイデアどおり、石造の日本橋と首都高とを覆うようにして、新規に木造の大袈裟な太鼓橋が架けられる。そこには、欄干にしがみつきながら渡ろうとする者、あえなく落下していく者、スケボーに興じる者、ハングライダーに挑戦する者など、さまざまな方法で橋に絡む人々がユーモラスに描かれる。
一方、山口晃による《新東都名所 東海道中 日本橋 改》は、『日本橋――描かれたランドマークの400年』展(江戸東京博物館、2012)の開催を記念して、山口が絵師として版下絵を描き、アダチ版画研究所の彫師・摺師によって版画が制作された。じつは「日本橋」は、過去の山口作品にしばしば登場している。「吹き抜け屋台」の技法で百貨店を描いた《百貨店圖(日本橋)》(1995)には、川の上に架かるいにしえの姿の太鼓橋が表わされる。また、《百貨店圖 日本橋 新三越本店》(2004)では、石造の日本橋を挟んで並行するように、二股に分かれた巨大な木造の太鼓橋が描かれる。この橋の上下には店舗が立ち並び、まるで実在するヴェッキオ橋(フィレンツェ)やリアルト橋(ヴェネチア)のような賑わいが伝わってくる。そして、《新東都名所 東海道中 日本橋 改》に登場する日本橋は、広重の浮世絵を彷彿とさせるものの、太鼓橋の下部には桟敷が設えられ、高所から眺望を楽しむ人々の姿が描かれる。山口は、洋の東西のみならず、過去・現在・未来という時間軸をも軽々と超え、日本橋の可能性を提示する。
いうまでもないが両者の作品に共通するのは、日本橋をめぐる現在の景観の不評を否定するのではなく、むしろその景観を逆手にとり、さらにその上にあえて木造の巨大な太鼓橋を架けることで首都高を隠してしまおうという、半ば戯れ言のような、しかしながら斬新奇抜なアイデアである。2017年、国土交通省は首都高の地下化に向けた具体策の検討開始を発表した。日本橋周辺の景観改善を期待する声も聞こえるが、工事の着手は2020年の東京五輪後、さらには、地下化にかかる総事業費は約3,200億円になるという。風情溢れる太鼓橋の高架化と首都高の地下化、いずれの案がポッシブル/インポッシブルなのか、思わず真剣に考えさせられはしないだろうか。 [N.S.]

［参考文献］

- 『会田誠 GROUND NO PLAN』（図録、公益財団法人 大林財団、2018）
- 『会田誠 天才でごめんなさい』（図録、森美術館、2012）
- 山口晃『山口晃 前に下がる 下を仰ぐ』（青幻舎、2015）
- 山口晃『山口晃大画面作品集』（青幻舎、2012）

44-1
山口晃
新東都名所 東海道中「日本橋 改」
Yamaguchi Akira
New Sights of Tokyo:
Tokaido Nihonbashi Revisited
2012

43-1
会田誠
シン日本橋
Makoto Aida
Shin Nihonbashi
2018–2019

2018 **東京都庁はこうだった方が良かったのでは?の図 会田誠**

May be the Tokyo Metropolitan Government Building should have been like this? | Makoto Aida

2018 **都庁本案圖 山口晃**

Original Plan of Tokyo Metropolitan Government | Yamaguchi Akira

バブル崩壊と同時期の1991年4月、東京都庁が新宿に移転する。戦後最大規模ともいわれた新都庁舎コンペを経て選定された丹下健三は、ノートルダム大聖堂にも似たツインタワー形式の、強いシンボル性と装飾性をあわせもった都庁舎を実現した。

現代の日本社会の課題に敏感に反応し、巧妙に作品に反映させてきた会田誠は、過去に「新宿」をテーマとした作品をいくつか発表している。例えば、1995年の《新宿城》。当時、新宿駅西口から都庁に向かう地下道には、ホームレスたちが暮らす段ボールハウスが並んでいた。日本では、苦労の末に建てた我が家を「城」に喩える慣用表現があることから着想し、城の形を模した段ボール製の家《新宿城》を、ホームレスが多く住んでいた新宿駅地下街に設置した。また、ニューヨーク滞在中に着想を得て2001年に制作した、新宿に実在する公園の改良計画《新宿御苑大改造計画》。「この作品をヨーゼフ・ボイスとか、荒川修作とか、磯崎新とか、そこら辺の人々に捧げます」と記された、会田が言うところの「無私な善意」による提言は、スケッチと文字で構成され、意外にも真面目で現実的な提案が展開されるが、作家本人としては、本当に実現させたいと思っているわけではない。

《東京都庁はこうだった方が良かったのでは?の図》も、《新宿御苑大改造計画》同様、現存の東京都庁舎に対する、善意による一提言とみなすことができるだろう。会田のプロポーザルは、昭和初期に多く用いられた帝冠様式のような、鉄筋コンクリートに瓦屋根を配した和洋折衷建築の21世紀版として、ガラスでできた巨大ビル。これは、会田曰く「金さえかければ、現実につくれなくはない」。まさに現実において、可能を不可能にしてしまう要因のひとつ、「予算」をいみじくも指摘する。

また本作は、作品画面左上に「発注・会田誠 受注・山口晃」と記されているように、発注芸術のスタイルをとる。石垣部分には、「青っぽいミラーガラス」「枠はアルミ」と、まるで建築家によるスケッチのように、素材まで指定されている。こうしたいくつもの指示に忠実に、場合によっては、会田の適当な指示よりも明確にアイデアを具体化し、「清書」したものが、山口晃による《都庁本案圖》である。こちらには「注文 会田誠 山口晃 畫」と記されている。上述の石垣部分に着目すると、「石垣風ガラス窓」の内部には、オフィス空間が広がっているのが見える。 [N.S.]

43-2
会田誠
東京都庁はこうだった方が良かったのでは?の図

Makoto Aida
May be the Tokyo Metropolitan Government Building should have been like this?
2018

44-2
山口晃 都庁本案圖

Yamaguchi Akira
Original Plan of Tokyo
Metropolitan Government
2018

平田晃久「太田市美術館・図書館」

▯ F・ウィルキンソン『まぼろしの奇想建築』

『パリの日本建築 1867-2017』展
［アーセナル、フランス］

『坂倉準三展——人間のための建築』
［日本文化会館、フランス］

『ジャパンネス』展
［ポンピドゥー・センター・メス、フランス］

『ジャパノラマ——日本の現代美術への
新しい視点』展
［ポンピドゥー・センター・メス、フランス］

★ ドクメンタ14［ドイツ］

ミュンスター彫刻プロジェクト2017［ドイツ］

ヴェネチア・ビエンナーレ［イタリア］

『ジャパノラマ：1970年以降のアートの
新しいヴィジョン』展
［ポンピドゥ・センター・メッス別館、フランス］

［映画］D・ヴィルヌーヴ
「ブレードランナー2049」［アメリカ］

杉本博司「江之浦測候所」

東京に草間彌生美術館開館

［文学］津久井五月『コルヌトピア』

◆ 北朝鮮のミサイル発射相次ぐ

D・トランプ、第45代アメリカ大統領に
就任［アメリカ］

天皇退位特例法成立

改正組織犯罪処罰法成立

「太陽の塔」内部公開始まる

西日本豪雨発生

2018

● 住友林業、日建設計「W350計画」

東京大学生産技術研究所腰原研究室＋
Timberize「ティンバライズ200」

石上純也
「千光寺公園頂上エリアリニューアル」

■ 隈研吾「ヴィクトリア＆アルバート・
ミュージアム ダンディ」［イギリス］

ザハ・ハディド・アーキテクツ
「シティ・オブ・ドリームズ・マカオ」［マカオ］

乾久美子「延岡市駅前複合施設 エンクロス」

石上純也「アート・ビオトープ那須」

▯『ジャポニスム2018：響きあう魂』開幕［フランス］

『建築の日本展：その遺伝子のもたらすもの』
［森美術館］

日本橋の首都高地下化計画が決定

★ 文化庁「リーディング・ミュージアム」構想を
受け、全国美術館会議が声明文を発表

『会田誠展 GROUND NO PLAN』
［青山クリスタルビル］

**会田誠「シン日本橋」
「東京都庁はこうだった方が
良かったのでは？の図」**

山口晃「都庁本案図」

会田誠「ネオ出島」「『風の塔』改良案」

◆ 米朝が史上初の首脳会談

米中貿易摩擦激化

地下鉄サリン事件麻原被告の死刑執行

2025年大阪万博開催決定

ロシア・アヴァンギャルド概観、飛行をめぐって

前山裕司［新潟市美術館館長］

– 1913年、ロシア旧暦の12月3日と5日、雪のちらつくペテルブルグ[1]。ロシア初のアミューズメント・パーク、ルナ・パルクの劇場で、詩人マヤコフスキーの作・演出・主演《悲劇 ウラジーミル・マヤコフスキー》と交互に上演されたのが、未来派オペラ「太陽の征服」[2]である。詩人ヴェリミール・フレーブニコフの前口上で始まり、脚本のアレクセイ・クルチョーヌイフは、ザーウミ（超意味言語）と呼ぶ、言葉を意味から解放した音声詩を持ちこむ。音楽のミハイル・マチューシンは12音階を解体するような四分音を導入した。舞台美術を担当したカジミール・マレーヴィチは、段ボールの衣装とともに、抽象絵画シュプレマティズムに到達する直前の幾何学的造形を垂れ幕に用いた。

– ロシア未来派と呼ばれるアヴァンギャルドは、1913年ごろ頂点に達し、詩や美術、音楽だけでなく、奇抜な服やフェイス・ペインティング、街頭での行為など、未来派の文集『社会の趣味への平手打ち』を体現するような古い良識を破壊する行動を行なっていた。「太陽の征服」の観客席もまた、反感の罵声と賞賛で大騒ぎとなる。

– この舞台で起こっていたのは、言語、造形言語、音階などが破壊され、対象や意味から解き放たれた状態、つまりより純粋で元素的な状態になった、あるいはゼロに近づき、新しく何かが始まる瞬間といえる。美術的な背景でいえば、富裕な織物商セルゲイ・シューキンが、マティスやピカソのキュビスムを大量に所蔵し、一般公開していたため、ロシアの画家は、パリ以上に容易に、最新の動向を学ぶことができた。キュビスムの対象や空間を分節していく表現は、1912年頃から彼らのスタイルとなり、瞬く間に抽象絵画への道を突進していく、その過程の最も重要な局面であったともいえる。またここには、ブラヴァツキー夫人の神智学やピョートル・ウスペンスキーの4次元思想などの神秘主義、民衆版画ルボークなどプリミティブな芸術の賛美とともに、未来的な科学技術への関心などが流れ込んでいる。

– 「2頭立ての馬車ばかりに乗っている人間がはたして急行電車に乗ったり、空を飛んで移動する人間の感覚や印象を理解することができようか。」とマレーヴィチは書いた。フェイス・ペインティングをした写真が残る詩人ヴァシリー・カメンスキーは、ブレリオXIに乗っていたロシアでも草創期の飛行家であり、未来派周辺に飛行機、航空への関心を広め、1911年カメンスキーが起こした飛行機事故も強い印象を仲間に留めた。「太陽の征服」の終幕には、飛行家が事故を起こし、無事に生還する場面があるが、もちろん、カメンスキーの事故を取り入れたものだ。35世紀という時代設定で、「時間旅行者」という登場人物もいる。重力の束縛を離れた飛行機の飛翔という感覚は、時間から自由なタイムトラベラーへとたやすく繋がったのだろう。

●

– 時代と技術の変遷に伴い、時代のヒーローが変化する。19世紀の乗り物の流行は馬車から自転車と変化し、1900年のパリ万博ではシベリア鉄道のパノラマが注目を浴びる。最新の移動手段であるシベリア鉄道は、その速度と遥かな距離を克服することでヒーローとなった。しかし、その座はすぐに自動車に取って代わられる。それはマリネッティの「未来派宣言」（1909）をみれば明らかだろう。「咆哮する競争自動車はサモトラケのニケよりも美しい」という有名な一文は、空中を滑空するニケよりもさらに美しい、と読まなければならない。

– 乗客が一緒に乗る集団的で線的な動きしかできない鉄道が速度を誇っても、一人乗りで面的な自由を得たスポーツカーがより英雄的であると1909年には思われたのだろう。だが「未来派宣言」と同じ年、1909年にルイ・ブレリオが、ブレリオXIでドーバー海峡横断飛行に成功し、乗り物として現実味を帯びると、空間的な自由を手に入れられる飛行機は、最強で最後のヒーローとなった。イタリア未来派は「未来派航空絵画宣言」を1929年に発表している。

– 日本の大正期新興美術運動に眼を転じれば、飛行家/芸術家としては、マヴォの澤青鳥や飛行機からの印象を絵画に描いた山路壱太郎（真護）が挙げられる。時代は昭和に入るが、恩地孝四郎の『飛行官能』（1934）なども視野に入ってくるだろう。

●

– ロシアに戻ろう。1915年3月、ペトログラードで画家のプニーとボグスラフスカヤが企画した第1回未来派美術展『市街電車V』が始まる。マレーヴィチはカメンスキーをモデルにした《飛行士》などを出品している。同年の12月、同じプニーの企画で第2回の未来派展となる『0,10』展が開催される。「最後の未来派展」と副題にあるように、未来派を超えた新たな芸術の出発となる記念碑的展覧会となった。マレーヴィチは対象をもたない単純な幾何形態によるシュプレマティズム絵画をまとめて発表した[fig. 1]。

– このときウラジーミル・タトリンが出品したのが、「カウンターレリーフ」と呼ばれる完全に抽象的な立体構成であった。1913年、バンドゥーラ奏者として楽団のパリ公演に参加したタトリンは、1914年初頭にピカソを訪問し、木でつくられた構成的な、だがキュビスム的で具象的な彫刻を見た。帰国したタトリンは金属

fig. 1——『0,10』展(1915)、マレーヴィチ展示会場

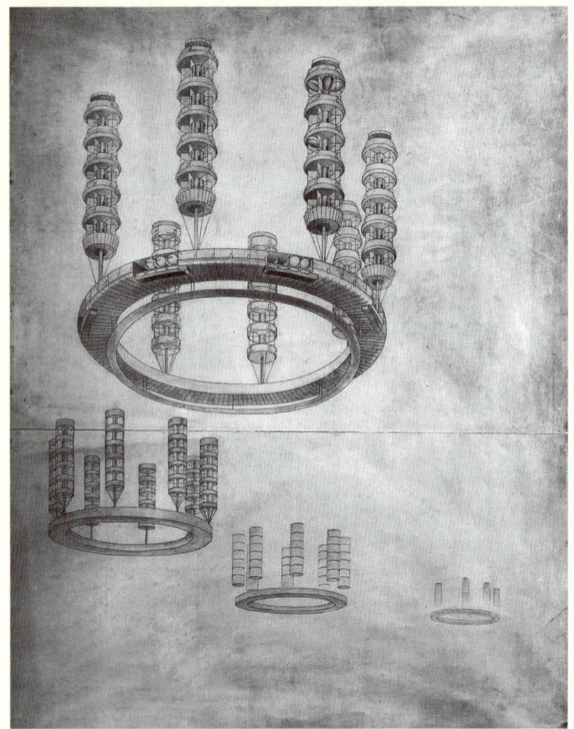

fig. 2——ゲオルギー・クルチコフ《飛行する都市》(1928)

fig. 3——イワン・レオニードフ《レーニン研究所計画》(1927)

や木を組みあわせた構成的なレリーフを制作、その後抽象化を進めた。『0,10』展の出品作のなかで重要、かつ印象的な作品は、《コーナー・カウンター・レリーフ》と呼ばれるものである。部屋のコーナーの2枚の壁面がつくる空間に、木片や金属で作られた構成物がロープ状のもので中空に浮いている。「素材そのもの、そして動き、緊張、その相互関係などの結果をもっと複雑な形で研究し、表現してみた成果として得た、素材の組みあわせ」とタトリンは後に述べている。空中に浮かぶ造形物という、おそらく史上初めての美術作品は、浮遊という文脈でも意義深い。ここでシュプレマティズムと構成主義という、1920年代前半までのロシア・アヴァンギャルドを牽引する2つの潮流の源流が出現したのである。

●

- 1917年の十月革命。10月26日冬宮が陥落し、ボリシェヴィキ革命が達成された。ロシア革命によって、おそらく彼らの想像を遥かに超える脚光が、ロシア・アヴァンギャルドに当たることになる。教育人民委員に就任した評論家ルナチャルスキーの呼びかけに応じたのは、未来派周辺の人たちだった。マヤコフスキー、演出家メイエルホリド、画家アリトマンなどが会議に集まる。ナルコムプロス(教育人民委員部)にイゾ(造形芸術部門)やテオ(演劇部門)が組織され、多くのアヴァンギャルド芸術家が革命政府に加わっていく。「受け入れるか、受け入れないか、そんな問題はぼくにはなかった。ぼくの革命だったのだ」、こうマヤコフスキーは書いた。多くのアヴァンギャルドにとっては、芸術革命が先行し、政治革命がその後を追ってきたのだ。先を行く者として新しい社会を建設していくことは当然の使命であるだろう。こうして政府の要職についた芸術家は、組織の再編を考え、議論をし、論文を書きながら、プロパガンダを率先していたと想像される。革命は成就したが、赤軍と反革命派の白軍との内戦は約3年、1922年まで続く。膨大な国土と70%が文字を読めない膨大な人口を抱えた政府には、プロパガンダが必要だった。
- これは「アギト・プロプ(扇動・宣伝芸術)」と呼ばれ、祝祭のような熱狂の季節が始まる。「街路はわれらの絵筆。広場はわれらのパレット。」とマヤコフスキーは詠う。マヤコフスキーは「ロスタの窓」と呼ばれた壁新聞を毎日描いた。広場や通りでは「冬宮襲撃」などの広大なスペクタクルが繰り広げられた。ちなみに、実際の冬宮襲撃に参加したことによって名を挙げ、その後マレーヴィチのグループ「ウノヴィス(新芸術の肯定者)」に関わるグスタフ・クルツィスは、フォトモンタージュによるプロパガンダ・ポスターで知られる。十月革命記念日には、建物の外壁や乗り物などが画家たちによって塗られた。国立磁器工場では、食器が皇帝にちなむモチーフから革命のモチーフに転換される。

●

- 1920年、美術学校の再編の結果、「ヴフテマス(国立高等芸術技術工房)」[3]がモスクワに開校する。1919年に開校したワイマールの国立バウハウスと比較される美術学校だが、バウハウス以上に建築課程が充実していた。ニコライ・ラドフスキーは建築学部に合理主義を掲げる「オブマス(合同左翼工房)」をつくり、空間、形態、量塊、リズム、構造などの要素に基づく教育科目が設定された。

– このヴフテマスから2人のイマジナリーな建築家が誕生する。まず、ラドフスキー・アトリエのゲオルギー・クルチコフである。《飛行する都市》(1928)は卒業制作で、クルチコフの代表作となる。飛行する住居と地上の移動手段としての飛行カプセルなどが構想された[fig. 2]。クルチコフよりもよく知られた建築家として、アレクサンドル・ヴェスニンのアトリエで学び、1927年に卒業したイワン・レオニードフがいる。レオニードフの《レーニン研究所計画》は、垂直と水平の直線、なによりも宙に浮かぶような球体が特徴的で、『近代建築』展(1927年6月)に出品されると大きな反響を呼んだ[fig.3]。《モスクワ・プロレタリア地区の文化宮殿》のコンペ案(1930)では飛行船が飛び、上空から見下ろした図面はまるでシュプレマティズムの絵画のようである。

●

– 1930年頃を境に、アヴァンギャルドは現実にのみこまれてゆく。この頃、タトリンはグライダー《レタトリン》の制作に熱中し、飛行の夢を追い続けていた。

---

1 現サンクト・ペテルブルク。
1914–1924はペトログラード、1924–1991はレニングラード。

2 Victory over the Sun / Победа над солнцем

3 VKhUTEMAS / ВХУТЕМАС、
1927年からヴフテインVKhUTEIN / ВХУТЕИН

[参考文献]

- 五十殿利治、土肥美夫編
『ロシアアヴァンギャルド4コンストルクツィア——構成主義の展開』
(国書刊行会、1991)
- 八束はじめ『ロシア・アヴァンギャルド建築』(INAX出版、1993)
- 『ロシアの夢』(図録、埼玉県立近代美術館、2009–2010)

岸田日出刀、あるいはつくらない建築家

藤井素彦［新潟市美術館学芸員］

― 岸田日出刀（1899–1966）は佐渡の民謡、相川音頭に打ち込み、大いにノドを鍛えていた。建築学会に同好会を設け、誰彼となく熱心に勧誘したという。1958年の「相川音頭の会」総会での冒頭挨拶の音源が残っている。今年は旧に倍して相川音頭を研究したい、ぜひ幹事にはお励み願い、新潟に遠征して、あの懐かしい、かつ楽しい「鍋茶屋」の夜を持ちたい、とじつに上機嫌なのだ。ちなみに鍋茶屋は創業170年、新潟市中央区東堀通八番町の名門料亭であり、今も芸妓の出入りする姿を見かけることが多い。

fig. 1――岸田日出刀のパリでのスケッチ（1926、個人蔵）

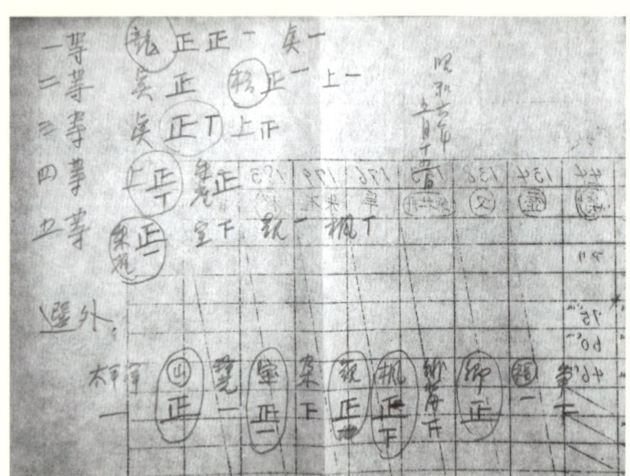

fig. 2――内田祥三文庫「帝室博物館建築設計調査委員会 其三」より、最終投票時のメモ。最下段の「選外」（佳作候補）に、前川の暗号名「枩」が見える。（1931年5月15日、東京都公文書館蔵）

― 1958年は、東京大学からの定年退官の前年であった。すでにこの時点で、勲三等瑞宝章（1941）、日本建築学会会長（1947–48）、日本学術会議会員（1948）、日本芸術院賞（1950）など数々の栄誉を一身に集め、随筆家としての世評も高い。この功成り名を遂げた権威者にして、この無邪気な有様は、一種の淪落の姿とも言えたろうか。事はそう単純でもない。

●

― 1925年6月、岸田は東京帝国大学工学部助教授に就任した。1922年の卒業からわずか3年後、若干26歳での助教授任官であったが、やがて工学部建築学科を主導する内田祥三教授もまだ40歳に過ぎない。伊東忠太、塚本靖、佐野利器の相次ぐ退官を控え、建築学科の講師陣は大幅に若返りつつあった。

― 先ごろ筆者は、この当時の岸田による小さな粗描［fig.1］を手に取ることができた。パリのポン・ヌフを描いたもので、年記は1926年5月17日とあり、1925年末に出発した初の欧州旅行でのスケッチと知れる。陰影や樹木の描き方は表現派風、いかにも大正期の青年の作と見える。実作として一般には唯一知られる《東京大学安田講堂》（1925、基本設計は内田祥三）の随所にも、表現主義への関心は示されていた。

― しかし、帰国後の岸田はこの志向から転向する。1927年8月刊行の『建築年鑑』（建築世界社）に「欧米建築界の趨勢」という一文を寄せている。ル・コルビュジエを最も早い時期に紹介した文献である。ここでは、表現主義建築を「著しく主観的な、感情的な、また時によりて非常に浪漫主義的の傾向」を示すものとして、「幻想（ファンタジー）を追い、形態（フォルム）を憧れるという、自ら掘った陥穽に落ち込む危険性を少なからずもつ」と切り捨ててしまった。そして、これに代わるものとしての「新しい建築精神」は「建築の科学的精神又は工業的精神とも言はるべき純客観的立場に立つ」と喧伝したのである。

― 東京帝大では佐野利器や内田祥三を中心に、耐震・耐火の都市計画や建築構造が盛んに研究されており、特に関東大震災（1923）の後には同潤会アパートメントや復興小学校というかたちで実を結びつつあった。それらの「科学的」、「工業的」な佇まいは、あたかも岸田の青年期の終わりを準備していたかのようである。

●

― 岸田がフランスからル・コルビュジエの著書『今日の装飾芸術』（1925）などを持ち帰り、それらを教え子の前川國男に与えたことは、前川の渡仏（1928–30）、そしてル・コルビュジエへの師事の直接の動機となり、以下にみるような日本近代建築史の神話へと結びついた。

― 1930年12月17日、財団法人帝室博物館復興翼賛会は『東京帝室博物館建築設計図案懸賞募集規定 附応募設計心得』を発

表する。東京帝大名誉教授、伊東忠太の主唱により、建築様式を「日本趣味ヲ基調トスル」とした応募規定が論議を呼んだことや、これに奮起した前川國男が、落選覚悟のインターナショナル・スタイル[pp. 064-069]で挑んだことは周知であろう。

– このコンペをめぐっては、建築界に不穏な情勢があった。その一端を示したのが、最年少の審査員であった岸田にほかならない。『建築世界』第25巻第1号(1931年1月)が帝室博物館コンペに向けたアンケート特集に、驚くべき回答を寄せている。審査は多数決なのだから、過半数の「動向」(「顔ぶれ」と言ってもいいだろう)にこそ「問題」がある、というのだ。審査する側にも気骨の人がいたわけだが、岸田は前川とは違って、まったく手の届かないところを見据えていたわけではない。

– 東京都公文書館が所蔵する「内田祥三文庫」には、帝室博物館建築設計調査委員会のファイルも含まれている。公文書や会議資料が主であるが、内田は前川による「帝室博物館計画説明書」和文タイプ印刷20ページの小冊子や、コンペへの応募拒否を宣した日本インターナショナル建築会の「声明書」までも綴じ込んでいる。何より興味深いのは、各案への投票数を「正」の字で数えたメモ[fig. 2]である。前川が称した暗号「朶」は、なんと3票を獲得している。少なくとも1票は、岸田が投じたのに違いない。前川は、けっして孤立していたわけではなかったのだ。

fig. 3——岸田が撮影した第11回夏季オリンピック・ベルリン大会の鐘楼
(岸田日出刀『第十一回オリンピック大会と競技場』丸善、1937)

●

– 1936年7月、国際オリンピック委員会(IOC)総会は第12回夏季オリンピックの東京での開催を決定している。同年10月、岸田は2度目の渡欧より帰国した。第11回夏季オリンピック・ベルリン大会の視察のため、文部省から派遣されたものである。10月19日の『東京朝日新聞』は、岸田の「神宮外苑は駄目だ」というコメントを大見出しにした。仮の案という留保付きではあれ、招致委員会がIOCに示した会場予定地を、まったく否定したのである。ベルリン会場の壮大さを現に見てしまえば、神宮外苑は10万人規模のスタジアムの用地としては狭隘に過ぎ、仮に建設するとしても周辺の風致を害するというのであった。

– 同じ年の初め、岸田は招致委員を務めた内田祥三を介して各会場の計画案を依頼されて以来、前川國男や丹下健三ら教え子を使役し、時には夜を徹して図面を引かせていた。自らも組織委員会に加わって意気軒昂、神宮外苑の代替地として代々木練兵場(現・代々木公園)を主張するが、誰にも根回しなどしていない。寝耳に水の話に陸軍は強い難色を示した。そのうえ岸田は、ナチス政権下の建築の意匠統制への痛罵さえも繰り返したのである。

– こうした言動が問題視されることもあったのだろう。岸田は東京オリンピックのマスター・アーキテクトの立場を離れることになる。1938年4月、二転三転した会場予定地が、ついに駒沢ゴルフ場跡地(現・駒沢オリンピック公園)と決定して以降、建設計画は東京市臨時建築部が主管することとなる。東京市が示した会場中央

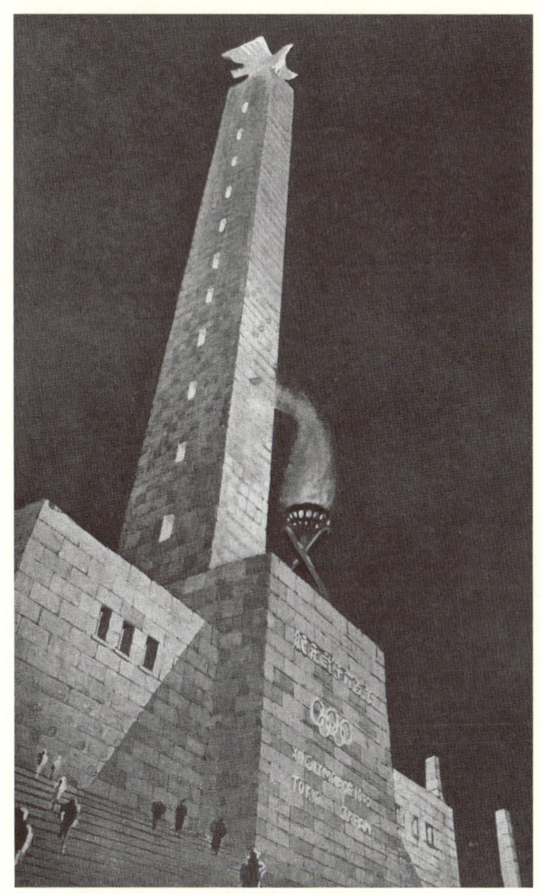

fig. 4——東京市《皇紀二六〇〇年記念塔》案
(『第十二回オリンピック東京大会東京市報告書』1939)

のモニュメント「皇紀二六〇〇年記念塔」の案は、岸田が自ら撮影し、しかし評価し得なかったベルリン大会の鐘楼を、完全に模倣していた[fig. 3, 4]。結局この東京オリンピックは、参加国の相次ぐボイコットや日中戦争の激化により、返上やむなしとなって幻に終わる。

●

– 以後の岸田はデザインに興味を失い、民謡、ゴルフ、カメラ、囲碁といった数々の趣味に淫し、「国の仕事を割り振る役」に徹したともいう。しかし、東京大学工学部建築学科にあって、辰野金吾・伊東忠太・佐野利器と継承されてきた日本の建築界の主匠としての地位は、揺らぐことはないのだった。

– しかし岸田は、再びオリンピックに関わっている。1964年の第18回夏季オリンピック東京大会では、施設特別委員会委員長を務めた。この時も用地にかかる混迷が生じ、設計者の選定や工期や工費をめぐる逆風もあったなかで、断固として丹下健三の《国立代々木競技場》を押し通す。代議士を通じて寝技を使ったという話もある。『新建築』第39巻第7号(1964年7月)の座談会では、コンペにしなかったことを難詰されているが、「(自分が審査員なら)同じことだ」と、ここでも上機嫌であった。

– 前川にとって、また丹下にとって、岸田は恩人であったはずである[fig. 5]。しかし、その人について語る言葉を、2人は特段に残していないように思われる。前川に至っては、故人の追憶を収めた本の出版事業会の会長を務めながら、その序文を「動物の顔と人間の顔」などと題し、文中に「岸田日出刀」の文字を一度も綴っていない。

– ことによると、つくらない建築家が導いた「建築」は、つくられた建築よりも、ずっと大きく、複雑で、隠微で、語りにくいものであったのかもしれない。さて2010年代末の東京にあっても、彼のような名伯楽は存在し得るのだろうか。岸田日出刀の「建築」は、今も可能なのか。

fig. 5——岸田日出刀。後方左は前川國男、右は丹下健三(『岸田日出刀』相模書房、1972)

［参考文献］

- 『岸田日出刀』(相模書房、1972、付録ソノシートに岸田の肉声を収録)
- 丹下健三、藤森照信『丹下健三』(新建築社、2002)
- 槇文彦、神谷宏治編著『丹下健三を語る』(鹿島出版会、2013)
- 磯崎新、日埜直彦『磯崎新インタビューズ』(LIXIL出版、2014)
- 岸佑「モダニティのなかの『日本的なもの』」『国際基督教大学学報3−A アジア文化研究別冊』第20号(2015年3月、pp. 123–137)
- 勝原基貴『大正・昭和戦前期における岸田日出刀の近代建築理念に関する研究』(2015年度日本大学大学院理工学研究科博士論文、WEBサイト「日本大学リポジトリ」にて公開)
- 松隈洋「繰り返される『競技場問題』」『世界』第878号(2016年2月、pp. 67-75)
- 松隈洋『建築の前夜 前川國男論』(みすず書房、2016)
- 五十嵐太郎ほか『モダニスト再考 日本編』(彰国社、2017)
- 豊川斎赫『丹下健三と都市』(鹿島出版会、2017)

メタボリズムの誕生とアジアへの敷衍

中井康之［国立国際美術館副館長］

> 日本がアジアの近隣諸国を侵略したのは、「日本的なるもの」の利点を分かち合うためだった。丹下もこの作戦に参加した。彼がバンコック（日泰文化会館）と日本本国のために設計し、優勝した案はいずれも、伝統的美学と近代の思考を老獪に一体化させたものだった。[1]

– 「メタボリズム」という建築運動は、東京帝国大学（現・東京大学）大学院の学生時代から日本のグランドデザインを描く建築家として活躍していた丹下健三が、戦後、同大学に助教授として就任し、自らが立ち上げげた「丹下研究室」に集った若者たちを中心として立ち上げたものだ。1960年に東京で開催された世界デザイン会議（WoDeCo）という国際的な舞台において、新しい建築運動を表明することによって誕生した、日本で初めての建築に於ける前衛的芸術運動であった。

– 同会議は、戦後のデザイン界における日本人の活躍を背景に、1956年のアスペン国際デザイン会議（アメリカ、コロラド州）においてインテリア・デザイナーの剣持勇とインダストリアル・デザイナーの柳宗理が持ちかけて日本での開催が決定した。当初は1958年に箱根の湖畔のホテルというリゾート地での出張開催が予定されたが、丹下がリーダーシップを取りながら1960年の東京開催へと導いていった。同会議の日本の実行委員は、先の2人のデザイナーのほかに、坂倉準三や市浦健といった建築家、原弘や亀倉雄策といったグラフィック・デザイナーと、丹下研のナンバー2と言われた浅田孝がいた。丹下は、その浅田と『新建築』編集長を辞した川添登に、才能のある若手を集めることを託して、自身は1959年、ボストンのマサチューセッツ工科大学（MIT）客員教授を務めるために渡米する。

– その浅田と川添によって選ばれたのは、前川國男建築設計事務所に在籍していた大高正人、早稲田大学を卒業し竹中工務店を経て独立し、既に《海上都市》や《塔状都市》を構想していた菊竹清訓、そして丹下研の学生で1958年にレニングラードの世界建築学生会議に参加した黒川紀章である。また、東大を卒業後、ハーバード大学院で学び、ワシントン大学で助教授に就任した槇文彦は、東大時代の丹下研の仲間を通じて大高正人と知り合い参加する。さらに東京美術学校を出て、仲間たちとGKデザイングループを結成し活動していた栄久庵憲司、1955年に『日本宣伝美術展』で日宣美賞を受賞し、注目を集めていたグラフィック・デザイナー粟津潔、また写真家の東松照明もこのグループに参加したようだ。彼らは浅田が中心となって毎夜のようにディスカッションを重ねた。建築家としての実績を持っていた菊竹が、日本という小さな国土が引き起こす土地問題の解決策を探るための方法論を模索し、自らの持論である「塔状都市」や「海上都市」のような計画を積極的に発展させていったようだ。

●

– 彼らのディスカッションの最初の成果として、川添は世界デザイン会議開催が迫っていた時期の『近代建築』1960年4月号に「提案：大地を解放しよう」というエッセイを発表し、都会の土地不足問題の解決策として「人工土地」の提案する。その川添の行動に促されるように菊竹と黒川が、それぞれが抱えてきた問題をまとめた冊子の編集と掲載論文の執筆を積極的に進めた。もうひとつの核となった大高と槇は、個体としての建築やそれらのコンポジションによる建築群という対立を超えた「群造形」という概念を打ち出し、その論理をもとに新宿再開発のマスタープランを提示し、やはり同冊子に掲載することになる。そして、彼らのテキストやプランをまとめる共通のコンセプトとして川添が提示した単語が「メタボリズム」だった。当初、川添は、このグループのなかで「新陳代謝、新陳代謝」と繰り返し唱えていたという。エンゲルスが『自然の弁証法』で述べていた「生命の根本的存在様式は新陳代謝である」から得た言葉であるという[2]。それを「メタボリズム」と英語に翻訳したのは菊竹だった。その単語は偶然にも「ism」—「主義、作用」を示す接尾辞がついていたことによって、彼らの集まりが1つの運動体として実体を持つようになっていく。そして最終的に、菊竹の「人工土地」による都市計画、川添の「物質と人間」と題されたメタボリズム原論、大高と槇による「群造形」という試論、黒川の「空間都市」の提案が掲載された『メタボリズム1960』という小冊子となったのである。川添は同冊子序文に記している。

> 「メタボリズム」とは、来たるべき社会の姿を、具体的に提案するグループの名称である。われわれは、人間社会を、原子から大星雲にいたる宇宙の生成発展する一過程と考えているが、とくにメタボリズム（新陳代謝）という生物学上の用語を用いるのは、デザインや技術を、人間の生命力の外延と考えるからに他ならない。したがってわれわれは、歴史の新陳代謝を、自然的に受け入れるのではなく、積極的に促進させようとするものである[3]。

– 1960年5月11日から16日までの7日間、東京大手町にあった産経会館国際ホールで世界デザイン会議は開催された。会場入口では、世界中から集った著名な建築家、デザイナーへ同会議開催を実務的に担った黒川と粟津によって『メタボリズム1960』が、まるで公式ガイドであるかのように売られていったという。彼らは会議で発言する機会も与えられた。菊竹は《海洋都市》の講演を、黒川は新陳代謝する都市についての講演を、大高はデザイナーの必要とされる役割を、栄久庵はテクノロジーが担う機能について、それぞれ発言した。

- このようなプレゼンテーションの波及効果はすぐに現われ、1960年末にニューヨーク近代美術館(MoMA)で開催された『ヴィジョナリー・アーキテクチャー』展に、菊竹の《海洋都市》、黒川の《農村都市》が出品された。メタボリズムは一躍、国際的な建築運動としての仲間入りを果たすのである。

●

- 1970年の日本万国博覧会(大阪万博)が、メタボリズムのひとつの頂点となったというのが定説であろう。戦後の復興を飾った1964年東京オリンピックの成功を受けるかたちで万博の大阪での開催が国会で提案され閣議決定し、1965年には博覧会国際事務局で承認される。1966年に、京都大学教授の西山卯三と東京大学教授の丹下に委任され、西山が基本コンセプトをつくり、丹下が肉付けして実質的な計画を行なうことになった。そこで西山はパブリック・スペースとしての《お祭り広場》を中心に新しい都市が広がるようなコンセプトを打ち立てる。それを引き継いで、丹下は、12名の建築家(菊竹、磯崎新、神谷宏治、大高ほか)と1名のインダストリアル・デザイナー(栄久庵)を集めてそこから実質的な設計を行なったのである。
- 雨期を伴う日本の気候と大阪万博を象徴する建築物として、丹下は2万9170m^{2}に及ぶ《お祭り広場》全体を覆う《大屋根》の設計を構想する。その巨大な屋根は、1960年に丹下が構想した東京湾上に新たな都市をつくり上げる「東京計画1960」におけるメガストラクチャーを実現する機会ともなった。丹下の設計事務所の代表を務める神谷、構造エンジニアの川口衞とがともに技術的な問題に取り組んだ。川口は、500トンの荷重を安全に振り分けられる溶接不要な鋳鉄製の球体のジョイントを編み出し、南北291m東西108m高さ30m重さ約5,000トン強という巨大な《大屋根》を6本の柱で支えて空中に浮かせることに成功したのである。また、屋根を覆う透明のパネルは、新たに開発された飽和ポリエステルフィルムによってつくりだされたもので、後に、2008年の北京オリンピックの水泳競技場、2010年の上海万博の日本館でも用いられることになる。
- 大阪万博は、丹下の《大屋根》をはじめとして、メタボリズムの思想を反映した構造物やパヴィリオンが数多く出現した。菊竹の《エキスポタワー》は、彼の《塔状都市》をモデルにしていた。黒川と栄久庵の《タカラ・ビューティーリオン》は黒川の「カプセル内蔵型スペースフレーム」の試案だった。黒川の《東芝IHI館》は、黒川がDNAの基本構造を応用して考えた《東京計画―Helix計画》の原理を応用したものだった。
- 以上のように、同博覧会は技術的な面で高い評価を受け、収益面でも大きな成功をおさめた。しかし、メタボリストたちにとって痛恨事であったのは1973年に中東戦争の余波を受けて起こった石油ショックであった。世界経済は混乱し、多額の予算を要する大規模プロジェクトが急激に縮小していった。実際、丹下も1970年の大阪万博以降、しばらくは国内の発表はほとんどなかったようだ[4]。しかしながら、海外からの依頼は数多く、アルジェリア、イラン、リビア、シリア、イラクといった中東諸国を中心に、むろん丹下だけではなく、黒川、菊竹、槇といったメタボリストたちによる新しい建築様式によってグローバルに都市開発が進められ、それらは現在でも進行している。

●

- 日本国内においてメタボリズムの建築を見る機会は少ないかもしれないが、今日でも現役の建築物として見ることが容易いのは、1972年に東京の銀座に建てられ首都高速からも新幹線からも見ることのできる黒川設計の《中銀カプセルタワー》だろう。144個それぞれが独立した住環境を備えたカプセル状のユニットが集合して成立するその建築物は、都内の超一等地という条件も重なり、今でも人気があるという。その黒川の死後も続く最新海外プロジェクトとして、中央アジアに位置するカザフスタンの首都アスタナの都市計画がある[5]。旧ソ連時代の建築物が点在する27万人が住む町に100万人規模の都市を築くプロジェクトのコンペに参加し、1998年に黒川が勝ち取ったものである。招待された27の建築家チームのなかで、黒川のチームが選ばれた理由は「メタボリズム」のコンセプトだったという。町の中心を東西に流れるイシム川が人々の憩いの場になっている緑あふれた都市の景観を活かすのは「規則正しい無機質な都市の発展ではなく、クラスター(かたまり)で開発していくという」黒川のアイデアが受け入れられたことによるものである。その基本は、リニアな都市軸と、細胞型の住宅地のクラスターが10年ごとに成長するというメタボリズムの基本的な思想に則った都市計画であり、1970年に万博会場という非日常的な空間で試みられた理念が、中央アジアの中規模の都市によって実現していることが理解できるだろう。
- 黒川のアスタナの計画はひとつの例に過ぎず、丹下健三が巧みに揺籃の場を設定し日本で誕生したメタボリズムという建築運動は、日本国外においては広く発展を遂げているのである。海外からの評価の高まりもあり、戦後日本の重要な芸術運動として「具体」や「もの派」がようやく日本国内でも本格的な検証が始まった。今後、「メタボリズム」も同様に、日本が生み出した世界に誇る重要な芸術運動として位置付けられ、検証が進められていくことになるだろう。

1 レム・コールハース「運動(1)」
『プロジェクト・ジャパン メタボリズムは語る』
(レム・コールハース、ハンス・ウルリッヒ・オブリスト編著、平凡社、2012、p.12)。
なお、本エッセーの「メタボリズム」に関する内容は、同書に依っている。

2 川添登(レム・コールハースによる質問に対して)、上掲書、p.233。

3 川添登(『メタボリズム1960』序文)、
『メタボリズム1960—複製本』(カタログ、森美術館、2011)。

4 「万国博後は沈黙」朝日新聞1974年4月23日
(『プロジェクト・ジャパン メタボリズムは語る』、p. 603。)

5 今用雄二「アスタナ新首都計画「メタボリズム」を続ける
黒川紀章の描いた世界」『建築ジャーナル』2017年8月、pp. 32-35。

6 同上、p.33。

イヴ・クラインの《空気の建築》をめぐって

平野到［埼玉県立近代美術館学芸員］

– 1950年代末に《空気の建築》という構想を企てていた美術家がいた。フランス出身のイヴ・クライン（1928–62）である。クラインはアンフォルメル以後の新たな表現を試みた美術家として世界的に有名だが、実現に至らなかった《空気の建築》の具体的な構想については、日本ではあまり知られていない。

– 最初期にはモノクローム絵画を手がけていたクラインだが、1950年代末になると自らの名前を冠した青色の顔料「インターナショナル・クライン・ブルー」をトレード・マークにしながら、絵画制作の域を超えた表現を模索しはじめる。そして、パリ在住のドイツ人彫刻家ノルベルト・クリッケを介してドイツでの人脈を得たクラインは、1957年にゲルゼンキルヒェンの劇場の設計に取り組んでいた建築家ヴェルナー・ルーナウと出会う。1959年12月に開館するこの劇場の建設は、戦時中に激しい爆撃に晒されたゲルゼンキルヒェンの戦後復興のなかで計画されたものであり、街の未来を担う重要な意義を持っていた。ルーナウは、ミース・ファン・デル・ローエの様式を髣髴とさせる、ガラスをふんだんに用いた鉄骨構造の建築を設計すると同時に、国内外の美術家を起用し、その建物に美術作品を設置する案も主導する。最終的に制作依頼を受けた美術家はクリッケとクラインに加え、ロバート・アダムス、パウル・ディエルケス、ジャン・ティンゲリーであった。なかでもクラインは格別の扱いを受け、メイン・ロビーやクロークの壁面を飾る計6点の作品を依頼され、1958年から2年間かけて制作を行なう。建築デザイン上で鍵となるメイン・ロビーのガラス張りの大空間には、4点の巨大な青の絵画やレリーフが左右対称に設置された（高さ7m×幅20mが2点、高さ5m×幅10mが2点）。言うまでもなくクラインの制作のなかで傑出した大作となり、これらの作品はこの劇場にとって最大の魅力になった。

●

– この制作過程を通じて、美術家のクラインと建築家のルーナウの親交は急速に深まり、クラインは自らの芸術観や野心的なプランについてルーナウと語り合うようになる[1]。両者に強い信頼関係が生まれるなかで新たに浮上したのが、劇場前の広場とカフェテリアに関する計画であった。それはクラインがかねてから考えていた「火の噴水」を元にしており、池を設け、そこで火を水平・垂直に噴射させて非物資的な柱や壁をつくる案であった。さらに、屋外カフェテリアのために、噴射される空気によって屋根をつくる計画も提案された。この屋外カフェテリアのための空気の屋根が、クラインの《空気の建築》の出発点になったと言われている。

– これら一連の計画は夢想的に聞こえるかもしれないが、クラインとルーナウにとってはけっしてそうではなかった。2人は実現に向けて、劇場の空調工事を担当していたゲルゼンキルヒェンのキュッパースブッシュ社や専門家とともに試作品を製作し、実験を重ねている。経費の制約で叶わなかったが、「火の噴水」に関して言えば、劇場の落成式のプレス資料に記載されていることから技術的には可能であったのだろう。実際に1961年のクレーフェルトのハウス・ランゲ美術館でのクラインの個展では、

fig.1――イヴ・クラインとヴェルナー・ルーナウ
「空気の屋根によって気候条件に対応した環境」｜
素描：クロード・パランとサルゴロゴ｜『ゼロ3号』（1961年7月）の掲載図版

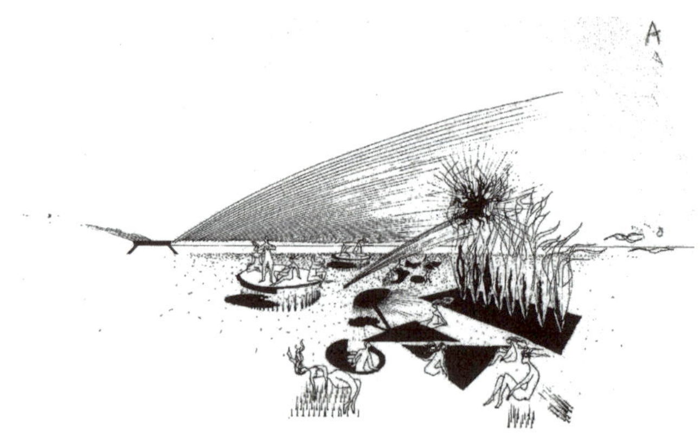

fig.2――イヴ・クライン「空気の建築のコミュニティ：火の噴水、空気噴射による
椅子と踊り場、空気の屋根とともに」｜
素描：クロード・パランとサルゴロゴ、彩色：イヴ・クライン

美術館の庭園で《火の壁》や《火の柱》を見事に実現させたことはよく知られている。

– 空気の屋根についても、既存の技術の応用を前提に可能性が検証された。その際に着目されたのが、店舗の出入口に設置される、いわゆるエアカーテンの技術であった。すなわち、強力な空気の流れによって風雨を弾き飛ばしながら温湿度を管理し、どんな天候にも耐えうる空気の屋根によるシェルターを設ける構想である。従来の建築素材に依存しない非物資的な建築に将来性を感じ取った2人は、1958年の末に《空気の建築》の構想をまとめ[2]、空気の屋根の技術は限定した場所のみならず、住居や都市全体にも拡張できると提唱する。生活に必要な台所、機器などは地下に設置し、地上を屋外に開かれた生活空間にすれば、室内外の区別は必要なくなる。また、空気の屋根に色を付けた気体を使えば、有害な直射日光を制御することも可能であるという。

– クラインとルーナウは《空気の建築》の実現に向け、1959年にいくつかの具体的な行動を起こしている。例えば2人は、バート・ヘルスフェルトにある廃墟の修道院を再利用した屋外劇場に対し、空気の屋根の計画を持ちかけている。またクラインは、ルーチョ・フォンタナの仲介でミラノ・トリエンナーレの事務局に、空気、火、水を用いた建築的な構想を提出している。さらに、1959年6月にはクラインとルーナウはソルボンヌ大学で講演会を開催し、《空気の建築》について演題を掲げて紹介している。その後も《空気の建築》の構想を進展させるため、クラインはフランスの建築家クロード・パランとも協働するようになり、そのイメージを膨らませていった。

●

– 《空気の建築》は、たしかにクラインの美術家としての構想力の大きさを示してはいるが、クラインの独創性のみが突出しているとは言えないであろう。なぜならば、1950年代後半から60年代にかけて戦後復興が進められたヨーロッパでは、時代状況的に建築と美術の解体と融合が加速し、このほかにも野心的な建築や都市の構想が散見されるからだ。

– この時代、若い世代の建築家はモダニズムの建築の合理性や機能性に限界を感じ、未来に相応しいヴィジョンを求めていた。1928年にル・コルビュジエらを中心に組織され、近代的な建築や都市計画の思想基盤を形成し、国際的に影響力をもった近代建築国際会議(CIAM)も、1950年代半ばから求心力を失い、若手建築家によるチームXが主導した1956年の第10回大会をもって実質上終息する。チームXのリーダーは、英国の建築家アリソン&ピーター・スミッソン夫妻であった。2人はロンドンの若手芸術家が集ったインディペンデント・グループのメンバーであり、同グループが主催したポップ・アートの源流となった「これが明日だ」展(ホワイトチャペル・アート・ギャラリー、1956)に参画し、建築を越えた領域にも強い関心を示した。また、CIAM第10回大会に参加したヨナ・フリードマンは、流動的な社会に対応すべく組立・解体が容易な可動建築を唱え、可動建築研究グループ(GEAM)を立ち上げている。ルーナウとクラインはこのGEAMと関係があり、建築や都市をめぐる新たな議論にも触れていたはずである。

– その一方、美術においても、戦後直後から隆盛したアンフォルメルやタシスムといった傾向が一段落すると、1950年代半ばから、絵画や彫刻という様式を超えて環境、都市、建築を志向する動きが表われる。ナチス時代に駆逐されたバウハウスや構成主義の再評価にも連動しているこの傾向は、フランスで活動していたニコラ・シェフェールなどにその先駆的な例を指摘できるが、本展の出品作家でいえば、コンスタン(コンスタン・ニーヴェンホイス)に見出すことができる。コンスタンは前衛芸術集団のコブラで活動したのち、美術/建築/都市を統合する新たなヴィジョンを希求し、活動家ギー・ドゥボールの主宰するシチュアシオニスト・インターナショナルとも一時期協働し、《ニュー・バビロン》と称した壮大な構想を目論んだ。コンスタンこそ、この時代の気運をまさに体現している美術家といえる。同様の傾向は、1958年に活動を始め、クラインとも密接に連携したデュッセルドルフのグループ・ゼロにも見て取れる。グループ・ゼロの機関誌『ゼロ3号』には、ルーナウとクラインの《空気の建築》が2人のマニフェストとともに取り上げられており[3][fig.1]、同号にはピエロ・マンゾーニによる《空気圧の劇場》(1960)の構想も紹介されている。《空気圧の劇場》は、グループ・ゼロのオットー・ピーネによる光のインスタレーションの上演を想定した劇場であり、風船のような形はマンゾーニの《芸術家の息》を連想させるが、一種の空気膜構造の建築といってよい。こういった構想からも、美術家が建築的な表現へと向かう時代の風潮が十分に読み取れる。

●

– 再び、クラインの《空気の建築》に話を戻そう。前述のように、屋外のカフェテリアから始まった《空気の建築》は、街や都市を視野に入れた構想にまで発展した。『ゼロ3号』に掲載されたマニフェストを読むと、空気の屋根に守られた地区は地上面がガラス張りで、すべての什器やインフラストラクチャーは地下に設置され、開けた地上は共有の場所となり、物質主義に依存しない新たな精神的なコミュニティが形成されると謳っている。すなわち住民たちは、プライバシーを越えて新たな親密さを獲得し、陽光のもと裸で暮らすことも可能になり、因習的な家族のシステムすらも解消されるという。《空気の建築》は、こういった社会やコミュニティの在り方に対するラジカルな提言にまで及んでいるのだ[fig.2]。

– クライン自身の言葉でも語られているように、《空気の建築》の究極の構想はエデンの園への回帰と同義であると解釈されてしまうかもしれない[4]。しかし、その構想を単なる「インポッシブル」なユートピア志向として片づけてしまうのは誤りだ。エコロジーやコミュニティの議論にも繋がる《空気の建築》は、未来に向けた「ポッシブル」な提唱として、改めて受け止める必要が私たちにはあるのではなかろうか。

---

1 イヴ・クラインの《空気の建築》の構想過程、イヴ・クラインとヴェルナー・ルーナウとの関係については、以下の文献を参考にした。Sidra Stich, 'The Gelsenkirchen Experience,' Sidra Stich, *Yves Klein*, Cantz Veralg, 1994, pp.107-130. / Frédéric Migayrou, 'Architekturen des intensive Körpers,' Herausgegeben von Olivier Berggruen, Max Hollein, Ingrid Pfeiffer, *Yves Klein*, Hatje Cantz Veralg, 2004, pp.179-189.

2 1958年12月にまとめられた《空気の建築》の構想は、以下の中で公表されている。Yves Klein, *Le dépassement de la problématique de l'art*, La Louvière, 1959, pp.22–27.

3 グループ・ゼロの機関誌『ゼロ3号』(1961年7月)では、'Projekt Einer Luft-Architektur. Zusammenarbeit Ruhnau-Klein'(空気の建築のプロジェクト:ルーナウとクラインの共同作業)という表題のもと、図版とともにマニフェストが掲載されている。

4 《空気の建築》の構想を描いたイヴ・クラインの絵画《空気の建築 ANT-102》(1961年、東京都現代美術館所蔵)には作者の言葉が登場し、「伝説のエデンの園への回帰である」と記されている。

Impossible Architecture: Architecture as Critical Alternative

Akira Tatehata [Director, The Museum of Modern Art, Saitama]

– Let me begin by explaining the meaning of this exhibition's—at first glance paradoxical—title. The term "impossible architecture" came to me about ten years ago. At the time I was pondering, albeit hazily, whether it would be possible to hold such a thing as an architectural exhibition with Vladimir Tatlin's *Monument to the Third International* as starting point. I suspect I was drawn to the fertile imaginative realm peculiar to architectural plans not predicated on reality. But I was also ruminating over whether such architecture could be conceived not simply as the stuff of fantasy, but as another, alternative architectural story; whether a more active approach to non-existent architecture could exist. It was at this point that the words "impossible architecture" came to mind.

– The impossible cannot exist as a standalone concept, only ever in opposition to the possible. My light-bulb moment could be rationalized by saying that the term impossible architecture inescapably connotes a (latent) criticality toward architecture that actually does exist in real form. Without wanting to make a big deal about it, this is why I deliberately make reference to "another architectural story."

– Obviously the intention here is not to assemble a general history. In his essay *Theses on the Philosophy of History*, Walter Benjamin referred to the history of cultural treasures as the history of victors, and was sharply critical of the historicism that affirms the barbarism of the powers that have dominated that history. But the domain of impossible architecture resists dominance by the logic of transmission in this sense, and can only be an antihistorical context arising solely from the channeling of our imaginations. Impossible unavoidably forms a critical alternative to the possible.

– The concept for this exhibition became clear to me three years ago, the moment I learned of the scrapping of the plan by Zaha Hadid—winner of the design competition—for the New National Stadium of Japan in Tokyo, main venue for the 2020 Summer Olympics. Though having no desire to debate the pros and cons of that decision here, I do wonder if the now never-to-be-realized Zaha Hadid plan could in fact serve as an example of impossible architecture on a par with Tatlin's; it struck me that to have a building for which construction documents (drawn up by Zaha Hadid Architects + Architects JV) had been completed canceled made Hadid's plan a monument (or anti-monument) of an exceedingly contemporary sort, existing only in the imagination.

●

– The organizing of this exhibition, which began first of all with the nomination of Tatlin and Hadid, proceeded in collaboration with the curators at the various venues, and Taro Igarashi, whom I asked to oversee the project. Another major theme for the exhibition was tackling the very real challenge of inviting the field of architecture into the space of the art museum. Generally speaking, architectural exhibitions consist of drawings, models, photographs, videos and computer graphics.

However while these are substitutes for the actual architecture, of necessity reduced in scale and divorced from any sense of place or environment, when it comes to impossible architecture, which only exists in such forms to start with, the exhibition format is in no sense a secondary means. On the contrary, being able to create something unique to the art museum becomes a thrilling challenge in its own right. The white cube of the gallery, a neutral space devoid of all locationality, has the potential to be an anarchic space, free of various restrictions, capable of serving up the architect's ideas in their pure form. Our aim was to make this a stimulating exhibition highlighting pure architecture; architecture that is neither a metaphor for, nor a symbol of, anything; architecture that one could go so far as to say, can only begin and end with itself.

•

– Back to *Monument to the Third International*: this was a monument to the revolutionary government conceived by artist Vladimir Tatlin, member of the Soviet People's Commissariat for Education. A spiral structure of steel and glass with a slight incline, it was to measure around 400 meters in height, and from the base to consist of a cube for the Soviet legislature (executing a full rotation over the span of a year), a pyramid housing government offices (taking a month to rotate), and a cylinder rotating daily and hemisphere rotating hourly, forming an information center.

– This plan typical of Russian Constructivism never made it past the model stage, but what makes it particularly interesting is its resemblance to the spiral Towers of Babel rendered by artists such as Pieter Bruegel and Gustave Doré. The Tower of Babel, which appears in Genesis in the Old Testament, and in other literature, is generally described as a tower destroyed by God, who in His anger at the people for trying to build a tower reaching to heaven, also scattered them to the four winds and made them speak different languages so they could no longer understand each other. The cynical view might be that story of Babel calls to mind the shift by Stalin from the Third International, aiming for world revolution by the Comintern, to Socialism in One Country. The idea of the symbolic tower occasionally contains the seeds of its own destruction (or factors mitigating against its realization). One could say that in its beginning, lie the beginnings of its end.

•

– Arata Isozaki's *New Tokyo City Hall Project* could also be viewed as a design deliberately courting rejection, ignoring as it did one of the actual criteria of the design competition: that the building be an ultra-high rise. Isozaki responded to the request for a "symbol of Tokyo" with a low-rise design (albeit one that still had twenty-three stories and rose to almost 100 meters), in what can only have been a rejection of the tower as monument, that is, a "barbaric cultural treasure." The fact that while Tatlin's tower, which had a cube, pyramid and sphere piled vertically on top of one another, Isozaki's city hall, also a government organ, happened to position the same shapes next to each other horizontally, is also worthy of attention in that it serves as an unambiguous example of the critiquing of the idea of the tower by impossible architecture.

– Arata Isozaki is well known as a radical polemicist of the unbuilt. While there is no strict definition of unbuilt, a middle ground stance forms the nucleus of impossible architecture. However the two do not overlap completely. While the former, *à la* Isozaki, can be the more radical proposal because it is not predicated on potential realization, what we think of as the latter also encompasses architectural plans that have remained unrealized due to various circumstances, despite winning the relevant commission, including cases where those "various circumstances" arise as post facto objects of criticism. It appears that in fact, at Isozaki's studio the option of an ultra-high rise design was also examined, so the design was not conceived as unbuilt from the start, but ultimately, Isozaki decided to make his proposal obvious in its provocative criticality toward the idea of the tower. It is hardly surprising that after the ultra-high rise design of Kenzo Tange was chosen, Kisho Kurokawa, a contemporary of Isozaki, came out strongly in support of the Isozaki plan.

– While obviously a contradiction in terms, in the case of impossible architecture, it is possible to have architecture that due to "some circumstance" did actually, for better or worse, end up being built.
– In the catalog for the 2014–15 exhibition "Legendary Houses in Postwar Japan—Provocative/Introspective" I rejected the idea of Kisho Kurokawa's *Nakagin Capsule Tower Building* (1972) and Takamitsu Azuma's *Tower House* (1966) as urban symbols, referring to them as "two towers" soaring above the city as anarchic anti-landscapes exceeding even the architects' intentions. Out of principle we were unable to include in this exhibition buildings that somehow managed to actually become reality, but to flesh out the meaning of impossible slightly more, I shall include here part of that text, on the Nakagin Capsule Tower Building.

> The Nakagin Capsule Tower Building is representative of the young Kisho Kurokawa, a flagbearer of Metabolism, and is also the sole crystallization, in its purest form, of the ideology of Metabolism. Yet despite this, or rather perhaps because of it, the tower resembles a colony of insects multiplying in disquieting fashion, or an alien structure created by an outside hand. The fact that each unit is a dwelling equipped as sleeping quarters only serves to amplify the colony sensation.
> The 140 identically shaped prefabricated units are in principle able to be replaced, and if the tower at the core is built upward, increased. In reality though, because the units are piled up from the bottom, it is hard to switch them in piecemeal fashion, and Kurokawa must have known from the design stage that the site conditions would also make it impossible to add more. The fact that a tower possessed of such eccentric sensuality, that no matter how you look at it, should have remained merely an ideal, made its off the drawing board on such a scale and continues to exist, feels nothing short of a miracle.

●

– Shown only as rough hand-drawn sketches, *Skyscraper (Wolkenkratzer)* (a project for a high-rise building in Chicago) by Hans Hollein, also a close ally of Isozaki, is probably the most confronting, almost shockingly sensual example of the unbuilt. Marcel Duchamp produced a work in which he drew stars on top of the definite articles (i.e., the word "the") dotted through a handwritten English text, feeding the disillusionment of concrete poetry writers by stating, in effect, that poetry could not advance beyond this little drawing, and perhaps the same can be said of Hollein's drawing. If one assumes it was unbuilt that rejected the historicist context (Benjamin's "law-preserving violence") of architecture as the history of barbaric cultural treasures written by the victorious, and insisted that the only way to resist it was by the pure violence of imagination, its possibilities are exhausted by this humorous sketch of an arm over English text. To quote, second-hand, from Isozaki's *Kenchiku no Kaitai* (Bijutsu Shuppan-sha, 1975), Hollein is recorded as writing, "Architecture is primitive, sensitive, brutal, frightening, and dominating. But it is also the incarnation of the most subtle emotions, a sensate sketch of the most delicate excitements, and embodyment of state power," and Isozaki expanded on this, showing that therefore, "there is no need at all to demonstrate a clear function or purpose. What is demanded is a giant monument, the very expression of civilization." Hollein's brutal thrusting arm tower was conceived as something akin to this.
– In it we can hardly fail to perceive—in addition to humor—the anachronisms of phallus worship and the notion of the *ubermensch*, plus an extravagant deviation from historicism. Suffused as it is with a sensation similar to that of the extravagantly

enlarged everyday objects in Claes Oldenburg's pop art, it would be fair to say Hollein's arm offers a brazen, violent and blackly humorous counter to the idea of the tower as symbolized by the high-rise buildings of Chicago.

– If Hollein's countershock is an image of tumescent authority, *Project "Golden Smart"* forms an even more pop art-style collage scene, that of a giant cigarette floating in the sky. Hollein declared that everything is architecture, but in this primordial critical view of architecture, doubtless even what at first appears an idyllic scene also signified the product of a violent imagination, rendering architectural clichés meaningless.

●

– The Archigram project is not so much not predicated on realization, as an unbuilt project in which publication in printed media is an end in itself, constructed and transmitted solely as information, and its slightly casual nature is due to a dilution of the antithetical mindset that had dominated unbuilt up to then. Obstacles to realization such as cost and construction time, site conditions, and purpose as a given condition, never become the object; all unfolds as graphical imagery, including any technical issues.

– The background of member Ron Herron's *Walking City - New York*, a bizarre piece of architecture that moves around on legs, consists of a photo of a forest of skyscrapers in a large city, however the giant robot-like illustration is no longer an anti-symbol rivaling the symbol of the city behind, but merely something out of a sci-fi comic. Peter Cook's *The Plug-in City* is also an illustration of a city created by combining units able to be plugged and unplugged, reinterpreted not as a Metabolist-style structure, but simply at an operational level.

– Superstudio and Archizoom that follow are groups that use the exhibition format as a method in tandem with information media. Unlike Archigram, these images of cities of the future are thin on popular sensibility, unfolding as theoretical presentations utilizing visual effects, but perhaps the nature of the media they rely on has a hand in this. In any case, for the generations since Hollein, though unbuilt may be a method of ensuring freedom in ideas, it no longer connotes any kind of serious conflict or provocation.

●

– Architects like Junya Ishigami et al, born in the 1970s, probably no longer need to make any distinction between the possible and impossible. Yet rather than making the notion of impossible architecture a thing of the past, this may mean, for this generation, that whether a piece of architecture comes to fruition or not, the criticality of architecture has become normalized as a delicate poesy. Ishigami notes, "In my drawings appear feelings about architecture," and indeed in those drawings one finds none of the provocateur Hollein, nor Archigram's projection onto information media. They are also far removed from the radicalism that could be described as a legacy of the avant-garde; environment and architecture instead gently permeating each other; transparent materials, or materials light on substance exquisitely facilitating that sensation. The same can be said for Sou Fujimoto's "floating cloud" images of an open, whirlpool-shape waterfront project. Evident in their critical positioning, unlike the macho stance of previous generations, is a post-minimalist plasticity, and at the same time a refined engineering climate in which technology is not interposed between the artificial and natural, but helps them to function in a harmonious manner.

●

– Mention must be made here of the *Process in Question / Bridge of Reversible Destiny* of Shusaku Arakawa and Madeline Gins (hereafter referred to as AG), a highly idiosyncratic example of impossible architecture. This was a project for a bridge spanning the River Moselle in the French city of Épinal, and though several sketches and models were produced, construction is currently on hold. Bridges are not generally counted as architecture, however this project earns the status of impossible architecture for the simple reason that it consists of a series of architectural fixtures that demand physical experience.

– In a text for the catalog of an exhibition of Arakawa's drawings at the Hara Museum of Contemporary Art, I read his works, which manifest as rigorously enigmatic propositions defying easy interpretation, as, with respect, "impossible texts," and it is in a similar vein that AG's Épinal Project is included in the ranks of impossible architecture.

– The 21 rooms designed therein bore names such as "Bodily Conjecture at Light," "In the Recesses of the Communal Stare," "Companion to Indeterminacy" and "The Planet's Cry," the last room being dubbed "Forming Inextinguishablity." AG's production notes state, "This construction makes possible a completely new form of discourse." The giant, black thirteen-meter-long model has a disquieting, alien aura, and contains a series of spaces, such as curved floors, and domes that have to be approached on the diagonal to pass, that if actually built would force users into contorted postures and movements. "Up until now, in verbal language, for example, the speaker or his or her speaking process was forever in hiding behind a succession of words." However, "Standing within a construction [such as this work] that mimics or parallels the usual set of constraints on human action and expression, (the observer will) cease having to proceed by means of a one-sided generating of language as usual and will begin, instead, to enter into direct discourse with the process in question."

– Whether or not a literal interpretation is possible, in any case whether it is verbal language or visual language, to speak or see is to be unconsciously constrained by a succession of words, and the linguistic construction of this work can perhaps be read as reversing such a mistaken destiny, shaping, as beings freed from the enumeration of words, those under the impression that pitiful though they may be, they are the subject of the language.

– In a conversation in an arts magazine, I once asked Shusaku Arakawa if such a thing as architecture by language was possible, to which he replied immediately, how could it not be? At the time, what I had in mind was a dark room, where the only sound is the beating of bird's wings, a la Mallarmé, but the language architecture that was the bridge at Épinal, like Mallarmé's room was likely not a metaphor, but something to be experienced literally. Perhaps one could describe the instructions for each room, reminiscent of a doctor's prescription, as a kind of de-affording "reversible destiny architecture" in which "a creature of the post-Utopian humanity" (AG) is formed in an instant manner.

●

– To finish, let us return to Zaha Hadid's *New National Stadium of Japan*. This plan of keel-arch construction was an organic form distinguished by the bulge of its flowing curved roof, and would have been a rare example, since coining of the term post-modern, of design demands and structural imperatives coinciding in architecture. Even Zaha's own curved designs up to that point had been outer shells separate from the structure. Come to think of it, in Kenzo Tange's masterful *Yoyogi National Stadium*, exemplar of postwar postmodern architecture, the dynamic suspension structure itself forms the design, (looking at the building now this seems to foresee the advent of postmodernism), and it is a great shame that the opportunity to have the two standing alongside each other has been lost.

– At the beginning I said that the impossible offers a critical alternative. The impossible architecture featured here, from Tatlin to Hadid, continues to spark our imaginations in its non-existence in that very sense. Hopefully "Impossible Architecture" will help us all to rethink the possibilities of architecture.

(Translated by Pamela Miki Associates)

Architecture Between Possible and Impossible

Taro Igarashi [Professor, Tohoku University]

The Canceled New National Stadium Japan

- In July 2015, an architectural possibility perished.
- The New National Stadium Japan, designed by Zaha Hadid Architects + Architects JV, who had won an international design competition and contributed greatly to bringing the 2020 Summer Olympics and Paralympics to Japan, was canceled and sent back to square one after a unilateral decision by Prime Minister Shinzo Abe. This was shortly after a number of security-related bills were rammed through the Diet (national parliament) over strong opposition, but suddenly, all the eyes of the mass media were on the New National Stadium Japan project. At that time, I was shocked to see Zaha Hadid discussed endlessly and critically on daytime TV talk shows, and felt she was unjustly labeled the "queen of the unbuilt."
- Justified or not, this claim has roots back in 1983 when Hadid was still unknown and made a spectacular debut with her winning submission to the Peak Leisure Club competition, a radical drawing in which fragmentary architectural elements floated in space, after which she had no designs built for some time. In her early years Hadid designed a series of projects distinguished by spatial expression seemingly aimed at deconstructing the perspectival drawing methods that have governed architecture since the Renaissance, which showcased her highly ambitious creativity, but went unrealized, perhaps making the queen-of-the-unbuilt label appropriate – if we are only talking about the 1980s. I recall wondering, in my student days, if she would ever see any of her projects realized. As it turned out, though, I need not have worried. After completing *Vitra Fire Station* (1993), the crowning achievement of her hand-drawn era, Zaha shifted to computer-aided design, broke into the big time with fluid forms that made stunning use of curved surfaces, and started having huge projects built around the world one after another. Today, global cities in the UK, Germany, Italy, the US, Azerbaijan, China, South Korea are home to the iconic and futuristic architecture that became her trademark. As a result, her office staff grew to more than 400.
- The exhibition *Deconstructivist Architecture* (1988) at The Museum of Modern Art, New York (MoMA) featured, in addition to Hadid, Daniel Libeskind and Coop Himmelb(l)au, neither having many realized works at the time, as well as Rem Koolhaas (OMA), Frank O. Gehry and others who had few built projects compared to today, and all of them grew into renowned, globally active master architects. The exhibition focused exclusively on unbuilt projects, but it seems that the times have finally caught up with these architects who were ahead of their time. Looking back on it now, the show was a prescient one. The exhibition catalogue notes that deconstructivist designs feature unstable forms characterized by twisting, warping, cracks and so forth, bearing visual similarities to Russian Constructivism and seemingly marking them as its descendants. Most of the experiments of early 20th-century avant-garde architects that appeared around the time of the Russian revolution (1917),

such as Vladimir Tatlin and El Lissitzky, were unrealized due to technical limitations and institutional changes, but we might say that in 21st-century society, projects that are their even more distant descendants, inheriting their genes via "deconstructivist architecture," are finally possible.

– In any case, it was Japan that first recognized Hadid's talent and vision, as in the Peak Leisure Club competition Arata Isozaki selected her entry, which had been in the rejected pile, and several of her projects were built in Japan during her early years. However, it was also Japan that eventually snubbed Hadid when she was a world-famous architect. At the time of her sudden death in March 2016, she had still not come to terms with the flat-out cancellation of her New National Stadium Japan project. After hearing of her death, Isozaki wrote the following in a memorial statement: "Architecture has been assassinated... Upon hearing the tragic news about Zaha Hadid, I became angry... the government of this country, as if preparing for a new war, used the imagery of Zaha Hadid as a trump card to attract people to the Olympic Games, but failed to control the project and discarded it due to a skillful manipulation of the xenophobia of public opinion. In fact, the activists who fanned the flames of the backlash made an "all-Japanese" Olympic preparations team their rallying cry, and after repeated competitions, new conditions were added that had not been in the original international competition: make use of wood, express Japanese-ness, submit your proposal in Japanese.

Lost Landscapes of the Future

– One of the original motivations for organizing *Impossible Architecture* was to reexamine the proposal for the New National Stadium Japan, which we would now never see or experience in reality. For that purpose, we first had to make sure if we could exhibit this design, and with what kind of materials. In June 2017, the exhibition planning team visited the head office of Nikken Sekkei, which had worked with Hadid's office. We saw stacks of drawings more than a foot high on desks and groups of maquettes used to consider aspects of the structure's design, and we understood that all they were waiting for was the green light to start construction. During the online campaign against the stadium, people posted wretched images that made it look like the design was never feasible to begin with, or was still in its embryonic stages, but it was really on track for completion. In other words, the design by Zaha Hadid Architects + Architects JV was cleared both legally and structurally as "possible architecture." Why wasn't it built? Because certain human beings lost the will to build it.

– After this, the exhibition planning team visited Chiba and viewed a huge 1/300-scale model of the New National Stadium Japan, created for wind tunnel experiments and now stored at an engineering company. To measure the influence of wind on the internal and external environment, small holes were made in about 1,000 places and tubes inserted into them, and the extraordinary and imposing model looked like a work of art. We realized anew just how far the project had advanced before it was terminated for political ends, and got a sense of a lost future that could have been. It was like an alternate history, and an alternate Tokyo. We lost a major opportunity for practical application of modes of digital-era design and construction that will be extremely important in the future, and this loss will negatively impact the whole Japanese architectural world. It will also have the effect of pushing us further away from iconic architecture, which has not taken root in Japan, encouraging architects to play it safe and shrink from challenges, and further entrenching the design-build system (in which design and construction are ordered as a set from one contractor, whereas in the past, public works have had design and construction commissioned separately). In the future, when we look back on the history of Japanese contemporary architecture, I am afraid we may find this debacle was the start of a slippery slope into decline.

A Show of Architecture That Never Was

- Unbuilt architectural projects are a fitting subject for a museum exhibition. With built architecture, the real buildings exist somewhere far from the museum, and this generally causes difficulty in creating compelling shows of architecture. In exhibitions of art, viewers are usually seeing the original work, but with architecture, they must settle for maquettes, drawings, and photographs of buildings that actually stand somewhere else in the world. Of course, we can often see sketches showing the initial concept and drawings created before construction, drawing us closer, in chronological terms, to the architect's vision than models and drawings later produced for presentation. However, once a work is actually completed, the only place we can truly experience it is on site. There are approaches such as displaying mock-ups of details (as in exhibitions by Kengo Kuma and Shigeru Ban), and reproducing buildings in the venue at 1/1 scale (as has been done with Tadao Ando's *Row House in Sumiyoshi* and *Church of the Light*), but these do not show us how the architecture relates to the surrounding environment.
- Unlike ordinary architecture, with unbuilt architecture items like models and drawings are the only originals we have, and viewers are seeing the "real thing" as they do with art. At least, we are not seeing substitutes for actual spaces that exist somewhere else. Also, the work of an architect usually begins with creation of a design after receiving an order from a client or seeing the terms and conditions for a competition, but this is not always the case with unbuilt architecture. For example, Seiichi Shirai's *Temple Atomic Catastrophes* was inspired by Iri and Toshi Maruki's *Hiroshima Panels*, but its design was not commissioned by any client. As a spontaneously and independently created work, it is closer to the practice of art than of architecture. Similar examples include Yakov Chernikhov, who created graphic illustrations that are works of art in their own right; Archigram, which disseminates architecture as media; Superstudio, which envisions fantastic cities; Hans Hollein, who sought to expand the concept of architecture; Tadao Ando's Nakanoshima Project, and the cyber architecture of the 1990s.
- What are some past exhibitions of unbuilt architecture held in Japan? One epoch-making one was *Archaeology of the Future City* (1996) at the Museum of Contemporary Art Tokyo, supervised by Takashi Uzawa. It covered territory ranging from the ideal cities of the Renaissance and the 18th-century architects Ledoux, Bouleée, Lequeu, and Piranesi to early 20th-century Futurism and Russian Constructivism, Archigram in the 1960s, Aldo Rossi in the 1970s, and the paper architecture of the 1980s, with numerous examples of historic buildings. As a graduate student I was in charge of the catalogue's explanatory texts and chronology, and I saw in person for the first time the drawings of Jean-Jacques Lequeu, the subject of my thesis. Incidentally, the first exhibition of works by 18th-century visionary architects such as Ledoux and Boullée, considered classic examples of unbuilt architecture, was held for the first time at the French National Library in Paris in 1964, and in the late 1960s and early 1970s similar exhibitions traveled around Europe and the United States.
- Considering the timing of *Archaeology of the Future City*, it was probably intended to coincide with World City Expo Tokyo, scheduled for 1996. Another city-related exhibition, *La Ville Moderne*, a version of the show *LA VILLE* at the Centre Pompidou, was held concurrently at the Museum of Contemporary Art Tokyo. However, World City Expo Tokyo, which was supposed to be the main attraction, was canceled after the victory of Tokyo Governor Yukio Aoshima, who had made campaign pledges to halt it, though less than a year remained before its scheduled start, and construction had already begun. As a result, designs by Toyo Ito, Riken Yamamoto, Kazuhiro Ishii, Akira Kuryu and others went unrealized. Like the World Exposition (Expo), gen-

erally combined with urban development projects, the World City Exposition was intended to promote the development of Tokyo's bayside urban sub-center, and it is ironic that it was quelled for political reasons and only the show of unbuilt architecture was held.

- Another major exhibition was *Archi Lab: New Experiments in Architecture, Art and the City 1950–2005* (2004–05) at the Mori Art Museum. It made extensive use of 20th-century avant-garde architectural models and drawings collected by the FRAC Centre in Orléans, France and works from the Pompidou Centre in Paris. While many of the featured architects were French, including Claude Parent and Jakob & MacFarlane, there was also a wide variety of other late 20th-century projects from the 1960s Archigram, Super Studio, Coop Himmelb(l)au, Archizoom Associati, Constant Nieuwenhuys and Metabolism through Asymptote and NOX dating from the end of the century. The exhibition presented an urban vision through these utopian projects, and was uniquely suited to a museum run by the Mori Building Company, which developed the colossal Roppongi Hills.

Questions the Exhibition Asks

- *Impossible Architecture*, held in advance of the 2020 Summer Olympics, differs from these earlier exhibitions in its historical scope, covering approximately 100 years from Russian Constructivism of the 1910s to the New National Stadium Japan plan and the latest projects by Sou Fujimoto, Junya Ishigami, Mark Foster Gage and others in the 2010s. Unlike *Archaeology of the Future City*, it does not include pre-modern architecture, and unlike *Archi Lab*, it does include the first half of the 20th century. And while *Archaeology of the Future City* excluded Japanese modernism, this exhibition shows another architectural lineage by including pre-Metabolist architects such as Mayumi Takizawa, Bunzo Yamaguchi, Renshichiro Kawakita, and Kunio Maekawa.
- Also, it features not only the work of architects but also the spatial imaginings of artists such as Taro Okamoto, Shusaku Arakawa and Madeline Gins, Makoto Aida, Yamaguchi Akira and others. Ikoi Island (1957), the artificial leisure island that Okamoto proposed for Tokyo Bay, preceded Kenzo Tange's *The Tokyo Plan 1960*. There is a memorable anecdote about Arakawa, who when presenting his *Reversible Destiny / Sensorium City (Tokyo Bay)* plan (1991–) at the symposium The City as the Art Form of the Next Millennium (Intercommunication Center, 1998), said he truly wanted to see it built and put pressure on a perturbed Arata Isozaki to get the message to then-Tokyo Governor Shintaro Ishihara. In megastructure proposals by Tange and the Metabolists, we can clearly see that the architects of the 1960s were burning with enthusiasm to redesign the city, but this drive faded as architects withdrew from urban projects in the 1970s, and was lost altogether by the 1990s, making Arakawa an outlier in actually wanting to realize an ambitious, utopian proposal. Meanwhile, Aida's *GROUND NO PLAN* (Aoyama Crystal Building, 2018) presents groundbreaking ideas such as *Grand Plan to Alter Shinjuku-Gyoen National Garden, May be the Tokyo Metropolitan Government Building should have, Shin Nihonbashi, and Tokyo Olympics 2020 Main Stadium (Illustration for BLUE'S MAGAZINE)*. Notably, a drastic countermove against an increasingly conservative Tokyo can be seen in *Shin Nihonbashi*, which instead of burying the Shuto Expressway, goes the opposite direction and proposes a gigantic arched bridge, like those found in Japanese gardens, over the expressway.
- Another exhibition that covered similar ground was *Imaginary Architecture from Piranesi to Minoru Nomat*a (Machida City Museum of Graphic Arts, 2013), which presented the drawing collections of the 18th-century Galli da Bibiena family and Hugh Ferriss in the 20th century, but it was oriented more toward art, consisting primarily of 2D works rather than models and so forth. It included actual scale drawings made

for ancient buildings, but as the Imaginary in the title indicates, the focus was on architectural fantasy, not on inquiring into real architectural possibilities. Meanwhile, solo or single-team shows over the last 20 years focusing on unbuilt architecture include *Giuseppe Terragni* (Art Tower Mito, 1998), *Arata Isozaki Exhibition, Unbuilt* (Gallery MA, 2001), *ARCHIGRAM - Experimental Architecture 1961-1974* (Art Tower Mito, 2005), *Junya Ishigami: Another Scale of Architecture* (Shiseido Gallery, 2010), and *Metabolism: The City of the Future* (Mori Art Museum, 2012). The current exhibition features works by all these architects and serves to provide a comprehensive overview.

– This exhibition asks, as suggested by the line drawn through the word "impossible" in the poster and flyer design, whether these designs are really impossible to build.

– Anything possible begins with the imagination. Unless the laws of physics render it impossible, as with Daniel Libeskind's Micromegas, then in many cases the reasons projects are not realized relate to legal and technical constraints, issues of cost and timing, proposals being rejected in competitions, or political or social influences. If the conditions presenting construction are removed, they are no longer impossible.

– Ludwig Mies van der Rohe's *Friedrichstrasse Skyscraper Project, Berlin-Mitte* may have been difficult to build in Europe at the time, but it would be possible with today's technology. During the economic bubble (1986–1991), Japan was seen as an El Dorado for foreign architects who could not get avant-garde works built in their own countries. Today, that promised land has moved to the rapidly growing China and the Middle East. Vladimir Tatlin's *Monument to the Third International* seems like an absurd design, due to both its proposed height and the rotation of each of its volumes, but it would not be surprising to see it built in Dubai today. Arata Isozaki conceived an aerial city in the 1960s, and in the 21st century work on a similar design for the national library of Qatar was underway. In the end this too was called off due to a power struggle, in the royal court.

Another Kind of Impossibility

– In planning this exhibition, I had occasion to reconsider something when the idea arose of producing models of some conceived projects that only existed in 2D form, as drawings or photographs of models. When actually attempting this, however, the impossibility of fully realizing some proposals in three dimensions emerged. We might call this "another kind of impossibility." What do I mean by this?

– For example, the Nobuaki Furuya Laboratory at Waseda University was studying John Hejduk's work on an ongoing basis, and I requested that they produce models of Hejduk's *Diamond House* series (1954–67), but when we met to discuss this, it became clear that there is insufficient data to produce models. The *Diamond House* drawings feature a geometric plan that divides planes into complex parts, but spaces' vertical development does not seem so complicated. It is rendered with the parallel projection method, and it seems that if we can estimate the heights of walls, making models would not be so difficult. Actually, an Internet search showed that models have already been produced.

– However, according to Shingo Saito, the architect in charge of that effort, we do not know what hides behind the walls. It is possible to infer things about the spaces based on common sense, but if we rely only on the existing drawings, there are elements that cannot be determined. In other words, as in recreating ruins of which only the foundations remain, some imaginative interpretation is required. Strictly speaking, in the case of John Hejduk, the word "recreating" is not appropriate, because all we ever had were drawings exploring architectural possibilities, not drawings literally representing a three-dimensional space.

– According to Naoto Noguchi, an architect who has worked on models for exhibitions including those of Oscar Niemeyer and Michelangelo, the model of Tatlin's *Monument to the Third International* for this show was the most challenging ever. The elevation sketches Tatlin created during his lifetime greatly differ from the blueprints made after this death, and photographs of various models made in the past all show different forms. Therefore, he attempted to produce a 3D model while referencing Tatlin's drawings and writings, but as some necessary information is missing, the model producer's interpretation inevitably enters into the equation. Because of the complex geometry of the intertwined structure, it seems that setting things in order geometrically in one place causes them to collapse somewhere else, and it evidently took much time to adjust both the whole and the parts so it would stand. However, because there is no existing building, there is no one right answer, including this one.

- With *Architekton* (1927) by Kasimir Malevich, supervised by Taro Igarashi Laboratory at Tohoku University, they faced challenges when creating a new model. It was conceived as a 3D structure, but what we have to go on are drawings and photographs of an object made at the time (photographs described in the catalogue of the Malevich exhibition at the Centre Pompidou as being of a single work). It is a relatively simple design that follows the Cartesian coordinate system, and the materials included a view from the opposite side, so it seemed easy to make a model. However, according to research by Tatsuya Kikuchi and Dai Chiba, the 3D models produced at the time were rough in the first place, and deviations from the drawings can be seen, such as slight tilts to surfaces that should be vertical. So, when the 3D forms are extrapolated from the drawings and models, the two do not agree and do not converge to a single design. While Malevich's *Architekton* drawings and photos are largely the same, they are just different enough to make accurate restoration impossible. And in the drawings, plate elements are rendered as if they have scarcely any thickness. While this works in two dimensions, when you build a real structure, there are no solids with a thickness of zero.

Competitions, the Expo, and the Olympics as Testing Grounds

- Architectural competitions are frequent, and as most entries do not win them, many designs go unbuilt. This exhibition features several works in this category: *Architectural Ideas and an Entry for the International Competition of Ukrainian Theater* (1931) by Renshichiro Kawakida, the first Japanese to win an international design competition; Kunio Maekawa's *Proposal for the Tokyo Imperial Household Museum* Competition Proposal: Tokyo *Teishitsu* (Imperial Household) Museum in Tokyo (1931), Arata Isozaki's *Proposal for the New Tokyo Metropolitan Government Headquarters* (1986), Kiyonori Kikutake's *Proposal for the Kyoto International Conference Center* (1963), one of his most powerful works; Rem Koolhaas (OMA)'s *The Very Big Library* (1989) and *Parc de la Villette*, which introduced new design vocabulary and had a great influence on posterity. Sou Fujimoto rose to prominence after winning second place in the Aomori Museum of Art competition (2000), but some of his other designs that won first place – Annaka Art Forum, Taiwan Tower, and Beton Hala Waterfront Center – were canceled before construction. The greatest significance of competitions is that they cast a wide net for ideas, and elicit imaginative and even radical projects that involve unconventional procedures. For example, Toyo Ito's winning design for Sendai Mediatheque became a landmark at the turn of the 21st century, but the design by Nobuaki Furuya, which did not win the same competition, also proposes a facility that shuffles multiple programs including libraries, and foresees today's spaces that heavily utilize digital data.
- The proposal for the 2016 Fukuoka Olympic bid, led by Arata Isozaki, was also unforgettable. It cast Olympic Games in national capitals as an outmoded 20th-century means of displaying the might of the state, and made an ambitious proposal for a more international, 21st-century Olympic Games that takes advantage of Fukuoka's

location and builds a network with other parts of Asia. It involved literally thinking out of the box of large-scale facilities that make up most Olympic proposals, including having large ships dock in the port during the Games and serve as press centers. However, the Japan Olympic Committee chose the 2016 Tokyo Olympics proposal jointly created by Governor Ishihara and Ando Tadao, not based on content, but on the idea that Tokyo is better known and has more funds. In the end, this was rejected by the International Olympic Committee, which found access to the bayside venue problematic, and lessons learned from this shaped the next, winning bid for the 2020 Tokyo Olympics, which consolidated the venues in central Tokyo.

– Thus far, the Olympics have given rise to dynamic sports facilities that remain major architectural landmarks, largely in a Constructivist-Expressionist mode, including Rome 1960 by Pier Luigi Nervi, Tokyo 1964 by Tange, Mexico 1968 by Félix Candela, Munich 1972 by Frei Otto, Seoul 1988 by Kim Swoo-geun, Barcelona 1992 by Arata Isozaki, Athens 2004 by Santiago Calatrava, and the 2008 Herzog and de Meuron stadium popularly known as the Bird's Nest. These owe their existence to the power of nation-states to push through challenging projects that would ordinarily be difficult to realize. No doubt the New National Stadium Japan by Zaha Hadid Architects + Architects JV would have been another of these.

– Because it comprises temporary pavilions not meant to last, since the 19th century the Expo or World's Fair has also functioned as a petri dish for experimental architecture. Kisho Kurokawa and Kiyonori Kikutake, noted for their manifesto of Metabolism, were young at the time of Expo'70 Osaka, in their thirties and early forties, but they produced remarkable projects for it. While Archigram, Hans Hollein, and Yona Friedman exhibited ideas for future cities inside the large roof of the Festival Plaza, under Kurokawa's plan Japanese architects also presented futuristic architecture at the venue. Incidentally, the large roof, supervised by Tange's office, might be misunderstood as a simple mechanism that stopped rain from falling on people, but it was conceived as a model of an aerial city where people would live in the future. Such images had already been conceived by Friedman, Constant and others before, but at the Osaka Expo it was actually built. The Festival Plaza facility was also inspired by the concept of Cedric Price's variable, movable *Fun Palace* (1964). Also, the aerial-membrane structure, often advocated in the 1960s counterculture as a reversal of the conventional heavy, hard architecture of the establishment, appears in several unbuilt proposals, but at the Expo it was actually used in Yutaka Murata's *Fuji Group Pavilion*. As this exhibition shows, Murata continued to explore the possibilities of aerial membranes thereafter.

– In November 2018, Osaka was selected to host the Expo a second time. Will we see the same level of bold exploration in 2025? In recent years Japanese architects have shunned risk and grown more conservative, and the country's top architects build most of their most outstanding works overseas. And since the Tohoku earthquake and tsunami of March 2011, people have been increasingly focused on community design, which is of course important, but does not encompass all architectural possibilities. Impossible architecture, which seeks to engage with the possibilities and limitations of the field and reveal an unknown future, is especially meaningful at a time when architectural imaginations are being suppressed. I hope that as viewers see each of the works in this exhibition, they will ask themselves: was that – or is that – really impossible?

(Translated by Christopher Stephens)

作家略歴[図版掲載順]

1878-1935 **カジミール・マレーヴィチ**
MALEVICH, Kazimir Severinovich /
МАЛЕВИЧ, Казимир Северинович

ポーランドの両親のもと、当時ロシア帝国であったキエフ(現・ウクライナ)近郊に生まれた。父親の没後、モスクワに移り、1904-10年、モスクワ絵画・彫刻・建築学校に学ぶ。1911年、サンクト・ペテルブルグでの『第2回青年同盟展』にウラジーミル・タトリンらと出品。1913年、未来派オペラ「太陽の征服」の舞台装置と衣装を担当した。1915年、『0,10』展でシュプレマティズム作品を展示。1919-22年、ヴィテプスク美術学校で教える。エル・リシツキーなどの賛同者と「ウノヴィス(新芸術の肯定者)」を結成。1922年、ペトログラードに移る。ベルリンのファン・ディーメン画廊の『第1回ロシア美術展』に出品。1924年、ペトログラード・ギンフク(芸術文化研究所)の所長となるが、批判を受け、26年に解体される。1926年ワルシャワの雑誌『PRAESENS』が《アルヒテクトン》の写真を掲載。1927年、ポーランドとドイツに旅行。ワルシャワではヴィワディスワフ・ストシェミンスキらに歓迎され、個展を開催。デッサウのバウハウスを訪問、グロピウス夫妻と会えただけで期待はずれに終わるが、バウハウス叢書から『無対象の世界』の出版がかなう。大ベルリン美術展の個展に出品した全作品を建築家フーゴー・ヘーリングに託して帰国、ヘーリングはナチス政権と戦争の爆撃から作品群を守る。1929年、レニングラードの国立美術史研究所を追放される。モスクワの国立トレチャコフ美術館で回顧展。1930年、逮捕され、拘束。晩年は絵画に戻り、顔のない人物像や自画像や家族の肖像を描いた。シュプレマティズムの棺と立方体の墓石はスエチンがデザインした。 [Y.M.]

1885-1953 **ウラジーミル・タトリン**
TATLIN, Vladimir Yevgrafovich /
ТАТЛИН, Владимир Евграфович

鉄道技師の父と詩人の母のもとにモスクワで生まれる。当時ロシア帝国だったウクライナのハリコフ(現・ハルキウ)に移る。1902年、モスクワの絵画・彫刻・建築学校で絵画を学ぶが、04年に放学され、船乗りの見習いとして各地を航海する。1905-10年、ペンザ美術学校でアレクセイ・アファナシエフなどに学ぶ。1911年、モスクワの絵画・彫刻・建築学校に復学し、画家セローフとコロヴィンに師事する。1913年、バンドゥーラ奏者として楽団のパリ公演に参加、ピカソを訪ねる。1915年、「市街電車V」にレリーフを出品。同年、『0,10』展でカウンター・レリーフを発表、構成主義の方向を示した。1918年、モスクワのイゾ(造形芸術部門)の長となる。1919年、ペトログラード(現・サンクトペテルブルク)に移り、スヴォマス(国立自由芸術工房)の素材・空間・構成工房で指導する。同年《第3インターナショナル記念塔》の模型の制作に着手、1920年完成、ペトログラードとモスクワの第8回ソビエト会議で展示。1921年、ペトログラードのプロレタリア文化団体プロレトクリトの仕事に従事、1921-25年、レニングラード芸術文化博物館とギンフク(芸術文化研究所)で働く。1925-27年、キエフ美術大学の劇場・映画・写真部門を組織・指導するとともに絵画学部教授として教える。1927年、モスクワに移り、ヴフテインの木工・金工部門で30年まで、33年まで陶磁器部門で指導、椅子や日用品のデザインが知られている。1932年、研究を続けていた飛行装置《レタトリン》を発表。晩年は舞台デザインを手がけ、絵画を制作した。 [Y.M.]

1962- **長倉威彦**
NAGAKURA, Takehiko

東京出身の建築家で、コンピュータによる建築空間の再現を専門とする研究者。1985年に東京大学卒業後、1987年ハーバード大学で修士号(建築学)、翌年東京大学で修士号(建築工学)を取得。槇文彦のもとで働いたのち、1993年よりハーバード大学やマサチューセッツ工科大学(MIT)で教鞭を取る。1996年、ハーバード大学で博士号取得。1999年竣工の《具志川ランセンター》(沖縄県具志川市)によりSDレビュー入選、日経ニューオフィス賞を受賞。1999年にはMITの准教授に着任、CADに関する各種の講義を受け持つ。同年、情報文化学会大賞を受賞。長倉は自身のチームのリサーチで、ル・コルビュジエ、ジュゼッペ・テラーニら著名な建築家の20世紀前半のアンビルトのプロジェクトに関して、CG技術を駆使した3次元的視覚化に成功している。その成果は、『建築の20世紀展 終わりから始まりへ』(東京都現代美術館、1998、ロサンゼルス現代美術館、2000)などの展覧会でも紹介された。 [R.G.]

1880-1938 **ブルーノ・タウト**
TAUT, Bruno

旧ドイツ帝国の東プロイセン、ケーニヒスベルク(現・ロシア連邦領)に生まれる。1909年、ベルリンでフランツ・ホフマンと共に建築設計事務所を開設し、市街地や田園郊外に小住宅やジードルング(集合住宅)を設計する。また、数々の設計コンペで受賞し、1914年にはドイツ工作連盟ケルン博覧会で《ガラスの家》を発表しガラスの多様な可能性を示すことにより、広く知られるようになる。第1次大戦後、アルプス山中の建築というユートピア的な思想によって《アルプス建築》(1919)を構想し、夢想的とも言えるスケッチと文章を書物によって発表する。また、労働者への良質な住宅の供給を意図し、数多くのジードルングを設計する。1921-24年、マクデブルク市の建築課長を務めていた時期に「色彩宣言」を掲げて、住宅や市庁舎のような公共建築にも色彩を施す。1933年、ナチス・ドイツとの確執からドイツを離れて来日、3年半日本に滞在した。その間、工芸指導を行ない、『ニッポン』、『日本美の再発見』『日本文化私観』等、日本文化を考察した多くの著述を残した。当時の日独の関係上、日本政府から公的な協力が得られず、トルコ政府の招きにより移住する。イスタンブール芸術アカデミー教授に就任、また首都アンカラの建設局技術顧問として多くの建築プロジェクトを手がけた。1938年、当地にて逝去。 [Y.N.]

1896-1983 **瀧澤眞弓**
TAKIZAWA, Mayumi

長野県東筑摩郡に生まれる。東京帝国大学(現・東京大学)工学部建築学科に学ぶ。1919年、同期の山田守、堀口捨己と満州国国有鉄道で実習の帰途に立ち寄った青島でドイツ租借時代に建ったユーゲントシュティル建築に強く心を動かされる。1920

年、同大学卒業。卒業直前に同期生たち6名で分離派建築会を結成。辰野葛西建築事務所に入所。東京高等工芸学校講師となる。1921年3月、先輩、小倉強の誘いで平和記念東京博覧会(1922年3月10日開幕)の事務局工営課技術員となり、化学工業館、製作工業館、第一会場音楽堂などの設計を担当。翌年6月、契約期間終了後、葛西万司建築事務所入所。山本鼎の日本農民美術研究所を設計、1930年、堀越三郎建築事務所において設計に従事。1931年、神戸高等工業専門学校(現・神戸大学工学部)教授に就任。以後、設計活動を離れ、ギリシャ建築の研究に専念。1949年、大阪市立大学教授。1958年、学位論文「パルテノンに関する三つの問題」で京都大学博士学位取得。1959年年、大阪市立大学定年退官。1969年、近畿大学理工学部教授。1983年、神戸で逝去。 [Y.N.]

–

–

1886-1969 **ルートヴィヒ・ミース・ファン・デル・ローエ**
MIES VAN DER ROHE, Ludwig

20世紀のモダニズム建築を代表する、ドイツのアーヘン出身の建築家。同地の職業訓練学校で製図工の教育を受けた後、リスクドルフの建築調査部で漆喰装飾のデザイナーとして勤務。1905年にベルリンに移る。同地で工芸家ブルーノ・パウルに師事、事務所の同僚の紹介により、1907年に最初の竣工例となる《リール邸》を手がける。1908年からの4年間、建築家ペーター・ベーレンスの事務所にデザイナー兼ドラフトマンとして在籍し、素材や技術について学んだのち、独立してベルリンに事務所を開設。1927年、副会長をつとめるドイツ工作連盟主催の住宅展で、ヴァルター・グロピウス、ル・コルビュジエ、ブルーノ・タウトらと共に、実験的な集合住宅を提案した。グロピウスの推薦で、1930年からバウハウスの第3代校長を務める。1933年、ナチスによりバウハウスが閉鎖となり、アメリカへ亡命。1938年から20年あまりシカゴのアーマー大学(現・イリノイ工科大学)建築学科の教授を務めつつ、機能性を重視した直線的な構成によるインターナショナル・スタイルの代表作を多数残した。ミースが提唱した空間の用途を限定せず、自由に平面プランを変更できる「ユニヴァーサル・スペース」の概念は、現代にいたるまで多大な影響を与えている。 [R.G.]

–

–

1902-78 **山口文象(岡村蚊象)**
YAMAGUCHI (OKAMURA), Bunzo

東京、浅草に生まれる。父は清水組(現・清水建設)の大工棟梁。1918年、東京高等工業学校(現・東京工業大学)附属職工徒弟学校を卒業、清水組に入社し定夫(現場雇員)となるが建築家を目指して1920年退職する。同年、建築家、中條精一郎の紹介で逓信省経理局営繕課に就職、製図工として働く。この頃、同課の岩元禄に兄事、岩元担当の《西陣電話局》設計に参加。1923年、分離派建築会の会員となる。逓信省の製図工仲間と創宇社建築会を結成し、新たな建築運動を展開する。1924年、関東大震災後に設けられた復興局橋梁課の技師として橋梁デザインに関わる。1930年末、ロシア経由で渡欧。ダムに関する水理技術調査が目的だった。ベルリンを拠点に、ヴァルター・グロピウスのアトリエで働きながら、ダム関係の調査を行なう。1932年、帰国して山口蚊象建築設計事務所を主宰。《日本歯科医学専門学校付属医院》(1934)を設計し注目される。戦時中は多くの工場、宿舎を設計して事務所を維持。1949年、画家、猪熊弦一郎と企画して、新制作協会に建築部を設立。1953年、共同設計組織として「RIA建築綜合研究所」(Research Institute of Architecture)を設立、戦後のモダン住宅設計を積極的に行なった。 [Y.N.]

–

–

1902-75 **川喜田煉七郎**
KAWAKITA, Renshichiro

東京、日本橋の米問屋に生まれる。蔵前の東京高等工業学校(現・東京工業大学)附設工業教員養成所建築科在学中に、フランク・ロイド・ライトと遠藤新のもと、帝国ホテルの現場事務所でアルバイトをする。1924年、東京高等工業学校を卒業。山田耕筰の音楽論に感銘を受けていた川喜田は、卒業設計に山田の提唱する霊楽堂を取り上げた。その縁で山田の家で作曲も手がけ、村山知義らとも知りあう。神奈川工業学校の教師を経て、遠藤新の事務所に短期間勤める。1927年、分離派建築会第6回展に「在る音楽礼拝堂の設計」《霊楽堂》が入選し、会友となる。1928年、分離派第7回展に《浅草改造案》を出品。同年、「AS会–明日の建築を考える会」を結成。1930年、新興建築家連盟の設立から関わる。1931年、創刊した月刊誌『建築工藝アイシーオール』の責任編集を行なう。ウクライナ劇場国際設計競技で4等入賞。1932年、銀座資生堂裏の山口文象(岡村蚊象)設計の三喜ビルに新建築工芸研究所(後に新建築工芸学院と改称)を開き、バウハウス流の「構成」教育を行なう。1935年、川喜田煉七郎店舗能率研究所を開設。1961年、日本店舗設計家協会の初代会長となる。 [Y.M.]

–

–

1905-86 **前川國男**
MAEKAWA, Kunio

内務省土木技師であった父の赴任地・新潟市で生まれ、東京で育つ。1928年、東京帝国大学(現・東京大学)工学部建築学科を卒業。同年渡仏してル・コルビュジエのアトリエに入り、1930年に帰国、アントニン・レーモンドの東京事務所の所員となる。1932年、処女作《木村産業研究所》(弘前市)竣工。1935年、事務所を開いて独立。日本建築学会賞作品賞を《日本相互銀行本店》(1952、現存せず)、《神奈川県立音楽堂・図書館》(1954)、《国際文化会館》(1955、坂倉準三・吉村順三と共同)、《京都会館》(1960、2016年に大改修後ロームシアター京都と改称)、《東京文化会館》(1961)、《蛇の目ミシンビル》(1965、現存せず)で6回にわたり受賞、同賞の受賞者としては最多である。1968年、第1回日本建築学会賞大賞受賞。《埼玉県立博物館》(1971)で第13回毎日芸術賞、日本芸術院賞を受賞。1974年、皇居前に竣工した《東京海上ビルディング》(現・東京海上日動ビルディング)では美観論争に立ち向かう。数々の公共建築を手がけ、雁行するプランニングや、打ち込みタイルで覆った外壁の質感に洗練を見せた。1979年、レジオンドヌール勲章オフィシエを受章。《新潟市美術館》(1985)は遺作のひとつ。 [M.F.]

–

–

1889-1951 **ヤーコフ・チェルニホフ**
CHERNIKHOV, Yakov Georgievich /
ЧЕРНИХОВ, Яков Георгиевич

ロシア帝国(現・ウクライナ)のパウロフラードに生まれる。グレコフ・オデッサ美術学校で学ぶ。1914年、ペトログラードに移り、芸術アカデミーで美術と教育課程に入学、その後建築課程に移る。1918年、廃止されたアカデミーの後継、ペトログラード・スヴォマス(国立自由芸術工房)の絵画工房に再入学、1922年、建築課程に入り、レオンティイ・ベノワに師事する。同年、スヴォマスで初個展。1925年、美術家・建築家の資格を取得。レニングラード土木工学研究所などで教える。1927年、クシェレフスカヤ・ギャラリーなどでドローイングを展示。チェルニホフは1万枚を超えるドローイングを描いたとされる。1927年から『現代建築の基礎』(1930)、『建築と機械形態の構造』(1931)、『建築ファンタジー 101のカラー・コンポジション、101の建築小図』(1933)など建築図学や建築ドローイングの本を多く刊行。1928年、建築・形態・グラフィック表現手法学術研究所を設立。1935年モスクワの全連邦建築アカデミーで個展『産業の建築』。1936年、モスクワに移り、モスクワ建築研究所で産業建築課程の教授。1945年、モスクワ・ソヴィエト建築研究所の建築学部長に任命される。同年、モスクワの建築家会館で個展『建築的ロマンス』を開催した。 [Y.M.]

–

–

1904–43 **ジュゼッペ・テラーニ**
TERRAGNI, Giuseppe

イタリア北部ミラノ近郊のメーダで生まれる。コモとミラノを中心に活躍した建築家。イタリアにおけるモダニズム建築運動の先駆者として知られる。コモの工業高校を卒業後、ミラノ工科大学で建築を学ぶ。1926年、合理主義建築を主導した若手建築家集団の「グルッポ7」を仲間たちと結成。翌年には兄アッティーリアとコモで建築事務所を開設し、公共建築や個人住宅等の設計に携わる。1933年、ピエトロ・リンジェーリとともにミラノで建築事務所を開設。テラーニは近代合理主義建築の軽やかな要素や幾何学的な形態と、伝統的なイタリア建築の重厚さや古代建築を彷彿とさせるモニュメンタリティを融合させ、独自の様式を切り開いた。1939年に従軍、1943年、衰弱して戦地から戻るも39歳で逝去。ファシズム体制に協力したことにより、1960年代後半まで再評価が遅れた。代表作に、《カサ・デル・ファッショ(ファシスト党地方本部)》(1936)、《ヴィッラ・ビアンカ》(1937)など。早世のため活動期間が短かく、《ダンテウム》をはじめ実現しなかった建築計画も多い。 [R.G.]

–

–

1920–2005 **コンスタン(コンスタン・ニーヴェンホイス)**
CONSTANT (NIEUWENHUYS, Constant)

オランダ、アムステルダム出身の美術家。アムステルダムの工芸学校に通った後、1939年から41年までオランダ国立芸術アカデミーで学ぶ。最初期はブラックやピカソなどのキュビスムの影響を受ける。1946年、デンマークの画家アスガー・ヨルンとパリで出会う。1948年にカレル・アペルやコルネイユらとエクスペリメンタル・グループを立ち上げた後、同年ヨルン、アペル、コルネイユらとコブラ(CoBrA)を結成し1951年まで活動を続ける。1952年、ロンドンに滞在。この頃から構成主義風の立体作品を手がけ、美術、建築、都市を統合する構想を練る。1956年、イタリアのアルバで開催された第1回自由芸術家世界会議に参加。1958年から60年までギー・ドゥボールが主宰したシチュアシオニスト・インターナショナル(状況主義者国際同盟)に加わる。模型、ドローイング、版画などを制作しながら、「セクター」と称する建造物を世界に拡張していく《ニュー・バビロン》の構想を具体化し、アムステルダム市立美術館(1959)やボーフム市立美術館(1961)などで発表。1974年には《ニュー・バビロン》のプロジェクトを包括的に紹介する個展をデン・ハーグ美術館で開催するが、その後は絵画を中心とした制作に移行した。 [I.H.]

1923– **ヨナ・フリードマン**
FRIEDMAN, Yona

ハンガリー、ブダペストの出身で、現在はフランスで活動する建築家、都市計画者。ブダペストで建築を学んでいたが、ユダヤ人の家系に生まれたため、ナチスの占領期にはレジスタンス運動に短期間加わった。終戦後はイスラエルのハイファで10年ほど過ごした後、1957年頃からパリを拠点に活動。1956年に開催された第10回近代建築国際会議(CIAM)に参加し、可動建築のアイデアを提唱。翌年にはヨーロッパの建築家とネットワークを形成し、可動建築研究グループ(GEAM)を設立。過密する都市、経済格差、コミュニティの崩壊といった問題を検証しながら、誰もが安価に住居を確保でき、自在に住居を組立・改変できるさまざまなアイデアを発表。可動建築を都市空間に展開するため、1950年代末に空中都市の構想を提唱した。フリードマンの構想は社会思想的であり、開発途上国や社会的弱者への配慮、エコロジカルな問題などにも度々言及している。2001年の『横浜トリエンナーレ』に出品したほか、2016年には北九州市のCCAギャラリーで個展を開催した。 [I.H.]

–

–

1911–96 **岡本太郎**
OKAMOTO, Taro

漫画家岡本一平、歌人岡本かの子の長男として神奈川県川崎市に生まれる。1929年、東京美術学校西洋画科に入学。同年末、父の取材旅行に同行し、一家で渡欧。翌年、パリ到着。父母はロンドンに渡ったが、太郎はパリに留まり、モンパルナスにアトリエを構える。1933年、アブストラクション・クレアシオン(抽象・創造協会)に最年少で参加。1936年、『サロン・デ・シュランデパンダン』展に《痛ましき腕》を出品。1938年頃より40年まで、パリ大学哲学科に在籍、人類博物館でマルセル・モースの講義を受ける。1940年、ドイツ軍のフランス侵攻により帰国を決意。1941年、『第28回二科展』に滞欧作《痛ましき腕》、《コントルポアン》等4点を出品し、二科賞を受賞。1947年、二科の会員に推挙される。日本アヴァンギャルド美術家クラブ結成に参加。花田清輝とともに「アヴァンギャルド芸術研究会」を発足する。1952年『みづゑ』2月号に「四次元との対話——縄文土器論」を発表。1953年、『第2回サンパウロ・ビエンナーレ』に出品。1961年、二科会を退会。東京画廊にて個展を開催。1965年、東京大学工学部講師を務める(1975年まで)。1967年日本万国博覧会のテーマ館プロデューサーに就任。1968年メキシコの大型ホテル、オテル・デ・メヒコのための壁画《明日の神話》を制作(翌年完成)。1970年、《太陽の塔》を含むテーマ館が完成し、日本万国博覧会が開幕し、岡本はテーマ館館長を務める。1989年、フランス政府より芸術文化勲章を授与。 [Y.N.]

–

–

1934–2014 **ハンス・ホライン**
HOLLEIN, Hans

オーストリア・ウィーン出身の建築家。1956年、ウィーン芸術アカデミー建築学科を卒業。その後アメリカに留学し、1958–59年、イリノイ工科大学、1959–60年、カリフォルニア大学バークレー校で学んだ。留学中に、ミース・ファン・デル・ローエ、フランク・ロイド・ライト、リチャード・ノイトラなどの建築家と知りあう。1963年にウィーンのシュテファン大聖堂画廊で建築家ワルター・ピッヒラーと共同で『建築』と題した展覧会を開催し、非建築的な作品を展示する。1965年から70年まで建築雑誌『Bau』の編集長を務め、1968年1–2号では自らの論考を添えて「あらゆるものが建築である」という特集を組み、建築概念の拡張を提唱した。1965年にはウィーンの蝋燭店「レッティ」の店舗設計などを手がけているが、1960年代までは、非建築的なドローイングや写真のコラージュによるアンビルトの構想が中心であった。その後、《メンヒェングラットバハ・アプタイベルク美術館》(1982)、フランクフルト現代美術館(1991)などを設計し、ポスト・モダンを代表する建築家と評されるようになった。1985年にはプリツカー賞を受賞。 [I.H.]

–

–

1934–2007 **黒川紀章**
KUROKAWA, Kisho

名古屋市に生まれる。1945年、米空軍の夜間空爆で破壊された名古屋市を目の当たりにする。1957年京都大学卒業後、東京大学大学院丹下研究室に入る。1958年レニングラードの世界建築学生会議に参加、モスクワも訪れる。1959年『建築文化』に《新東京計画》を発表。同年、丹下の指令で世界デザイン会議の準備に奔走する浅田孝、川添登を補佐する。メタボリズムのメンバーとなり、1960年、世界デザイン会議に参加し、ニューヨーク近代美術館(MoMA)の『Visionary Architecture』展に出品を果たす。同年、初の著作『プレファブ住宅』を刊行。1961年、《東京計画1961–Helix計画》を発表。1962年、東京に事務所を開設。1963年初の実作となる《日東食品山形工場》が完成する。1964年、丹下研究室で博士課程を修了。1967年、『行動建築論』出版。1970年、大阪万博で3つのパビリオンを設計。1972年、《中銀カプセルタワー》、《森泉郷モデルハウスK》がほぼ同時に竣工する。1973年、タンザニア新首都のマスタープランを作成する。1976年、大阪・心斎橋の《ソニー・タワー》が竣工。1977年、大阪万博公園内に《国立民族学博物館》が竣工。1982年、《埼玉県立近代美術館》が竣工。1985年つくば科学博で5つのパビリオンを設計。1988年、《広島市現代美術館》が竣工。1991年、『共生の思考』刊行。1998年《クアラルンプール国際空港》、《ゴッホ美術館新館》が完成。カザフスタンの《新首都アスタナ計画》を作成。2007年、《国立新美術館》が竣工、開館展に回顧展が開催される。同年、東京都知事選、参議院議員選に出馬する。73歳で逝去。 [Y.N.]

–

–

1965– **ピエール=ジャン・ジルー**
JEAN GILOUX, Pierre

フランスのマコン生まれ。1990年、リヨン国立美術学院卒業後、チェルトナム美術大学とマルセイユ・リュミニー美術学院で学ぶ。当初は主に写真作品を制作していたが、近年、写真、映像、CGとの融合といった、新しいテクノロジーを活用した映像作品やインスタレーションを中心に発表している。2015年にヴィラ九条山(京都)でレジデンスを行ない、4部作の映像作品《見えない都市(Invisible Cities)》(2015–17)を制作。実際の都市景観に精緻なCGで未遂の都市計画や建築物を出現させた映像には、磯崎新、黒川紀章をはじめ、戦後から高度成長期に設計された日本の建築に対するジルーの深い洞察が現われている。『パラレルワールド または私は如何にして世界を愛するようになったか』(京都芸術センター、2015)、『Artistes et Architecture』(エミリー・ハーヴェイ財団、ニューヨーク、2016)など、多数のグループ展に参加。近年の主な個展・上映に『Invisible Cities』(Le Carré、シャトー=ゴンティエ、2016)、『ビデオアートプログラム第51回』(広島市現代美術館、2016)、『Japanese urban landscape』(Zuecca projects、ヴェネツィア、2018)、『Invisible Cities』(Zoo Galerie、ナント、2018)など。 [M.S.]

–

–

1928–2011 **菊竹清訓**
KIKUTAKE, Kiyonori

福岡県久留米市に生まれる。1950年、早稲田大学理工学部建築学科を卒業。在学中から平和祈念広島カトリック聖堂建築競技設計(1948)で3等に入選するなど名を知られていた。1953年に菊竹清訓建築設計事務所を設立。1958年竣工の自邸《スカイハウス》は日本の住宅建築の代表作とされる。1960年、メタボリズム・グループの結成に参画。1961年、〈か・かた・かたち〉の方法論を発表。1964年、第7回アメリカ建築家協会(AIA)汎太平洋賞、第14回芸術選奨文部大臣賞、第15回日本建築学会賞作品賞の各賞を受賞。1969年、『代謝建築論』刊行。1973年、『建築のこころ』刊行。1980年、第21回毎日芸術賞を受賞。2006年、旭日中綬章受章。千葉工業大学工業デザイン学科教授(1990)、国際建築アカデミー(IAA)会員(1991)、フランス建築アカデミー会員(1994)、日本建築士会連合会会長(1998)などを歴任。愛・地球博(2005)の総合プロデューサーなど数々の博覧会でも要職を務めた。 [M.F.]

–

–

1961–74 **アーキグラム**
ARCHIGRAM

イギリスの前衛建築家集団。ピーター・クック(1936–)、デビッド・グリーン(1937–)、マイケル・ウェブ(1937–)、ウォーレン・チョーク(1927–1988)、ロン・ヘロン(1930–1994)、デニス・クロンプトン(1935–)の6人のメンバーからなる。グループの名称は、「アーキテクチャー(建築)」と「テレグラム(電報)」からとった造語で、彼らが1961年(1号)から1970年(9号)まで刊行した雑誌名でもある。実験的でコンセプチュアルな彼らの建築ドローイングは、広告やSFコミックのイメージ、コラージュ表現などを積極的に取り入れ、ポップ・カルチャーの広まりつつあった当時の潮流と呼応しながら、同時代の建築家に大きな影響を与えた。1969年にはモンテカルロの娯楽施設のコンペを勝ちとり、1974年まで実務設計に取り組んだが、プロジェクトは途中で頓挫したため、アーキグラムによる実作は存在しない。1994年、ウィーンのクンストハレから始まった回顧展は以後パリのポンピドゥー・センター、ロンドンのデザインミュージアムなど欧米アジア諸国を巡回し、2005年水戸芸術館でも開催された。2002年には建築界で最も栄誉ある賞とされる英国王立建築家協会(RIBA)のゴールドメダルを受賞した。 [J.Y.]

–

–

1934–2003 **セドリック・プライス**
PRICE, Cedric

イギリスを代表する建築家。スタッフォードシャーのストーンに生まれる。1955年にケンブリッジ大学建築学科修士を修めた後、1957年までロンドンのAAスクール(英国建築協会付属建築学校)に通う。1960年に自らの建築事務所を設立。1961年に三角形のフレーム構造を巧みに利用した、ロンドンの動物園の大鳥籠の設計を行なう。劇場プロデューサーのジョアン・リトルウッドからの依頼で、1962年頃から《ファン・パレス》のプロジェクトに取り組む。インタラクティブな可変性を受け入れる実験的建築を試みたこのプロジェクトは実現には至らなかったが、その後の建築家に大きな影響を与えた。また、1964年には、スタッフォードシャー北部の斜陽した陶磁器産業を復興させるため、廃れた鉄道施設を再利用しながら大学の研究施設を地域に点在させる《ポタリーズ・シンクベルト》の計画も提唱した。その後も、サイバネティクスの理論などを援用して技術的かつ社会学的な視点から淡々と分析を加えながら、建築を地域との双方向の関係の中で動的に捉えていくさまざまな構想を提案し続けた。 [I.H.]

—

—

1929–2000 **ジョン・ヘイダック**
HEJDUK, John

ニューヨーク出身のアメリカの建築家。クーパー・ユニオン大学、シンシナティ大学、ハーバード大学大学院に学ぶ。イオ・ミン・ペイの建築事務所などに勤めた後、1965年から独立して建築の仕事に従事する。1964年から亡くなるまでクーパー・ユニオン大学で建築を教え、教育者としても優れた才能を発揮した。生涯にわたり多数のプロジェクトに取り組んでいるが、その多くは図面やドローイングの上で構想され、実現しているものは限られている。前期の制作では《テキサス・ハウス》や《ダイヤモンド・ハウス》のシリーズのように、正方形、グリッド、ダイアモンド型など基本的な幾何学形態を用いて、形態と空間、2次元と3次元の関係を問うプロジェクトを手がけた。80年代以降の後期になると、《仮面劇》と総称するプロジェクトを展開し、特定の場所にさまざまな寓意的構築物を配置する構想を練った。理論家でありながら、かつ詩や文学にも精通していたヘイダックのプロジェクトは、単純な読解を拒むような特質を持っており、その解釈はそれぞれの人に委ねられている。実現した建築として、《集合住宅》(1988、ベルリン)、《テーゲル集合住宅》(1988、ベルリン)、《ウォール・ハウス2》(2001、フローニンゲン)などがある。 [I.H.]

—

—

1966–82 **スーパースタジオ**
SUPERSTUDIO

フィレンツェを拠点とした建築家集団。1966年にアドルフォ・ナタリーニ(1941-)とクリスチアーノ・トラルド・ディ・フランチア(1941-)によって設立。1967年からロベルト・マグリス(1935-)、1968年からピエロ・フラシネリ(1939-)、1970年からアレッサンドロ・マグリス(1941-)とアレッサンドロ・ポーリ(1941-)が加わる。同じくフィレンツェで結成された建築家集団アーキズームとともに、非現実的構想を提唱しながら、1960年代末から70年代前半にかけてのイタリアのラジカルな建築・デザインの動向を牽引した。建築・デザインにおける権威主義やヒエラルキーを解体するため、スーパースタジオは優劣や差異が生じない構造を反復させる「シングル・デザイン」という理念を掲げる。その代表的な作例が、グリッドが連続する《建築のヒストグラム》(1969)や《コンティニュアス・モニュメント》(1969)である。プロジェクトは主に雑誌で発表されたが、1972年にニューヨーク近代美術館(MoMA)で開催された『イタリア:ニュー・ドメスティック・ランドスケープ』展に出品している。 [I.H.]

—

—

1917–88 **村田豊**
MURATA, Yutaka

新潟市に生まれる。旧制新潟中学時代、川喜田煉七郎の編集する『建築工藝アイシーオール』を手に取り、建築に関心を抱く。東京美術学校建築科では、バウハウスで学んだ水谷武彦教授の講義に出席。1941年、同校を卒業し、坂倉建築研究所の所員となる。《東京日仏学院》(1951)、《岡本太郎邸》(1953、現・岡本太郎記念館)、《加納久朗邸》(1954)など多数を担当。1957年、フランス政府招聘技術留学生としてパリに留学。ウージェーヌ・ボードワン、ル・コルビュジエに師事。ル・コルビュジエのアトリエでは、ヤニス・クセナキスと親交する。1959年帰国、村田豊建築事務所を開設。1970年の大阪万博では《富士グループ・パヴィリオン》と《電力館水上劇場》を空気膜構造で実現、国際的な注目を集める。同年、科学技術庁より科学技術功労者表彰。この構造の権威として国際会議の議長や招待講演を多数務める。神戸ポートピア博覧会の《芙蓉グループ・パヴィリオン》(1981)などのパヴィリオン建築やスポーツ施設を手がけた。都内の作品としては、坂倉とも親しかった川添浩史との親交から生まれた《レストラン・キャンティ》(飯倉片町本店、1960-68)がある。広尾に事務所を構えた村田にとっては、家族との団らんの場でもあったという。 [M.F.]

—

—

1917–2007 **エットレ・ソットサス**
SOTTSASS, Ettore

オーストリア、インスブルック生まれ。戦後イタリアのデザイン界を代表する世界的インダストリアル・デザイナー、建築家。1939年、トリノ工科大学建築学科卒業。1947年、ミラノに建築デザイン事務所を設立。デザイナーとしても活動するようになり、1958年、チーフ・デザイン・コンサルタントとして事務機器メーカーのオリヴェッティ社に招かれる。翌年、同社のコンピュータ「エレア9003」のデザインで、イタリア最高のデザイン賞にあたるコンパッソ・ドーロ賞受賞。1960年代から70年代にかけて、イタリアで隆盛した前衛的なデザイン運動を牽引した。1967年、雑誌『ピアネータ・フレスコ(新しい惑星)』を刊行。グループによる活動も積極的に行ない、1976年に前衛デザイナー集団「スタジオ・アルキミア」、1980年にデザイン事務所「ソットサス・アソチアーティ」、翌年にハンス・ホラインや磯崎新らからなる国際的なデザイナーのグループ「メンフィス」を創設。1980年代には世界各地で都市の再開発や住宅の設計も行なう。その革新性は世界のデザイン・建築界に多大な影響を与えた。ソットサスのデザインは鮮やかな色彩、遊び心を感じさせる斬新な造形感覚を特徴とし、モダニズム的機能主義を脱して人間精神の解放を追求するものであった。2007年、ミラノで逝去。 [R.G.]

—

—

1936–2010 / **荒川修作+**
1941–2014 **マドリン・ギンズ**
ARAKAWA, Shusaku + GINS, Madeline

荒川は名古屋市出身の美術家、ギンズはニューヨーク出身の詩人。2人はのちに芸術・哲学・科学を統合する創造家を表わす「コーデノロジスト」を称する。荒川は1960年のネオ・ダダイズム・オルガナイザーズの結成に参加するなど反芸術の前衛運動に関わったのち、1961年に渡米、以後ニューヨークを拠点とした。1962年にはギンズと出会って公私のパートナーとなり、1971年に共同名義で出版した『意味のメカニズム』は国際的な評価を受ける。幼少期からの最大の関心事である「死」を超克するため、当初の表象芸術から次第に身体を意識した表現に向かい、人の身体を取り巻く建築や都市に関心を拡げていく。作風も、初期のオブジェによる、いわゆる「棺桶」シリーズからダイヤグラム絵画へと展開し、さらに1973年から1989年にかけて取り組んだ、フランスのエピナールにおける架橋プロジェクト《問われているプロセス/天命反転の橋》で、建築への興味が決定づけられる。1991年の『荒川修作の実験展——見るものがつくられる場』(東京国立近代美術館)では、絵画作品と傾斜台などで構成する「体験装置」を採用する。1994年、岡山県奈義町に《遍在の場・奈義の竜安寺・建築する身体》が恒久展示された奈義町現代美術館(磯崎新設計)が開館。生命の外在化を標榜し、感覚を目覚めさせて死なない身体をつくるため、1995年に岐阜県養老町に《養老天命反転地》を、2005年には集合住宅《三鷹天命反転住宅》を完成させた。プロフェッショナルの建築家とはまったく異なるアプローチと高度な美的完成度で建築を思考する荒川+ギンズの作品は、見る者の価値観を揺さぶり続けている。 [R.T.]

–

–

1946– **ダニエル・リベスキンド**
LIBESKIND, Daniel

ポーランドのウーチに生まれる。イスラエルで音楽を学び、1959年に渡米。クーパーユニオンにおいて建築の学位を取得後、エセックス大学において建築史および建築理論の修士課程を修了。1978–85年、クランブルック芸術学院建築学部長を務めたほか、欧米各地の大学で教鞭を執る。1970年代後半より、自身の建築思想を反映させた《マイクロメガス》(1979)、《チェンバー・ワークス》(1983)など、建てることを目的としないドローイングを発表する。1985年、パルマノヴァのためのインスタレーション《建築における3つのレッスン》によってヴェネチア・ビエンナーレ第1席金獅子賞受賞。1989年、「ベルリン博物館ユダヤ部門増築計画」の設計競技で1位獲得。敷地内をジグザグに横断する建物の内部に「ヴォイド(空洞)」を設けることで、ユダヤ人の記憶と都市の歴史の痕跡を結びつける構造が高く評価され、1999年、ドイツ建築賞受賞。以降、オスナブリュックの《フェリックス・ヌスバウム美術館》(1998)、マンチェスターの《北帝国戦争博物館》(2001)など、鋭角的な形態と大胆な空間構成を特徴とした博物館をはじめとする公共建設の設計を世界各地で手がける。2001年、第5回ヒロシマ賞受賞。 [M.S.]

–

–

1931– **磯崎新**
ISOZAKI, Arata

大分県生まれ。1954年、東京大学工学部建築学科卒業。同大学大学院へ進学し、丹下健三研究室にて《旧東京都庁舎》(1957)やメタボリズムの理論にもとづく海上都市構想《東京計画1960》(1961)に携わる。1963年、磯崎新アトリエを設立。以降、《大分県立図書館》(1966)、《大阪万博お祭り広場演出装置》(1970)、《ロサンゼルス現代美術館》(1986)など、世界各地で公共建築や都市設計に携わる。磯崎は「手法(マニエラ)」にもとづき、建築に複数の様式を引用することでモダニズムの行き詰まりの打開を図った。古典建築を参照した《つくばセンタービル》(1983)に代表されるような、幾何学的な造形とさまざまな時代や地域の建築様式を折衷する建築によって、ポストモダンの牽引者となる。1986年、東京新都庁舎コンペに参加した際には、超高層には現われない崇高性を意図して、唯一の低層案を提案した。1975年、《群馬県立美術館》(1974)の設計によって日本建築学会賞受賞。1988年、英国王立建築家協会(RIBA)のゴールドメダル受賞。1996年、第6回ヴェネチア・ビエンナーレ国際建築展日本館金獅子賞等、受賞多数。思想、美術、音楽、批評など領域横断的に活動し、主な著書に『空間へ』(1971)、『建築の解体』(1975)、『建築における「日本的」なもの』(2003)、など。 [M.S.]

–

–

1941– **安藤忠雄**
ANDO, Tadao

大阪市に生まれる。大阪府立城東工業高等学校卒業。独学で建築士資格所得。1969年、安藤忠雄建築研究所を大阪に設立し、個人住宅を多く手がける。1976年竣工の《住吉の長屋》が高く評価され、1979年に日本建築学会賞を受賞。以降、コンクリート打ち放しと幾何学的なフォルムによる独自の表現を確立する。1980年代、関西で集合住宅(《六甲の集合住宅I》神戸市、1983など)、商業施設設計(《TIME'S》京都市、1984など)や寺院・教会設計(《光の教会》茨木市、1989)を相次いで建設。1987年、イェール大学客員教授。1988年、コロンビア大学客員教授。1989年、ハーバード大学客員教授。同年、ベネッセの福武總一郎の依頼により、《直島国際キャンプ場》を設計。その後、継続して直島プロジェクトに参画(1992年《ベネッセハウス》、1999年「家プロジェクト」など)。1991年、ニューヨーク近代美術館(MoMA)にて個展開催。1993年、ポンピドゥー・センターにて個展開催。1995年、プリツカー賞受賞。1997年、東京大学工学部建築学科教授に就任。2005年、安藤忠雄文化財団を設立。同年、国際建築家連合(UIA)ゴールドメダル受賞。2012年、新国立競技場 国際デザイン・コンクール審査委員長。国立競技場将来構想有識者会議委員。最優秀となったザハ案に対して「日本の技術者が立ち向かっていくという意味ではいいのではないか」と選定理由を述べた。2017年、国立新美術館で個展開催。2018年、ポンピドゥー・センターにて「ジャポニスム 2018」の公式企画として個展を開催。 [Y.N.]

–

–

1944– **レム・コールハース**
KOOLHAAS, Rem

オランダ、ロッテルダム出身の建築家。少年期をインドネシアで過ごす。新聞記者、映画脚本家を経て、AAスクール(英国建築協会付属建築学校)で学ぶ。1972年渡米、コーネル大学と、ニューヨークの建築都市研究所に在籍。1975年、建築設計事務所OMA(Office for Metropolitan Architecture)を共同設立し、建築と現代文化の新たな関係性の考察に着手する。1982年に発表した《ラ・ヴィレット公園》のコンペ案で国際的な注目を集める。OMAの研究機関である「AMO」の所長を務めるほか、1995年からハーバード大学大学院デザイン学部の教授も兼任。2000年プリツカー賞、2003年世界文化賞建築部門、2004年英国王立建築家協会(RIBA)のゴールドメダルなど受賞多数。建築理論の著作も多く、「マンハッタニズム」という都市理論を展開した『錯乱のニューヨーク』(1978)や、グラフィックデザイナーのブルース・マウと共同出版し、従来のスケール感にもとづいた常識を覆す「ビッグネス」の概念を打ち出した『S,M,L,XL』(1995)などで、建築界に多大な影響を及ぼした。 [R.G.]

1974- **石上純也**
ISHIGAMI, Junya

神奈川県出身の建築家。2000年に東京藝術大学大学院修士課程修了後、妹島和世建築設計事務所勤務を経て、2004年、石上純也建築設計事務所を設立。《神奈川工科大学KAIT工房》(2008)で2009年、日本建築学会賞受賞。2010年、《Architecture as air》による第12回ヴェネチア・ビエンナーレ国際建築展での金獅子賞受賞をはじめ、国内外での受賞多数。繊細さと壮大さを兼ね備えるコンセプトと綿密な計算から生まれた石上の建築には、周囲の外部環境と屋内が一体化した独自の空間が立ち現われる。土地の歴史と記憶を残しつつ、日々更新されていく時代の価値観を反映して、情報・環境・機能・来訪者など、さまざまな要素が複雑な関係性を生むことを石上は意図する。既成の概念にとらわれないその自由な発想が、世界の建築・美術界で高く評価されている。2018年、パリのカルティエ現代美術財団で個展開催。主な著作に『ちいさな図版のまとまりから建築について考えたこと』(2008)など。 [R.G.]

–

–

1971- **藤本壮介**
FUJIMOTO, Sou

北海道生まれ。1994年、東京大学工学部建築学科を卒業、2000年に藤本壮介建築設計事務所を設立。同年、自然の中にかすかに人工的な要素を取り入れる「弱い建築」をキーワードに掲げた青森県立美術館のコンペ案で2位(優秀賞)となり、注目を集める。文化の違いを超えて人間の本質に触れるような「原初的な未来(primitive future)の建築」を提唱。建築が厳密に動線や機能を規定するのではなく、人間の生活のなかで生じる揺らぎを受け止める豊かな建築、さまざまなものが共存する森のような建築を志向している。東京建築士会住宅建築賞金賞(2006)、JIA日本建築大賞(2008)、ヴェネチア・ビエンナーレ第13回国際建築展金獅子賞(2012)など、受賞多数。代表作に《T House》(2005)、《House N》(2008)、《武蔵野美術大学図書館》(2010)、主著に『原初的な未来の建築』(2008)、『建築が生まれるとき』(2010)など。 [R.G.]

–

–

2013- **ザハ・ハディド・アーキテクツ+設計JV**
[日建設計、梓設計、日本設計、オーヴ・アラップ・アンド・パートナーズ・ジャパン設計共同体]
Zaha Hadid Architects + Architects JV
[Nikken Sekkei, Azusa Sekkei, Nihon Sekkei, and Ove Arup & Partners Japan]

ザハ・ハディドは1950年、イラク、バグダットに生まれ、イギリスを拠点に活動した建築家。レバノンの大学で数学の学士を取得した後、1972-77年、ロンドンのAAスクール(英国建築協会付属建築学校)でレム・コールハースらに師事し、ロシア構成主義とシュプレマティスムの影響を受ける。卒業後、コールハース率いるOMAに加わる。1979年、独立しザハ・ハディド・アーキテクツを設立。1983年香港ピークのコンペ案で、磯崎新をはじめとする審査員に見出され最優秀賞を獲得し、注目を集める。初の竣工作は、1994年、ドイツの《ヴィトラ社消防署》(1994)。その後、3次元CADを駆使した独創的な流線形のデザインで、世界的な評価を確立。コンセプト、形態、テクノロジーなど複数の要素(パラメーター)を調和させる「パラメトリック・アーキテクチャー」のスタイルを追求した。2003年ミース・ファン・デル・ローエ賞、2004年プリツカー賞、2016年英国王立建築家協会(RIBA)のゴールドメダルなど受賞多数。インテリアのデザインも多く手がけている。2016年アメリカ・フロリダ州マイアミの病院にて心臓発作により急逝。2013年に発足した新国立競技場のための設計JVは、日建設計、梓設計、日本設計、オーヴ・アラップ・アンド・パートナーズ・ジャパンにより構成され、ザハ・ハディド・アーキテクツとともに、新国立競技場の設計を実現可能な段階まで進めた。 [R.G.+T.K.]

–

–

1973- **マーク・フォスター・ゲージ**
GAGE, Mark Foster

アメリカ、ネブラスカ州出身。ノートルダム大学建築学部卒業後、ロバート・スターン事務所に勤務。後にイエール大学建築学部修士課程に入学し、デジタル技術を習得する。2001年よりイエール大学建築学部の教授を務める傍ら、欧米各地で教鞭をとる。2002-13年、マーク・クレマンソー・ベイリーとともに、ゲージ/クレマンソー・アーキテクツを共同運営し、建築、家具、プロダクトのデザインに取り組む。新素材や最先端の技術を使用した装飾的かつ近未来的なデザインは、ニューヨーク近代美術館(MoMA)やシカゴ美術館を含む国内外の美術館で紹介され、高い評価を獲得する。2014年、マーク・フォスター・ゲージ事務所を創設。グッゲンハイム・ヘルシンキ・デザイン・コンペティション(2014)では、自ら開発した既存の形態を組み合わせる手法「キットバッシング」を適用し、注目を集める。無作為にダウンロードしたデジタル素材を再構成することで、それぞれが含蓄する象徴性を剥奪する手法は、建築と政治の関係、建築における象徴性の問題に対する関心と結びついている。そのほか代表的なプロジェクトに《西57丁目のタワー》(ニューヨーク、2015、未施工)、《Geometrical Futures Lab》(ロサンゼルス、2018)など。 [M.S.]

–

–

1965- **会田誠**
AIDA, Makoto

新潟県生まれ。1989年、東京藝術大学美術学部油画専攻卒業。1991年、同大学大学院美術研究科(油画技法・材料研究室)修了。「フォーチュンズ」(レントゲン藝術研究所、東京、1993)参加以降、国内外で絵画、映像、立体、パフォーマンス、漫画など多岐にわたる表現活動に取り組む。東山魁夷を引用した初期の代表作《あぜ道》(1991)のように、日本美術の代表的作品や様式を参照しながら、美少女、戦争、サラリーマンなどのモチーフを組み合わせることで、日本社会や日本の美術制度を批評的に捉える。また、都市部に位置する新宿御苑を本当のビオトープに変える《新宿御苑大改造計画》(2001)や、広大な自然をアスファルトで固め塗料で「人」を書く《人プロジェクト》(2002)では、都市や環境問題を提起している。近年の個展に『天才でごめんなさい』(森美術館、2012)、『Le Non-penseur(考えない人)』(ブルターニュ公爵城、ナント、2014)『ま、Still Aliveってこーゆーこと』(新潟県立近代美術館、2015)。2018年には大林財団の助成を受け、作品を通して都市のあり方を提案する『会田誠展 GROUND NO PLAN』(青山クリスタルビル)を開催。文筆活動も活発に行なっており、主な著作に『青春と変態』(1996)など。 [M.S.]

1969-

山口晃

YAMAGUCHI, Akira

東京都に生まれ、群馬県桐生市に育つ。1994年、東京藝術大学絵画科油画専攻卒業。1996年、同大学大学院美術研究科絵画専攻(油画)修士課程修了。1997年、会田誠がキュレーションを務める『こたつ派』展(ミヅマアートギャラリー)へ参加し、注目を集める。以降、絵画のほか、インスタレーション、漫画、パブリックアートなど活動の場を広げている。《東京圖六本木昼図》(2002)、《百貨店圖 日本橋 新三越本店》(2004)のように、浮世絵や大和絵など日本美術の様式や図像を引用しながら、現代の人物や建造物を精緻に描写した画風には、日本の美術教育における西洋偏重の価値観に対する問いが反映されている。2001年、岡本太郎記念現代芸術大賞優秀賞を受賞。また、独自の視点から日本史を読み解く著書『ヘンな日本美術史』(2013)で第12回小林秀雄賞を受賞。近年の主な個展に、『山口晃展〜山口晃と申します老若男女ご覧あれ〜』(美術館「えき」KYOTO、2012、そごう美術館、2013)、『山口晃展 ほぼ総覧——お絵描きから現在まで』(群馬県立館林美術館、2013)、『山口晃展 前に下がる 下を仰ぐ』(水戸芸術館現代美術ギャラリー、2015)。 [M.S.]

出品リスト

–
–
–
–
–
–
–

[凡例]

- リストは作者ごとに構成し、概ね年代順に掲載した。
- データは原則として所蔵者から提供された情報に従い、以下の順に記した。不詳なデータは省略した。
  - 出品番号(図版掲載頁)
  - 作者名、和文・欧文
  - 資料名、和文・欧文
  - 制作年(刊行物の場合は刊行年)
  - 技法・素材等、和文・欧文(刊行物の場合は出版社)
  - 寸法(縦×横、高×幅×奥行)cm
  - 所蔵者、和文・欧文
  - その他の追記事項
- 出品番号は、会場の展示順とは必ずしも一致しない。一部の作品は出品会場、展示期間が限られる都合により、作品は変更になることがある。

カジミール・マレーヴィチ
Kazimir Malevich

1-1 | p.027
シュプレマティズムの素描(断片)
Suprematist Drawing
(Fragments)
c.1914-15
鉛筆、紙
Pencil on paper
11.3×16.3
東京国立近代美術館蔵
The National Museum of Modern Art, Tokyo

1-2 | p.027
黒い正方形と白い管状の形態
Black Square and White Cylindrical Form
1915
鉛筆、紙
Pencil on paper
11.2×16.4
東京国立近代美術館蔵
The National Museum of Modern Art, Tokyo

1-3 | p.028
シュプレマティズムの素描
(空からの展望)
Suprematist Drawing
(Aerial View)
1928
鉛筆、紙
Pencil on paper
17×19.6
広島県立美術館蔵
Hiroshima Prefectural Art Museum

1-4 | p.028
シュプレマティズムの素描
(2つの正方形)
Suprematist Drawing
(Two Squares)
1916-17
鉛筆、紙
Pencil on paper
16.2×11
広島県立美術館蔵
Hiroshima Prefectural Art Museum

1-5 | p.029
制作:東北大学五十嵐太郎研究室(千葉大)
Production: Tohoku University, Taro Igarashi Lab.
アルヒテクトン、模型
Model, Architekton
2018
スチレンボードほか
Polystyrene board, etc.
h21×59×59

1-6
「シュプレマティストのアルヒテクトン」
カジミール・マレーヴィチ、『無対象の世界』
(バウハウス叢書11、パッサヴィア印刷有限会社、1927)
復刻版:フロリアン・クッパーベルク出版、1980
'Suprematistische Architektona'
Kasimir Malewitsch, *Die Gegenstandslose Welt*, Bauhausbücher 11, Passavia Druckerei GmbH, 1927, reprint by Florian Kupferberg Verlag, 1980.
25.2×18
個人蔵
Private collection

1-7
「ブラインド・アーキテクチャー、1923」
『ABC 建築のために』シリーズ2 第2号(編集:ハンネス・マイヤー、1926)
復刻版:ラース・ミュラー出版、1993
'Blinde Architektur, 1923'
ABC, Beiträge zum Bauen, edited by Hannes Meyer, serie 2, no.2, 1926, reprint by Verlag Lars Müller, 1993.
34×24.4
埼玉県立近代美術館蔵
The Museum of Modern Art, Saitama

ウラジーミル・タトリン
Vladimir Tatlin

2-1 | pp.031-032
『第3インターナショナル記念塔』
(教育人民委員会造形芸術部門、1920)
Николай Пунин, *Памятник III интернационала*, Издание Отдела Изобразительных искусств Н.К.П., 1920.
(Monument to the Third International, Izo NKP, 1920)
表紙と図面:ウラジーミル・タトリン
テキスト:ニコライ・プーニン
Cover and plate: Vladimir Tatlin
Text: Nikolai Punin
複製展示
Reproduction
早稲田大学図書館蔵
Waseda University Library

2-2 | p.033
制作:野口直人建築設計事務所
Production: noguchinaoto architect's
第3インターナショナル記念塔、模型(1:500)
Model, Monument to the Third International (1:500)
2019
オーク材
Oak
h84×70×70

長倉威彦
Takehiko Nagakura

3-1 | pp.034-035
映像制作・監督:長倉威彦
CG:アンドレ・ザルジッキ、長倉威彦、ダン・ブリック、マーク・シッチ
Film producer and director: Takehiko Nagakura
CG: Andrzej Zarzycki, Takehiko Nagakura, Dan Brick, Mark Sich
ウラジーミル・タトリン、第3インターナショナル記念塔
Vladimir Tatlin, Monument to the Third International
1998
CG映像
CG film
3 min. 11 sec.
映像提供:長倉威彦
Courtesy of Takehiko Nagakura

ブルーノ・タウト
Bruno Taut

4-1 | pp.036-038
『アルプス建築』
(フォルクヴァング出版、1919)
第3図「クリスタル・ハウス」、第6図「花の谷」、第10図「万年雪と氷におおわれた山頂」、第17図「建築地帯」
Alpine Architektur, Folkwang Verlag, 1919.
No.3 'Das Kristallhaus (Kristallhaus in den Bergen),' No.6 'Tal als Blüte,' No.10 'Firnen im Eis und Schenee (Firnen in ewigen Eise und Schenee),' No.17 'Das Baugebiet (Das Baugebiet, vom Monte Generoso gesehen).'
40×33.5
東京都市大学図書館(蔵田周忠文庫)蔵
Tokyo City University Library (Chikatada Kurata Library)
画像提供:新潟県立万代島美術館
Courtesy of the Niigata Bandaijima Art Museum

4-2 | p.039
『宇宙建築師』
(フォルクヴァング出版、1920)
第3図「成長し、弧を描き、形が湧き出る……」、第24図「輝くクリスタル・ハウス——夕日を浴びて……」
Der Weltbaumeister, Folkwang Verlag, 1920.
No.3 'Wächst, wölbt sich, Formen fügen sich frei aus dem Raum an,…,' No.24 'Das Leuchtende Kristallhaus-in abendlich rotem Bühnenlicht…'
23.2×19
東京都市大学図書館(蔵田周忠文庫)蔵
Tokyo City University Library

(Chikatada Kurata Library)
画像提供：
新潟県立万代島美術館
Courtesy of the Niigata Bandaijima Art Museum

4-3 | p.039
『都市の解体』
(フォルクヴァング出版、1920)
第16図「大きな星」、
第23図「偏心塔のある大教会」
Die Auflösung der Städte, Folkwang Verlag, 1920.
No.16 'Der grosse Stern,'
No.23 'Die grosse Kirche mit exzentrischem Turm.'
28×22
東京都市大学図書館
(蔵田周忠文庫)蔵
Tokyo City University Library
(Chikatada Kurata Library)
画像提供：
新潟県立万代島美術館
Courtesy of the Niigata Bandaijima Art Museum

5-1 | p.041
生駒山嶺小都市計画、遠望図、
1933年12月
Distant view, plan for Small Town over Ikoma Mountain, December 1933
1933
墨、紙
Ink on paper
56.8×106.8
大和文華館蔵
The Museum Yamato Bunkakan

5-2 | p.042
生駒山嶺小都市計画、配置図
(1:600)、1933年12月
Arrangement plan, plan for Small Town over Ikoma Mountain (1:600), December 1933
1933
水彩、紙
Water colour on paper
75.1×116.7
大和文華館蔵
The Museum Yamato Bunkakan

5-3 | p.043
生駒山嶺小都市計画、鳥瞰図、
1933年12月
Bird's-eye view, plan for Small Town over Ikoma Mountain, December 1933
1933
水彩、紙
Water colour on paper
57.3×100.1
大和文華館蔵
The Museum Yamato Bunkakan

瀧澤眞弓
Mayumi Takizawa

6-1 | p.045
監修：瀧澤眞弓
Supervised by Mayumi Takizawa
山の家、模型
Model, Mountain House
1986
石膏
Plaster
h42×72×52
個人蔵
Private collection

6-2 | p.045
「山の家」
『分離派建築会の作品 第二刊』
(岩波書店、1921)
平面図、模型
'Mountain House,' *Works of Secessionist Architecture*, vol.2, Iwanami Shoten, 1921.
Plan, Model
26×18.7
東京都市大学図書館
(蔵田周忠文庫)蔵
Tokyo City University Library
(Chikatada Kurata Library)
画像提供：
新潟県立万代島美術館
Courtesy of the Niigata Bandaijima Art Museum

ルートヴィヒ・ミース・ファン・デル・ローエ
Ludwig Mies van der Rohe

7-1 | p.047
ベルリン、フリードリヒ通り駅の
摩天楼のコンペ案
Contribution 'Wabe' (honeycomb) to the ideas competition for a Skyscraper at Friedrichstrasse Station, Berlin.
c.1922
写真など | 複製展示
Photograph, reworked in various media | Reproduction
写真：マルクス・ハウリック
Photo: Markus Hawlik
画像提供：ベルリン、
バウハウス・アーカイヴ
Courtesy of Bauhaus-Archiv, Berlin

7-2
「摩天楼」『曙光』第4号
(編集：ブルーノ・タウト、
カール・ペータース出版、1922)
'Hochhaus,' *Frühlicht*, edited by Bruno Taut, nr.4, Karl Peters Verlag, 1922.
28.5×21.5
個人蔵
Private collection

山口文象(岡村蚊象)
Bunzo Yamaguchi (Okamura)

8-1 | pp.048-049
「丘上の記念塔」
『分離派建築会の作品 第三刊』
(岩波書店、1924)
模型、配景図、平面図
'Hilltop Monument' *Works of Secessionist Architecture*, vol.3, Iwanami Shoten, 1924.
Model, Background view, Plan
個人蔵
Private collection

8-2 | p.049
制作：
杉浦晋悟(ニホンディスプレイ)、
梅宮弘光(神戸大学大学院)、
竹葉丈(名古屋市美術館)
Production: Shingo Sugiura (Nihon Display co., ltd.), Hiromitsu Umemiya (Kobe University Graduate School), Joe Takeba (Nagoya City Art Museum)
丘上の記念塔、模型(1:400)
Model, Hilltop Monument (1:400)
2009
スチレンボード、ジェッソ
Styrene board, gesso
h22×54×60
梅宮弘光蔵
Collection of Hiromitsu Umemiya

川喜田煉七郎
Renshichiro Kawakita

9-1 | p.050
山田耕筰「音楽の法悦境」
『詩と音楽』第1巻第4号
(アルス、1922年12月)
Kosaku Yamada, 'Divine Bliss of Music,' *Shi-to-Ongaku*, Ars, vol. 1, no.4, December, 1922.
25.8×18.5
個人蔵
Private collection

9-2 | p.051
霊楽堂の草案、
立面図(1:400)
Elevation, draft for Reigaku Hall (1:400)
1924
インク、紙
Ink on paper
50.6×67.8
明治学院大学図書館付属
遠山一行記念
日本近代音楽館蔵
TOYAMA Kazuyuki Memorial Archives of Modern Japanese Music

9-3 | p.051
霊楽堂の草案、
第1階平面図(1:400)
Plan of the 1st floor, draft for Reigaku Hall (1:400)
1924
インク、紙
Ink on paper
51×68
明治学院大学図書館付属
遠山一行記念
日本近代音楽館蔵
TOYAMA Kazuyuki Memorial Archives of Modern Japanese Music

9-4 | p.052
霊楽堂の草案、ドローイング
Drawing, draft for Reigaku Hall
1924
インク、着色、紙
Ink and colour wash on paper
68.5×69
明治学院大学図書館付属
遠山一行記念
日本近代音楽館蔵
TOYAMA Kazuyuki Memorial Archives of Modern Japanese Music

9-5 | p.052
霊楽堂(ある音楽礼拝堂)、
オウディトリュウム
Auditorium, Reigaku Hall (A musical chapel)
1926
コンテ、白チョーク、紙
Conté crayon and white chalk on paper
63.5×94
明治学院大学図書館付属
遠山一行記念
日本近代音楽館蔵
TOYAMA Kazuyuki Memorial Archives of Modern Japanese Music

9-6 | p. 052
霊楽堂(ある音楽礼拝堂)、
オウディトリュウムの天井全面
Total ceiling area of auditorium, Reigaku Hall (A musical chapel)
1926
コンテ、紙
Conté crayon on paper
64×94
明治学院大学図書館付属
遠山一行記念
日本近代音楽館蔵
TOYAMA Kazuyuki Memorial Archives of Modern Japanese Music

9-7 | p. 052
霊楽堂(ある音楽礼拝堂)、
祈祷室、壁面の一部
Chapel / wall section, Reigaku Hall (A musical chapel)
1926
コンテ、紙
Conté crayon on paper
63.5×94.5
明治学院大学図書館付属
遠山一行記念
日本近代音楽館蔵
TOYAMA Kazuyuki Memorial Archives of Modern Japanese Music

9-8
霊楽堂(ある音楽礼拝堂)、
喫煙室を兼ねた祈祷室
Chapel with smoking room, Reigaku Hall (A musical chapel)
1926
コンテ、紙、ほか
Conté crayon on paper, etc.
64×94
明治学院大学図書館付属
遠山一行記念
日本近代音楽館蔵
TOYAMA Kazuyuki Memorial Archives of Modern Japanese Music

9-9
霊楽堂(ある音楽礼拝堂)、
附属小劇場、フォイヤーの一部
Small theater, Reigaku Hall (A musical chapel)
1926
コンテ、紙、ほか
Conté crayon on paper, etc.
63.5×94
明治学院大学図書館付属
遠山一行記念
日本近代音楽館蔵
TOYAMA Kazuyuki Memorial Archives of Modern Japanese Music

9-10 | p. 053
制作:
たかいちとしふみ(おさる工房)、
梅宮弘光(神戸大学大学院)
Production: Toshifumi Takaichi (Osaru-kobo), Hiromitsu Umemiya (Kobe University Graduate School)
霊楽堂(ある音楽礼拝堂)、模型
Model, Reigaku Hall (A musical chapel)
2009
石膏
Plaster
13×72×60
梅宮弘光蔵
Collection of Hiromitsu Umemiya

10-1 | p. 055
「ハリコフ国立劇場の応募案」
『新建築』
(新建築社、1932年2月号、p. 69)
'Proposal for National Theater in Kharkov,' *Shin-kenchiku*, Shin-kenchiku-sha, February 1932, p. 69.
30.6×22.5
個人蔵
Private collection

10-2 | p. 056
制作:諏佐遙也
(ZOUZOU MODEL)
Production: Haruya Susa (ZOUZOU MODEL)
ウクライナ劇場国際設計競技
応募案、模型(1:300)
Model, Architectural Ideas and an Entry for the International Competition of Ukrainian Theater (1:300)
2018
ABS、アクリル、真鍮
ABS resin, acrylic, brass
h30×44×77
梅宮弘光蔵
Collection of Hiromitsu Umemiya

10-3 | p. 056
「ソヴィエート・ロシヤ・
ウクライナ州ハリコフ州立
大衆楽劇四千人ウクライナ劇場
模型 国際設計競技四等当選案
川喜田煉七郎氏」『建築画報』
22巻6号
(建築画報社、1931年6月)
'Model for the Theater of Popular Musical Drama Seating Four Thousand People in Kharkov, Ukraine, Russian Soviet. The Forth Prize of International Competition; Proposal by Mr. Renshichiro Kawakita,' *Kenchiku-gahou*, vol. 22, no.6, Kenchiku-gahou-sha, June 1931.
個人蔵
Private collection

10-4 | p. 057
制作:東北大学
五十嵐太郎研究室
(福田晴也、高 野、奥山晃平、
ミルザデリア・デバナスティヤ、
藤間優実、吉田宗一郎、
菊池聡太朗、石津光、加川大樹、
福岡咲紀、一色智仁、
菊地尊也[監修])
Production: Tohoku University, Taro Igarashi Lab.
ウクライナ劇場国際設計競技
応募案、舞台のための
部分模型(1:200、1:800)
Section models for the stages, Architectural Ideas and an Entry for the International Competition of Ukrainian Theater (1:200, 1:800)
2018
紙、ジェッソ
Paper and gesso

前川國男
Kunio Maekawa

11-1 | p. 065
監修:松隈洋
(京都工芸繊維大学教授)、
制作:京都工芸繊維大学
松隈洋研究室学部3回生
(大友沙弥、田中ふみ、西口友晃、
萩尾涼太、水野まりや)
Supervised by Hiroshi Matsukuma, Professor of Kyoto Institute of Technology, Production: Kyoto Institute of Technology, Hiroshi Matsukuma Lab., Third year students.
東京帝室博物館建築設計図案
懸賞募集(前川國男案)
*原図は焼失 再現配置図(1:500)
Reproduction of the block plan, competition proposal for Tokyo Teishitsu [Imperial Household] Museum in Tokyo (1:500)
2018 (Original: 1931)
インクジェットプリント、手彩色、紙
Inkjet printing and hand-colouring on paper
Image size: 146.5×85.5

11-2 | pp. 066-068
監修:松隈洋
(京都工芸繊維大学教授)、
制作:京都工芸繊維大学
松隈洋研究室3回生
(大友沙弥、田中ふみ、西口友晃、
萩尾涼太、水野まりや)
Supervised by Hiroshi Matsukuma, Professor of Kyoto Institute of Technology, Production: Kyoto Institute of Technology, Hiroshi Matsukuma Lab., Third year students.
東京帝室博物館建築設計図案
懸賞募集(前川國男案)、
模型(1:200)
Model, competition proposal for Tokyo Teishitsu [Imperial Household] Museum in Tokyo (1:200)
2018
アクリル、スチレンボード
Acrylic, polystyrene
h16 (最大)×60×109.4

11-3 | p. 069
「東京帝室博物館懸賞設計
応募案 前川國男氏案 透視図」
『国際建築』7巻6号
コンペチシヨン号
(国際建築協会、1931年6月、p. 4)
'Perspective View, Competition Proposal for Tokyo Teishitsu (Imperial Household) Museum in Tokyo,' *Kokusai-kenchiku*, Vol.7, no.6, Kokusai-kenchiku kyokai, June 1931, p. 4.

ヤーコフ・チェルニホフ
Yakov Chernikhov

12-1 | pp. 075-077
『建築ファンタジー 101のカラー・
コンポジション、101の建築小図』
(メジドゥナロードナヤ・クーニガ
[国際出版]、1933)
Яков Чернихов, *Архитектурные фантазии: 101 композиция в красках, 101 архитектурная миниатюра*, Международная книга, 1933.
(Architectural Fantasies 101 Compositions in Colour, 101 Architectural Miniatures, Mezhdunarodnaya kniga, 1933)
30.6×21.8
個人蔵
Private collection

ジュゼッペ・テラーニ
Giuseppe Terragni

13-1 | p.079
制作：千葉工業大学
今村創平研究室（今村創平、
小林美砂、中村篤志、根本飛鳥、
武藤俊、村岡宗之、呉玉涵、
阿部楓、菊野優、小林政晴、
佐藤和、高岸大智、滝怜華、
野中康、樋村彩乃、藤吉諒馬、
佐々木悠、木村旭）
Production: Chiba Institute of Technology, Souhei Imamura Lab.
ダンテウム、模型（1:100）
Model, Danteum (1:100)
2018
シナベニヤ、アクリル
Plywood, acrylic
h20.5×84.1×59.4

［参考図版｜referencial plate］
13-2 | p.080
制作：千葉工業大学
今村創平研究室（今村創平、
小林美砂、中村篤志、根本飛鳥、
武藤俊、村岡宗之、呉玉涵、
阿部楓、菊野優、小林政晴、
佐藤和、高岸大智、滝怜華、
野中康、樋村彩乃、藤吉諒馬、
佐々木悠、木村旭）
Chiba Institute of Technology, Souhei Imamura Lab.
ダンテウム
鳥瞰パース、平面図
Plans, Bird view perspective, Danteum
2018
•図録のみ掲載

コンスタン
（コンスタン・ニーヴェンホイス）
Constant
(Constant Nieuwenhuys)

14-1 | pp.084-085, 088-089
ポートフォリオ『ニュー・バビロン』
Portfolio, *New Babylon*
1963
テキスト：ジーモン・ヴィンケノーグ
10点組リトグラフ、紙
10 lithographs with text by Simon Vinkenoog
40×76 each
コンスタン財団蔵
Collection Fondation Constant, Amsterdam, The Netherlands

14-2 | pp.086-087
ニュー・バビロンのセクターの眺望
View of New Babylonian Sectors
1971
フォトモンタージュに手彩色｜
複製展示
Photo montage, pencil and watercolour | Reproduction
写真：
ヴィクトール・E・ニーヴェンホイス／
トム・ハートセン
Photo: Victor E. Nieuwenhuys/ Tom Haartsen
デン・ハーグ美術館蔵
Gemeentemuseum Den Haag

14-3
『ニュー・バビロン・インフォメーション』
1号（マーストリヒトでの
ニュー・バビロン展用、
アーティショック財団編、
1965年7月）
de NEW BABYLON informatief, Edition of stichting artishock, July 1965, for the New Babylon-exhibition in Maastricht.
52.8×35
コンスタン財団蔵
Collection Fondation Constant, Amsterdam, The Netherlands

14-4
『ニュー・バビロン・インフォメーション』
2号（デン・ハーグ美術館
コンスタン回顧展用、
「アナーキテクチャー」編、
1965年10月）
de NEW BABYLON informatief, nr. 2, Edition of 'anarchitectura,' October 1965, for the retrospective exhibition of Constant in Gemeentemuseum Den Haag.
52.8×35
コンスタン財団蔵
Collection Fondation Constant, Amsterdam, The Netherlands

14-5
『ニュー・バビロン・インフォメーション』
3号（ケルンのルドルフ・ツヴィルナー
画廊でのコンスタン展用、
ドイツ語版、「アナーキテクチャー」
編、1966年1月）
de NEW BABYLON informatief, nr. 3, deutsche ausgabe, Edition of 'anarchitectura,' January 1966, for the Constant exhibition at Galerie Rudolf Zwirner in Cologne.
52.8×35
コンスタン財団蔵
Collection Fondation Constant, Amsterdam, The Netherlands

14-6
『ニュー・バビロン・インフォメーション』
4号（第33回
ヴェネツィア・ビエンナーレの
オランダ・パビリオン用特別版、
国際版、1966年）
de NEW BABYLON informatief, nr 4, edizione internazionale, Edizione speziale per il padiglione Olandese al XXXIIIa Biennale di Venezia 1966, represented by Constant.
52.8×70
コンスタン財団蔵
Collection Fondation Constant, Amsterdam, The Netherlands

ヨナ・フリードマン
Yona Friedman

15-1 | p.091
バイオスフィア：ザ・グローバル・
インフラストラクチャー
Biosphere: The Global Infrastructure
2017
表紙を除き10枚｜複製展示
10 sheets with cover | Reproduction
協力：ヨナ・フリードマン／
ドニーズ＆ヨナ・フリードマン
寄附基金
Courtesy of Yona Friedman / Fonds de Dotation Denise et Yona Friedman

15-2 | pp.092-093
可動建築／空中都市
Mobile Architecture/ Spatial City
1956-
複製展示
Reproduction
協力：ヨナ・フリードマン／
ドニーズ＆ヨナ・フリードマン
寄附基金
Courtesy of Yona Friedman / Fonds de Dotation Denise et Yona Friedman

岡本太郎
Taro Okamoto

16-1 | p.095
僕らの東京都設計図／
いこい島拡大図
石川允、糸川英夫、安部公房、
岡本太郎、丹下健三、
勅使河原蒼風
「ぼくらの都市計画」『総合』
（東洋経済新報社、1957年6月号）
'Draft of Urban Planning of Tokyo for Ourselves/ Artificial Island of Ikoi Island'
Makoto Ishikawa, Hideo Itokawa, Kobo Abe, Taro Okamoto, Kenzo Tange, Sofu Teshigahara, 'Urban Planning of Tokyo for Ourselves,' *Sogo*, Toyo Keizai Inc., June 1957.
複製展示
Reproduction

ハンス・ホライン
Hans Hollein

17-1 | p.096
プロジェクト：ゴールデン・スマート
Project "Golden Smart"
1968
フォトコラージュ、厚紙
Photo-collage on cardboard
Image: 16.5×25.4
メンヒェングラートバッハ市
アプタイベルク美術館蔵
Städtisches Museum Abteiberg Mönchengladbach

17-2 | p.097
超高層建築
Skyscraper
1958
鉛筆、印刷物
Pencil on printed paper
28.2×19
メンヒェングラートバッハ市
アプタイベルク美術館蔵
Städtisches Museum Abteiberg Mönchengladbach

黒川紀章
Kisho Kurokawa

18-1 | p.098
農村都市計画、
スケッチ（住宅単位、断面）
Section sketch, habitat unit, Agricultural City Project
1960
ペン、水彩、紙、
トレーシングペーパー
Ink, watercolour on paper, tracing paper
21×29.7
森アートコレクション、東京
Mori Art Collection, Tokyo

18-2 | p. 099
農村都市計画、模型
Model, Agricultural City Project
1995
木
Wood
h10.0×184.0×184.0
森アートコレクション、東京
Mori Art Collection, Tokyo
写真：大橋富夫
Photo: Tomio Ohashi

18-3 | p. 099
農村都市計画、スケッチ
Sketch, Agricultural City Project
1960
インク、紙、トレーシングペーパー
Ink on paper, tracing paper
21×29.7
森アートコレクション、東京
Mori Art Collection, Tokyo

19-1 | p. 101
東京計画1961－Helix計画、模型
Model, Helix City Plan for Tokyo 1961
1961
木、アルミニウム
Wood, aluminium
h178.5×180×150
森アートコレクション、東京
Mori Art Collection, Tokyo
制作：黒川紀章、植野石膏模型製作所
Production: Kisyo Kurokawa and ueno plaster works
写真：大橋富夫
photo: Tomio Ohashi

19-2
東京計画1961－Helix計画、ドローイング
Drawing, Helix City Plan for Tokyo 1961
c.1961
鉛筆、色鉛筆(黒)、インク、トレーシングペーパー
Pencil, black coloured pencil and ink on tracing paper
20×21.3
森アートコレクション、東京
Mori Art Collection, Tokyo

19-3
東京計画1961－Helix計画、ドローイング
Drawing, Helix City Plan for Tokyo 1961
c.1961
インク、鉛筆、トレーシングペーパー
Pencil and ink on tracing paper
25.5×38.6
森アートコレクション、東京
Mori Art Collection, Tokyo

19-4
東京計画1961－Helix計画、ドローイング
Drawing, Helix City Plan for Tokyo 1961
c.1961
ペン(インク)、トレーシングペーパー
Ink on tracing paper
39.9 × 40.2
森アートコレクション、東京
Mori Art Collection, Tokyo

19-5
東京計画1961－Helix計画、ドローイング
Drawing, Helix City Plan for Tokyo 1961
c.1961
ペン、トレーシングペーパー
Ink on tracing paper
38.7×48.7
森アートコレクション、東京
Mori Art Collection, Tokyo

19-6
東京計画1961－Helix計画、ドローイング
Drawing, Helix City Plan for Tokyo 1961
c.1961
ボールペン、紙
Ink on paper
12.8×18.2
森アートコレクション、東京
Mori Art Collection, Tokyo

ピエール＝ジャン・ジルー
Pierre-Jean Giloux

20-1 | pp. 102-103
見えない都市#パート1 #メタボリズム
Invisible Cities # Part 1 # Metabolism
2015
映像
Film
11 min.
映像提供：ピエール＝ジャン・ジルー
Courtesy of Pierre-Jean Giloux

菊竹清訓
Kiyonori Kikutake

21-1 | p. 105
国立京都国際会館設計競技案、応募時の模型写真
Photograph of the model, competition plan for Kyoto International Conference Hall
1963
複製展示
Reproduction
撮影：小山孝
Photo: Takashi Koyama
画像提供：
早稲田大学古谷誠章研究室
Photo courtesy:
Waseda University Nobuaki Furuya Lab.

21-2 | p. 105
制作：早稲田大学
古谷誠章研究室(斎藤信吾、山田浩史、國分足人、吉田遼太、及川輝、長侑希、田村正、稲葉秀行、清水岳、進藤正人、武井光)
Production:
Waseda University,
Nobuaki Furuya Lab.
国立京都国際会館設計競技案、模型(1:100)
Model, competition plan for Kyoto International Conference Hall (1:100)
2011
木、アクリル
Wood and acrylic
h43.5×190×100

21-3 | p. 106
国立京都国際会館設計競技案、断面図(1:200)
Section, competition plan for Kyoto International Conference Hall (1:200)
1963
鉛筆、トレーシングペーパー
Pencil on tracing paper
80.5×117.3
株式会社情報建築蔵
Collection of Joho Kenchiku Incorporated, Tokyo, Japan

21-4 | p. 107
国立京都国際会館設計競技案、断面詳細図(1:50)
Section detail, competition plan for Kyoto International Conference Hall (1:50)
1963
鉛筆、トレーシングペーパー
Pencil on tracing paper
81.3×111.7
株式会社情報建築蔵
Collection of Joho Kenchiku Incorporated, Tokyo, Japan

21-5
『国立国際会館設計競技応募作品集』
Submitted Works, Competition of National Conference Hall
1964
31×23.4
とんかつ文庫蔵
Collection of Tonkatsu Bunko

21-6
『国立国際会館設計競技募集要項』
Application Requirement, Competition of National Conference Hall
1962
27.6×21.7
とんかつ文庫蔵
Collection of Tonkatsu Bunko

22-1 | p. 108
海上都市1963、模型
Model, Marine City 1963
1963
アクリル、木
Acrylic and wood
h5×103×93
株式会社情報建築蔵
Collection of Joho Kenchiku Incorporated, Tokyo, Japan

22-2 | p. 109
海上都市1963、模型写真
Photograph of the model, Marine City 1963
1980s
画像提供：
早稲田大学古谷誠章研究室
Photo courtesy:
Waseda University, Nobuaki Furuya Lab.
模型制作：植野石膏模型製作所
Production: ueno plater works
模型寸法(Model size)：h88.5×62×62

22-3 | p. 111
《海上都市1963》の原型になったスケッチ
Prototypical sketch of Marine City 1963
鉛筆、トレーシングペーパー
Pencil on tracing paper
42.2×23.4
株式会社情報建築蔵 | 国立近現代建築資料館協力
Collection of Joho Kenchiku Incorporated, Tokyo, Japan | Courtesy of National Archives of Modern Architecture

---

22-4 | p. 110
海上都市1963
Marine City 1963
コンテ、トレーシングペーパー
Conté crayon on tracing paper
28×19.3
株式会社情報建築蔵|
国立近現代建築資料館協力
Collection of Joho Kenchiku Incorporated, Tokyo, Japan | Courtesy of National Archives of Modern Architecture

---

22-5 | p. 111
海上都市1963、
住居ユニット側面・断面・平面図
Elevation, section, floor plan for Residential Unit, Marine City 1963
1963
インク、トレーシングペーパー
Ink on tracing paper
43.5×31
株式会社情報建築蔵|
国立近現代建築資料館協力
Collection of Joho Kenchiku Incorporated, Tokyo, Japan | Courtesy of National Archives of Modern Architecture

---

23-1
菊竹清訓、川添登、
大高正人、槇文彦、黒川紀章、
粟津潔[デザイン]
『メタボリズム1960——
都市への提案』
(美術出版社、1960)
復刻版:森美術館、2011
Kiyonori Kikutake, Noboru Kawazoe, Masato Otaka, Fumihiko Maki, Kisho Kurokawa, Kiyoshi Awazu [design], *Metabolism /1960: The Proposal for New Urbanism*, Bijutsu shuppan-sha, 1960 | reprint by Mori Art Center, 2011.
21×20.5
埼玉県立近代美術館蔵
The Museum of Modern Art, Saitama

アーキグラム
Archigram

24-1 | pp. 112-113
マイケル・ウェブ/アーキグラム
Michael Webb/ Archigram
ドライブ・イン・ハウジング
Drive- in Housing
ドローイング
Drawing
画像提供:
アーキグラム・アーカイヴ
Courtesy of Archigram Archive
・図録のみ掲載

24-2 | pp. 112-113
ロン・ヘロン/アーキグラム
Ron Herron/Archigram
ウォーキング・シティ−ニューヨーク
Walking City- New York
1964
彩色コラージュ|複製展示
Coloured collage | Reproduction
画像提供:ロン・ヘロン・アーカイヴ
Courtesy of Ron Herron Archive

長倉威彦
Takehiko Nagakura

25-1 | p. 115
映像制作・監督:長倉威彦|
CG:マリオス・クリストドリデス、長倉威彦
Film producer and director: Takehiko Nagakura | CG: Marios Christodoulides and Takehiko Nagakura
マイケル・ウェブ
ドライブ・イン・ハウジング(1968年)
Michael Webb(Archigram), Drive- in Housing(1968)
1999
CG映像
CG film
2 min. 6 sec.
映像提供:長倉威彦
Courtesy of Takehiko Nagakura

セドリック・プライス
Cedric Price

26-1 | p. 117
ファン・パレス、内観透視図
Interior Perspective for Fun Palace
1964
黒と白のインク、
ゼラチン・シルバー・プリント
Black and white ink over gelatin silver print
12.7×24.8
カナダ建築センター
DR1995:0188:518
Cedric Price fonds
Canadian Centre for Architecture

26-2 | p. 117
ファン・パレス、内観透視図
Interior Perspective for Fun Palace
1964
撮影:デ・バー・ゴールウェイ
Photo: de Burgh Galwey
黒と白のインク、複写写真
Black and white ink over photostat
11.1×24.3
カナダ建築センター蔵
DR1995:0188:517
Cedric Price fonds
Canadian Centre for Architecture

26-3 | p. 118
ファン・パレス、断面ダイヤグラム
Diagrammatic Section for Fun Palace
1963
インク、グラファイト、
スクリーントーン、色鉛筆、
トレーシングペーパーほか
Ink, graphite, screentone appliqué (applied to verso), transfer type (applied to verso) and coloured pencil on translucent paper
38×69.5
カナダ建築センター蔵
DR1995:0188:121
Cedric Price fonds
Canadian Centre for Architecture

26-4 | p. 118
ファン・パレス、基準階平面図
Typical Plan for Fun Palace
c.1964
インク、グラファイト、
スクリーントーン、
トレーシングペーパーほか
Ink, graphite, screentone appliqué (applied to verso) with ink stamp on translucent paper
37.3×67.9
カナダ建築センター蔵
DR1995:0188:198
Cedric Price fonds
Canadian Centre for Architecture

26-5 | p. 119
ファン・パレス、アクソノメトリック図
Axonometric for Fun Palace
1964
インク、スクリーントーン、
グラファイト、色鉛筆、
トレーシングペーパーほか
Black ink, screentone appliqué (some applied to verso) and graphite, with notations in blue coloured pencil and blue ink, and a yellow selfadhesive cutout, all on translucent paper
32.1×32
カナダ建築センター蔵
DR1995:0188:124
Cedric Price fonds
Canadian Centre for Architecture

26-6 | p. 120
ファン・パレス、基準短手断面図
Typical Short Section for Fun Palace
1964年4月21日
April 21, 1964
インク、スクリーントーン、
グラファイト、
トレーシングペーパーほか
Ink, screentone appliqué (applied to verso) and graphite on translucent paper with ink stamp and coloured self-adhesive paper cut-out
38.1×75.1
カナダ建築センター蔵
DR1995:0188:197
Cedric Price fonds
Canadian Centre for Architecture

26-7 | p. 120
ファン・パレス、内観透視図
Interior Perspective for Fun Palace
c.1964
色鉛筆、インク、スタンプ、
複写した紙
Coloured pencil, ink and ink stamp over reprographic copy on paper
49.6×81.3
カナダ建築センター蔵
DR1995:0188:122
Cedric Price fonds
Canadian Centre for Architecture

26-8 | p. 121
ファン・パレス、
ヘリコプターでの到着
Arriving by Helicopter at the Fun Palace
c.1964
ゼラチン・シルバー・プリントほか
Gelatin silver print with appliqué lettering laid down on hardboard
102×122
カナダ建築センター蔵
DR1995:0188:521
Cedric Price fonds

Canadian Centre for
Architecture

ジョン・ヘイダック
John Hejduk

27-1 | pp. 122-123
ダイヤモンド・ハウスの素描
Sketches for Houses
c.1967-74
コラージュ、インク、
グラファイトほか
Collage (ink, graphite and coloured pencil on paper mounted on board)
51 × 76
カナダ建築センター蔵
DR1998:0063:009
John Hejduk fonds
Canadian Centre for Architecture

27-2 | p. 124
ダイヤモンド・ハウスB、平面図
Plan for Diamond House B
1963-67
グラファイト、トレーシングペーパー
Graphite on translucent paper
72 × 93
カナダ建築センター蔵
DR1998:0061:001:012
John Hejduk fonds
Canadian Centre for Architecture

27-3 | p. 125
ダイヤモンド・ハウスB、平面図
Plan for Diamond House B
1963-67
グラファイト、トレーシングペーパー
Graphite on translucent paper
73 × 71
カナダ建築センター蔵
DR1998:0061:001:002
John Hejduk fonds
Canadian Centre for Architecture

27-4 | p. 124
ダイヤモンド・ハウスB、平面図
Plan for Diamond House B
1963-67
グラファイト、インク、厚紙
Ink over graphite on cardboard
50.9 × 76.3
カナダ建築センター蔵
DR1998:0061:002:003
John Hejduk fonds
Canadian Centre for Architecture

27-5 | p. 125
ダイヤモンド・ハウスB、平面図
Plan for Diamond House B
1963-67
グラファイト、トレーシングペーパー
Graphite on translucent paper
72 × 93
カナダ建築センター蔵
DR1998:0061:001:014
John Hejduk fonds
Canadian Centre for Architecture

27-6 | p. 126
ダイヤモンド・ハウスB、
アクソノメトリック図
Axonometric for Diamond House B
1963-67
層状に重ねた色付き陽画シート、
インク、厚紙
Ink on cardboard overlaid with four colour separation positives
77×51
カナダ建築センター蔵
DR1998:0061:003:001
John Hejduk fonds
Canadian Centre for Architecture

27-7 | p. 127
制作：早稲田大学古谷誠章・
藤井由理研究室
（斎藤信吾、青木陸、高橋まり、
大谷美帆、廣西航多、鄭彦愷、
頼凡伊、池欣芮、杜達、
真木友哉、風間健、
荒川怜音名、伊藤丈治、
小田切寛樹、徳田華、輪嶋優一）
Production: Waseda University, Nobuaki Furuya & Yuri Fujii Lab.
ダイヤモンド・ハウスB、
模型（1:75）
Model, Diamond House B (1:75)
2019
アクリル、塩ビ板、スタイロフォーム
Acrylic, PVC sheet, styrofoam
h17.51×27.3×27.3

27-8 | p. 127
制作：早稲田大学古谷誠章・
藤井由理研究室
（斎藤信吾、青木陸、高橋まり、
大谷美帆、廣西航多、鄭彦愷、
頼凡伊、池欣芮、杜達、
真木友哉、風間健、
荒川怜音名、伊藤丈治、
小田切寛樹、徳田華、輪嶋優一）
Production: Waseda University, Nobuaki Furuya & Yuri Fujii Lab.
ダイヤモンド・ハウスB、
アクソノメトリック、レリーフ（1:75）
Relief, Axonometric for Diamond House B (1:75)
2019
アクリル
Acrylic
91×91

スーパースタジオ
Superstudio

28-1 | p. 129
理性の王国への旅
Journey into the Realm of Reason
1968-69
シルクスクリーン、紙
Silkscreen, paper
68.5×86.5
個人蔵
Private collection

28-2 | p. 129
建築のヒストグラム
Histograms of Architecture
1969
シルクスクリーン、紙
Silkscreen, paper
68.5×86.5
個人蔵
Private collection

28-3 | pp. 130-131
ナイアガラ、あるいは
リフレクティッド・アーキテクチャー
Niagara or the Reflected Architecture
1970
オフセット印刷、紙
Offset printing, paper
69.3×86.7
個人蔵
Private collection

28-4
『スーパースタジオ＆ラディカルス』
（ジャパン・インテリアデザイン別冊、
インテリア出版、1982年11月）
Superstudio and Radicals, extra issue, Japan Interior Design, Interior Publishing, November 1982.
29.7×22
個人蔵
Private collection

村田豊
Yutaka Murata

29-1 | p. 132
ポンピドゥー・センター競技
設計案、概念図
Diagram, proposal for Pompidou Center Competition
1971
インク、紙
Ink on paper
42×59.5
村田あが蔵｜
国立近現代建築資料館協力
Collection of Aga Murata | Courtesy of National Archives of Modern Architecture

29-2 | p. 132
ポンピドゥー・センター競技
設計案、概念図
Diagram, proposal for Pompidou Center Competition
1971
インク、紙
Ink on paper
42×59.5
村田あが蔵｜
国立近現代建築資料館協力
Collection of Aga Murata | Courtesy of National Archives of Modern Architecture

29-3 | p. 133
ポンピドゥー・センター競技
設計案、部分断面図
Coupe facade, proposal for Pompidou Center Competition
1971
インク、紙
Ink on paper
163.1×86.4
村田あが蔵｜
国立近現代建築資料館協力
Collection of Aga Murata | Courtesy of National Archives of Modern Architecture

29-4 | p. 134
ポンピドゥー・センター競技
設計案｜配置図（1:500）、
断面図（1:500）、平面図（1:200）
Proposal for Pompidou Center Competition | Arrangement plan (1:500), Section (1:500), Plan (1:200)
1971
インク、紙
Ink on paper
163.1×86.4
村田あが蔵｜
国立近現代建築資料館協力
Collection of Aga Murata | Courtesy of National Archives of Modern Architecture

29-5 | p. 135
ポンピドゥー・センター競技設計案、アクソノメトリック図(1:500)
Axonometric view, proposal for Pompidou Center Competition (1:500)
1971
インク、紙
Ink on paper
178×86.5
村田あが蔵 | 国立近現代建築資料館協力
Collection of Aga Murata | Courtesy of National Archives of Modern Architecture

30-1 | p. 137
ソビエト青少年スポーツ施設、模型写真
Photograph of the model, Soviet Youth Sports Facilities
c.1972
村田あが蔵 | 国立近現代建築資料館協力
Collection of Aga Murata | Courtesy of National Archives of Modern Architecture

30-2
ソビエト青少年スポーツ施設、ソ連邦気象記録
Weather records of Soviet, Soviet Youth Sports Facilities
1972
インク、透明シート
Ink on translucent sheet
42×59.5
村田あが蔵 | 国立近現代建築資料館協力
Collection of Aga Murata | Courtesy of National Archives of Modern Architecture

30-3 | p. 138
ソビエト青少年スポーツ施設、空気構造 テニスコート図面(1:200)
Plan of air structure: tennis court, Soviet Youth Sports Facilities (1:200)
1972
インク、透明シート
Ink on translucent sheet
41.5×82.1
村田あが蔵 | 国立近現代建築資料館協力
Collection of Aga Murata | Courtesy of National Archives of Modern Architecture

30-4 | p. 138
ソビエト青少年スポーツ施設、ボーリング場図面(1:500)
Plan of bowling alley, Soviet Youth Sports Facilities (1:500)
1972
インク、透明シート
Ink on translucent sheet
41×58.8
村田あが蔵 | 国立近現代建築資料館協力
Collection of Aga Murata | Courtesy of National Archives of Modern Architecture

30-5 | p. 139
ソビエト青少年スポーツ施設、体育館図面(1:500)
Plan of gymnasium, Soviet Youth Sports Facilities (1:500)
1972
インク、透明シート
Ink on translucent sheet
42.4×104.2
村田あが蔵 | 国立近現代建築資料館協力
Collection of Aga Murata | Courtesy of National Archives of Modern Architecture

30-6 | p. 139
ソビエト青少年スポーツ施設、水泳場図面(1:500)
Plan of swimming pool, Soviet Youth Sports Facilities (1:500)
1972
インク、透明シート
Ink on translucent sheet
43.2×82.3
村田あが蔵 | 国立近現代建築資料館協力
Collection of Aga Murata | Courtesy of National Archives of Modern Architecture

30-7 | p. 140
ソビエト青少年スポーツ施設、水泳場+アイススケート場(1:500)
Plan of swimming pool and ice rink, Soviet Youth Sports Facilities (1:500)
1972
インク、透明シート
Ink on translucent sheet
42.2×117.2
村田あが蔵 | 国立近現代建築資料館協力
Collection of Aga Murata | Courtesy of National Archives of Modern Architecture

30-8 | p. 140
ソビエト青少年スポーツ施設、空気構造レクリエーション公園計画(1:2000)
Plan of air structure recreation facility, Soviet Youth Sports Facilities (1:2000)
1972
インク、透明シート
Ink on translucent sheet
42.5×105.4
村田あが蔵 | 国立近現代建築資料館協力
Collection of Aga Murata | Courtesy of National Archives of Modern Architecture

エットレ・ソットサス
Ettore Sottsass

31-1 | p. 141
祝祭としての惑星：室内楽を聴くための筏
The Planet as Festival: Rafts for Listening to Chamber Music
1972
リトグラフ、紙、原画：タイガー立石
Lithograph, paper, original drawing: Tiger Tateishi
53×41.6
埼玉県立近代美術館蔵
The Museum of Modern Art, Saitama

31-2 | p. 142
祝祭としての惑星：ワルツ、タンゴ、ロック、チャチャの音楽を提供する巨大な自動販売機
The Planet as Festival: A Large Dispenser of Waltzes, Tangos, Rock, and Cha-Cha
1972
リトグラフ、紙、原画：タイガー立石
Lithograph, paper, original drawing: Tiger Tateishi
56.3×41.6
埼玉県立近代美術館蔵
The Museum of Modern Art, Saitama

31-3 | p. 143
祝祭としての惑星：星をみるためのスタジアム
The Planet as Festival: Stadium to Watch the Stars
1972
リトグラフ、紙、原画：タイガー立石
Lithograph, paper, original drawing: Tiger Tateishi
54.5×42
埼玉県立近代美術館蔵
The Museum of Modern Art, Saitama

31-4 | p. 144
祝祭としての惑星：香、LSD、マリファナ、阿片、笑気ガスを提供する自動販売機
The Planet as Festival: A Dispenser of Incense, LSD, Marijuana, Opium and Laughing Gas
1972
リトグラフ、紙、原画：タイガー立石
Lithograph, paper, original drawing: Tiger Tateishi
49.8×41.5
埼玉県立近代美術館蔵
The Museum of Modern Art, Saitama

31-5 | p. 144
祝祭としての惑星：巨大コンサートを開くためのスタジアム
The Planet as Festival: Stadium for Large Public Concerts
1972
リトグラフ、紙、原画：タイガー立石
Lithograph, paper, original drawing: Tiger Tateishi
53.5×41.5
埼玉県立近代美術館蔵
The Museum of Modern Art, Saitama

31-6 | p. 145
祝祭としての惑星：瞑想にふけるための屋上
The Planet as Festival: Roofs under Which to Meditate
1972
リトグラフ、紙、原画：タイガー立石
Lithograph, paper, original drawing: Tiger Tateishi
56.5×46.3
埼玉県立近代美術館蔵
The Museum of Modern Art, Saitama

31-7 | p. 145
「祝祭としての惑星：室内楽を聴くための筏」(『カザベラ』365号表紙、1972年5月号)
'The Planet as Festival' Cover of *Casabella*, no.365, May 1972
31×24.5
埼玉県立近代美術館蔵
The Museum of Modern Art, Saitama

荒川修作+マドリン・ギンズ
Shusaku Arakawa and Madeline Gins

32-1 | pp. 146-147
問われているプロセス/
天命反転の橋
The Process in Question/
Bridge of Reversible Destiny
1973-89
ミクスト・メディア
Mixed media
Model: h178×1308×61
raised floor plan:
h27.5×1308×165
撮影:上野則宏
Photo: Norihiro Ueno
エステート・マドリン・ギンズ蔵
Estate of Madeline Gins

32-2 | p. 148
問われているプロセス/
天命反転の橋
(展示風景、ウィリアムズカレッジ、
マサチューセッツ、1990年)
The Process in Question/
Bridge of Reversible Destiny
(Installation – Williams
College, Williamstown,
Massachusetts, 1990)
1990
写真|複製展示
Photograph | Reproduction
撮影:ニコラス・ホイットマン
Photo: Nicholas Whitman
画像提供:
エステート・マドリン・ギンズ
Courtesy of Estate of
Madeline Gins

32-3 | p. 148
左右上下反転ホール 習作
(《問われているプロセス/
天命反転の橋》の部分)
The Process in Question/
Bridge of Reversible Destiny
[Detail: Reverse-Symmetry
Transverse-Envelope Hall – in
the direction of to not to die
Study]
1980-90
写真|複製展示
Photograph | Reproduction
撮影:デニス・カウリー
Photo: Dennis Cowley
画像提供:
エステート・マドリン・ギンズ
Courtesy of Estate of
Madeline Gins

32-4 | p. 149
問われているプロセス/
天命反転の橋(プラン)
Plan and Side Elevation of the
Process in Question/ Bridge
of Reversible Destiny
1989/2018
グラファイト、紙|複製展示
Graphite on paper |
Reproduction
画像提供:
エステート・マドリン・ギンズ
Courtesy of Estate of
Madeline Gins

32-5
まなざしのつながり
(《問われているプロセス/
天命反転の橋》の習作)
Gaze Brace (Study for the
Process in Question/ Bridge of
Reversible Destiny)
1978
グラファイト、紙
Graphite on paper
61×76
エステート・マドリン・ギンズ蔵
Estate of Madeline Gins

32-6
光の中で肉体的に
推しはかること/
共同で見つめることの奥で/
新しい失われた環
(《問われているプロセス/
天命反転の橋》の部分)
Bodily Conjecture at Light/
In the Recesses of the
Communal Stare/ The New
Missing Link (Detail of The
Process in Question/ Bridge of
Reversible Destiny)
1974-75
グラファイト、紙
Graphite on paper
61×91.5
エステート・マドリン・ギンズ蔵
Estate of Madeline Gins

32-7 | p. 150
みどりの街 /
長寿のテーマパーク(仮称)2002
Green Town / Longevity
Theme Park 2002
2002
CG、ターポリン地
CG drawing, printed on
tarpaulin
150×223.7
エステート・マドリン・ギンズ蔵
Estate of Madeline Gins

ダニエル・リベスキンド
Daniel Libeskind

33-1 | pp. 152-155
マイクロメガス:終末空間の建築
Micromegas: The Architecture
of End Space
表紙、庭、時の断片、漏出、
小宇宙、北極の花、穴の法則、
ダンス・サウンド、
マルドロールの方程式、
鉛直水平線、夢の微積分
Cover, The Garden, Time
Sections, Leakage, Little
Universe, Arctic Flowers,
The Burrow Laws, Dance
Sounds, Maldoror's Equation,
Vertical Horizon, Dream
Calculus
1979
10点組+タイトルページ
手刷りシルクスクリーン、インク、紙
10 + Title Slide
Hand Screen Print, ink, paper
920×660/660×920
リベスキンド・スタジオ蔵
Studio Libeskind

ジョン・ヘイダック
John Hejduk

34-1 | p. 159
犠牲者たち
Victims
1984
ペン、インク、
黄色の罫線の入った紙
Pen and ink on yellow ruled
paper
27.7×21.4
カナダ建築センター
DR1998:0109:002:001
John Hejduk fonds
Canadian Centre for
Architecture

34-2 | p. 161
ホテル
(ランカスター/ハノーバーの仮面劇)
Hotel, from Lancaster/
Hanover Masque
1980-82
インク、淡彩、色鉛筆、紙
Ink, wash and coloured pencil
on paper
28.5×31.9
カナダ建築センター
DR1988:0291:019
John Hejduk fonds
Canadian Centre for
Architecture
© Estate of John Hejduk

34-3 | p. 161
死神の家
(ランカスター/ハノーバーの仮面劇)
Reaper's House, from
Lancaster/Hanover Masque
1980-82
インク、淡彩、紙
Ink and wash on paper
31.4×27.7
カナダ建築センター
DR1988:0291:016
John Hejduk fonds
Canadian Centre for
Architecture
© Estate of John Hejduk

34-4 | pp. 160-161
プレゼンテーションのための素描
(ランカスター/ハノーバーの仮面劇)
Presentation drawing for
Lancaster/Hanover Masque
1980-82
グラファイト、色鉛筆、紙
Graphite and coloured pencil
on paper
89×149.9
カナダ建築センター
DR1988:0291:046
John Hejduk fonds
Canadian Centre for
Architecture
© Estate of John Hejduk

磯崎 新
Arata Isozaki

35-1 | p. 163
東京都新都庁舎計画、
南北断面図
North-south cross-sectional
view, New Tokyo City Hall
Project
1986
シルクスクリーン、紙
Silkscreen, paper
58.5×115
磯崎新アトリエ蔵
Arata Isozaki & Associates

35-2 | p. 163
東京都新都庁舎計画
New Tokyo City Hall Project
1986
シルクスクリーン、紙
Silkscreen, paper
60×40
磯崎新アトリエ蔵
Arata Isozaki & Associates

35-3 | p. 163
東京都新都庁舎計画、
天・地・人の間
Space of Ten-Chi-Jin, New
Tokyo City Hall Project
1986
シルクスクリーン、紙

Silkscreen, paper
60×40
磯崎新アトリエ蔵
Arata Isozaki & Associates

35-4 | p. 164
東京都新都庁舎計画、
断面模型(1:200)
Cross-section model,
New Tokyo City Hall Project
(1:200)
1991
撮影：石元泰博
Photo: Yasuhiro Ishimoto
公益財団法人福岡文化財団蔵|
大分市美術館寄託
The Fukuoka Cultural
Foundation | Deposited in
Oita Art Museum

35-5 | p. 164
東京都新都庁舎計画、
関連スケッチ
Related sketches, New Tokyo
City Hall Project
1985-86
鉛筆、トレーシングペーパー
Pencil, tracing paper
46×47.5
磯崎新アトリエ蔵
Arata Isozaki & Associates

35-6 | p. 164
東京都新都庁舎計画、
関連スケッチ
Related sketches, New Tokyo
City Hall Project
1985-86
木炭、トレーシングペーパー
Charcoal, tracing paper
46×71
磯崎新アトリエ蔵
Arata Isozaki & Associates

35-7 | p. 165
東京都新都庁舎計画、
コンピュータ・グラフィックス
Computer graphics, New
Tokyo City Hall Project
CG: 1986、プリント：1991
CG: 1986, print: 1991
インクジェットプリント、紙
Inkjet printing on paper
58×76.5
磯崎新アトリエ蔵
Arata Isozaki & Associates

35-8 | p. 165
東京都新都庁舎計画、
コンピュータ・グラフィックス
Computer graphics, New
Tokyo City Hall Project
CG: 1986、プリント：1991
CG: 1986, print: 1991
インクジェットプリント、紙
Inkjet printing on paper
イメージサイズ：58×76.5
磯崎新アトリエ蔵
Arata Isozaki & Associates

35-9
東京都新都庁舎計画、
構想メモ
Concept note, New Tokyo
City Hall Project
1985-86
インク、紙
Ink on paper
28.2×20.9
磯崎新アトリエ蔵
Arata Isozaki & Associates

35-10
東京都新都庁舎計画、
構想メモ
Concept note, New Tokyo
City Hall Project
1985-86
インク、紙
Ink on paper
28.2×20.9
磯崎新アトリエ蔵
Arata Isozaki & Associates

35-11
東京都新都庁舎計画、
構想メモ
Concept note, New Tokyo
City Hall Project
1985-86
インク、紙
Ink on paper
28.2×20.9
磯崎新アトリエ蔵
Arata Isozaki & Associates

35-12
東京都新都庁舎計画、構想メモ
Concept note, New Tokyo
City Hall Project
1985-86
インク、紙
Ink on paper
28.2×20.9
磯崎新アトリエ蔵
Arata Isozaki & Associates

35-13
東京都新都庁舎計画、
構想メモ
Concept note, New Tokyo
City Hall Project
1985-86
インク、紙
Ink on paper
28.2×20.9
磯崎新アトリエ蔵
Arata Isozaki & Associates

安藤忠雄
Tadao Ando

36-1 | p. 167
中之島プロジェクトII－
アーバンエッグ(計画案)、
公会堂、断面図
Section, Nakanoshima
Project II - Urban Egg,
Proposal, Public Hall
1988
シルクスクリーン、鉛筆、紙
Silkscreen, pencil on paper
105×175
ギャラリー ときの忘れもの蔵
TOKI-NO-WASUREMONO

36-2 | p. 167
中之島プロジェクトII－
アーバンエッグ(計画案)、
公会堂 、平面図
Plan, Nakanoshima
Project II - Urban Egg,
Proposal, Public Hall
1988
シルクスクリーン、鉛筆、紙
Silkscreen, pencil on paper
105×175
ギャラリー ときの忘れもの蔵
TOKI-NO-WASUREMONO

36-3
中之島プロジェクトII－
アーバンエッグ(計画案)、
公会堂、模型(1:100)
Model, Proposal,
Nakanoshima Project II
- Urban Egg, Public Hall
(1:100)
1989
FRP、木
FRP, wood
h78.5×55×35
安藤忠雄建築研究所蔵
Tadao Ando Architect &
Associates

レム・コールハース／OMA
Rem Koolhaas/OMA

37-1 | p. 168
フランス国立図書館、立面図
Elevation, Very Big Library
1989
画像提供：OMA
Copyright OMA

37-2 | p. 168
フランス国立図書館、断面図3
Section 3, Very Big Library
1989
画像提供：OMA
Copyright OMA

37-3 | p. 168
フランス国立図書館、断面図4
Section 4, Very Big Library
1989
画像提供：OMA
Copyright OMA

37-4 | p. 169
フランス国立図書館、7階平面図
Plan of the level+6, Very Big
Library
1989
画像提供：OMA
Copyright OMA

37-5 | p. 169
フランス国立図書館、6階平面図
Plan of the level+5, Very Big
Library
1989
画像提供：OMA
Copyright OMA

37-6 | p. 169
フランス国立図書館、
地下3階平面図
Plan of the level-3, Very Big
Library
1989
画像提供：OMA
Copyright OMA

37-7 | p. 170
フランス国立図書館、
模型(1:100)
Model, Very Big Library
(1:100)
1989
石膏、ほか
Plaster, etc.
h150×75×88
株式会社大林組蔵
OBAYASHI CORPORATION

石上純也
Junya Ishigami

[参考図版 | referencial plate]
38-1 | p. 175
t-project
2006
模型の合成写真
Composite photograph of a
model
画像提供：
石上純也建築設計事務所
Courtesy of
junya.ishigami+
associates
・図録のみ掲載

[参考図版 | referencial plate]
38-2 | p. 176
park in a building
2008-09
平面図
Plan
画像提供：
石上純也建築設計事務所
Courtesy of
junya.ishigami+
associates
•図録のみ掲載

[参考図版 | referencial plate]
38-3 | p. 177
park in a building
2008-09
ドローイング
Drawing
画像提供：
石上純也建築設計事務所
Courtesy of
junya.ishigami+
associates
•図録のみ掲載

38-4 | p. 178
cafe in the field
2008
ドローイング
Drawing
画像提供：
石上純也建築設計事務所
Courtesy of
junya.ishigami+
associates
•図録のみ掲載

38-5 | p. 178
house of wind and rain
2010
コンセプト模型
Concept model
h98×35×25
石上純也建築設計事務所蔵
junya.ishigami+
associates

[参考図版 | referencial plate]
38-6 | p. 179
group home
2012
画像提供：
石上純也建築設計事務所
Courtesy of
junya.ishigami+
associates
•図録のみ掲載

藤本壮介
Sou Fujimoto

39-1 | p. 181
ベトンハラ・ウォーターフロント
センター設計競技1等案、
周辺図
Location, Beton Hala
Waterfront Center,
first prize plan
2012
CG画像
CG image
画像提供：
藤本壮介建築設計事務所
Courtesy of Sou Fujimoto
Architects

39-2 | p. 181
ベトンハラ・ウォーターフロント
センター設計競技1等案、
完成予想図
Perspective drawing, Beton
Hala Waterfront Center 2011,
first prize plan
2012
CG画像
CG image
画像提供：
藤本壮介建築設計事務所
Courtesy of Sou Fujimoto
Architects

39-3 | pp. 182-183
ベトンハラ・ウォーターフロント
センター設計競技1等案、
内観図
Interior view, Beton Hala
Waterfront Center 2011, first
prize plan
2012
CG画像
CG image
画像提供：
藤本壮介建築設計事務所
Courtesy of Sou Fujimoto
Architects

39-4 | pp. 182-183
ベトンハラ・ウォーターフロント
センター設計競技1等案、
内観図
Interior view, Beton Hala
Waterfront Center 2011, first
prize plan
2012
CG画像
CG image
画像提供：
藤本壮介建築設計事務所
Courtesy of Sou Fujimoto
Architects

39-5
ベトンハラ・ウォーターフロント
センター設計競技1等案、
模型(1:200)
Model, Beton Hala Waterfront
Center, first prize plan (1:200)
2012
スチレン・ボード、スチレン・
ペーパー、プラスティック板、
プラスティック棒、ドライフラワー、
発泡スチロールほか
Styrene board, styrene paper,
plastic plate, plastic bar, dried
flower, styrene foam, etc.
h40×135×100
藤本壮介建築設計事務所蔵
Sou Fujimoto Architects

ザハ・ハディド・アーキテクツ＋設計JV
(日建設計、梓設計、日本設計、オーヴ・アラップ・アンド・パートナーズ・ジャパン設計共同体)

Zaha Hadid Architects +
Architects JV
(Nikken Sekkei, Azusa Sekkei,
Nihon Sekkei, and Ove Arup &
Partners Japan)

40-1 | p. 185
新国立競技場、イメージ・パース
Image perspective, New
National Stadium of Japan
CG画像
CG image
画像提供：
ザハ・ハディド・アーキテクツ、
レンダリング：メタノイア
Courtesy of Zaha Hadid
Architects, render by
Methanoia

40-2 | p. 185
新国立競技場、歩廊
Corridor, New National
Stadium of Japan
CG画像
CG image
画像提供：
ザハ・ハディド・アーキテクツ、
レンダリング：メタノイア
Courtesy of Zaha Hadid
Architects, render by
Methanoia

40-3 | p. 186
新国立競技場、イメージ・パース
Image perspective, New
National Stadium of Japan
CG画像
CG image
画像提供：
ザハ・ハディド・アーキテクツ、
レンダリング：メタノイア
Courtesy of Zaha Hadid
Architects, render by
Methanoia

40-4 | p. 186
新国立競技場、断面図
Section perspective, New
National Stadium of Japan
CG画像
CG image
画像提供：
ザハ・ハディド・アーキテクツ、
レンダリング：メタノイア
Courtesy of Zaha Hadid
Architects, render by
Methanoia

40-5 | p. 186
新国立競技場、イメージ・パース
Interior perspective, New
National Stadium of Japan
CG画像
CG image
画像提供：
ザハ・ハディド・アーキテクツ、
レンダリング：メタノイア
Courtesy of Zaha Hadid
Architects, render by
Methanoia

40-6 | p. 187
新国立競技場、
キールアーチ標準詳細図
Detail plan of keel arch, New
National Stadium of Japan
2015
図面提供：設計JV
(日建設計、梓設計、日本設計、
オーヴ・アラップ・アンド・パートナーズ・
ジャパン設計共同体)
Courtesy of Architects JV
(Nikken Sekkei, Azusa Sekkei,
Nihon Sekkei, and Ove Arup
& Partners Japan)

40-7 | p. 187
新国立競技場、下・南北断面図
(キールアーチタイ部分)、
中・南北断面図、上・東西断面図
Bottom: North-south cross
section (keel arch, tie bar),
middle: North-south cross
section, top: East-west cross
section, New National
Stadium of Japan
2015
図面提供：設計JV
(日建設計、梓設計、日本設計、
オーヴ・アラップ・アンド・パートナーズ・
ジャパン設計共同体)
Courtesy of Architects JV
(Nikken Sekkei, Azusa Sekkei,
Nihon Sekkei, and Ove Arup
& Partners Japan)

40-8-a | p. 188
新国立競技場

キールアーチジオメトリ定義図
Geometric definition of keel arch, New National Stadium of Japan
2015
図面提供:設計JV
(日建設計、梓設計、日本設計、オーヴ・アラップ・アンド・パートナーズ・ジャパン設計共同体)
Courtesy of Architects JV
(Nikken Sekkei, Azusa Sekkei, Nihon Sekkei, and Ove Arup & Partners Japan)

40-8-b | p. 188
新国立競技場
クロスタイジオメトリ定義図
Geometric definition of cross tie, New National Stadium of Japan
2015
図面提供:設計JV
(日建設計、梓設計、日本設計、オーヴ・アラップ・アンド・パートナーズ・ジャパン設計共同体)
Courtesy of Architects JV
(Nikken Sekkei, Azusa Sekkei, Nihon Sekkei, and Ove Arup & Partners Japan)

40-9 | p. 189
構造用風洞実験模型、
高さ75mのプラン(1:300)
Wind tunnel testing model for construction, 75 meters high (1:300)
周辺部分をのぞく本体130×100
協力:設計JV(日建設計、梓設計、日本設計、オーヴ・アラップ・アンド・パートナーズ・ジャパン設計共同体)
Courtesy of Architects JV
(Nikken Sekkei, Azusa Sekkei, Nihon Sekkei, and Ove Arup & Partners Japan)

40-10 | p. 189
構造用風洞実験模型、
高さ70mのプラン(1:300)
Wind tunnel testing model for construction, 70 meters high (1:300)
周辺部分をのぞく本体130×100
協力:設計JV(日建設計、梓設計、日本設計、オーヴ・アラップ・アンド・パートナーズ・ジャパン設計共同体)
Courtesy of Architects JV
(Nikken Sekkei, Azusa Sekkei, Nihon Sekkei, and Ove Arup & Partners Japan)

40-11 | p. 189
風洞実験の様子
(都市環境技術研究所/泉創建エンジニアリングにて)
Wind tunnel test (in Urban Environment Research Center / Izumi Sohken Engineering)
資料提供:設計JV
(日建設計、梓設計、日本設計、オーヴ・アラップ・アンド・パートナーズ・ジャパン設計共同体)
Courtesy of Architects JV
(Nikken Sekkei, Azusa Sekkei, Nihon Sekkei, and Ove Arup & Partners Japan)

40-12
新国立競技場
New National Stadium of Japan
CG映像
CG film
4min. 20sec.
映像提供:
ザハ・ハディド・アーキテクツ
Courtesy of Zaha Hadid Architects

マーク・フォスター・ゲージ
Mark Foster Gage

41-1 | pp. 190-191
ヘルシンキ・グッゲンハイム美術館
Guggenheim Museum, Helsinki
2014
CG映像
CG film
1min. 44sec.
映像提供:マーク・フォスター・ゲージ・アーキテクツ
Image courtesy of Mark Foster Gage Architects

42-1 | pp. 193-194
西57丁目のタワー
Tower on West 57th Street
2015
CG映像
CG film
2min.
映像提供:マーク・フォスター・ゲージ・アーキテクツ
Image courtesy of Mark Foster Gage Architects

会田誠
Makoto Aida

43-1 | p. 197
シン日本橋
Shin Nihonbashi
2018-2019
クレヨン、アクリル絵具、紙
Pastel and acrylic on paper
140×179.7
作家蔵
Collection of the artist

43-2 | p. 198
東京都庁はこうだった方が良かったのでは?の図
May be the Tokyo Metropolitan Government Building should have been like this?
2018
鉛筆、色鉛筆、紙
Pencil and colour pencil on paper
40.2×29.5
個人蔵
Private collection

山口晃
Yamaguchi Akira

44-1 | p. 197
新東都名所 東海道中
「日本橋 改」
New Sights of Tokyo: Tokaido Nihonbashi Revisited
2012
木版画(手摺り)
Wood engraving
39.2×26.9
制作:アダチ版画研究所
Produced by The Adachi Institute of Woodcut Prints
ミヅマアートギャラリー蔵
Mizuma Art Gallery

44-2 | p. 199
都庁本案圖
Original Plan of Tokyo Metropolitan Government
2018
油彩、水彩、墨、カンヴァス
Oil, watercolour, sumi (Japanese ink) on canvas
116.7×91
撮影:宮島径
Photo: Kei Miyajima
個人蔵
Private collection

写真提供｜Photo Credits

© AIDA Makoto / Courtesy of Mizuma Art Gallery	no.43-1_2/pp.197-198
© 高知県立美術館、石元泰博フォトセンター	no.35-4/p.164
新潟県立万代島美術館	no.4-1_3/pp.036-039｜no.6-2/p.045
© YAMAGUCHI Akira / Courtesy of Mizuma Art Gallery	no.44-1/p.197｜no.44-2/p.199
Städtisches Museum Abteiberg Mönchengladbach	no.17-1_2/pp.096-097
Archigram Archive	no.24-1/pp.112-113
Canadian Centre for Architecture	no.26-1_8/pp.117-121｜no.27-1_6/pp.122-126｜no.34-1_4/pp.159-161
© Constant /Fondation Constant c/o PICTORIGHT Amsterdam 2019	no.14-1_2/pp.084-089
Courtesy of Yona Friedman / Fonds de Dotation Denise et Yona Friedman	no.15-1_2/pp.091-093
© Pierre-Jean Giloux / Courtesy of the Artist	no.20-1/pp.102-103
Ron Heron Archive. All Rights Reserved, DACS/ Artimage 2018.	no.24-2/pp.112-113

=特に記載のない図版は、所蔵者または執筆者から提供された写真を掲載した。

Copyright

黒川紀章建築都市設計事務所	no.18-1_3/pp.098-099｜no.19-1/p.101
Bauhaus-Archiv Berlin, Foto: Markus Hawlik	no.7-1/p.047
© 2016 *Estate of Madeline Gins*. Reproduced with permission of the Estate of Madeline Gins.	no.32-1/pp.146-147
© 2019 *Estate of Madeline Gins*. Reproduced with permission of the Estate of Madeline Gins.	no.32-2/p.148
© 2019 *Estate of Madeline Gins*. Reproduced with permission of the Estate of Madeline Gins.	no.32-3/p.148
© 2018 *Estate of Madeline Gins*. Reproduced with permission of the Estate of Madeline Gins.	no.32-4/p.149
© 2019 *Estate of Madeline Gins*. Reproduced with permission of the Estate of Madeline Gins.	no.32-7/p.150
Courtesy of Zaha Hadid Architects, render by Methanoia	no.40-1_5/pp.184-186
© Estate of John Hejduk	no.34-2_4/pp.160-161
© Ron Herron Archive. All Rights Reserved, DACS/Artimage 2018 E3197.	no.24-2/pp.112-113
Copyright: Private archive Hollein	no.17-1_2/pp.096-097
© Daniel Libeskind	no.33-1/pp.152-155
Copyright: Takehiko Nagakura, 1998 and 1999, All Rights Reserved.	no.3-1/pp.034-035｜no.25-1/p.115
Copyright OMA	no.37-1_6/pp.168-169
© ADAGP, Paris & JASPAR, Tokyo, 2018 E32611	no.31-1_7/pp.141-145
© PICTORIGHT, Amsterdam & JASPAR, Tokyo, 2018 E3261	no.14-1_2/pp.084-089
© VG BILD-KUNST, Bonn & JASPAR, Tokyo, 2018 E3218	no.7-1/p.047

写真撮影｜Photographers

石元泰博	no.35-4/p.164
上野写真事務所 上野則宏	no.32-1/pp.146-147
内田芳孝	no.6-1/p.045
大谷一郎	no.1-5/p.029｜no.10-4_5/p.057｜no.13-1/p.079｜no.21-2/p.105｜no.27-7_8/p.127｜no.28-1_3/pp.129-131
大橋富夫	no.18-2/p.099｜no.19-1/p.101
小野強志	no.40-9_10/p.189
福永一夫	no.5-1_3/pp.041-043｜no.8-2/p.049｜no.9-10/p.053｜no.10-2/p.056｜no.11-1_2/pp.065-068
宮島 径	no.44-2/p.199
Städtisches Museum Abteiberg Mönchengladbach	no.17-2/p.097
Dennis Cowley	no.32-3/p.148
Jean-Baptiste Decavèle	no.15-1_2/pp.091-093
Tom Haartsen	no.14-1_2/pp.084-089
Markus Hawlik	no.7-1/p.047
Ruth Kaiser	no.17-1/p.096
Nicholas Whitman	no.32-2/p.148

本書は次の四会場を巡回予定の展覧会「インポッシブル・アーキテクチャー」に際して刊行される。

展覧会「インポッシブル・アーキテクチャー」
監修：五十嵐太郎
協力：Estate of Madeline Gins / Reversible Destiny Foundation
協賛：ライオン、大日本印刷、損保ジャパン日本興亜

埼玉県立近代美術館

2019年2月2日–3月24日
主催：埼玉県立近代美術館、読売新聞社、美術館連絡協議会
協力：JR東日本大宮支社、FM NACK 5

新潟市美術館

2019年4月13日–7月15日
主催：新潟市美術館、読売新聞社、美術館連絡協議会

広島市現代美術館

2019年9月18日–12月8日
主催：広島市現代美術館、読売新聞社、美術館連絡協議会

国立国際美術館

2020年1月7日–3月15日
主催：国立国際美術館、読売新聞社、美術館連絡協議会
協賛：安藤忠雄文化財団、ダイキン工業現代美術振興財団

The publication of this catalogue coincides with the following traveling exhibition “Impossible Architecture” through four venues in Japan.

Exhibition “Impossible Architecture”
Supervisor: Taro Igarashi
Cooperation: Estate of Madeline Gins / Reversible Destiny Foundation
Sponsors: Lion Corporation, Dai Nippon Printing Co., Ltd., Sompo Japan Nipponkoa Insurance Inc.

The Museum of Modern Art, Saitama

Dates: February 2 – March 24, 2019
Host organizations: The Museum of Modern Art, Saitama, The Yomiuri Shimbun, The Japan Association of Art Museums
Cooperation: East Japan Railway Company Omiya Branch Office, FM NACK5

Niigata City Art Museum

Dates: April 13 – July 15, 2019
Host organizations: Niigata City Art Museum, The Yomiuri Shimbun, The Japan Association of Art Museums

Hiroshima City Museum of Contemporary Art

Dates: September 18 – December 8, 2019
Host organizations: Hiroshima City Museum of Contemporary Art, The Yomiuri Shimbun, The Japan Association of Art Museums

The National Museum of Art, Osaka

Dates: January 7 – March 15, 2020
Host organizations: The National Museum of Art, Osaka, The Yomiuri Shimbun, The Japan Association of Art Museums
Sponsors: ANDO TADAO CULTURE FOUNDATION, The Daikin Foundation for Contemporary Arts

インポッシブル・アーキテクチャー

監修
五十嵐太郎（東北大学教授）

企画
建畠 晢（埼玉県立近代美術館館長）

研究協力
菊地尊也（東北大学大学院 工学研究科博士後期課程）

展覧会担当
埼玉県立近代美術館（五味良子、富安玲子、平野 到）
新潟市美術館（前山裕司、藤井素彦）
広島市現代美術館（角 奈緒子、笹野摩耶）
国立国際美術館（中井康之、尹 志慧、藤井 泉）

翻訳
パメラ・ミキ・アソシエイツ
クリストファー・スティヴンズ

ブックデザイン
刈谷悠三＋角田奈央／neucitora

編集・制作
出原日向子
蟹沢 格（平凡社）

2019年2月6日　初版第1刷発行
2020年3月4日　初版第3刷発行

編者
埼玉県立近代美術館＋新潟市美術館＋
広島市現代美術館＋国立国際美術館

発行者
下中美都

発行所
株式会社平凡社
〒101-0051 東京都千代田区神田神保町3-29
電話 (03)3230-6584［編集］｜(03)3230-6573［営業］
振替 00180-0-29639

印刷
株式会社東京印書館

製本
大口製本印刷株式会社

ISBN978-4-582-20715-6　NDC分類番号520
A4変型判（26.0×21.0cm）総ページ248
乱丁・落丁本のお取り替えは直接平凡社読者サービス係まで
お送りください（送料は平凡社で負担します）。

IMPOSSIBLE ARCHITECTURE

Supervised by:
Taro Igarashi (Professor, Tohoku University)

Planed by:
Akira Tatehata
(Director, The Museum of Modern Art, Saitama)

Academic Advice by:
Tatsuya Kikuchi (Doctral Program,
Graduate School of Engineering, Tohoku University)

Curatorial Team:
Ryoko Gomi, Reiko Tomiyasu, Itaru Hirano /
The Museum of Modern Art, Saitama
Yuji Maeyama, Motohiko Fujii /
Niigata City Art Museum
Naoko Sumi, Maya Sasano /
Hiroshima City Museum of Contemporary Art
Yasuyuki Nakai, Jihye Yun, Izumi Fujii /
The National Museum of Art, Osaka

Translated by:
Pamela Miki Associates
Christopher Stephens

Designed by:
Yuzo Kariya, Nao Kakuta / neucitora

Edited by:
Hinako Izuhara
Itaru Kanisawa (Heibonsha Limited, Publishers)

First edition: February 6, 2019
Second edition: May 30, 2019

Edited by:
The Museum of Modern Art, Saitama /
Niigata City Art Museum /
Hiroshima City Museum of Contemporary Art /
The National Museum of Art, Osaka

Published by:
Heibonsha Limited, Publishers
3-29 Kandajimbo-cho, Chiyoda-ku, Tokyo 101-0051 Japan
http://www.heibonsha.co.jp/

Printed by:
Tokyo Inshokan Printing Co.,Ltd.

Bookbinding by:
Oguchi Book Binding & Printing Co.,Ltd.

ISBN978-4-582-20715-6